Kunstwerke verstehen

Bauten
Abbildungen von Bauwerken im Geschichtsbuch zählen wir zu den Bildquellen. Du kannst folgenden Fragen nachgehen:
1. Wer ließ das Gebäude/Bauwerk errichten, wer bezahlte es?
2. Wann war das?
3. Welche Interessen mögen der/die Auftraggeber gehabt haben?
4. Welchem Zweck sollte das Bauwerk dienen?
5. Was kennzeichnet das Bauwerk (Größe, Lage, Form und Stilelemente)?
6. Bildet das Bauwerk mit anderen eine Einheit?
7. Wurde es später verändert? Warum?

Siehe dazu das Beispiel auf Seite 39.

Gemälde und Statuen
Kunstwerke wie Gemälde und Statuen bilden die Wirklichkeit nicht ab; sie sind aber auch nicht reine Erfindungen des Künstlers. Die Wahl des Themas und die Art der Darstellung spiegeln das Denken der Zeit ihrer Entstehung. Sie können deshalb geschichtliche Quellen sein. Uns interessieren ihre Themen und Gestaltung sowie die Aussageabsicht des Künstlers. Antworten auf folgende Fragen sind dazu hilfreich:
1. Welche Informationen gibt uns der Bildtitel?
2. Wie ist das Kunstwerk aufgebaut?
3. Ist das Kunstwerk auffallend groß oder klein?
4. Welche Personen werden dargestellt?
5. Welche Gegenstände sind zu sehen?
6. Wie groß sind sie gemalt?
7. Aus welcher Sicht?
8. Wofür wurden welche Farben oder Materialien verwendet?

Versuche das Kunstwerk mit Ereignissen seiner Entstehungszeit zu verknüpfen. Überlege, welche Wirkung der Künstler erzielen wollte.
1. Wer war der Künstler?
2. Hatte er einen Auftrag?
3. Aus welchem Anlass entstand das Kunstwerk? Für welchen Zweck?
4. Wo wurde es gezeigt?
5. Berücksichtige deine Kenntnisse aus dem Kunstunterricht oder informiere dich über Kennzeichen der künstlerischen Epoche, aus der das Kunstwerk stammt.

Wie du Bilder zum Sprechen bringen kannst, erfährst du auf Seite 56. Ein Beispiel für die Arbeit mit Statuen findest du auf Seite 131.

Schaubilder erklären

In einem Schaubild lässt sich übersichtlich darstellen, wie ein Staat oder eine Gesellschaft aufgebaut waren und vieles mehr. Es kann gut Zusammenhänge und Beziehungen zwischen Teilen eines Ganzen darstellen. Beispiel Verfassung: Sie legt fest, wer regiert, also die Macht im Staat hat, wie der Staat aufgebaut ist, welche Rechte und Pflichten die Bürger haben. Überlege zunächst, an welcher Stelle des Schaubildes du am besten mit der Beschreibung beginnst. Halte auch danach eine sinnvolle Reihenfolge ein. Wichtig sind die Beziehungen zwischen den Bestandteilen eines Schaubildes. Beachte die verwendeten Zeichen. Manchmal ist die Form des Schaubildes wichtig für die Deutung. Prüfe, welche Begriffe du erklären solltest.

Mögliche Arbeitsfragen:
1. Welche Ämter und Einrichtungen werden erwähnt? Wer hat Zugang zu ihnen, wer nicht?
2. Welche Teile der Bevölkerung werden genannt, welche nicht?
3. Wer arbeitet mit wem zusammen? Wobei?
4. Wer hat welche Aufgaben, Rechte oder Pflichten?
5. Wer hat wie viel Macht? Ist jemand von der Macht ausgeschlossen?

Schreibe die Antworten jeweils auf, ordne sie auf einem Stichwortzettel und präge sie dir ein. Trage die Ergebnisse möglichst frei vor.

Mithilfe dieser Hinweise kannst du beispielsweise die Schaubilder auf den Seiten 49, 76, 82 und 111 erklären.

 → *Dieses Logo zeigt dir auf den Seiten dieses Buches weitere Lerntipps oder erinnert dich an die Informationen auf diesen Vorsatzblättern. Wenn du Aufgaben bearbeitest, solltest du dich von den Anregungen leiten lassen.*

Internet für Einsteiger

Was ist das Netz?
Das Internet ist ein internationales (weltweites) Netz, das Millionen von Computern verbindet. Wer dieses *World Wide Web* nutzen will, muss seinen Computer zunächst über ein **Modem** mit der Telefonleitung verbinden. Dann braucht man einen **Browser**: ein (Software-)Programm, das Texte, Grafiken, Bilder, Filme aus dem Internet auf den Bildschirm und Töne in die Lautsprecher bringt.

Informationen per Mausklick
Das Internet enthält Daten aller Art. Für den Geschichtsunterricht können Informationen aus Wörterbüchern und Nachschlagewerken ebenso wichtig sein wie Mitteilungen von Museen, Universitäten, Bibliotheken und Schulen. In diesem Buch findest Du einige Adressen interessanter Homepages, die dir geschichtliche Informationen bieten. Die genannten Einrichtungen stellen auf den **Startseiten** ihr Web-Angebot vor. Angegebene Links (Querverweise) führen dann zu weiteren **Websites**. Wenn man sich per Mausklick von einer Seite zur nächsten hangelt, nennt man das „surfen".

Finden, was man sucht
Fehlt einem die Adresse für eine gewünschte Information, braucht man eine **Suchmaschine** wie *www.google.de*. In dieses spezielle Programm tippt man möglichst genaue Stichwörter ein. Sonst brechen zu allgemeine Informationen über einen herein. Ein Suchprogramm durchkämmt nur einen Teil des Internets. Findet es nicht das Gewünschte, können andere Suchmaschinen beauftragt werden.

Tipp: *Formuliere vor der Recherche bestimmte Fragen, denen du gezielt nachgehen willst, damit du nicht im Meer der Informationen „ertrinkst".*

Homepage des Vereins Deutsche Limes-Straße, Aalen (Ausschnitt).
*Gestaltet von Kurt Scheuerer, Ingolstadt.
Von dieser Startseite (siehe Internettipp auf Seite 149) aus können durch Anklicken verschiedene Websites geöffnet werden.*

Downloading mit Lesezeichen
Inhalte einer Website können auf den eigenen Computer kopiert werden. Das nennt man **Downloading** (Herunterladen). Webadressen, die regelmäßig abgefragt werden sollen, können als „Lesezeichen" oder „Favoriten" abgespeichert werden. Sie sind damit leicht wiederzufinden.

Vorsicht ist Pflicht
Da weltweit jeder seine Angebote unkontrolliert ins Internet stellen kann, sind sie stets kritisch zu prüfen, beispielsweise mit Hilfe neuerer Nachschlagewerke (Lexika). Alle Mitteilungen aus dem Internet müssen wie Zitate aus Büchern nachgewiesen werden, damit andere sie auch nachlesen können. Abgesehen davon: Surfen ist nicht kostenlos! Außerdem: Informationen allein bringen nicht viel. Erst der gekonnte Umgang mit ihnen ermöglicht Erkenntnisse.

Selbst im Internet aktiv
Auch eigene Arbeitsergebnisse können auf einer **Website** präsentiert werden. Über **„e-mail"** (elektronische Post) kann man auf dem Computer geschriebene Briefe und andere Texte weltweit an bestimmte Empfänger verschicken. Per Mausklick geht das blitzschnell.

Internettipps findest du an vielen Stellen des Buches. Beachte, dass sich die Angaben im World Wide Web häufig ändern!

Das waren Zeiten

1 Frühgeschichte und Antike

herausgegeben von
Dieter Brückner
und
Harald Focke

C.C. BUCHNER

Das waren Zeiten – Ausgabe Baden-Württemberg

Unterrichtswerk für Geschichte an Gymnasien, Sekundarstufe I

Band 1 für die Jahrgangsstufe 6

Herausgeber: Dieter Brückner und Harald Focke

Bearbeiter: Dieter Brückner, Harald Focke, Peer Frieß, Klaus Gast, Volker Herrmann, Franz Hohmann, Hannelore Lachner und Eberhard Sieber

Berater: Dorothea Burkhardt-Heitmann, Birgitta Landwehr, Joachim Leuschen und Miriam Sénécheau

Lektorat: Klaus Dieter Hein-Mooren

Gestaltung: Peter Lowin

Dieses Werk folgt der reformierten Rechtschreibung und Zeichensetzung. Ausnahmen bilden Texte, bei denen künstlerische, philologische und lizenzrechtliche Gründe einer Änderung entgegenstehen.

1. Auflage [321] 2006 2005 2004
Die letzte Zahl bedeutet das Jahr dieses Druckes.
Alle Drucke dieser Auflage sind, weil untereinander unverändert, nebeneinander benutzbar.

© 2004 C. C. Buchners Verlag, Bamberg.
Das Werk und seine Teile sind urheberrechtlich geschützt. Jede Nutzung in anderen als den gesetzlich zugelassenen Fällen bedarf der vorherigen schriftlichen Einwilligung des Verlages. Hinweis zu § 52 a UrhG: Weder das Werk noch seine Teile dürfen ohne eine solche Einwilligung eingescannt und in ein Netzwerk eingestellt werden. Dies gilt auch für Intranets von Schulen und sonstigen Bildungseinrichtungen.

www.ccbuchner.de

Einband: Artbox Grafik & Satz GmbH, Bremen
(unter Verwendung des Gemäldes „Die Akropolis von Athen" von Leo von Klenze, 1846)

Herstellung, Grafik und Karten: Artbox Grafik & Satz GmbH, Bremen

Druck- und Bindearbeiten: Graph. Großbetrieb Friedrich Pustet, Regensburg

ISBN 3 7661 4751 X

Inhalt

Das waren Zeiten oder: Wie sich die Zeiten ändern 5

Reise in die Vergangenheit

Wie die Zeit vergeht 8
Woher wir unser Geschichtswissen haben 10
Aufbewahrte Geschichte: erinnern und gedenken 12

Den ersten Menschen auf der Spur

Wie alt ist der Mensch? 16
Lerntipp: Mit dem Spaten forschen 19
Von Neandertalern und anderen Menschen 20
Projekt: Steinzeit heute? 24
Das Leben wandelt sich 25
Im Land der Druiden: die Kelten* 30
Was war wichtig? 34

Ägypten – eine frühe Hochkultur

Weltwunder am Nil 38
Lerntipp: Wie untersuchen wir ein Bauwerk? 39
Ägypten – ein Reich entsteht 40
Der Pharao und seine Helfer 43
Projekt: Heilige Zeichen 47
Das Volk des Pharao 48
Götter, Glaube, Tempel 52
Lerntipp: Bilder können sprechen 56
Israel – Land der Bibel* 58
Was war wichtig? 60

Leben im antiken Griechenland

Die Welt der Hellenen 64
Lerntipp: Wie werten wir Karten aus? 66
Projekt: Kampf um Troja 67
Polis, Phalanx und Kolonisation 69
Feste für die Götter 72
Sparta – ein Staat von Kriegern? 75
Griechen gegen Perser* 78
Herrscht in Athen das Volk? 80
Projekt: Königsherrschaft – Aristokratie – Demokratie 82
Lerntipp: Textquellen auswerten und deuten 83
Eine ungleiche Gesellschaft 84

Reisen bringt Gewinn* 88
Hervorragende Künstler 90
Wortgewandte Dichter 92
Alexander erobert ein Weltreich* 94
Was prägt die hellenistische Welt?* 97
Was war wichtig? 100

Leben im römischen Weltreich

Wann beginnt die Geschichte Roms? 104
Rom wird Republik 107
Wer regiert die Republik? 109
Auf dem Weg zur Weltmacht 112
Familienleben 117
Sklavenleben 120
Wie herrscht Caesar? 123
Lerntipp: Geschichte in Comics und Jugendbüchern 126
Augustus: Retter oder Zerstörer der Republik? 128
Lerntipp: Eine Statue als Quelle? 131
Arminius schlug Varus – aber wo?* 134
Rom in Gefahr* 136
Leben und Arbeiten in der Stadt 138
Umgang mit der Natur* 142
„Brot und Spiele"* 144
Projekt: Römische Kinderspiele 146
Die Römer bei uns und anderswo 147
Was uns die Römer sonst noch brachten 151
Rom wird christlich 153
Warum zerfällt das Reich? 157
Von den Römern zu den Alamannen* 160
Von Rom nach Byzanz* 163
Der Islam – eine neue Macht und Religion* 166
Projekt: Jerusalem: „Heilige Stadt" der Juden, Christen und Muslime 169
Was war wichtig? 170

Antike Spuren

Was Europa prägte 172
Woran glaubten die Menschen?* 177
Projekt: Griechisch in unserem Alltag 180
Projekt: Latein – die Sprache Europas 181
Projekt: Christliche Namen 182

Wichtige Daten 183
Wichtige Begriffe 184
Menschen, die Geschichte machten 187
Wo steht was? 189
Wer steht wo? 192
Lesetipps 194

Die mit * gekennzeichneten Kapitel dienen zur Vertiefung und Erweiterung des Kerncurriculums.

Das waren Zeiten oder: Wie sich die Zeiten ändern

Liebe Schülerinnen und Schüler,

Geschichte? Das ist doch das, was früher war, werdet ihr denken. Ja, so ist es.
Eure Großeltern und Eltern haben euch sicher schon von alten Zeiten erzählt und berichtet, was anders war, als sie jung waren. Und wahrscheinlich habt ihr schon etwas von den alten Griechen und Römern gehört, von Burgen und Rittern, Schlössern und Königen oder Bauern und Handwerkern. Ihr kennt überraschende Entdeckungen und tolle Erfindungen, die unser Leben ebenso verändert haben wie Kriege und andere Katastrophen. Im neuen Fach Geschichte werdet ihr jetzt noch viel mehr über unsere Vergangenheit erfahren.
Dieses Buch wird euch dabei helfen herauszufinden, wie ganz anders das Leben in anderen Zeiten und Ländern war und wie all das entstanden ist, was unsere Welt und unseren Alltag heute prägt.
Wir haben dieses Buch so gestaltet, dass wir euch nur kurz erklären müssen, wie ihr mit ihm arbeiten könnt. Doch auf einiges möchten wir euch hinweisen: In den von uns verfassten Texten berichten wir euch jeweils über Entwicklungen in früheren Zeiten. Dazu findet ihr viele Abbildungen, denen ihr weitere Informationen entnehmen könnt. Internetangebote und CD-ROM-Tipps geben Anregungen, eigene Wege im Umgang mit der Geschichte zu finden. Exkursionsvorschläge laden euch ein, eure Umgebung zu erkunden.
Auf den Seiten mit dem gelblichen Rand haben wir **Materialien** zusammengestellt, mit denen ihr euch ein eigenes Bild über frühere Zeiten machen könnt. Unsere **Arbeitsvorschläge** helfen euch dabei. Ihr könnt auch eigene Fragen stellen und sie mit den vielfältigen Materialien beantworten. Wie ihr dabei am besten vorgeht, erklären euch unsere Lerntipps. Vorn und hinten im Buch geben wir euch allgemeine Informationen zu wichtigen Arbeitsweisen unseres Faches. Auf den am Rand grün gefärbten Seiten im Band findet ihr besondere Beispiele, mit denen ihr selbstständig verschiedene Grundfertigkeiten erarbeiten könnt.
In den Projekten – die am Rand blau eingefärbten Seiten – machen wir euch weitere Angebote, die über den Schulstoff hinausgehen.
In der Darstellung findet ihr gelb unterlegte Wörter: diese Begriffe sind besonders wichtig und sollten nicht vergessen werden.

Damit ihr nicht den Überblick verliert, findet ihr nach jedem großen Kapitel zwei „Was war wichtig?"-Seiten, auf denen die wichtigsten Daten und Begriffe wiederholt werden und der Inhalt zusammengefasst wird. Vielfältige Anregungen runden diese Seiten ab.
Alle wichtigen Daten, Begriffe und Personen werden im Anhang nochmal aufgeführt.
Das **Stichwort**- und das **Namensregister** (siehe „Wo steht was?" und „Wer steht wo?") helfen euch bei der Suche nach Informationen.
Die **Lesetipps** zum Schluss des Buches bieten euch eine Auswahl von unterhaltsamen, spannenden oder informativen Jugendbüchern.

Entstehung der Erde vor 3 Milliarden Jahren.

Dreilapper vor 550 Millionen Jahren.

Dinosaurier vor 230 bis 65 Millionen Jahren.

Urpferd vor 50 Millionen Jahren.

Urmenschen vor über drei Millionen Jahren.

Siedlung von Ackerbauern vor 7 500 Jahren.

Sphinx mit Cheops-Pyramide, 4500 Jahre alt.

Reise in die Vergangenheit

Der Mittelpunkt Roms vor 1700 Jahren.

New York heute.

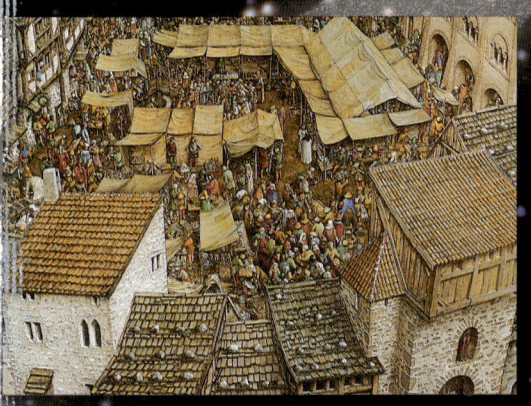
Eine deutsche Stadt vor 700 Jahren.

Das Schloss von Versailles vor 300 Jahren.

Wie die Zeit vergeht

Die Zeit messen

Wenn wir wissen wollen, wie spät es ist oder welchen Tag wir haben, sehen wir auf die Uhr und den Kalender. Dabei könnten wir uns auch an dem Wechsel von Tag und Nacht, an dem Stand der Sonne, des Mondes oder an anderen regelmäßig wiederkehrenden Erscheinungen der Natur wie den Jahreszeiten orientieren.

Das machten z.B. die Ägypter schon vor 5000 Jahren. Sie hatten festgestellt, dass der Nil immer dann Hochwasser brachte, wenn im Osten vor Sonnenaufgang der Stern Sirius hell am Himmel leuchtete. Mit diesem Tag begann für sie das neue Jahr. Die Zeit zwischen den zwei Neujahrstagen unterteilten sie in drei Jahreszeiten zu je vier Monaten von je 30 Tagen.* Die fehlenden fünf Tage fügten sie am Ende einfach hinzu. Damit hatten sie einen **Kalender** entwickelt. Er war allerdings noch unvollkommen. Denn die 365 Tage erwiesen sich gegenüber dem tatsächlichen Sonnenjahr, d. h. der Zeit, die die Erde für einen vollständigenn Umlauf um die Sonne benötigt, als zu kurz. Für die alten Ägypter kam das Nilhochwasser im Laufe der Jahrhunderte immer später an. Es fand schließlich nicht mehr zu Beginn, sondern in der Mitte des Jahres statt.

* Siehe dazu das Schaubild auf Seite 42.

① Sonnenuhr.
*Nachbildung einer griechischen Sonnenuhr. Das Original entstand um 300 v. Chr. Eine Stunde war damals immer ein Zwölftel des Lichttages, deshalb war diese Zeiteinheit im Sommer länger als im Winter.
Überlege, wie Sonnenuhren funktionieren.*

Wo bleibt die Zeit?

Manchmal scheint uns die Zeit zu rasen. Bei einem spannenden Film oder einem lustigen Spiel vergeht sie wie im Fluge. Oft haben wir aber auch das Gefühl, dass sie nur zäh verstreicht, zum Beispiel im Unterricht oder beim Arzt im Wartezimmer.

Dabei wissen wir, dass die Zeit immer gleich verläuft. Wir können sie weder anhalten noch beschleunigen.

Unser Zeitgefühl ist ungenau. Wir erinnern uns oft an Ereignisse, ohne genau sagen zu können, wann wir sie erlebt haben.

③ Schwarzwalduhr mit Pendel, um 1765.
Seit dem 12. Jh. gibt es mechanische Uhren, bei denen ein Räderwerk den Zeiger bewegt. Vor rund 400 Jahren wurde entdeckt, dass ein Pendel für eine volle Schwingung (hin und zurück) immer die gleiche Zeit benötigt. Danach konnten Pendel hergestellt werden, die in einer Sekunde einmal hin und zurück schwangen.

Neue Kalender

Damit Jahreszeiten und Sonnenlauf übereinstimmten, wurde der Kalender mehrfach geändert. Eine wichtige Überarbeitung veranlasste der römische Herrscher *Gaius Iulius Caesar*. Er führte das Schaltjahr ein. Aber das Jahr des nach ihm benannten *Julianischen Kalenders* war mit 365 1/4 Tagen etwas länger als das Sonnenjahr. Vor rund 400 Jahren verkündete deshalb das Oberhaupt der katholischen Kirche, *Papst Gregor XIII.*, einen neuen Kalender. Dieser *Gregorianische Kalender* gilt bei uns noch heute.

② Sanduhr, um 1500.
Beschreibe die Funktionsweise.

Welches Jahr haben wir gerade?

Um Jahresangaben machen zu können, brauchen wir einen Bezugspunkt. Für uns ist das die Geburt Christi. Wir teilen die Jahre in die Zeit *vor und nach Christi Geburt (v. und n. Chr.)* ein. Diese **Zeitrechnung** setzte sich etwa vor 1400 Jahren in Europa durch. Davor gab es andere Zählungen, zum Beispiel nach Regierungszeiten von Herrschern.

Heute gibt es immer noch verschiedene Jahreszählungen. Eine davon ist die islamische. Sie setzt mit dem Jahre 622 unserer Zeitrechnung ein. In dem Jahr wurde der Prophet Mohammed aus Mekka nach Medina vertrieben.

Für die Juden beginnt die Zeitrechnung mit der Erschaffung der Welt. Nach der Bibel war das 3761 v. Chr.

Trotz dieser Unterschiede benutzen Christen, Juden und Muslime im heutigen Wirtschaftsleben gemeinsam die bei uns übliche christliche Jahreszählung.

Das Geschehen ordnen

Um größere Zeiträume übersichtlich zusammenzufassen, unterteilen wir sie in Jahrtausende oder Jahrhunderte. Wenn wir also z. B. vom 19. Jahrhundert sprechen, meinen wir den Zeitraum von 1801 bis 1900. Außerdem haben wir den Verlauf der Geschichte in große Einheiten gegliedert. Wir nennen sie *Epochen*. Vor über 300 Jahren machte ein Gelehrter den Vorschlag, die europäische Geschichte in drei große Epochen zu gliedern: in **Altertum**, **Mittelalter** und **Neuzeit**. Diese Gliederung sah zum einen die griechische und römische Geschichte zwischen 1000 v. Chr. und 500 n. Chr. als eine Einheit an. Zum anderen ging sie davon aus, dass um 1500 eine ganz neue Zeit begonnen habe. Die Zeitspanne zwischen Altertum und Neuzeit wurde dann einfach als Mittelalter bezeichnet.

Diese Dreiteilung der Geschichte findet bei uns allgemeine Anerkennung. Sie wird durch zwei weitere Epochen ergänzt: die **Vorgeschichte** und die **Zeitgeschichte**. Die eine behandelt die Zeitspanne bis zu den ersten schriftlichen Zeugnissen um 3000 v. Chr., die andere die jüngste Zeit, von der uns noch lebende „Zeitzeugen" berichten können.

④ Kopfzeile einer Zeitung (Ausschnitt).
Bestimme das Land, in dem die Zeitung erscheint, und begründe, warum dort drei verschiedene Daten genannt werden. Lies dazu auf dieser Seite den Abschnitt „Die Jahre zählen". Einer der drei Jahresangaben liegt das Mondjahr mit nur 354 Tagen zugrunde. Welcher?

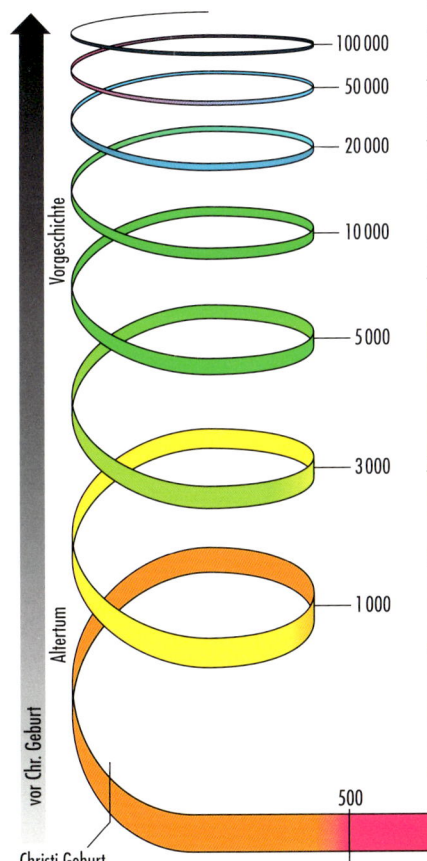

⑤ Zeitspirale.

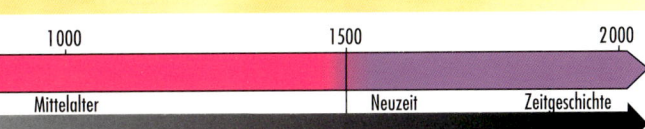

1. Mit einer Schnur könnt ihr die Länge der Zeit veranschaulichen. Rechnet aus, wie lang die Schnur sein müsste, mit dem ihr das Alter der auf Seite 6 abgebildeten Dinosaurier und Urmenschen darstellen wollt. Rechnet dabei für jedes Jahrtausend mit einem Meter Schnur.
2. Vielleicht könnt ihr eine „Zeitschnur", die die Zeit von 5000 v. Chr. bis 2000 n. Chr. darstellt (ein Meter für 1000 Jahre), an einer Wand in eurem Klassenzimmer befestigen. Beschriftet sie nach der Vorlage der Zeitspirale Abb. 5.
3. Macht Kopien der Abbildungen, die ihr auf den Seiten 6–8 seht, und befestigt sie in der richtigen Reihenfolge an der „Zeitschnur". Welche Bilder lassen sich nicht einordnen?
4. Tragt euer Geburtsjahr, das Gründungsjahr eurer Schule und anderer wichtiger Gebäude eures Schulortes an der „Zeitschnur" ein. Im Laufe des Schuljahres könnt ihr daran weitere Abbildungen und wichtige Ereignisse zeitlich einordnen. Vielleicht malt oder bastelt ihr selbst Bilder und Collagen.

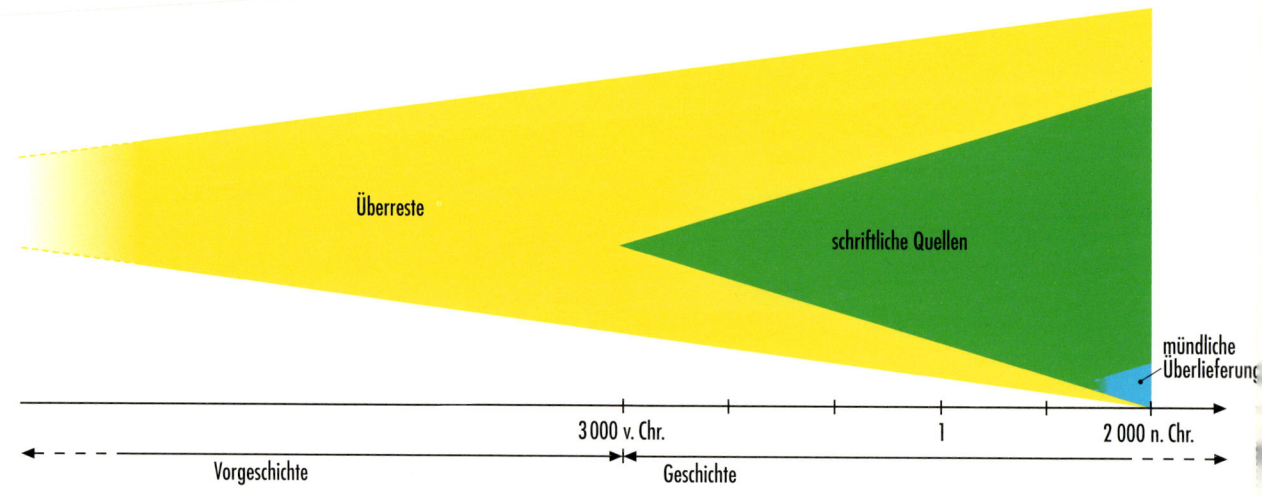

1 Quellen der Geschichte.
Unser Wissen über die Geschichte verdanken wir so genannten historischen Quellen, d.h. allem, was von der Vergangenheit übrig geblieben ist.

Woher wir unser Geschichtswissen haben

Was geht uns die Geschichte an?
Wir beschäftigen uns mit **Geschichte**, wenn wir fragen, wie es früher war, was in der Vergangenheit geschehen ist, was Menschen getan haben.

Du kennst bestimmt Filme, deren Handlung in Zeiten spielt, die lange zurückliegen: Cowboys kämpfen gegen Indianer, Kolumbus entdeckt Amerika oder die „Titanic" versinkt im Meer. Sicher sind dir in diesen Filmen Stadtansichten, Kutschen, Schiffe, Perücken oder Kleider aufgefallen. Die Bilder zeigen dir, wie Umwelt, Technik, Waffen, Kleidung, Kunst, Lebens- und Arbeitsbedingungen früher ausgesehen haben. Ob das Dargestellte richtig wiedergegeben worden ist, kannst du nur feststellen, wenn du viel über die betreffende Zeit weißt.

Vergleichen wir Altes mit Neuem, können wir Veränderungen feststellen. Sie sind meist nicht ganz plötzlich aufgetreten, sondern das Ergebnis von **Entwicklungen**. Betrachten wir Vergangenheit und Gegenwart, erkennen wir, dass sich nicht alles gleichzeitig verändert hat. Während sich die Kleidermode ständig wandelt, bleiben bestimmte Bräuche und Verhaltensweisen der Menschen lange bestehen. Sie werden von Generation zu Generation weitergegeben. Wir nennen das **Tradition**.
Wer sich in der Geschichte auskennt, kann vieles in der Gegenwart besser verstehen und erklären.

Schriftliche Zeugnisse
Quellen geben Auskünfte über die Vergangenheit. Zu den wichtigsten geschichtlichen Quellen gehören schriftliche Zeugnisse. Das können jahrtausendealte Inschriften in Ton und Stein sein oder alte und neue Berichte, Verträge, Akten, Zeugnisse, Tagebücher und Briefe. Die Bedeutung der schriftlichen Quellen hat zu der vereinfachenden Ansicht geführt, die eigentliche Geschichte der Menschen beginne erst mit der Schrift.

Texte befragen
Bevor wir schriftliche Quellen befragen können, müssen sie oft erst entziffert oder übersetzt werden. Ihre Herkunft und Echtheit werden von Historikern überprüft. Sie sind Fachleute, die sich mit der Geschichte (lat. *historia*) befassen. Erst wenn diese Experten die Quellen geprüft haben, können sie zuverlässige geschichtliche Aussagen machen. Historiker brauchen dabei die Hilfe anderer Fachleute, die z.B. das Alter eines Schriftstückes anhand des Papiers und der Tinte feststellen können.

Geschichte in Bildern
Auch Bilder sagen viel über die Zeit aus, in der sie entstanden sind. Zu allen Zeiten malten Menschen ihre Umwelt und ihre Vorstellungen. Das zeigen die Höhlenmalereien, die Wandbilder in den Pyramiden, die Darstellungen auf den alten griechischen Vasen, die römischen Mosaike sowie zahlreiche Gemälde in Kirchen, Schlössern und Museen.

Auch Bilder soll man „lesen"
Wenn wir Bilder lesen wollen, müssen wir sie genau betrachten. Um geschichtliche Aussagen treffen zu können, sollten wir wissen, wann, wie und warum ein Bild entstanden ist. Alle Bilder sollten sorgfältig geprüft werden, denn sie können geändert, gefälscht oder mit dem Computer bearbeitet worden sein.

Ein Indianer erzählt.
*Buchillustration, um 1980.
Bis heute geben einige Naturvölker ihr Wissen über die Vergangenheit nur mündlich weiter.*

Quellen zum Anfassen

Fast die gesamte Menschheitsgeschichte lässt sich durch **Überreste** zurückverfolgen. Das sind z.B. Knochen, Schmuckstücke, Münzen, Haushaltsgeräte, Spielzeug, riesige Bauwerke oder kleine Scherben. Alle diese Gegenstände liefern uns Informationen über das Leben in der Vergangenheit.

Informationen aus Überresten

Die Wissenschaft von den sichtbaren Überresten alter Kulturen, die durch Ausgrabungen und andere Quellen erschlossen werden können, ist die **Archäologie**. Erst wenn Altertumsforscher (*Archäologen*) die Funde untersucht haben, können Historiker sie für ihre Geschichtsdarstellung nutzen.* Auch die Archäologen brauchen Unterstützung, z.B. von Fachleuten, die ihnen Auskünfte über die Tier- und Pflanzenwelt einer bestimmten Zeit geben können.

Mündliche Quellen

Alte Sagen oder Balladen, die von längst vergangenen Taten berichten, gehen oft auf mündlich überlieferte Geschichten zurück. Aufgeschrieben wurden sie meist erst lange, nachdem sie zum ersten Mal erzählt worden waren. Noch heute gibt es Völker in Afrika, Asien, Australien und Südamerika, die keine schriftliche **Überlieferung** kennen. Ihre Geschichte beruht auf Erinnerungen, die über Generationen mündlich weitergegeben werden.

Zu den Zeugnissen der Vergangenheit gehören ebenfalls Berichte, die uns Eltern, Großeltern und andere Zeitzeugen von bestimmten Ereignissen geben.

Erinnerung kann täuschen

Hätten wir allein die Erinnerung als Quelle für unsere Geschichte, würde uns sehr viel fehlen. Wir behalten nur einen Teil von dem im Gedächtnis, was wir erlebt haben. Das meiste vergessen wir. Jeder, der sich erinnert, weiß, dass er sich täuschen kann. Wie oft kommt es vor, dass zwei Zeugen den Ablauf eines Ereignisses unterschiedlich erzählen. Nicht, weil einer bewusst lügt, sondern weil beide Zeugen sich verschiedene Dinge gemerkt haben. Um also ein verlässliches Wissen über Vergangenes zu erhalten, benötigen wir unterschiedliche Quellen. Mit ihnen können wir unsere Erinnerung vergleichen und genauer beschreiben.

---

1. Untersucht in Arbeitsgruppen Ereignisse oder Überreste aus der Geschichte eures Wohn-/Schulortes (z.B. die Geschichte einer Burg, eines Schlosses, des Rathauses, einer Kirche, der Schule oder den Verlauf und die Auswirkungen bedeutender Ereignisse, etwa eines Stadtbrandes oder eines Krieges).
   - Gibt es dazu eine Sage? Informiert euch über den Inhalt.
   - Fertigt auf einem DIN A1-Karton eine Zeitleiste an, auf der ihr wichtige Ereignisse/Daten aus der Geschichte eures Heimat-/Schulortes eintragt.
   - Notiert bei den Ereignissen mit verschiedenen Farben, durch welche Quellen ihr über sie informiert werdet (siehe dazu Abb. 1).
   - Überlegt, wer und was euch helfen könnte, diese Arbeitsaufträge zu beantworten.
2. Befragt eure Eltern/Großeltern/Nachbarn zu einem wichtigen Ereignis in eurem Wohnort, das sie selbst erlebt haben. Schreibt dazu zuerst die Fragen auf, mit denen ihr nach Erinnerungen, aber auch nach Gefühlen fragt.
   (Ihr könnt für das Interview einen Kassettenrekorder verwenden.)
3. Ordnet die Bilder auf den Seiten 8 bis 12 den auf den Seiten 10 bis 11 genannten Quellenarten zu.

---

* Über die Arbeit von Archäologen könnt ihr euch auf Seite 19 informieren.

Aufbewahrte Geschichte: erinnern und gedenken

Geschichte im Museum erleben
Museen sind Orte der Erinnerung. Dort werden Quellen und Überreste aus der Vergangenheit gesammelt, untersucht, teilweise in den ursprünglichen Zustand gebracht (*restauriert*) und ausgestellt. Die ersten öffentlichen Sammlungen entstanden vor etwa 200 Jahren.

Für die Erforschung unserer Geschichte sind die Heimatmuseen besonders interessant. In ihnen finden wir neben Urkunden, Bildern, Wappen und sonstigen Funden aus der überlieferten Geschichte einer Region oft auch Gegenstände wie Möbel, Werkzeuge und Trachten, die uns über vergangene Lebensweisen und alte Bräuche informieren.

Neben diesen Sammlungen gibt es Spielzeug-, Schul-, Feuerwehr-, Verkehrs- sowie Freilichtmuseen. Spezielle Museen zeigen auch archäologische Funde aus der Vor- und Frühgeschichte oder römische Hinterlassenschaften wie Münzen, Figuren und Ausrüstungsgegenstände.

Heute finden wir in einigen Museen nicht nur Ausstellungsstücke (*Exponate*), sondern wir dürfen dort ausprobieren, wie z.B. früher Garne oder Seile hergestellt wurden, wie unsere Vorfahren getöpfert, geschneidert, gewebt oder gekocht haben. Betreuer helfen uns und halten Materialien und nachgebildete Werkzeuge bereit.

Geschichte im Archiv erforschen
Wenn du mehr über die Geschichte deines Heimatortes erfahren willst, als bisher bekannt ist, kannst du im **Archiv** forschen. Dort werden Urkunden, Akten, Ratsprotokolle, Briefe, Karten, Pläne, Fotos, Zeitungen und Tondokumente gesammelt, geordnet und aufbewahrt. Computer haben die Sammlung und Benutzung von Archivalien gegenüber früher stark verbessert.

Neben den Stadt- oder Heimatarchiven gibt es Staats-, Landes- Militär-, Kirchen-, Wirtschafts-, Partei-, Literatur-, Rundfunk-, Zeitungs- und Filmarchive. Archive heben nicht alles auf. Gesammelt wird nur, was der Archivar als aufbewahrungswert ansieht. Da sich die Meinung darüber im Laufe der Zeit geändert hat, lassen sich mit den heutigen Archivbeständen nicht alle Fragen beantworten, die uns interessieren. So finden wir in den Archiven nur wenige Quellen über Alltägliches wie die Körperpflege vor 500 Jahren.

Archivalien wurden oft vernichtet, um die Spuren der Vergangenheit zu verwischen.

● **Exkursionstipps** → *In Baden-Württemberg gibt es mehrere Schulmuseen, z.B. in Aichtal-Grötzingen (Kreis Esslingen), Friedrichshafen (Bodenseekreis), Hülben (Kreis Reutlingen), Kornwestheim (Kreis Ludwigsburg), Obersulm (Kreis Heilbronn) und Offenburg-Weierbach (Ortenaukreis).*

2 Ein Klassenzimmer um 1900.
Foto aus einem Schulmuseum von 1999.

1 Schulklasse.
Foto, um 1900.

---

1. Betrachtet Abb. 1 und 2. Welche Unterschiede zu heute stellst du fest?
2. Über welche anderen Lebensbereiche in früherer Zeit würdet ihr euch gerne in einem Museum informieren?
3. Erkundigt euch nach Archiven in eurem Wohn- und Schulort. Lasst euch sagen, welche Archivalien dort aufbewahrt werden.
4. Nennt mögliche Gründe, warum in bestimmten Zeiten Akten vernichtet wurden.

Sieh' mal, denk' mal – Denkmal

Denkmäler im engeren Sinne sind Werke, die bewusst geschaffen und errichtet wurden, um die Öffentlichkeit an Herrscher, Dichter, Denker und Erfinder, an Sieger und Opfer zu erinnern.

Mit diesen „Kunstwerken" werden die Menschen aufgefordert, die Erinnerung an gemeinsame Vorfahren oder besondere Ereignisse wach zuhalten. Sie sollen ein Bewusstsein für die guten und schlechten Seiten der gemeinsamen Geschichte entwickeln. Diese Denkmäler erinnern nicht nur, sondern sie sagen uns außerdem etwas über die Menschen, die sie errichten ließen.

Auch Pyramiden, „Hünengräber", Tempel, Kirchen, Theater, Schlösser, Grabsteine, Fabrikgebäude sowie künstlerische, technische und handwerkliche Arbeiten können „Denkmäler" sein. Sie geben uns Auskünfte über die Zeit, in der sie entstanden sind.

5 Baron Karl Friedrich Freiherr Drais von Sauerbronn.
Briefmarke von 1985.
Denkt mal, wenn ihr mit dem Rad unterwegs seid, an Karl Friedrich Drais Freiherr von Sauerbronn, geboren 1785 in Karlsruhe. In Mannheim führte er 1817 das „Laufrad" öffentlich vor und wurde als seltsamer Kauz ausgelacht. Dennoch war er ein bedeutender Erfinder. Als erster bewies er, dass man auf zwei Rädern das Gleichgewicht haltend schneller vorwärts kommt als eine Postkutsche. Damit begann die Entwicklung des Fahrrads.

3 Schiller-Denkmal in Stuttgart.
Foto von 1999.
Das erste Standbild für Friedrich Schiller wurde 1839 in Stuttgart errichtet. Geschaffen hat es der Däne Bertel Thorwaldsen. In Weimar entstand 1857 das Doppelstandbild von Schiller und Goethe. Ein weiteres Schiller-Denkmal wurde 1862 in Mannheim aufgestellt. Es folgten viele in anderen Städten.

4 Denkmalschutzschild.
Die Grenzen von Denkmalorten werden seit 1985 durch diese Tafeln gekennzeichnet. Grundlage für die Aufstellung der Schilder ist eine internationale Übereinkunft „zum Schutz von Kulturgut bei bewaffneten Konflikten".

1. Erkundigt euch, wer Schiller war und warum Stuttgart, Mannheim und Weimar besondere Gründe hatten, den Mann zu ehren (Abb. 3).
2. Stellt fest, ob und wie in anderen Orten an Schiller erinnert wird.
3. Erstellt eine Liste von Personen und Ereignissen, auf die an eurem Schul- oder Wohnort durch Denkmäler hingewiesen wird. Informiert euch, warum sie geschaffen wurden, wann sie entstanden oder errichtet wurden.
4. Zu welchem Anlass hat die Post die Marke (Abb. 5) herausgebracht?
5. Sucht weitere Beispiele von Briefmarken mit historischen Motiven.

Den ersten Menschen auf der Spur

„So müsste es passen", murmelte Don vor sich hin. Er hatte dem angeregten Gespräch der anderen nicht zugehört, sondern auf den Knochen eines Unterarms gestarrt, den er in der Hand hielt. „Das ist wie ein Puzzle", meinte er schließlich und legte den Fund zu den anderen auf den Tisch.

Es war der 30. November 1974. Gemeinsam mit amerikanischen und französischen Forschern suchte Don im Nordosten Äthiopiens nach Überresten aus der Vorzeit der Menschen. Im Hintergrund leierte ein Tonband unablässig einen Hit nach dem anderen. Doch niemand hörte zu. Kein Wunder, denn was vor ihnen auf dem wackeligen Campingtisch lag, war viel interessanter. – Nein: Es schien eine Sensation. „Ich kann es noch gar nicht fassen." Tom nahm einen kräftigen Schluck aus der Dose. „Ich hätte das auch nicht gedacht, als wir heute Morgen loszogen", meinte Maurice. „Das Gebiet hier sah zwar ganz viel versprechend aus. Wir konnten brauchbare Funde aus einer frühen Zeit erwarten. Aber der hier übertrifft meine kühnsten Erwartungen. Ein so gut erhaltenes Skelett aus der Vorzeit hat vor uns noch keiner gefunden; rund ein Drittel aller Knochen ist erhalten." – „Lasst uns weitermachen", warf Don ungeduldig ein. „Fassen wir zusammen!" Er blickte auffordernd in die Runde: „Wir haben die Überreste eines weiblichen Lebewesens vor uns, etwa einen Meter groß, dreißig Kilogramm schwer. Der Unterkiefer und die langen Armknochen ähneln denen eines Schimpansen …"„Moment mal!", unterbrach Maurice. „Dass wir das bisher noch nicht bemerkt haben! Seht euch das einmal genauer an, das sind doch keine Affenknochen." Auch den anderen fiel es jetzt wie Schuppen von den Augen: „Der Winkel zwischen Becken- und Oberschenkelknochen sieht ganz anders aus als beim Affen. Dieses Wesen muss sich anders fortbewegt haben als ein Schimpanse. Es muss aufrecht gegangen sein wie ein Mensch."

Keiner sprach es aus, aber alle wussten, dass dies kein x-beliebiger Fund war. Diese Knochen eines vermutlich weiblichen Wesens würden sie berühmt machen. Nun gab es endgültig kein Halten mehr. Alle redeten durcheinander und prosteten sich gegenseitig zu. Als es zufällig für einen Augenblick ganz still wurde, hörten sie vom Tonband, das immer noch im Hintergrund lief, die Titelzeile des Beatles-Songs „Lucy in the Sky with Diamonds". In dem Augenblick schlug jemand übermütig vor: „Nennen wir sie doch einfach Lucy!"

Dieter Brückner

Urmenschen in Afrika vor über drei Millionen Jahren.
Zeichnung von John Gurche, 1986.

Wie alt ist der Mensch?

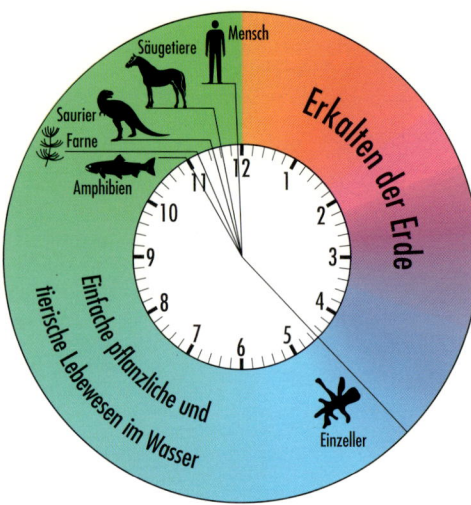

Die Erdzeituhr.
Eine Rechenaufgabe: Wir setzen das Alter der Erde (3 Milliarden Jahre) mit 12 Stunden gleich. Wie spät war es, als die ersten menschenähnlichen Wesen die Erde bevölkerten?

Am Anfang war …

Niemand weiß genau, wie die Erde entstand und wie alles Leben begonnen hat. Sicher scheint, dass unser Planet bereits seit etwa drei Milliarden Jahren (3 000 000 000) die Sonne umkreist. Am Anfang hatte die Erde weder eine feste Oberfläche, noch gab es Leben auf ihr. Allmählich trennten sich Gestein und Wasser. In den Meeren entwickelten sich vor drei bis vier Milliarden Jahren erste Lebewesen: Bakterien und Algen. Weitere 2 1/2 bis 1 1/2 Milliarden Jahre dauerte es, bis die ersten Tiere entstanden. Das zeigen heute **Fossilien**. Das sind versteinerte Reste urweltlicher Pflanzen und Lebewesen. Die ersten Tiere wagten sich vor etwa 400 Millionen Jahren an Land. Zwischen hohen farnartigen Pflanzen beherrschten im Erdmittelalter vor 230 bis 65 Millionen Jahren die Dinosaurier Land und Meer. Als sie ausstarben, gab es bereits viele Säugetiere und Vögel.

Und die ersten Menschen?

Seit etwa 30 Millionen Jahren leben Menschenaffen (*Primaten*) in den Regenwäldern Afrikas. Sie gelten als unsere Vorfahren. Die ältesten Überreste eines aufrecht gehenden menschenähnlichen Lebewesens (*Hominiden*) sind erst sieben Millionen Jahre alt. Sie wurden 2002 im Tschad (Zentralafrika) gefunden. Auch wenn sicher ist, dass diese **Urmenschen** von den Menschenaffen abstammen, so wissen wir immer noch nicht genau, wie unser letzter gemeinsamer Vorfahre aussah. Die Entwicklung vom Menschenaffen zum Urmenschen erklären die Wissenschaftler unter anderem mit einschneidenden Umweltveränderungen. Durch zunehmende Trockenheit waren die tropischen Regenwälder allmählich zurückgedrängt worden. Immer mehr Menschenaffen lebten daher am Rande der Wälder. Einige verließen sie, um ihr Auskommen an den nahrungsreichen Ufern der Flüsse und Seen zu finden. In den mit Büschen und wenigen Bäumen bestandenen Graslandschaften gewöhnten sich unsere frühesten Vorfahren an den aufrechten Gang.

Schimpanse, „Lucy" und ein Mensch von heute.
„Lucy" lebte vor 3,2 Millionen Jahren in Afrika. Beschreibe die Unterschiede.

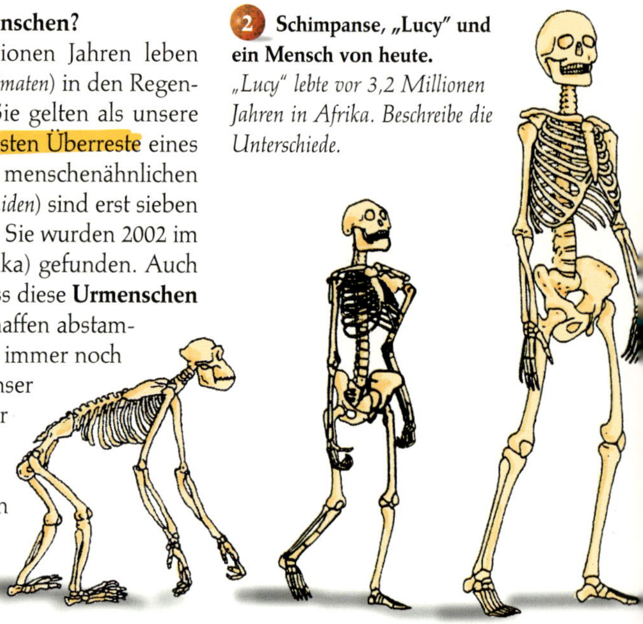

Fußpuren von Laetoli.
Bei Laetoli in Tansania (Ostafrika) wurden 1978 in vulkanischer Asche auf einer Länge von 25 m Fußabdrücke von Urmenschen und Tieren gefunden, die rund 3,5 Millionen Jahre alt sind.
Woran erkennt man, dass hier Menschen gegangen sind?

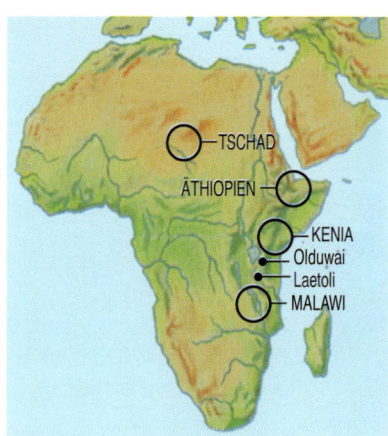

Fundorte von Urmenschen in Afrika.

Der Frühmensch und die Steine

Da unsere Vorfahren aufrecht gingen, konnten sie in ihrer Umgebung Nahrung und Gefahren besser und schneller erkennen. Außerdem hatten sie jetzt die Hände frei. Mit ihnen konnten diese **Frühmenschen** Gegenstände tragen und einfache Werkzeuge und Waffen aus Stein herstellen.

Die ersten sind zwischen 2,5 und 1,6 Millionen Jahre alt: Die Altsteinzeit hatte begonnen.

Faustkeile und Feuer

Die Frühmenschen lebten von Früchten, Nüssen, Wurzeln und Fleisch. Schnittspuren von Werkzeugen auf Tierknochen lassen erkennen, dass sie Klingen oder Schaber aus Stein benutzten. Zum wichtigsten Gerät der gesamten Steinzeit wurde der **Faustkeil**: ein Stein, der gut in der Hand lag und an zwei Seiten geschärft war.

Vor 1,5 Millionen Jahren gelang es den Frühmenschen, das Feuer zu beherrschen. Die ersten Hinweise darauf stammen aus Südafrika. Die Flammen boten den Frühmenschen Schutz vor Raubtieren, Licht bei Nacht, Wärme und die Möglichkeit, Nahrung durch Erhitzen bekömmlicher und haltbarer zu machen.

5 **Spitze eines Wurfspeeres.**
Alter etwa 370 000 Jahre; Material: Fichte; Gesamtlänge des Speeres: 2,50 m; Fundort: Schöningen (Niedersachsen).

6 **Vom Ur- zum Frühmenschen.**

Denken und sprechen

Wer jagt, Feuer macht und Werkzeuge anfertigt, muss planen und vorausdenken. Die Frühmenschen waren dazu in der Lage, weil ihr Gehirn größer und leistungsfähiger geworden war als das der Urmenschen. Auch eine Art Lautsprache entstand. Sie ermöglichte es, erfolgreich zusammen jagen und Informationen an andere weitergeben zu können. Sicher klang die Sprache der Frühmenschen anders als unsere. Denn der Kehlkopf und die Beweglichkeit der Zunge haben sich erst im Laufe der langen Entwicklungsgeschichte des Menschen so herausgebildet, dass wir sprechen können, wie wir es heute tun.

Der Frühmensch breitet sich aus

Auf der Jagd dehnten die Frühmenschen von Generation zu Generation ihren Lebensbereich immer weiter aus. Weil sie das Feuer beherrschten und Felle gejagter Tiere als wärmende Kleidung benutzten, waren sie vom Klima unabhängiger als ihre Vorfahren. So konnten die Frühmenschen in Gebieten leben, die weniger warm waren. Vor etwa zwei Millionen Jahren verließen die ersten Afrika und zogen nach Europa und Südostasien.

Die ältesten Funde von Frühmenschen in Europa wurden 1992/94 von Archäologen in Spanien gemacht. Sie sind knapp 1 Million Jahre alt. Bis dahin galt der 1907 in einer Kiesgrube in Mauer bei Heidelberg entdeckte Unterkiefer als das älteste Zeugnis eines Europäers. Weitere Funde von Frühmenschen stammen aus Bilzingsleben im Elbe-Saale-Gebiet (Thüringen). Sie sind rund 400 000 Jahre alt.

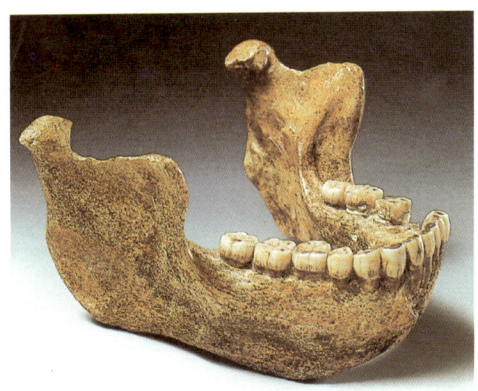

7 **Der Unterkiefer von Mauer bei Heidelberg.**
Alter: etwa 600 000 Jahre.
(Museum für Geologie und Paläontologie der Universität Heidelberg).

M 1 Ein Werkzeugmacher.
Zeichnung von John Richards.

M 2 Ein Steingerät entsteht.
Diese Werkzeuge konnten nur aus spaltbarem Gestein wie Quarzit und Feuerstein hergestellt werden.

M 3 Leben in der Frühzeit
Der Ur- und Frühgeschichtsforscher Hansjürgen Müller-Beck zeichnet ein Lebensbild der Frühmenschen in Olduwai (Tansania) vor rund zwei Millionen Jahren:

Noch einmal schaut sich die junge Oldowan-Frau um. Ihr Partner verschwindet mit seinem Freund schnellen Schrittes im hohen Steppengras. Seine neue
5 Lanze, die gestern fertig wurde und von der so viel abhängt, trägt er geschultert. Die Frau zieht ihre zweitgeborene Tochter näher an sich heran und stillt sie. Das erste Kind war nur einen
10 Sommer lang am Leben geblieben. Die junge Mutter bricht mit ihren zwei Schwestern und einem etwas älteren Mädchen zum Graben von Knollen auf, die sie in ihren Fellbeuteln zurück
15 zu den Windschirmen unter dem großen Schutzbaum bringen werden, in dem man die Nacht gemeinsam in Baumnestern verbringt. Alle drei wagen sich mit ihren beiden Kindern nicht
20 über die Sichtdistanz zum Lager hinaus. Den jungen Leoparden, der sich plötzlich an das ältere grabende Mädchen heranpirscht, bemerken sie erst, als er zum letzten Sprung ansetzt. Der
25 abwehrende Stoß mit dem Grabstock ist aber zu schwach, so dass es dem Tier gelingt, sich im Arm der Verteidigerin zu verbeißen. Doch das war sein letzter Angriff. Es verendet unter den
30 jetzt rascheren Stößen der sich wehrenden Frauen. Das Graben wird abgebrochen. Sie eilen in das Lager zurück, um die Wunde am Arm zu versorgen und die Blutung zu stillen. Die alte Mutter
35 hat dafür einen Kräutervorrat bereit, der nach einigen Stunden Auflegen wirklich hilft.

Hansjürgen Müller-Beck, Die Steinzeit. Der Weg der Menschen in die Geschichte, München ³2004, S. 41 f.

M 4 Werkzeuge.
Links ein 1,7 Millionen Jahre altes Hackwerkzeug aus Geröllstein, rechts ein 1 Million Jahre alter Faustkeil.

1. Was könnten die Frauen abends am Lagerfeuer den zurückkehrenden Männern berichtet haben? Erzählt die Geschichte von Hansjürgen Müller-Beck (M 3) zu Ende.
2. Über die Aufteilung der täglichen Arbeiten zwischen Männern und Frauen in der Frühzeit haben wir keine Quellen. Trotzdem vermuten wir bei den Geschlechtern bestimmte Verhaltensweisen und Aufgaben. Sucht Erklärungen dafür.

Wie kam die Steinzeitaxt nach …?

Immer wieder melden unsere Zeitungen überraschende Funde. Dann haben aufmerksame Baggerführer in Baugruben vielleicht wertvolle Zeugnisse der Vergangenheit entdeckt oder Wanderer einen besonderen Fund gemacht.
Nach Spuren menschlichen Lebens suchen ist Aufgabe der Archäologen. Diese Forscher benutzen dazu nicht nur den Spaten. Sie setzen heute vor allem technische Geräte wie Metallsuchgeräte ein, um beispielsweise Münzen unter der Erde zu entdecken. Oder sie werten Luftbilder* aus: Wachsen Pflanzen an einer Stelle auffällig anders als in der Umgebung oder lassen sich bestimmte Merkmale auf dem Erdboden erkennen, so kann dies auf menschliches Leben in weit zurückliegender Zeit hinweisen.

* Siehe hier Abb. 2, Seite 30.

Aus der Erde ins Museum

Bereits während einer Grabung werden die Funde ausgewertet, also gereinigt, beschrieben und datiert. Oft sind Fundstücke zerbrochen oder nur teilweise erhalten. Dann versuchen Fachleute sie zu restaurieren, also in ihrer ursprünglichen Form zusammenzusetzen und dabei die vielleicht fehlenden Teile zu ergänzen. So wissen wir dann wieder ein bisschen mehr über unsere Vorfahren. Waren die Funde bedeutend, werden sie in Museen gezeigt.

1 Fund und Restauration.
Die Scherben sind etwa 5000 Jahre alt. Bei der Restaurierung des Gefäßes mussten fehlende Teile ergänzt werden.

Mit dem Spaten forschen

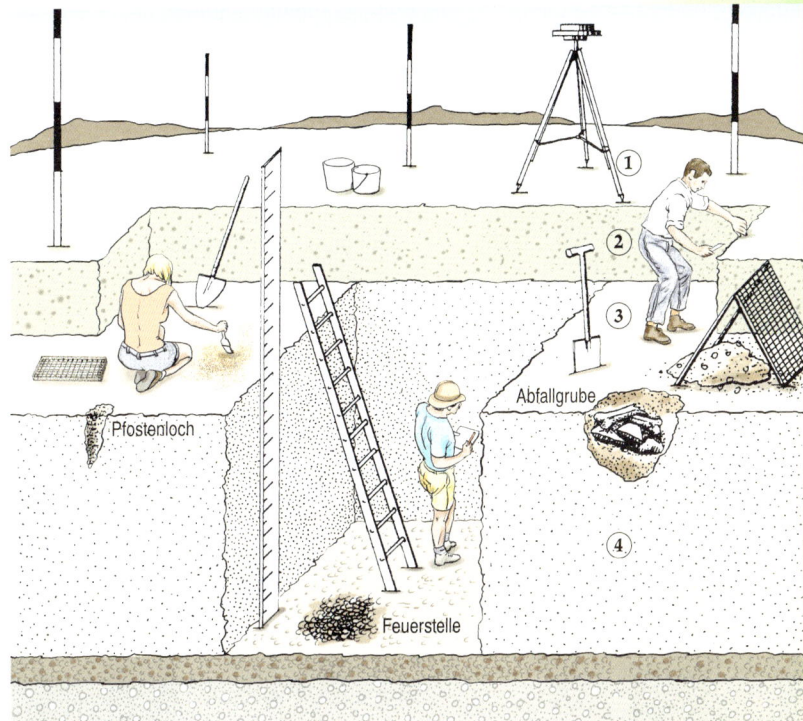

2 Wie arbeiten Archäologen?

Das Grabungsgelände wird vermessen (1), gekennzeichnet und in Quadrate eingeteilt. Die oberen Erdschichten werden Zentimeter für Zentimeter abgetragen (2), bis erste Funde auftauchen. Die gelockerte Erde wird gesiebt (3) um auch besonders kleine Gegenstände nicht zu übersehen. Gräbt man tiefer, zeigen sich an den Wänden unterschiedliche Farben der Erde, die genau untersucht werden (4). Alle Funde werden mit feinen Werkzeugen wie Spitzkellen, Zahnarzthaken, Pinseln und Kehrblechen vorsichtig freigelegt, fotografiert, in ein Grabungstagebuch und eine Grabungskarte eingetragen sowie zur Auswertung ins Labor gebracht.

*Ist die Grabung beendet, gilt es, die einzelnen Funde zu **datieren**, d.h. ihr Alter festzustellen. Dazu gibt es verschiedene Methoden. Erste Hinweise auf das Alter der Funde gibt uns die Folge der Schichten im Boden. Im Allgemeinen liegen ältere Funde tiefer im Boden als jüngere. Erdforscher (Geologen) helfen dabei, das Alter der Erd- bzw. Gesteinsschichten zu bestimmen. Biologen können aus aufgefundenen winzigen Blütenstaubkörnern (Pollenkörnern) feststellen, welche Bäume, Sträucher, Gräser und Blumen in der jeweiligen Zeit wuchsen.*

1. Nenne die Hilfsmittel der Archäologen und bestimme ihre Aufgaben (M 2).
2. Auf der Zeichnung (M 2) weisen mehrere Funde auf menschliches Leben hin. Nenne sie.
3. Findet heraus, welche Ausbildung ein Archäologe braucht.
4. Bei Bauarbeiten stößt ein Bagger auf einen archäologischen Fund. Die Baufirma will weiter buddeln, doch die Archäologen möchten die Funde mit einer Notgrabung retten. Bereitet ein Rollenspiel vor, indem sich Bauarbeiter und Ausgräber gegenüberstehen.
5. Vielleicht läuft gerade in eurer Umgebung eine Grabung. Erkundigt euch im Rathaus oder beim Amt für Denkmalpflege.

Von Neandertalern und anderen Menschen

1 Neandertaler.
Rekonstruktion* von Elisabeth Daynès, 1996.

*Rekonstruktion: Versuch, etwas in seinem ursprünglichen Zustand aus einzelnen bekannten Teilen bis in Einzelheiten genau nachzubilden oder wiederherzustellen.

Das Ende der Eiszeiten
Vor etwa einer Million Jahren war Mitteleuropa mit einer dicken Eisschicht bedeckt, die sich vom Nordpol bis an den Rhein erstreckte. Die riesigen Gletscher verschwanden allmählich, als es wärmer wurde. Mehrfach wechselten sich „Kaltzeiten" mit „Warmzeiten" ab. Sie veränderten die Pflanzen- und Tierwelt. Solche Phasen hielten Tausende von Jahren an: Die letzte Eiszeit in Mitteleuropa dauerte etwa von 75 000 bis 10 000 v. Chr.

Ein besonderer Fund
Im Jahre 1856 fanden Arbeiter in einem Steinbruch im Neandertal bei Düsseldorf Skelettreste. Erst viele Jahrzehnte später, als Forscher die Knochen aus dem Neandertal mit anderen alten Skelettresten verglichen, erkannten sie, dass sie etwa 70 000 Jahre alt sind und zu einem frühen Menschentyp gehören. Diese Menschenart erhielt den Namen **Neandertaler***. Inzwischen sind in Europa und im Nahen Osten etwa 300 Überreste von Neandertalern gefunden worden. Die ältesten sind 130 000 Jahre alt.

Primitive Ungeheuer?
Die Neandertaler hatten sich den kalten Lebensbedingungen unseres Kontinents angepasst. Ihre Körper waren kleiner und kräftiger als unsere. Sie erreichten meist nur eine Größe von 1,60 m, wogen dafür aber 75 kg. Sie waren daher unempfindlicher gegen Kälte als wir. Ihr Mund und ihre Zähne waren kräftiger als unsere. Sie verwendeten Steinwerkzeuge und bearbeiteten Knochen, Geweih und Elfenbein. Sie konnten gut sprechen. Selten wurden sie älter als 40 Jahre. Anhand von Knochenfunden konnten Wissenschaftler nachweisen, dass einige Neandertaler für Alte und Gebrechliche sorgten.

* Wissenschaftler schreiben den Neanderthaler noch wie im 19. Jh. mit „th".

Die Neandertaler sterben aus
Von den Neandertalern kennen wir keine Überreste, die jünger als 27 000 Jahre sind. Aus späteren Zeiten wurden nur Überreste des **Jetztmenschen*** gefunden. Er kam aus Afrika und war vor etwa 40 000 Jahren nach Europa eingewandert. Sein Körperbau und seine Schädelform stimmen mit unseren weitgehend überein. Diesem Jetztmenschen gelang es, sich über die Erde auszubreiten. Mit dem Neandertaler hat er einige Jahrtausende nebeneinander gelebt, sich jedoch wahrscheinlich nicht mit ihm vermischt.

* Der lateinische Fachname lautet: homo sapiens sapiens (dt. der einsichtige, verständige Mensch).

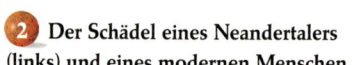

2 Der Schädel eines Neandertalers (links) und eines modernen Menschen.

■ **Internettipp** → *Mehr über die Entwicklung des Menschen könnt ihr unter www.neanderthal.de finden.*

---

1. Stelle dir vor, du könntest den Neandertaler (Abb. 1) in seiner Umwelt lebendig werden lassen. Erzähle, was du erlebt hättest, wenn du ihn einen Tag begleitet hättest.
2. Überlegt, welche Bedeutung die Fähigkeit zu sprechen für das Zusammenleben in einer Gruppe hat.

Leben wie in Sibirien

Die Jetztmenschen behaupteten sich in einer eiszeitlichen Umwelt. Damals hatten wir in Mitteleuropa wohl ein Klima und eine Pflanzen- und Tierwelt wie noch heute in Sibirien: Nur in den geschützten Tälern wuchsen Kiefern, sonst bestimmten Birken und verkrüppeltes Buschwerk die Landschaft. Mammuts und Wollnashörner, vor allem aber Elch-, Rentier- und Wildpferdherden durchstreiften das Land. Neben den Schneehasen und Schneehühnern waren diese Tiere die bevorzugte Beute der Menschen, die ihnen von Löwen, Wölfen, Bären und Hyänen streitig gemacht wurde. Fische bereicherten die Speisekarte.

Jagen und sammeln

Um unter solchen Bedingungen überleben zu können, mussten die Menschen ausgezeichnete Jäger sein. Die Jetztmenschen entwickelten neue Techniken: Sie schufen die ersten Speerschleudern, Harpunen und Angelhaken und begannen vor etwa 12 000 Jahren auch mit Pfeil und Bogen zu jagen. Die größten Erfolge erzielten sie, wenn es ihnen gelang, ganze Herden in Engpässe zu treiben.

Neben dem Jagen und Fischen blieb das Sammeln von Beeren, Wurzeln, Pilzen und Eiern wichtig für die Ernährung.

Wohnen, arbeiten und kleiden

Die Menschen der Eiszeit waren Nomaden: Sie zogen ein Leben lang der Nahrung hinterher. Im Sommer lebten sie vor allem in zeltartigen Behausungen, die sie an Seen, Flüssen und in Tälern aufschlugen. Im Winter suchten sie Schutz in Höhlen oder unter überhängenden Felsen.

Vor und in den Höhlen und Zelten wurde gearbeitet. Hier fanden Forscher Knochen- und Geweihreste der erbeuteten Tiere sowie Abschläge und Klingen aus Stein. Es wurden auch Aschenreste untersucht. Sie bestehen zu großen Teilen aus verkohlten Tierknochen. Damals mussten die Menschen auch Knochen als Heizmaterial verwenden, da nicht genug Bäume vorhanden waren. Wie sich die Menschen während der Eiszeit kleideten, wissen wir nicht genau. Vermutlich bildete Leder die Grundlage. Die Bekleidung bestand wahrscheinlich aus geschlossenen Oberteilen, Hosen, Kapuzen und festen Schuhen. Beweise für genähte Kleidung sind Nähnadeln aus Knochen. Aus Grabfunden geht hervor, dass die Kleidung verziert war: Es gab Anhänger aus Elfenbein, Tierzähnen und -knochen. Sie waren wohl auf das Leder genäht.

④ Der Jetztmensch breitet sich aus.
Die Zahlen bedeuten Jahre.

⑤ Durchlochter Zahn eines Bären.
Länge: 6 cm; Alter: etwa 15 000 Jahre; Fundort: Kesslerloch bei Thayngen (Kanton Schaffhausen); ausgestellt im Rosengartenmuseum, Konstanz.
Teil einer Halskette. Warum hat man den Zahn wohl getragen?

③ Harpunenspitze.
Material: Knochen; Länge: 15 cm; Alter: etwa 12 000; Fundort: Kesslerloch bei Thayngen (Kanton Schaffhausen); ausgestellt im Rosengartenmuseum, Konstanz.

Geritzt, gemalt und geformt

Erst die Jetztmenschen entwickelten offensichtlich das Bedürfnis und die Fähigkeit, Dinge und Gedanken auch darzustellen. Sie malten und ritzten vor etwa 35 000 Jahren die ersten Tiere und Menschen auf Höhlenwände, schnitzten Figuren aus Knochen und Elfenbein, schufen sie aus Stein oder formten sie aus Lehm. Diese Höhlenmalereien und Figuren gelten als die ersten Kunstwerke.

2 Höhlenmalerei in der 1994 entdeckten Grotte Chauvet in Frankreich.
Foto, um 1995.
Das Alter der Bilder wird auf über 30 000 Jahre geschätzt. Heute sind mehr als 300 Höhlen mit Bildern bekannt, die meisten befinden sich in Südfrankreich und Nordspanien. Für die Höhlenbilder wurde Ocker (gelb), Rötel (rot), Mangan, Kohle (schwarz) und Kalzit oder Kaolin (weiß) verwendet, die in fester oder in zerriebener Form als Pulver aufgetragen wurden. Die meisten Bilder befinden sich tief in den Höhlen, wo niemals Tageslicht einfiel. Nenne mögliche Gründe dafür.

Viele Rätsel

Was mag die Menschen damals dazu veranlasst haben, sie herzustellen? Möglicherweise wollte man mit ihnen die Zukunft beeinflussen, das Jagdglück beschwören oder bestimmte Ereignisse festhalten. Viele Interpretationen lassen die Mischwesen mit menschlichen und tierischen Merkmalen zu. Stellen sie Gottheiten dar oder Zauberer (Schamanen)?

■ **Internettipp →** *Über die berühmte Höhle von Lascaux in Südfrankreich findest du Informationen unter www.culture.fr./culture/arcnat/lascaux/de*

1 Wildpferd.
Figur aus der Vogelherdhöhle (Schwäbische Alb). Material: Mammutelfenbein; Länge: 4,8 cm; Höhe: 2,5 cm; Alter: zwischen 35 000 und 30 000 Jahre (Universitätssammlung Tübinger Schloss).

3 „Löwenmensch".
Figur aus einer Höhle im Lonetal bei Ulm. Material: Mammutelfenbein; Größe: 28 cm; Alter: ca. 32 000 Jahre (Ulmer Museum).

M 1 Wie die Eiszeitjäger wohnten.
Nachbau eines Zeltes, das vor etwa 15 000 Jahren in Gönnersdorf am Rhein zwischen Bonn und Koblenz stand.

M 4 Vogeljagd am Rhein vor 12 000 Jahren.
Landschaftsrekonstruktion von Dietrich Evers, 1978.
Auf und am Wasser lebten Schwan, Gans und Ente.
Der Jäger benutzt für die Vogeljagd eine Speerschleuder.

M 2 Was ein Forscher herausfand
Über einen Fund in Gönnersdorf (Kreis Neuwied) schreibt der Forscher Gerhard Bosinski:

Die größeren Bauten (Durchmesser 6-8 m) hatten senkrecht aufgehende Wände und ein von einem Mittelpfosten getragenes kegelförmiges Dach. Die Abdeckung von Wand und Dach bestand wahrscheinlich aus Pferdefellen, im Inneren war eine Feuerstelle. In einer Behausung von Gönnersdorf lag neben der Feuerstelle ein Mammut-Oberschenkel, der ursprünglich aufrecht gestanden hatte und die Stütze einer Grillvorrichtung war. Dicht neben der Feuerstelle war ein Rengeweih so eingegraben, dass die Zacken der Schaufel eine Gabel über dem Feuer bildeten. Zur Beleuchtung dienten Steinlampen, in deren Höhlung sich Fett und ein Docht befanden. Der Docht bestand vermutlich aus einem Wacholderzweig. Platten aus Quarzitstein sind erhitzt worden; vielleicht um darauf Fleisch zu braten.
Im Innenraum der Häuser hat man mehrere kleine Gruben ausfindig gemacht, die vermutlich mit Leder ausgekleidet waren und als Kochgruben dienten, in denen Flüssigkeit durch erhitzte Quarzgerölle* zum Sieden gebracht werden konnte.

http://ss1000eo.fh-koblenz.de/koblenz/ remstecken/ rhine98/ Rheinlan.../naturlandschaft.ht vom 5.5.99 (vereinfacht)

*__Quarzgerölle__: Kieselsteine

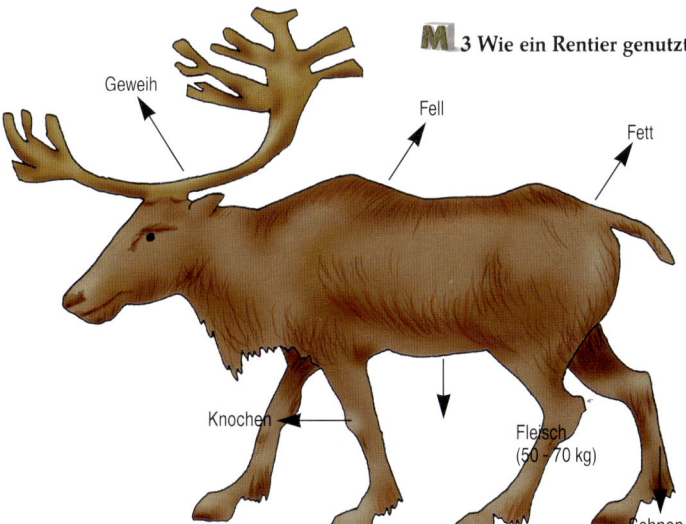

M 3 Wie ein Rentier genutzt wurde.

1. Beschreibe, wie die Eiszeitmenschen wohnten und wovon sie sich ernährten (siehe Lehrbuchtext und M 1 bis M 4).
2. Erstelle eine Tabelle, in die du den Verwendungszweck von Geweih, Fell, Fett, Knochen, Fleisch und Sehnen einträgst. Berücksichtige dabei den Lehrbuchtext sowie M 1 und M 2.

PROJEKT

Steinzeit heute?

Noch heute leben in einigen entlegenen Gebieten der Erde Menschen scheinbar unbeeinflusst von der modernen Welt. Sie laufen fast unbekleidet herum, schlafen in Hütten, jagen mit Pfeil, Bogen oder Speer, sammeln Nahrungsmittel im Wald, benutzen Geräte aus Stein, Holz oder Knochen und entfachen Feuer durch Quirlen von Holz auf Holz. Leben diese Menschen noch in der „Steinzeit"?

Nein. Auch diese „Naturvölker" mussten sich immer wieder Herausforderungen stellen, ihr Umfeld neu gestalten und ihr überliefertes Wissen erweitern. Aber sie haben diese Veränderungen nicht aufgeschrieben. Bis heute halten sie an Werkzeugen aus Stein oder Pfeil und Bogen fest. Sie können nach wie vor in ihrer Umgebung überleben und brauchen keine neue Technik. Ihre Lebensweise passte sich der sich wandelnden Umwelt an, die sie in der Regel planvoll nutzen und pfleglich behandeln – im Gegensatz zu den Menschen der Industriegesellschaft, die die Natur lange Zeit nur ausgebeutet haben.

Heute sind viele „Naturvölker" bedroht. Ihre Lebensräume werden durch den Abbau von Bodenschätzen, den Straßenbau, die Anlage von Staudämmen, Flugplätzen und vieles andere mehr tief greifend verändert oder zerstört. Der Kontakt zu den Industriegesellschaften bedroht nicht nur ihren Lebensraum, sondern auch ihr geistiges, religiöses und künstlerisches Leben, kurz: ihre **Kultur**.

Eine Pygmäenfamilie.

Inuit („Eskimo") beim Bau eines Iglu.

Buschleute in der Kalahari.

Aborigines mit Bumerang.

Ein Papua macht Feuer.

Yanomami mit Pfeil und Bogen.

M 1 „Naturvölker der Gegenwart". *Eine Auswahl.*

1. Wähle ein in M 1 genanntes Volk aus und stelle fest, in welchem Land es lebt. Suche das Land in einem Atlas und informiere dich über die Lebensbedingungen. Überlege, warum die Menschen dort ihre Lebensweise beibehalten konnten.
2. Würde es dich reizen, einmal ein paar Tage in einem „Naturvolk" zu leben? Was glaubst du, von den Menschen lernen zu können? Was würdest du ihnen beibringen wollen?
3. Sucht Informationen über Ernährung, Wohnweise, Glaubensvorstellungen und den Umgang mit der Natur einzelner Naturvölker.
4. Informiert euch bei der „Gesellschaft für bedrohte Völker" (Postfach 2024, 37010 Göttingen [www.gfbv.de]) an einem Beispiel über die Gefahren, denen ein „Naturvolk" ausgesetzt ist.

Das Leben wandelt sich

Von Wildbeutern zu Bauern

Mehrere hunderttausend Jahre hatten die Menschen ihre Lebensweise als Jäger und Sammler kaum verändert. Das änderte sich vor etwa 12 000 Jahren allmählich, die Jungsteinzeit (*Neolithikum*) begann. Unsere Vorfahren wurden sesshaft. Was aber veranlasste sie, nicht mehr umherzuziehen? Warum rodeten sie Wälder, errichteten Häuser, bauten Getreide an und züchteten Vieh?

Eine Rolle bei dieser tief greifenden Umwälzung dürfte das Klima gespielt haben. Nach dem Ende der letzten Eiszeit bedeckten bei uns große Wälder die vom Eis befreite Erde. In ihnen lebten Rehe, Hirsche und Bären. Da diese Wälder nur schwer zu durchwandern waren, ließen sich immer mehr Menschen dauerhaft an Fluss- und Seeufern nieder.

Die Bevölkerung wuchs. Es wurde schwieriger, Lebensmittel für alle zu beschaffen. Die Jäger und Sammler benötigten etwa einen Quadratkilometer Land, um einen Menschen satt zu machen, durch Ackerbau und Viehzucht jedoch konnten auf derselben Grundfläche etwa 20 Personen ernährt werden.

Entwicklungshilfe aus dem Orient?

Wie verlief der Wandel vom Jäger- und Sammlerleben zum sesshaften Bauerndasein?

Wir wissen aus archäologischen Funden, dass die ersten Bauern und Viehzüchter vor etwa 8 000 Jahren aus dem „Fruchtbaren Halbmond" im Vorderen Orient nach Griechenland zogen.* Kurze Zeit später drangen sie auf der Suche nach fruchtbaren Böden von Südosteuropa entlang den großen Flüssen ins übrige Europa vor.

Die ersten Ackerbauern, Viehzüchter und Töpfer sind in Mitteleuropa vor 7 500 Jahren nachweisbar. Natürlich waren nicht alle Bauern zugewandert. Wir können davon ausgehen, dass die einheimischen Wildbeuter die neuen Lebens- und Arbeitsformen übernahmen.

*Siehe die Karte auf Seite 26.

1 Leben vor etwa 7 000 Jahren im Rheinland.
Rekonstruktionsgemälde von Fritz Wendler auf der Grundlage von Ausgrabungen der neolithischen Siedlung in Köln-Lindenthal. Was erfährst du über
- *Ernährung und Kleidung,*
- *Baumaterial der Häuser,*
- *Schutzbedürfnis der Bewohner und*
- *Arbeitsteilung zwischen Männern und Frauen?*

Lange Zeit werden Jäger und Sammler sowie Bauern nebeneinander gelebt haben. Diese Nachbarschaft war sicher nicht frei von Spannungen, da die einen den Lebensraum der anderen zunehmend einengten.

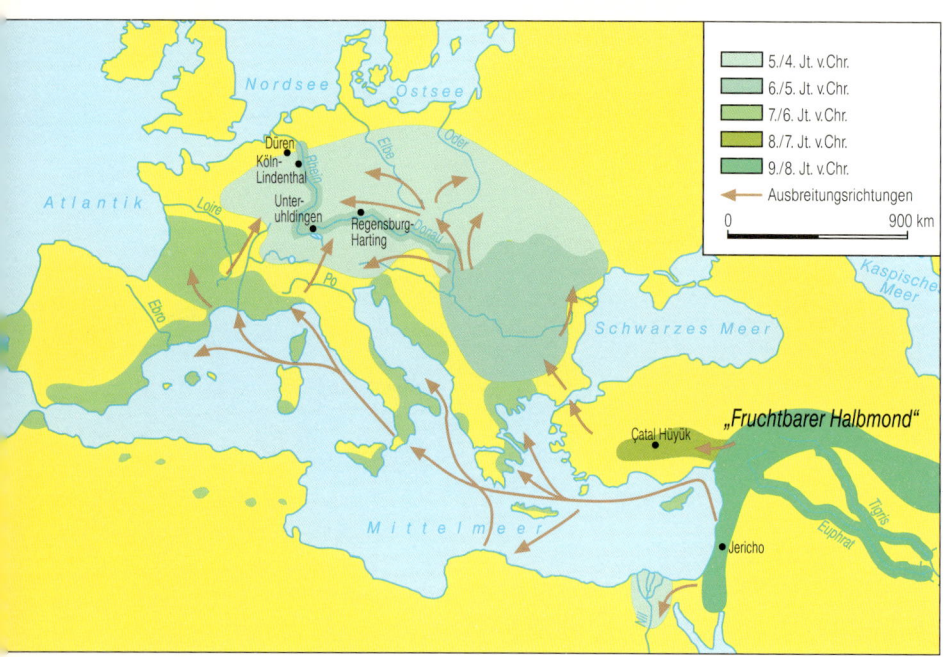

2 Die bäuerliche Wirtschaftsweise breitet sich aus.
Ein Beispiel für die Arbeit mit Karten findest du auf Seite 66.

Ackerbau und Viehzucht

Zahlreiche Neuerungen der Jungsteinzeit wurden im Vorderen Orient entwickelt. Dort hatte man vor 12 000 Jahren erkannt, dass die Körner von Getreide auskeimen, wenn sie in Erdgruben gelagert werden. Diese Beobachtung mag die Menschen zur Aussaat von Getreide veranlasst haben. Auch die ersten Viehherden und die Zucht von Haustieren lassen sich in dieser Gegend nachweisen. Wahrscheinlich waren sie das langfristige Ergebnis von Jagden, bei denen Jungtiere eingefangen worden waren. Die jagenden Menschen haben vermutlich erkannt, dass sich vor allem Ziegen, Schafe, Schweine und Rinder rasch an sie gewöhnten.

Einige Tiere erwiesen sich nicht nur als „lebende Fleischreserven", sondern auch als dauerhafte Woll- und Milchlieferanten. Aus Jägern wurden Hirten, die mit ihren Herden herumzogen, oder sesshafte Bauern, die Tiere hielten.

Neue Werkzeuge und Geräte

Mit Ackerbau und Viehzucht entstanden viele neue Werkzeuge und Geräte: Für den Feldbau wurden Holzspaten und -pflug entwickelt. Sicheln mit scharfen Feuersteinklingen erleichterten die Ernte. Hacke und Beil mit geschliffenen Steinen halfen bei der Holzbearbeitung. Das Korn und andere Vorräte lagerte man nicht mehr in Gruben, sondern in auf Töpferscheiben geformten Gefäßen aus gebranntem Ton (*Keramik*). Aus Schafwolle oder Flachsfasern wurden Fäden gesponnen und mit einfachen Webstühlen Stoffe gewebt.

Rad und Wagen

Mit der Erfindung des Rades und rollender Wagen vor etwa 5500 Jahren beschleunigte sich der Austausch von Waren und Kenntnissen. In Norddeutschland fanden Archäologen in Moorgebieten lange Holzbohlenwege, die vor fast 7000 Jahren angelegt worden waren.

3 Jungsteinzeitliche Keramik aus Dittingheim (Baden-Württemberg).
Wegen der Muster erhielten die Gefäße die Bezeichnung Schnurkeramik.

Selbstversorger

Um den Lebensunterhalt zu sichern, wurde in einer Gruppe vermutlich alles, was man brauchte, selbst hergestellt. Jeder Haushalt produzierte seine Töpferwaren, seine Werkzeuge und seine Stoffe selbst. Überschüssige Nahrungsmittel oder Fertigwaren tauschte man vielleicht bei den Nachbarn, in der nächsten Siedlung oder bei Händlern gegen andere Dinge ein. Seltene oder sehr begehrte Rohstoffe, etwa Feuerstein für Werkzeuge oder Muscheln für Schmuck, wurden so über weite Entfernungen gehandelt.

Im Vorderen Orient begannen die Menschen, sich in großen Siedlungen niederzulassen. Zu den ältesten stadtähnlichen Anlagen gehören das vor etwa 9 000 Jahren errichtete Jericho im Westjordanland und die Siedlung Çatal Hüyük in Anatolien.*

Die erste Revolution in der Geschichte

Der im Vergleich zur gesamten Steinzeit rasche und folgenreiche Übergang von der aneignenden zur produzierenden Wirtschaftsweise wurde von Historikern als neolithische Revolution bezeichnet, d. h. als eine grundlegene Veränderung der bisherigen Lebensweise. Die Jungsteinzeit endete, als die Menschen Metalle herstellen und bearbeiten lernten. Dies begann im Vorderen Orient etwas früher als auf dem europäischen Kontinent. Zeuge des Übergangs von der Stein- zur Metallzeit ist die 1991 in den Ötztaler Alpen gefundene Mumie, die heute allgemein „Ötzi" genannt wird.

*Siehe M 6, Seite 28.

---

1. Liste die Neuerungen der neolithischen Revolution auf mit den Vorteilen, die sie den Menschen bringen.
2. Welcher Vorgang wird auf der Karte dargestellt (Abb. 6)? Durch welche Mittel gelingt es dem Zeichner, einen genauen Verlauf anzuzeigen?
3. Stellt euch vor, eure Klasse soll an einem Experiment teilnehmen und ein Jahr lang wie die Menschen in früheren Zeiten leben. Ihr habt die Wahl, entweder Jäger und Sammler oder aber Bauern der Jungsteinzeit zu sein. Wofür entscheidet ihr euch?

M 1 Weizen zum Vergleich.
Von links nach rechts: wilder Weizen – gezüchteter Weizen aus der jüngeren Steinzeit – moderner Weizen.

M 2 Reib- und Mahlstein.
Dieser Fund stammt aus dem Irak und ist zwischen 9000 und 6000 Jahre alt.

M 5 Backofen, etwa 4500 Jahre alt.
Rekonstruktionszeichnung nach einem Fund aus dem Moordorf Taubried (Federseemoor).

M 4 Die Erfindung des Brotes
Der Historiker Lewis Mumford schreibt:

Der Getreideanbau war von einer ebenso radikalen Neuerung in der Zubereitung von Nahrung begleitet: der Erfindung des Brotes. […]

5 Das tägliche Brot brachte eine Sicherheit in der Nahrungsversorgung, wie sie nie zuvor möglich gewesen war. Trotz Ertragsschwankungen infolge von Überschwemmungen oder Dürre 10 sicherte der Getreideanbau dem Menschen die tägliche Nahrung, sofern er ständig und fortlaufend arbeitete, während er des Wildes und des Jagdglücks nie sicher sein konnte. Mit Brot 15 und Öl, Brot und Butter oder Brot und Speck hatte die neolithische Kultur die Basis einer ausgewogenen, kalorienreichen Ernährung, die nur frischer Gartenprodukte bedurfte, um völlig adä- 20 quat* zu sein.

<small>Lewis Mumford, Mythos der Maschine. Kultur, Technik und Macht, übers. von Liesl Nürenberger und Arpad Hälbig, Wien 1974, S. 166</small>

* adäquat: angemessen

■ **Internettipp** → *www.brotmuseum-ulm.de*

M 3 Haubenfladen aus der jüngeren Steinzeit.
Nachbildung aus dem Museum der Brotkultur, Ulm.
So könnte das Brotbacken vor 7000 Jahren abgelaufen sein: Zuerst wurde das Korn aus Emmer (eine Weizenart), Einkorn oder Zwergweizen zu Mehl geschrotet, also zerquetscht. Danach vermengte man es mit Wasser, Sauerteig (einer Art Hefe) und Salz zu einem Teig, der zu einem Fladen geformt und auf einen Backteller gelegt wurde.

1. Vergleiche die Ähren (M 1).
2. Beschreibe die Arbeiten von der Aussaat an, die eine jungsteinzeitliche Familie durchführen musste, bis sie Brot essen konnte (M 2, M 3 und M 5).
3. Besorgt euch Getreidekörner und Steine. Mahlt die Körner wie vor 7000 Jahren und berichtet von den Erfahrungen.
4. Nenne die besonderen Vorteile des Brotes für die Ernährung (M 4).

6 Çatal Hüyük in Anatolien (Türkei). *Computersimulation eines Teiles der Siedlung von Burkhard Detzler, um 1996.*
Diese jungsteinzeitliche Ansiedlung entstand vor etwa 9000 Jahren und gilt als eine der ältesten Städte. Die Zahl der Bewohner wird auf bis zu 10 000 geschätzt. Die Häuser wurden aus luftgetrockneten Lehmziegeln errichtet, die Wände und das Dach mit Lehm verputzt. Der Grundriss dieser Häuser beträgt durchschnittlich 6 x 4,5 m, die Höhe 3 m. Im Gegensatz zu den später entstandenen Städten an Euphrat und Tigris (siehe dazu Seite 66) gab es in Çatal Hüyük keine großen öffentlichen Bauten wie Tempel. Die Siedlung hatte keine Straßen und große Plätze, der „Verkehr" lief über die flachen Dächer der einstöckigen Häuser.

7 Siedlung in Regensburg-Harting. *Modell eines Wohnplatzes (Ausschnitt).*
In Mitteleuropa wurden vor etwa 8 000 Jahren erstmals Häuser errichtet. Sie waren zwischen 25 und 35 m lang, 6 bis 8 m breit und vermutlich 5 m hoch. Die Wände dieser Langhäuser bestanden aus lehmverputztem Flechtwerk. Ein Dorf hatte in der Regel 4 bis 6 Häuser.

8 Nachgebautes Pfahlbaudorf in Unteruhldingen am Bodensee. *Foto von 1996.*
Der Grundriss der Häuser betrug ohne Vorplatz etwa 4 x 6 m. Sie standen zum Schutz vor Hochwasser auf den langen Holzpfählen am Ufer und nicht, wie lange Zeit angenommen, mitten im Wasser. Neben diesem Häusertyp gibt es Pfahlbauten, deren Fußboden direkt auf dem Grund auflag. Am Bodensee sind zwischen 4 000 und 850 v. Chr. nur Pfahlbauten nachgewiesen.

● **Exkursionstipps** → Federseemuseum, Bad Buchau (Kreis Biberach); Pfahlbaumuseum, Uhldingen-Mühlenhofen-Unteruhldingen (Bodenseekreis); Archäologisches Landesmuseum, Außenstelle Konstanz.

■ **Internettipp** → www.pfahlbauten.de

1. Welche unterschiedlichen Baumaterialien wurden verwendet (M 1 bis M 3)?
2. Wie haben sich die Wohnverhältnisse seit der Eiszeit verändert? Vergleiche M 1 und M 2 mit M 1, Seite 23.

9 Ötzi – der „Mann aus dem Eis"

Zwei Wanderer aus Nürnberg entdecken auf einer Bergtour am 19. September 1991 im Eis der Ötztaler Alpen in 200 Meter Höhe eine Leiche. Fachleute stellen später fest, dass es sich um einen Mann handelt, der zwischen 3350 und 3100 v. Chr. gelebt hat. Das Eis hatte die Leiche über 5 000 Jahre lang „konserviert".
Walter Leitner vom Institut für Ur- und Frühgeschichte der Universität Innsbruck informiert uns über den Fund:

Der Körper

Bis auf eine Verletzung im Hüftbereich ist der 1,60 Meter große Körper praktisch unversehrt. Zu den Besonderheiten der Mumie zählen mehrere lineare Tätowierungszeichen, die vermehrt im Bereich des Fuß- und Kniegelenks sowie der Waden und Lenden festgestellt wurden. Es handelt sich um die ältesten nachweisbaren Zeichen dieser Art, die vermutlich als medizinische Markierungsstellen für die Behandlung von rheumatischen Krankheiten angebracht wurden.

Die Bekleidung

Der Mann im Eis trug Schuhe, Beinkleider, Lendenschurz, Mantel, Umhang und Mütze aus Pelz-, Leder- und Grasmaterial. Bei den Fellen und Häuten sind vornehmlich Rothirsch, Bär, Ziege, Gemse und Rind verarbeitet worden.

Die Ausrüstung

Man kann in erster Linie Waffen und Werkzeuge unterscheiden. Zu den letzteren zählen Feuersteingeräte in Form von Messer, Klinge, Bohrer, eine Knochennadel und ein Geweihdorn.
Das Kupferbeil nimmt eine Sonderstellung ein und wird sowohl als Waffe als auch als Werkzeug gedient haben.
Der 1,82 Meter lange Bogen aus Eibenholz stellt eine besondere Fernwaffe dar. 14 Pfeilschäfte, zwei davon mit Steinspitzen bewehrt, gehören zu dieser Waffe. Vier längere Geweihspitzen könnten außerdem als Einsätze für eine weitere Fernwaffe, ein Wurfholz, gedient haben.
Zu den Behältnissen zählten ein Köcher, der die Pfeile aufnahm, zwei zylindrische Birkenrindengefäße, ein Gürteltäschchen und eine hölzerne Rückentrage.
Darüber hinaus führte der Mann Zundermasse und Glutstücke aus Kohle zum Feuerentfachen mit sich.

Was trieb den Mann in die Berge?

Häufig wird er als Hirte betrachtet, der seine Schaf- und Ziegenherden auf die Sommerweide führte. In seinen Gewändern fanden sich jedoch eigenartigerweise keine entsprechenden Tierhaare. Seine Pfeil- und Bogen-Ausrüstung spricht für einen Jäger, doch waren diese Waffen nicht einsatzbereit, da sie in unfertigem Zustand waren. Ganz allgemein dürfte das wertvolle Metallbeil als Beleg für eine höherstehende Person in der damaligen Gesellschaft betrachtet werden.

Wer war der „Mann aus dem Eis"?

Die Antwort auf diese Frage wird nie endgültig sein. Die Hindergrundgeschichte bildet die herbstliche Wanderung eines alten, eher kränklichen Mannes ins Hochgebirge. Schwer beladen und erschöpft erreicht er den Alpenhauptgrat. Ein aufkommendes Unwetter zwingt ihn zur Rast in einer geschützten Felsmulde. Er schläft ein und erfriert.

Walter Leitner, Ötzi – der „Mann aus dem Eis", in: Götter und Helden der Bronzezeit. Europa im Zeitalter des Odysseus, Bonn 1999, S. 25 f. (vereinfacht und stark gekürzt)

10 Der Ötzi.

Rekonstruktion auf der Grundlage der gefundenen Bekleidung und Ausrüstung. Die 9,4 cm lange Klinge des Beils war mit Baumharz und Lederriemen am Schaft befestigt.

Internettipp → Informationen über den Ötzi findest du unter www.geo.de/themen/historia/oetzi

1. Der „Ötzi" gilt als ein Mann, der zwischen Steinzeit und Metallzeit lebte. Nenne die Befunde, die darauf hinweisen (M 9 und M 10).
2. Im Juli 2001 wurde durch eine Röntgenaufnahme eine Schussverletzung im Brustkorb der Leiche festgestellt. Schreibe zu den Themen „Was trieb den ‚Ötzi' in die Berge?" und „Wer war der Mann aus dem Eis?" eine neue Geschichte.

Im Land der Druiden: die Kelten

Wer waren die Kelten?

Die ältesten schriftlichen Informationen über die *Kelten*, die nördlich der Alpen lebten, stammen von griechischen Gelehrten aus dem 6./5. Jh. v. Chr. Genauere Angaben über sie finden wir erst ab dem 1. Jh. v. Chr. von den Römern. Sie nannten die Kelten *"Galli"* oder *"Celtae"*. Anlass für die Berichte über sie waren meist Kriege. Der Name beweist das: Er bedeutet so viel wie „die Tapferen".

Auf ihren Kriegszügen, Wanderungen und Handelsreisen fanden die Kelten den Kontakt zum Mittelmeerraum. Von den Griechen und Römern* lernten sie, wie Burgen auf Höhenzügen befestigt und Städte angelegt wurden. Die Heuneburg (bei Sigmaringen) und Manching (bei Ingolstadt) sind bedeutende Beispiele dafür. Sie lagen an wichtigen Handelswegen. Zu den besonderen Fähigkeiten der Kelten gehörte die Verarbeitung von Eisen. Sie verbesserten die Erzgewinnung und -verarbeitung. Ihre Eisenwaren waren überall begehrt. Mit ihren eisernen Werkzeugen konnten die Felder besser bestellt, die Hausarbeit erleichtert und die Handwerksarbeit verfeinert werden. Keltische Schwerter galten als besonders scharf. Außerdem handelten die Kelten mit Salz, Fellen und Menschen. Eine eigene Schrift entwickelten sie nicht. Deshalb wird die Geschichte der Kelten noch zur Vor- und Frühgeschichte gerechnet, genauer zur Eisenzeit.

Keltische Verhältnisse

Archäologische Funde und schriftliche Zeugnisse zeigen uns, dass es unter den Kelten abhängige und freie Menschen gab sowie Personen mit hohem und niedrigem Ansehen. An der Spitze der vielen Stämme standen „Fürsten". Von diesen zeugen zahlreiche Hügelgräber. Das sind Grabkammern unter aufgeschütteten Erdhügeln.

Zur Elite der Kelten gehörten die **Druiden** (dt: *„die sehr Weisen"*). Diese Männer und Frauen galten als Mittler zwischen den Göttern und den Menschen. Sie spendeten den Göttern im Auftrag der Gemeinschaft Opfer, sprachen Recht, erzogen die Jugend und betrieben außerdem Heilkunst, Sternenkunde und Zukunftsdeutung.

Als Zeugnisse der keltischen Religion gelten die „Viereckschanzen". Ihre Reste finden sich zahlreich in ganz Süddeutschland und Nordfrankreich.

1 Wo die Kelten lebten.
Links: Karte.
Rechts: Luftbild des Burgberges der Heuneburg (siehe dazu auch Abb. 4, S. 31).

2 „Viereckschanze" von Westerheim auf der Schwäbischen Alb.
Luftbild von 1990.
Die Anlagen galten lange Zeit als „heilige Plätze", auf denen die Kelten ihren Göttern dienten und opferten, darunter auch Menschen. Inzwischen erklärten Archäologen, dass sie auch ganz gewöhnliche Siedlungsplätze sein konnten. Beschreibe die Schanze.
Seit Anfang des 20. Jh. werden Luftbilder als Hilfsmittel der archäologischen Forschung eingesetzt. Die Luftbildarchäologen suchen nach Merkmalen auf dem Erdboden.

---

* Über die griechische und römische Geschichte erfährst du in diesem Buch später mehr.

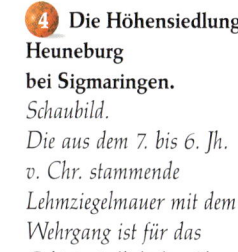

4 Die Höhensiedlung Heuneburg bei Sigmaringen.
Schaubild. Die aus dem 7. bis 6. Jh. v. Chr. stammende Lehmziegelmauer mit dem Wehrgang ist für das Gebiet nördlich der Alpen einzigartig.

■ Internettipp →
www.heuneburg.de

● Exkursionstipps →
Heuneburgmuseum in Herbertingen (Kreis Sigmaringen) und Keltisches Oppidum Heidengraben (bei Grabenstetten)

3 Werkzeuge aus keltischen Werkstätten, 2. bis 1. Jh. v. Chr.
An welche heutigen Werkzeuge erinnern sie?

Erinnerungen

Die Kelten errichteten im 3./2. Jh. v. Chr. nördlich der Alpen die ersten stadtartigen, befestigten Siedlungen. Sie entstanden auf Bergrücken oder an wichtigen Verkehrswegen. Oft gab es in ihrer Nähe Rohstoffe wie Erze oder Salz. Die Römer nannten sie **oppida** (von lat. *oppidum*: „befestigter Ort"). Eine Reihe von Ortsnamen erinnert noch heute an keltische Ursprünge, z. B. Kandern und Istein. Keltisch sind auch die Flussnamen Rhein, Ruhr, Main, Neckar, Donau, Lech und Isar.

In einer keltischen Stadt

Den besten Eindruck vom „städtischen" Leben der Kelten in Europa vermittelt heute das Oppidum bei Manching. Das 380 Hektar große Siedlungsgebiet liegt bei Ingolstadt. Es wurde von einer sieben Kilometer langen Stadtmauer umgeben. Hier lebten zwischen 5 000 und 10 000 Menschen.

Obwohl erst 12 Hektar des Siedlungsgebietes untersucht worden sind, geben uns schon die bisherigen Funde Hinweise auf das Leben seiner Bewohner. Dort standen mehrere Heiligtümer, viele Wohnhäuser und bäuerliche Betriebe sowie zahlreiche Werkstätten. Offensichtlich gab es richtige Handwerkerviertel, in denen sich Schmiede, Gerber und Töpfer niedergelassen hatten. Vermutlich haben sie nicht nur für den heimischen Bedarf, sondern auch für fremde Abnehmer produziert. Überreste belegen, dass die Kelten Goldschmiedearbeiten ausführten und Armreifen aus Glas herstellen konnten. Münzfunde beweisen, dass sie vom Tauschhandel zur **Geldwirtschaft** übergegangen waren. Die Anregung dazu erhielten die Kelten im 3. Jh. v. Chr. von den Griechen.*
Nach der Mitte des 1. Jh. v. Chr. verlor das Oppidum bei Manching an Bedeutung. Als die Römer 15 v. Chr. das Alpenvorland eroberten, stand nur noch die verfallene Stadtmauer. Warum die Menschen die Stadt verlassen hatten, wissen wir bis heute nicht.

* *Siehe dazu Seite 70.*

5 Modell des Osttores des Oppidums bei Manching.

M 1 Ein sensationeller Fund

1977 entdeckte eine Lehrerin nordwestlich von Stuttgart das Grab von Hochdorf. Es wurde in den beiden folgenden Jahren ausgegraben und untersucht. Der Grabhügel war ursprünglich 6 m hoch und hatte einen Durchmesser von etwa 60 m. In der 11 x 11 m großen Kammer des Hauptgrabes wurde der Leichnam eines etwa 40-jährigen Mannes gefunden. Er war um 550 v. Chr. bestattet worden. Bei dem Toten und in seiner Grabkammer fand man unter anderem folgende Gegenstände:

- eine fahrbare bronzene Totenliege,
- einen Halsring aus Goldblech,
- einen goldenen Armreif,
- Spangen aus Gold und Bronze,
- fünf Bernsteinperlen,
- ein Gürtelblech aus Gold,
- Goldbänder von Schuhen,
- einen goldverzierten Bronzedolch,
- einen Hut aus Birkenrinde,
- einen Nagelschneider, einen Holzkamm und ein Rasiermesser aus Eisen,
- einen Köcher mit Pfeilen und drei Angelhaken,
- einen mit Eisenteilen beschlagenen vierrädrigen Wagen sowie Zaumzeug und Pferdegeschirr,
- ein Speiseservice aus Bronze für neun Personen,

M 2 Nachbau der Grabkammer von Hochdorf.

- ein Trinkhorn mit Goldblechverzierung und acht einfachere Trinkhörner,
- einen mit Löwen verzierten Bronzekessel, der offensichtlich aus Griechenland stammt und 500 l fasst.

Angaben zusammengestellt nach: Jörg Biel, Der Keltenfürst von Hochdorf, Stuttgart ⁴1998, S. 61 ff.

M 3 Die Grabkammer von Hochdorf während der Ausgrabung. *Foto um 1978. Am oberen Bildrand ist die Totenliege zu sehen, im Vordergrund der zusammengebrochene Wagen.*

Internettipps → *Weitere Informationen über die Kelten findest du unter www.kelten-museum.de und waldalgesheim.com/fuerst.htm*

Exkursionstipp → *Keltenmuseum Hochdorf/Enz (Kreis Ludwigsburg)*

1. Welche Materialien mussten die Archäologen beim Nachbau der Grabkammer ergänzen (M 1 und M 2)?
2. Deutet die Grabbeigaben (M 1). Unterscheidet zwischen den persönlichen Dingen und den Gegenständen, die die Stellung des Toten zeigen sollten.

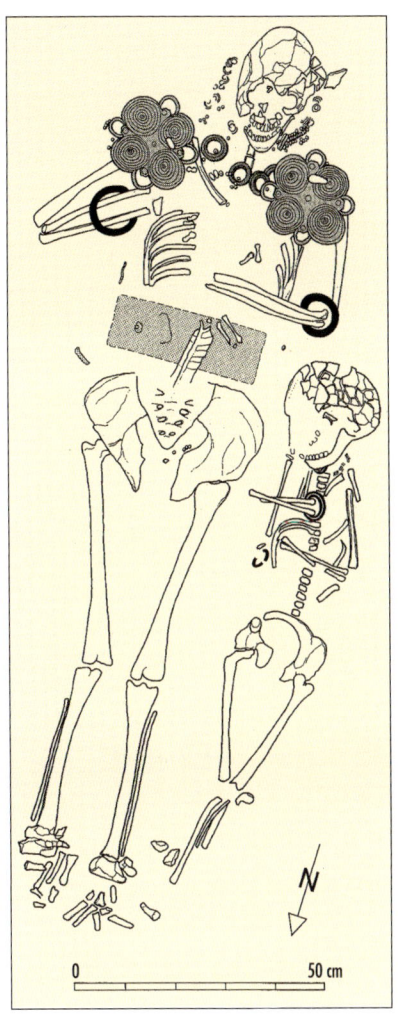

M 4 Zeichnung der Fundstücke aus dem Hügelgrab der „Bernsteinfrau" bei Niedererlbach im Isartal.
Die Frau lebte im 6. Jh. v. Chr. und ist zusammen mit einem etwa 6- bis 7-jährigen Kind bestattet worden.

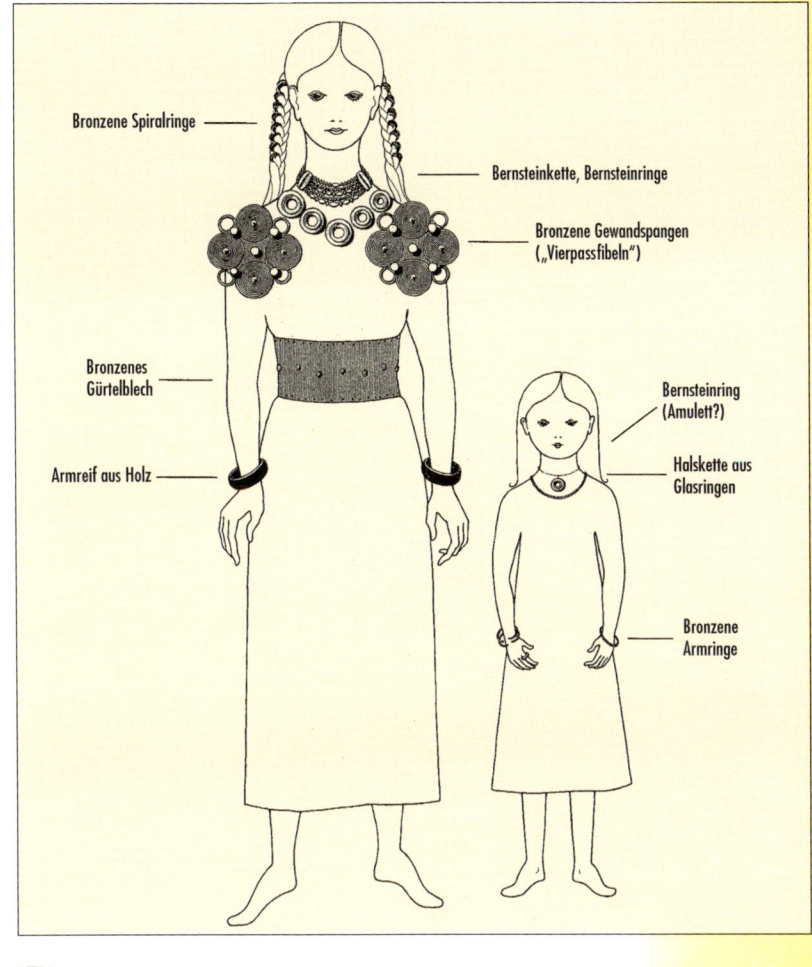

M 5 Die rekonstruierte Kleidung der „Bernsteinfrau" und des Kindes.

M 6 Kette der „Bernsteinfrau".

1. Du kennst wahrscheinlich keltische Kleidung aus den Asterix-Comics. Übertrage die Zeichnung M 5 in dein Heft und male sie bunt aus.
2. Fibeln hielten das Gewand zusammen und waren gleichzeitig Schmuckstücke. Welche Gegenstände erfüllen bei uns diese Funktionen?
3. Bernstein stammt nicht aus keltischen Gebieten. Welche Schlüsse kann man daraus ziehen, wenn er dennoch verwendet wurde?
4. Erfinde zur „Bernsteinfrau" und dem Mädchen eine passende Geschichte.

Was war wichtig?

Daten

vor 40 000 Jahren	Der Jetztmensch (homo sapiens) breitet sich in Europa aus.
um 10 000 v. Chr.	Die Menschen werden allmählich sesshaft und gründen Siedlungen.

Begriffe

Älteste Funde in Afrika: Die ältesten Überreste eines aufrecht gehenden menschenähnlichen Lebewesens (*Hominiden*) sind sieben Millionen Jahre alt; sie wurden 2002 im Tschad (Zentralafrika) gefunden.

Altsteinzeit: erster Abschnitt der Geschichte, der vor etwa 2,5 Mio. Jahren beginnt. In dieser Zeit lebten Menschen vom Jagen und Sammeln. Sie lernten Feuer zu gebrauchen. Werkzeuge und Waffen fertigten sie aus Stein, Knochen und Holz. Metalle kannten sie noch nicht.

Höhlenmalerei: der Jetztmensch (*homo sapiens*) begann vor etwa 35 000 Jahren Tiere und Menschen auf Höhlenwände zu malen. Die Bilder hatten wahrscheinlich religiöse Bedeutung. Heute kennen wir in Europa etwa 300 Höhlen mit solchen Malereien, die meisten liegen in Südfrankreich und Nordspanien.

Jungsteinzeit (*Neolithikum*): Abschnitt der Geschichte, der etwa 10 000 v. Chr. beginnt und in der sich Menschen von wandernden Sammlern und Jägern (→ *Nomaden*) zu sesshaften Ackerbauern und Viehzüchtern entwickeln.

Neolithische Revolution: der Übergang von der aneignenden (sammelnden und jagenden) zur produktiven (schöpferischen) Wirtschaftsweise in der → *Jungsteinzeit* (Neolithikum).

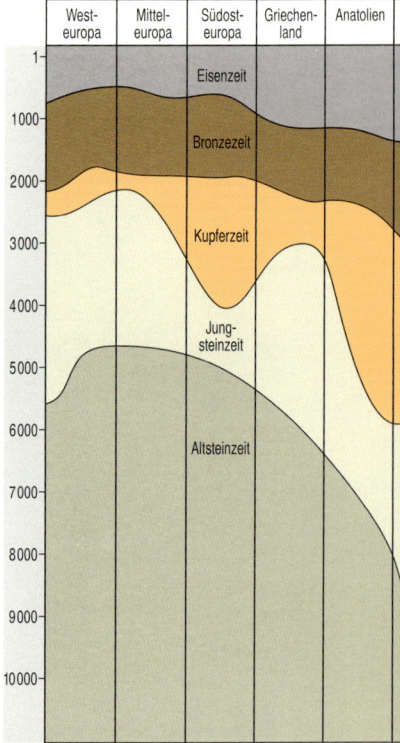

1 Abschnitte der Vorgeschichte.
Die Grafik zeigt dir, dass die Abschnitte der Vorgeschichte (Steinzeit, Jungsteinzeit usw.) nicht überall gleichzeitig waren. Erkläre die Aussage mit einem Beispiel aus dem Kapitel.

Nomaden: Menschen, die ihrer Nahrung hinterherziehen, d.h. die an verschiedenen Orten leben, um zu jagen und zu sammeln. Diese Lebens- und Wirtschaftsform ändert sich in der → *Jungsteinzeit*.
Noch heute gibt es wandernde Hirtenvölker, die mit ihren Viehherden das ganze Jahr unterwegs sind.

Grundfertigkeiten

Du hast in den beiden ersten Kapiteln
• einen ersten Eindruck von der historischen Zeit erhalten,
• etwas über die Arbeitsweise der Vorgeschichtsforschung erfahren und
• das Leben in vorgeschichtlicher Zeit mit dem heute lebender Naturvölker vergleichen können.

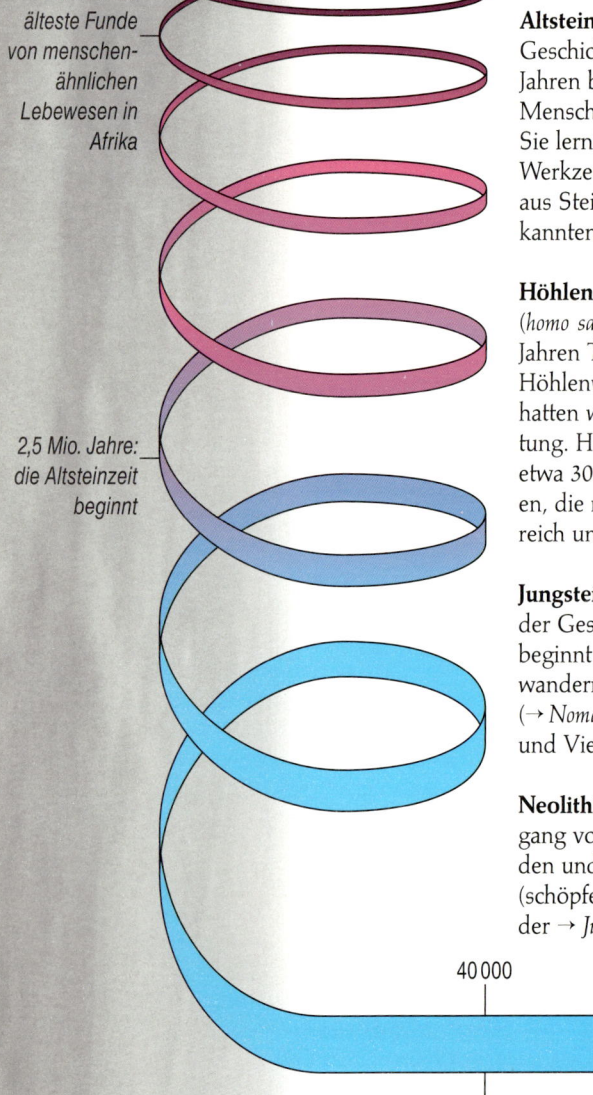

7 Mio. Jahre: älteste Funde von menschenähnlichen Lebewesen in Afrika

2,5 Mio. Jahre: die Altsteinzeit beginnt

40 000   30 000   2000

Altsteinzeit

Der Jetztmensch (homo sapiens) lebt in Europa

Zusammenfassung

Die Menschen haben von ihren Anfängen in den Savannen Afrikas bis zur Gegenwart einen langen Weg zurückgelegt. Sie lebten zunächst nur vom Jagen und Sammeln, lernten dann Werkzeuge und das Feuer zu gebrauchen, stellten erste Kunstwerke her und entwickelten religiöse Vorstellungen. Dank ihrer Fähigkeiten konnten sie sich an unterschiedliche klimatische Verhältnisse anpassen und fast die ganze Welt besiedeln.

Mit der Zeit entdeckten die Menschen, dass sie durch Säen und Ernten von Getreide und Züchten von Tieren auf derselben Fläche mehr Menschen ernähren konnten als durch Jagen und Sammeln. Immer mehr Menschen ließen sich nieder und bauten Häuser. Sie lernten zu töpfern und zu weben. Ein weiterer Entwicklungssprung war die Gewinnung und Verarbeitung von Metallen. Man begann mit Rohstoffen und fertigen Gütern zu handeln.

Die Händler verbreiteten die Kenntnisse über verschiedene Lebens- und Arbeitsformen. Wo die Landwirtschaft viel erbrachte, konnten sich Einzelne spezialisieren (*Arbeitsteilung*).

Auch das Zusammenleben änderte sich. Es entstanden kleine Führungsschichten, die über andere Menschen herrschten. Der Wunsch nach Macht und Reichtum ließ Konflikte entstehen. Landwirtschaft, Handwerk und Handel bildeten die Grundlage für die ersten höher entwickelten Kulturen.

● **Lesetipps** → *Buchempfehlungen zum „Ötzi" und zur Frühgeschichte findest du auf Seite 194.*

● **Exkursionstipps** → *Neben den im Kapitel genannten Museen findest du in folgenden Häusern Funde aus der Ur- und Frühgeschichte Baden-Württembergs:*
- *Badisches Landesmuseum Karlsruhe*
- *Museum Schloss Hohentübingen, Tübingen*
- *Reiss-Engelhorn-Museen, Mannheim*
- *Württembergisches Landesmuseum Stuttgart*
- *Urgeschichtliches Museum Blaubeuren*
- *Ulmer Museum*

2 Katalog des Südtiroler Archäologiemuseums, 1998.

Wie viel ist der „Ötzi" wert?
Helmut und Erika Simon aus Nürnberg fanden den „Ötzi" 1991. Da der „Ötzi" der Allgemeinheit nützt und mit ihm Geschäfte gemacht werden, fordert das Paar Finderlohn.
„Aber wie wollen Sie denn den Wert einer Leiche festlegen, sei sie auch noch so alt?", fragt Stefan Beikircher vom Rechtsamt der Provinz Südtirol.
„Wir können den Ötzi […] nicht verkaufen und wir können ihn auch nicht versteigern wie einen Van Gogh."
Nach: www.stern.de/id/wissenschaft/mensch/?id

- *Nimm Stellung zu dem Streit.*
- *Informiere dich über seinen Ausgang und berichte.*

Übertrage die Zeitspirale auf ein Blatt (DIN A 4 quer, die letzten 40 000 Jahre als Zeitstrahl, 10 000 Jahre = 5 cm) und füge ein: die ungefähre Lebenszeit des „Ötzi", die Entstehungszeit der Höhlenmalerei in der Grotte Chauvet, die ältesten Funde von Neandertalern, das Alter des Wildpferdes aus der Vogelherdhöhle und des Unterkiefers von Mauer, sowie die Bauzeit der Grabkammer von Hochdorf.

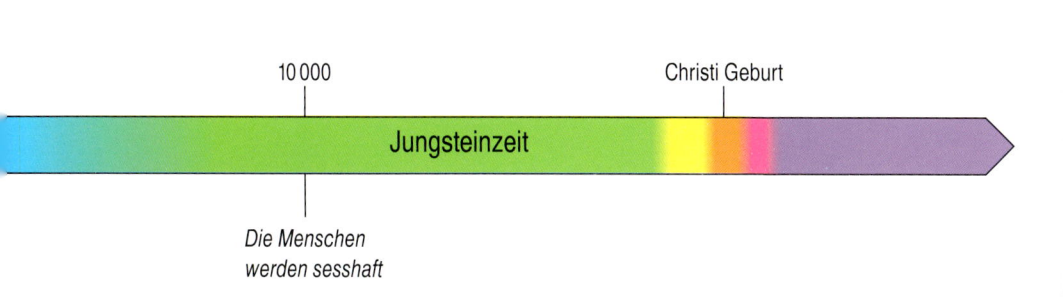

10 000 — Christi Geburt

Jungsteinzeit

Die Menschen werden sesshaft

Ägypten – eine frühe Hochkultur

Große Sphinx* mit der Pyramide des Cheops in Giza, um 2600 v. Chr.
Foto, um 1990.
*Sphinx: *Steinbild eines Gottes oder Königs in Löwengestalt; Zeichen der königlichen Macht.*

Das war ein Tag so ganz nach seinem Wunsch! Zufrieden lehnte sich Hemiunu auf das Polster seiner Sänfte zurück. Jetzt war er wieder in der Hauptstadt Memphis. Hinter ihm strahlte die riesige Pyramide im roten Schimmer des Abendlichts. In Hemiunus Gedanken zogen die Bilder des Tages noch einmal vorüber. Cheops, der Herrscher Ägyptens, hatte die Baustelle seiner Grabpyramide besucht. Sie sollte dem Pharao nach dem Ende seines irdischen Lebens als ewige Wohnstätte dienen. Mit eigenen Augen hatte sich der Herrscher davon überzeugt, dass das riesige Werk nach jahrzehntelanger Bauzeit wirklich kurz vor seiner Vollendung stand. Und er, Hemiunu, der oberste Minister des großen Königs, der die Bauarbeiten geleitet hatte, durfte seinem Herrn nun dieses Meisterwerk zeigen. Unten am Ufer hatte er ständig den Nil aufwärts in Richtung Memphis geschaut und aufgeregt nach der vergoldeten Barke des Sonnengottes Ausschau gehalten. Als dann der König endlich am Begrüßungstempel angelegt hatte, durfte Hemiunu ihn, seine engsten Verwandten und die vielen Priester die große Rampe hinauf zur Pyramide führen. Kein Laut war zu hören, obwohl Tausende von Arbeitern sich zum Empfang des Pharao versammelt hatten. Aus Furcht und Ehrerbietung hatten sie sich, wie es sich gehörte, vor dem König in den staubigen Sand geworfen und es nicht gewagt, die Blicke zu heben, bevor der Sohn des Gottes Re an ihnen vorübergetragen worden war. Oben am Ende des Aufganges geschah, was Hemiunu insgeheim erhofft hatte: Der erhabene König stieg aus der Sänfte und ging um die Pyramide herum, begleitet vom Gebetsgemurmel der Priester und vom Geräusch ihrer Rasseln. Nichts hätte seine Zufriedenheit besser zeigen können als sein würdevolles Schweigen und sein regloses Gesicht. Eine Auszeichnung ohnegleichen war es für Hemiunu, als der Pharao vor der großen Sphinx innehielt und dem obersten Minister für einige Wimpernschläge sein heiliges Antlitz zuwandte. Wie allen Anwesenden war dem Herrscher wohl klar geworden, dass er vor einem großen und vollkommenen Bauwerk stand, wie es noch keines vorher gegeben hatte.

Hemiunu lächelte unwillkürlich bei dieser Erinnerung. Der riesige Aufwand und die unermessliche Anstrengung des ganzen Landes hatten sich gelohnt. Hemiunu konnte mit sich und seinem Meisterwerk wirklich zufrieden sein.

Dieter Brückner

Weltwunder am Nil

Einfach gigantisch!
Wer heute nach Ägypten reist, will die Pyramiden sehen. Die ältesten stehen seit über 4500 Jahren in dem Land am Nil.
Über zwanzig Jahre lang konnte der Bau einer Pyramide dauern. Dazu brauchten die Ägypter kluge Architekten und zahllose Arbeiter. Sie meisterten diese gewaltigen Aufgaben, weil sie es gelernt hatten, langfristig zu planen und zu organisieren – und weil die Zahl der eingesetzten Arbeitskräfte keine Rolle spielte.

Während des jährlichen Nilhochwassers wurden 8 bis 10 000 Männer zum Pyramidenbau herangezogen. Dazu brachen Tausende Arbeiter in den Steinbrüchen flussaufwärts Millionen Steinblöcke und transportierten sie auf Schiffen an die Baustellen.
Die größte Pyramide ist die des *Cheops*. Sie wurde um das Jahr 2585 v. Chr. fertig. Jede ihrer Seiten ist 230 Meter lang, und ihre Höhe betrug 146,6 Meter. Es dauerte rund 4000 Jahre, bis Menschen ein noch höheres Bauwerk errichteten.
Die Kalksteine der *Cheops-Pyramide* sind bis zu 1 Meter lang, 70 Zentimeter hoch und wiegen fast 2 1/2 Tonnen (etwa so viel wie zwei Autos). Im Inneren des Bauwerks wurden auch Granitblöcke verbaut, die 40 Tonnen schwer sind. Die Methoden, mit denen die Ägypter die gewaltigen Steinblöcke hoben und zusammenfügten, kennen wir bis heute nicht genau.

Bewundernswert genau
Im Inneren der Pyramiden sind die Steinblöcke nur grob behauen. Die äußeren Quader passen jedoch fast fugenlos aneinander, und das, obwohl die Handwerker nur über Werkzeuge aus Holz, Stein und Bronze verfügten. Und auch sonst arbeiteten Baumeister und Arbeiter sehr genau. Die Ecken der Pyramiden weisen exakt in die vier Himmelsrichtungen; die riesigen Bauwerke stehen fast waagerecht, und die Höhenunterschiede zwischen den Ecken betragen nur wenige Zentimeter.
Was war das für ein Land, in dem so großartige Bauwerke entstanden? Wie lebten die Menschen in ihm? Wie und von wem wurden die alten Ägypter regiert, und woran glaubten sie?

1 Pyramidenfeld von Abusir.
Rekonstruktionszeichnung von Ludwig Borchard.
Die Pyramide ist kein einzelnes Bauwerk, sondern Teil einer Anlage. In Abusir haben um 2450 v. Chr. Könige ihre Grabbezirke angelegt.

LERNTIPP

Wie untersuchen wir ein Bauwerk?

Blick in die Cheops-Pyramide. *Querschnitt.*

1 Königskammer
2 Königinnenkammer
3 Unterirdische Grabkammer
4 Große Galerie
5 Eingang

M 1 Bau der Pyramiden.
Holzstich nach einer Zeichnung von Heinrich Leutemann, um 1880 (Ausschnitt).

Geschichte aus Stein

Die Pyramiden sind die berühmtesten Bauwerke des alten Ägypten. Sie haben Jahrtausende überdauert. Wenn wir uns mit ihnen beschäftigen, erhalten wir Informationen über die Zeit, in der sie entstanden sind. Wir erfahren etwas über diejenigen, die sie bauen ließen und über die, die sie gebaut haben. Und wir können den Bauwerken Informationen über Architektur und Technik sowie über Glauben und Jenseitsvorstellungen entnehmen.

Wir befragen ein Gebäude

Am besten stellen wir den Pyramiden – beispielhaft für andere Bauwerke – ein paar Fragen:
- Welche Form und Größe, welchen Grund- und Seitenriss haben sie?
- Wann und wo entstanden sie?
- Welchem Zweck dienten sie?
- Wer ließ sie errichten?
- Wer bezahlte sie?
- Wer baute sie?
- Wie lange dauerte der Bau?
- Welche Werkstoffe wurden verwendet, woher kamen sie?
- Wurden neue Techniken angewendet?
- In welchem Zustand befinden sie sich heute?

---

1. Betrachte die Abbildungen und lies die Texte auf den Seiten 36 bis 39. Beantworte danach die aufgeworfenen Fragen. Zu welchen Fragen fehlen dir Informationen? Zeichne eine Pyramide und trage um sie herum deine Ergebnisse in sinnvoller Anordnung ein.
2. Erzähle aus der Sicht eines Arbeiters vom Bau einer Pyramide. Beschreibe, wie die Steinblöcke bewegt wurden und welche Hilfsmittel zur Verfügung standen (M 1).

Ägypten – ein Reich entsteht

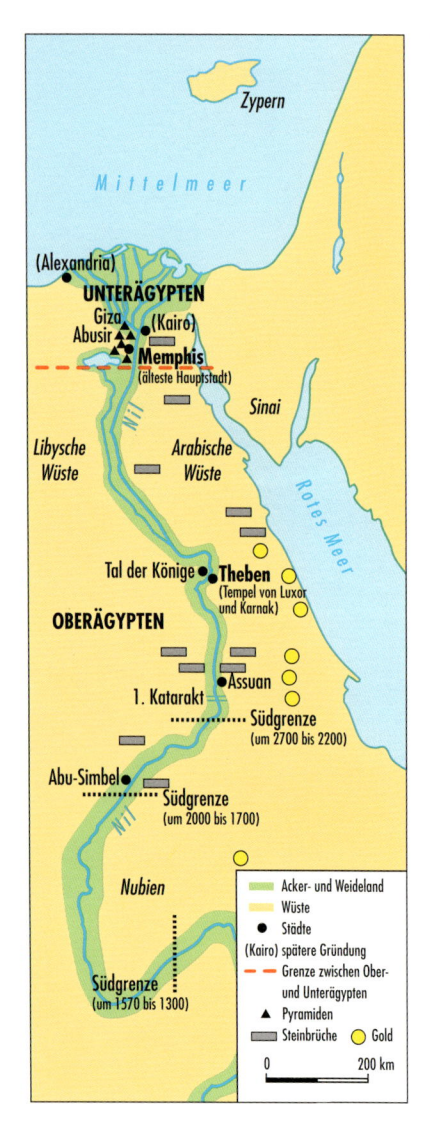

1 Ägypten.
Unterlauf des Nils.

Mit fast 6 700 km ist der Nil der längste Fluss der Erde. Er entspringt am Äquator, durchquert Steppen und Wüsten, windet sich durch Katarakte, das sind Stromschnellen, fließt träge durch Ägypten und mündet in einem Delta ins Mittelmeer.

Stelle mithilfe eines Atlas fest, woher der Nil sein Wasser bekommt.

Fruchtbarer Schlamm

Nach der letzten Eiszeit wurden die Flusstäler in den regenlosen Gebieten Afrikas allmählich zu großen Oasen, in denen die umherziehenden Hirten- oder Wandervölker Zuflucht suchten. Am Nil fanden sie und ihre Tiere besondere Bedingungen vor: Alljährlich schwoll der Fluss nach einer langen Regenzeit an seinem Oberlauf mächtig an und überschwemmte die ausgetrockneten Ufer stellenweise kilometerbreit. Wenn dann das Hochwasser zurückwich, hinterließ es fruchtbaren Schlamm: Er bot beste Voraussetzungen für Viehzucht und Ackerbau und lieferte Lehm für Ziegel.

Leben am Fluss

Der Nil wurde zum wichtigsten Verkehrsweg, ja zur Lebensader Ägyptens. Fische, Vögel und andere Tiere, die im Schilfdickicht lebten oder hierher zum Trinken kamen, waren für die Anwohner eine leichte Beute. An den Flussufern konnten sie Felder und Gärten anlegen. Auch Flachs ließ sich dort anbauen. Aus ihm wurden Stoffe und Seile gemacht. Am Nil wuchs auch die Papyrusstaude. Aus ihren Stängeln entstanden Schiffsrümpfe oder Matratzen. Vor allem entdeckten die Ägypter, wie aus der Pflanze ein ausgezeichnetes Schreibmaterial gewonnen werden konnte: **Papyrus***.

* Über Papyrus erfährst du auf Seite 46 mehr.

■ **Internettipp** → Eine virtuelle Tour durch das alte Ägypten ist unter www.aegypten-online.de/tour.htm zu finden.

2 Nilflut.
Foto, vor 1960.
Nach dem Bau der beiden Staudämme bei Assuan (1962 und 1970) gibt es diese Überschwemmungen nicht mehr.

Ein „Geschenk des Nils"?

Der Fluss war auch gefährlich. Oft kamen die Überschwemmungen so heftig, dass sie Häuser und Vieh mit sich rissen. Manchmal aber fielen sie zu schwach aus. Dann reichten Wasservorräte und Nilschlamm nicht für eine gute Ernte.

Die Menschen mussten sich auf die natürlichen Lebensbedingungen einstellen. Das fiel ihnen leichter, als sie feststellten, dass die Überschwemmungen regelmäßig kamen.

Der Nil spornte die Menschen an, die Gefahren des Lebens zu meistern. Nach jedem Hochwasser mussten sie die Felder neu vermessen. Gemeinsam säten und ernteten die Menschen, sie legten Vorräte an, um die unterschiedlichen Ernten auszugleichen. Mit Hilfe von Dämmen versuchten sie, sich und ihre Tiere vor den Wassermassen zu schützen. Schließlich entwickelten die Ägypter ein Bewässerungssystem. Es sicherte der wachsenden Bevölkerung gleich bleibende Ernteerträge und half, Wüste in Acker zu verwandeln.

Unter einem Herrscher

Das Zusammenleben im Niltal erforderte gemeinsame Anstrengungen der Menschen. So mussten sowohl der Hochwasserschutz als auch das Bewässerungssystem geplant und das Wasser verteilt werden. Der wachsende Reichtum förderte Streit und führte zu räuberischen Angriffen umherziehender Hirtenvölker. Um sich zu schützen und Rechte und Pflichten zu regeln, schlossen sich die Menschen unter örtlichen Anführern zusammen. Diese übten ihre **Herrschaft** über sie aus. Kriege und Vereinbarungen führten dazu, dass es am Ende des 4. Jahrtausends v. Chr. nur noch zwei Herrschaftsgebiete gab: Unterägypten im Bereich des Nildeltas und Oberägypten entlang des Nillaufes.

Vor 3000 v. Chr. soll der Herrscher Oberägyptens durch einen Krieg das Land zu einem **Reich** vereinigt haben. Manche Forscher bezweifeln dies und meinen, dass der Zusammenschluss eher allmählich und friedlich vor sich gegangen sei.

Die Arbeit wird aufgeteilt

Die Äcker im fruchtbaren Niltal erbrachten mehr Lebensmittel, als die Bauern selbst verbrauchten. Aus den Überschüssen legten sie Vorräte an. Mit ihnen wurde es möglich, Menschen zu ernähren, die nicht im Ackerbau tätig waren: Handwerker, Künstler, Priester, Schreiber. Es entstand eine arbeitsteilige **Gesellschaft**, die dauerhaft unter einem Herrscher zusammenlebte, und zum Austausch von Informationen eine Schrift nutzte.* Das Handwerk spezialisierte sich; neben Zimmerleuten gab es beispielsweise Möbeltischler und Schiffsbauer. Gebäude und Gebrauchsgegenstände wurden immer besser und schöner.

Bezahlt wurde nicht mit Geld. Münzen gab es in Ägypten erst ab dem 4. Jh. v. Chr. Löhne, Steuern und Abgaben beglich man in Getreide. Außerdem benutzten die Ägypter Edelmetalle wie Gold, Silber und Kupfer zum Tausch für Waren oder geleistete Dienste.

* Zu den Schreibern und zur Schrift lies die Seiten 44 bis 47.

3 Bilder berichten …
Die 64 cm hohe Schieferplatte mit Reliefbildern – heute im Ägyptischen Museum in Kairo – stammt aus der Zeit um 3100 v. Chr.
Die Bilder berichten von den Taten König Narmers (dt. Fisch-Meißel; Raubfisch). Oben ist ein Ausschnitt der so genannten Schauseite zu sehen, unten die komplette Rückseite der Platte.

Beschriftungen zur Abbildung:
- Fisch
- Meißel
- Göttin Hathor in Kuhgestalt (der Name der Göttin bedeutet „Haus des Horus")
- Königspalast
- Krone von Unterägypten
- Krone von Oberägypten
- Diener mit Salbgefäß und Sandalen
- Der Himmelsgott Horus (der Himmelsfalke wurde mit dem König gleichgesetzt)
- Papyruspflanze (= Nildelta)
- Harpune
- Reich

Städte wachsen

Wo die Überschüsse aus der Landwirtschaft gesammelt, gelagert und eingetauscht wurden, entstanden allmählich Städte. Sie unterschieden sich von den Dörfern nicht nur durch ihre Größe und die Zahl der Bewohner, sondern auch dadurch, dass
- sie besonders dicht bebaut und befestigt waren,
- dort Rohstoffe und fertige Waren angeboten und erworben wurden,
- von ihnen aus das Umland verwaltet wurde,
- sie mit ihren großen Tempelanlagen zu Mittelpunkten des Landes wurden,
- in ihnen mächtige Herrscher und Herrscherinnen und einflussreiche Priester und Beamte ihren Wohn- und Amtssitz hatten.

---

1. Schau dir die Platte mit den Bildern (Abb. 3) genau an und lies die Erläuterungen dazu. Suche alle Stellen, an denen der Name des Königs zu lesen ist, und finde heraus, welche Personen außer dem König auf der Platte abgebildet sind. Dazu musst du noch wissen, dass die Götter Hathor und Horus Mächte sind, die den König schützen und ihm Kraft geben.
2. Verfasse zu den auf der Schieferplatte (Abb. 3) dargestellten Ereignissen eine Erzählung.

M 1 Über den Nil

Eine Pyramideninschrift lautet:

Die, die den Nil sehen, zittern, wenn er strömt. Die Felder lachen, und die Ufer sind überflutet. Die Gaben des Gottes steigen herab, das Gesicht des Men-
5 schen wird hell, und das Herz der Götter jauchzt.

In einem Lobgesang, der um 2000 v. Chr. entstand, heißt es:

Sei gegrüßt, Nil, hervorgegangen aus der Erde, gekommen, um Ägypten am Leben zu erhalten! […] Der Gerste
10 schafft und Emmer* entstehen lässt. Wenn er faul ist, verarmt jedermann. […] Wenn er habgierig ist, ist das Land krank […]. Wenn er steigt, dann ist das Land in Jubel, dann ist jeder Bauch in
15 Freude. […]
Er [der Nil] ist in der Unterwelt, aber Himmel und Erde gehorchen ihm. Der Nil ergreift die Macht über die beiden Länder**, füllt die Speicher und […]
20 gibt den Armen Besitz. Er lässt die Bäume wachsen an jeder Schöpfstelle […].

Erster Text: Adolf Erman, Die Literatur der Aegypter. Gedichte, Erzählungen und Lehrbücher aus dem 3. und 2. Jahrtausend v. Chr., Leipzig 1923, S. 35 (leicht vereinfacht). Zweiter Text: Jan Assmann (Hrsg.), Ägyptische Hymnen und Gebete, Zürich 1975, S. 500 ff. (stark überarbeitet)

* **Emmer:** Weizenart
** gemeint sind Ober- und Unterägypten, also das ganze Reich

■ **Internettipp** → Zum Leben am Nil siehe www.br-online.de/bildung/databrd/nil1.htm/

M 2 Die drei Jahreszeiten.

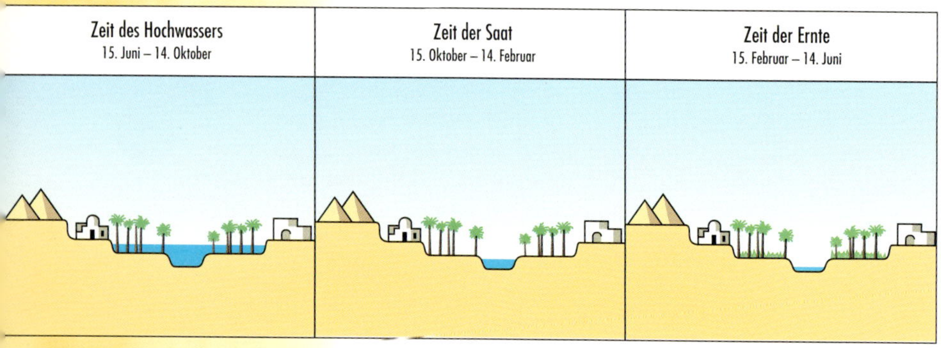

| Zeit des Hochwassers | Zeit der Saat | Zeit der Ernte |
| 15. Juni – 14. Oktober | 15. Oktober – 14. Februar | 15. Februar – 14. Juni |

M 3 Wasserschöpfanlage.
Nachbildung einer Grabmalerei, um 1240 v. Chr.
Da nach jeder Überschwemmung bald wieder Wassermangel herrschte, legten die Ägypter Deiche und Gräben an, in denen sich das Nilwasser sammeln konnte. In weit verzweigten Kanälen floss es zu den Feldern. Meist reichte es, um die Pflanzen bis zum Beginn der Erntezeit am Leben zu erhalten. Die Schöpfgeräte bewässern vor allem Gärten. Sie sind erst für die Zeit nach der Mitte des 2. Jahrtausends v. Chr. überliefert.

M 4 Wasserhebegerät.
Foto, um 1960.
Beschreibe, wie das Gerät funktioniert und vergleiche es mit M 3.

---

1. Die Texte in M 1 enthalten Hinweise auf die Jahreszeiten (M 2) und belegen die Bedeutung des Nils für die Ägypter. Erkläre!
2. Welche Aufgaben stellt der Nil den Menschen? Was meint die Formulierung „Wenn er faul ist …" (M 1)?
3. Der Ausdruck, Ägypten sei „ein Geschenk des Nils", stammt von dem griechischen Geschichtsschreiber Herodot. Hat er Recht? Begründe!

Der Pharao – und seine Helfer

Aus Anführern werden Könige

Schon die Hirten- und Wandervölker der vorgeschichtlichen Zeit wurden von Einzelnen angeführt. Vermutlich waren dies Männer, die gut organisieren konnten und besonders fromm waren. Sicher waren darunter auch mutige Krieger. Seit Ende des 4. Jahrtausends v. Chr. konnten einige ihre Macht auf Dauer festigen und schließlich an ihre Nachkommen weitergeben. Aus Anführern wurden Könige.

Die Bewohner ihrer Reiche verloren zwar einen Teil ihrer Freiheit, da die Herrscher von ihnen Gefolgschaft, Steuern und Abgaben forderten. Aber diese sorgten in ihrem Reich auch für Ordnung und für Schutz vor Feinden – nach damaliger Auffassung Zeichen für das Wohlwollen der Götter.

Gott und Mensch

An der Spitze des ägyptischen Reiches standen immer Könige: Wir kennen über 350 Herrscher, darunter vier Herrscherinnen. Der erste König regierte um 3150 v. Chr., der letzte im 4. Jh. v. Chr. Einer der vielen Namen der Herrscher lautete Pharao, was mit „großes Haus" übersetzt werden kann.

Nach dem Glauben der alten Ägypter war der Pharao kein normaler Mensch, sondern ein Abkömmling der Götter. Ihnen gegenüber hatte er sich für das Wohlergehen seines ganzen Volkes einzusetzen. Der Pharao sollte auf Erden das Werk der Götter fortführen.

Die Priester verkündeten, es sei dem Pharao zu danken, wenn im Land Wohlstand und Gerechtigkeit herrschten und sich die Herrschaft Ägyptens auf die umliegenden Länder ausdehne.

Die weltliche Macht des Pharao

Der Pharao regierte unumschränkt. Der König allein entschied über Krieg und Frieden. Die Bewohner hatten zu tun, was er anordnete. Nur er konnte Gesetze erlassen und hohe Beamte einsetzen. Ihm gehörte auch das ganze Land. Seine Untertanen hatten für ihn zu arbeiten. Der König war verantwortlich dafür, dass

- nach dem Zurückweichen der Überschwemmung und vor der Ernte die Felder neu vermessen wurden,
- Abgaben und Steuern festgelegt und eingetrieben wurden,
- die Arbeitskräfte für die Gemeinschaftsarbeiten genaue Aufträge erhielten und überwacht wurden,
- im ganzen Land die Gesetze eingehalten wurden und dass im Streitfall Recht gesprochen wurde,
- zur Beschaffung von Rohstoffen Expeditionen ins Ausland zogen,
- das Land gegen Feinde geschützt wurde.

① Tutanchamun.
Goldsarg, um 1325 v. Chr.
Der 110,4 kg schwere und 1,88 m lange Sarg aus massivem Gold enthielt die Mumie* des Königs, der im Alter von etwa 18 Jahren starb. Er ist mit gefärbtem Glas und Halbedelsteinen verziert.
*Tutanchamun trägt einen künstlichen „Königsbart" und das Kopftuch der Pharaonen. Auf seiner Stirn befindet sich außer einem Geierkopf noch eine aufgerichtete Schlange, beides Zeichen der Schutzgötter Unter- und Oberägyptens. In den Händen hält der König einen Krummstab und einen Wedel (Peitsche). Diese beiden Herrschaftszeichen (**Insignien**) erinnern uns an die vorgeschichtliche Zeit. Erkläre!*

* Zu den Mumien siehe Seite 52 ff.

Wesire und Schreiber

Die Pharaonen brauchten viele Helfer, um das Reich zu verwalten. An der Spitze der **Verwaltung** standen die Vertrauten des Pharaos. Man nennt sie heute **Wesire**. Zunächst gab es nur einen Wesir, seit dem 2. Jahrtausend v. Chr. zwei: je einen für Ober- und Unterägypten. Die Wesire stammten oft aus den königlichen Familien. Sie teilten mit dem Pharao alle Staatsgeheimnisse, waren oberste Richter und standen an der Spitze einer Art Regierungsmannschaft. Diese leitete und überwachte vor allem die Bereiche, die für das ägyptische Reich lebenswichtig waren: Wasserversorgung, Einnahmen und Ausgaben des Königs, Vorratshäuser, Kriegswesen und große öffentliche Bauten. Die Anweisungen von König, Wesiren und Regierungsmannschaft führten Tausende von Beamten (Staatsdiener) im ganzen Reich aus.
Grundsätzlich hatte ein rangniedriger Beamter seinem Vorgesetzten zu gehorchen und ihm regelmäßig Rechenschaft abzulegen. Alle Staatsdiener gehörten zu den wenigen Ägyptern, die rechnen, schreiben und lesen konnten. Unabhängig von ihrer Stellung, wurden sie allgemein „Schreiber" genannt.

Nichts darf vergessen werden

Schreiben, Lesen und Rechnen ermöglichten den Beamten
• alles, was zur Verwaltung des großen Reiches nötig war, festzuhalten,
• Befehle über weite Entfernungen unverfälscht weiterzugeben und
• andere Beamte zu beaufsichtigen.
Schriftzeichen benutzten die Ägypter seit etwa 3000 v. Chr. Da sie vielfach in die Wände von Tempeln und Gräbern eingemeißelt wurden, nannten die Griechen sie später Hieroglyphen („*Heilige Zeichen*"). Neben den Hieroglyphen hatten die Ägypter noch eine einfachere Schreibschrift „erfunden", die von rechts nach links geschrieben wurde: das Hieratische (*hieratisch = priesterlich*).

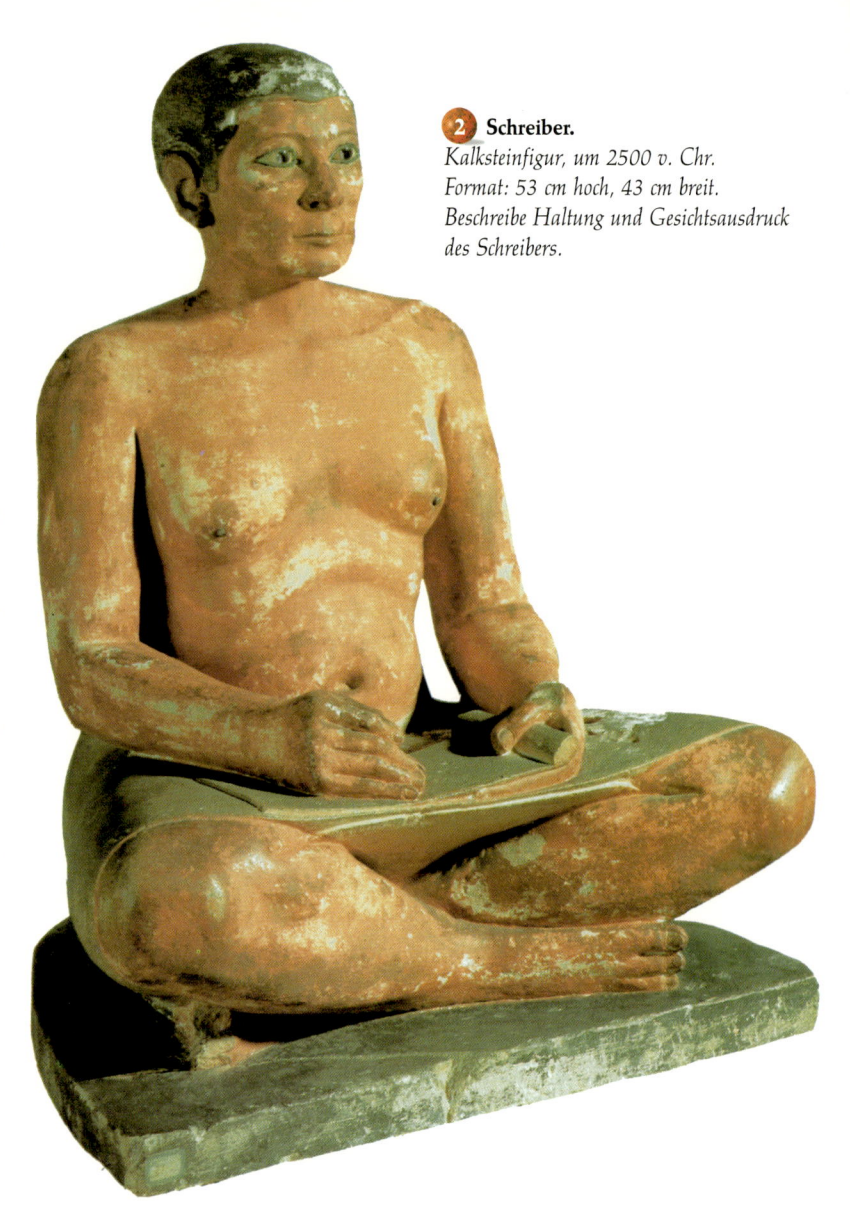

② Schreiber.
*Kalksteinfigur, um 2500 v. Chr.
Format: 53 cm hoch, 43 cm breit.
Beschreibe Haltung und Gesichtsausdruck des Schreibers.*

Wissen ist Macht

Jeder Schreiber durfte dem normalen Bürger Befehle im Namen seiner Vorgesetzten erteilen. Seine Arbeit für den König machte ihn zu etwas Besonderem. Daher galt der Schreiberberuf als erstrebenswert. In der Regel wurde er von Beamtenkindern erlernt. Die Ausbildung brachte Macht und Ansehen, sowie ein sicheres Einkommen und Steuerbefreiungen.
Viele Schreiber träumten davon, eines Tages vom König ein hohes Staats- oder Priesteramt zu bekommen. Solche Karrieren waren jedoch selten, da die Ämter meist von Generation zu Generation an Mitglieder der Herrscherfamilie vergeben wurden.

Der lange Weg zum Schreiber

Nur wenige Kinder gingen im alten Ägypten zur Schule. Kinder von Handwerkern und Bauern lernten von ihren Eltern nur, was sie für ihre Arbeit brauchten. Lesen und Schreiben gehörten meist nicht dazu.
Die Schreiberausbildung dauerte zwölf bis fünfzehn Jahre. Grundkenntnisse konnte sich der angehende Schreiber im Privatunterricht bei einem anderen Schreiber aneignen. Besonders Begabte durften eine der Schreiberschulen des Königs oder eines Tempels besuchen.

3 Beamte im Einsatz.
Grabmalerei, um 1400 v. Chr.
Unten: Das Korn wird mit Sicheln geerntet.
Mitte: Das Korn wird in Messgefäße geschüttet.
Oben: Das Land wird vermessen.
Die Malerei zeigt, zu welcher Zeit das Land vermessen wurde. Warum waren der Zeitpunkt, die Größe der Felder und die Erträge für den Staat wichtig?
Welche Aufgaben erfüllten die Schreiber?

Tüftler und Entdecker

Das Leben am Nil regte Beamte, Schreiber und Priester dazu an, die Anfänge von Wissenschaft zu entwickeln. Ein Beispiel: Mit jeder Überschwemmung wischten Wasser und Schlamm alle Feldmarkierungen weg. Wie sollte man sie wieder finden? Die Ägypter lernten, wie man von einigen festen Punkten aus Grenzen wieder genau vermessen konnte. So entdeckten sie für sich die **Geometrie**.

Wie aber konnte man wissen, wie weit das Jahr fortgeschritten war und wie lange es noch bis zur nächsten Überschwemmung dauerte? Die Priester beobachteten den Lauf der Gestirne über eine lange Zeit und erkannten, dass die Sonne nach 365 Tagen ihre Bewegungen am Himmel wiederholte. Danach entwickelten sie einen Kalender*. Auf ihm baut trotz aller Unterschiede auch unser heutiger Kalender auf.

Einige Priester beschäftigten sich mit Krankheiten und wagten sich an Operationen, sogar am menschlichen Gehirn. Es gab Fachärzte für Augen- und Zahnerkrankungen. Mit natürlichen Arzneien konnten zahlreiche Leiden gelindert oder geheilt werden.

* Zur Entstehung des ägyptischen Kalenders lies noch einmal Seite 8.

Eine Hochkultur

Das Leben der Ägypter unterschied sich stark von den einfachen bäuerlichen Verhältnissen anderer Völker. Denn die Ägypter hatten verschiedene Berufe und Erwerbszweige entwickelt, lebten teilweise in Städten, nutzten Schrift und Zeitrechnung und führten Kunst und Wissen zu einer ersten Blüte. Darüber hinaus erkannte das ägyptische Volk die Herrschaft eines Königs und dessen Verwaltung und Rechtspflege an, die Ruhe und Ordnung im ganzen Reich garantierten. Dies alles gehört zu einer Lebensweise, die wir **Hochkultur** nennen und um 3000 v. Chr. entstanden war.

1. Im alten Ägypten lernten in der Regel nur Beamtenkinder schreiben. Überlege, was das für die Menschen bedeutete, schreiben zu können, und vergleiche mit heute.
2. Verfasst den Brief eines Beamten an den Wesir, in dem er darlegt, was er im vergangenen Jahr während des Baus einer Pyramide getan hat.

Aus den Stängeln der Papyrusstauden wurden zuerst dünne Streifen geschnitten. Damit das Mark nicht austrocknete, wässerte man die Streifen.
Auf einer harten Unterlage wurden dann zwei Streifenlagen kreuzweise übereinander gelegt, geklopft und getrocknet.
Schließlich wurde die Oberfläche der Lagen poliert und dann die entstandenen Blätter zu Schriftrollen zusammengeklebt.

M 1 Wie die alten Ägypter schrieben.
Ein Papyrus mit hieratischer Schrift (links) und Hieroglyphen (rechts), um 1500 v. Chr.

M 2 Ratschläge für Schüler
Der Text stammt aus einer Schrift, die um 2000 v. Chr. verfasst wurde und an Schreibschulen große Verbreitung fand.

Ich lasse dich die Schriften mehr lieben als du deine Mutter liebst. Ich führe dir ihre Schönheit vor Augen […].
Kaum hat ein Schriftkundiger angefan-
5 gen heranzuwachsen […], so wird man ihn grüßen und als Boten senden; er wird nicht zurückkommen, um sich in den Arbeitsschurz zu stecken. […]
Der Maurer baut; er ist immer draußen
10 im Winde und baut im Arbeitsschurz; seine Arme stecken im Lehm, alle seine Gewänder sind beschmiert. Er muss sein Brot mit ungewaschenen Fingern essen. […] Der Gärtner trägt das Joch,
15 seine Schultern tragen die Wasserkrüge, eine große Last liegt auf seinem Nacken. […] Er macht Feierabend erst, nachdem sein Leib angegriffen ist […]. Der Weber ist innen in der Werkstatt,
20 er hat es schlechter als eine Frau, die gebiert […]. Wenn er den Tag verbracht hat, ohne zu weben, wird er mit fünfzig Peitschenhieben geschlagen […]. Ich spreche dir auch von dem Fischer. Er ist
25 elender dran als irgendein Beruf. Seine Arbeit hat er auf dem Fluss mitten unter den Krokodilen. […]
Sieh, es gibt keinen Beruf, in dem einem nicht befohlen wird, außer dem
30 des Beamten; da ist er es, der befiehlt. Wenn du schreiben kannst, wird dir das mehr Nutzen bringen als alle die Berufe, die ich dir dargelegt habe. Nützlich ist schon ein Tag in der Schu-
35 le; und eine Ewigkeit hält die in ihr geleistete Arbeit vor […].

Altägyptische Lebensweisheit, eingel. und übertr. von Friedrich W. Freiherr von Bissing, Zürich-München ²1979, S. 57 ff.

M 3 Schreibgerät.
Geschrieben wurde mit Pinseln aus zerkauten Binsen und Tinte. Rote Tinte wurde aus Ocker gewonnen, schwarze aus Ruß.

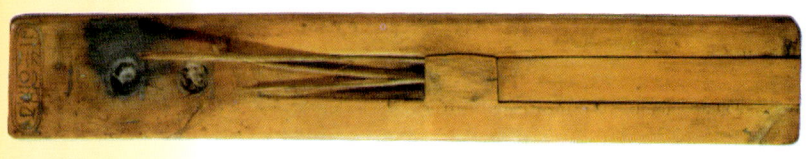

M 4 Wie Papyrus hergestellt wird.

1. Versetze dich in die Lage eines Schreibschülers und verfasse eine Antwort auf M 2.
2. Ist Papyrus Papier? Informiere dich über die Papierherstellung und vergleiche Papyrus mit Papier.

Heilige Zeichen

M 1 „Ich hab's!"

Ein erfundenes Interview mit Jean François Champollion, dem im Jahr 1822 die Entzifferung der altägyptischen Schrift gelang:

Reporter: Monsieur Champollion, es wird inzwischen überall behauptet, dass Sie die Geheimnisse der altägyptischen Schrift gelüftet haben.
Champollion: Halt, halt! Das geht zu weit! Bis jetzt kann ich lediglich die Namen ägyptischer Könige entziffern.
Reporter: Nun gut. Aber vielleicht können Sie unseren Lesern erklären, wie Sie zu diesem sensationellen Erfolg gekommen sind.
Champollion: Durch Ausdauer, Kombinationsvermögen und Glück.
Reporter: Ist es richtig, dass Sie sich schon als Elfjähriger vorgenommen haben, das Rätsel der Hieroglyphen zu lösen?
Champollion: Ja. Das war vor ziemlich genau 21 Jahren. Damals habe ich eine Abbildung des Steines von Rosette gesehen, der wenige Jahre vorher bei Rosette in Ägypten gefunden worden war. Sie wissen, er enthält drei Texte: einen in griechischer Schrift, zwei in unbekannten ägyptischen Schriften. Ich bin von der Annahme ausgegangen, dass alle drei Texte denselben Inhalt haben, und bemühte mich, die beiden unbekannten Schriften zu entziffern.
Reporter: Das haben schon viele versucht. Wieso waren gerade Sie erfolgreich?
Champollion: Viele Gelehrte meinten, die Hieroglyphen seien eine reine Bilderschrift. Das ist falsch. Ich war schon seit langem überzeugt, dass die einzelnen Zeichen auch Laute darstellen können. Weitergeholfen hat mir meine Vermutung, dass Zeichen, die von einer so genannten Kartusche umschlossen werden, Königsnamen sind. Und diese Namen mussten ja auch im griechischen Text auf dem Stein von Rosette vorkommen und im Ägyptischen ähnlich klingen wie im uns bekannten Griechischen, so dass …
Reporter: So dass Sie „nur noch" die Texte miteinander vergleichen mussten, um festzustellen, ob die Zeichenfolge in den Namen ähnlich war.
Champollion: Genauso war es. Wenig später sah ich auf einem Obelisken eine neue Namenskartusche und auf Griechisch den Namen Kleopatra. Ich vermutete, dass die Kartusche ebenfalls diesen Namen enthielt. Und tatsächlich: Ich konnte die Kartusche mit Hilfe der auf dem Stein von Rosette identifizierten Buchstaben lesen! Heute bin ich in der Lage, ein beinahe lückenloses ägyptisches Alphabet zusammenzustellen.
Reporter: Das Rätsel der Hieroglyphen ist also gelöst!
Champollion: Noch lange nicht. Es bleibt noch viel zu erforschen, bis wir altägyptische Texte lesen können. Die Bedeutung vieler Zeichen ist uns heute noch unklar. Und wir wissen auch noch nichts über die Grammatik dieser Sprache. Vor allem aber werden wir niemals wissen, wie diese Sprache klang, wenn sie gesprochen wurde. Aber trotzdem: Wir sind auf dem richtigen Weg.

Dieter Brückner

M 2 Die „Schlüssel" zur Entzifferung der altägyptischen Schrift.

P T O L M I I S
K L I O P A D R A

M 3 Stein von Rosette, 196 v. Chr.

Höhe 1,18 cm, Breite 77 cm.
1798 wurde dieser Basaltstein in der im Nildelta gelegenen Stadt Rosette entdeckt.
Auf ihm ist ein Text in drei verschiedenen Schriften eingraviert: als Hieroglyphen, in Demotisch (eine Schrift, die im ausgehenden alten Ägypten benutzt wurde) und in Griechisch.
Der Name des Königs Ptolomaios ist oben in Hieroglyphen und unten in Griechisch geschrieben.

■ **Lesetipp** → *Rudolf Majonica, Das Geheimnis der Hieroglyphen, München 1988*

■ **Internettipp** → *Informationen und Beispiele der ägyptischen Schrift findest du unter www.hieroglyphen.de*

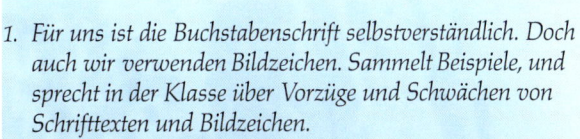

1. Für uns ist die Buchstabenschrift selbstverständlich. Doch auch wir verwenden Bildzeichen. Sammelt Beispiele, und sprecht in der Klasse über Vorzüge und Schwächen von Schrifttexten und Bildzeichen.
2. Verfasst einen Einkaufszettel mit den Zutaten eures Lieblingsessens, ohne dabei Buchstaben oder Zahlen zu verwenden.
3. Überlegt, was wir über das alte Ägypten nicht wüssten, wenn wir die Hieroglyphen nicht entziffern könnten.

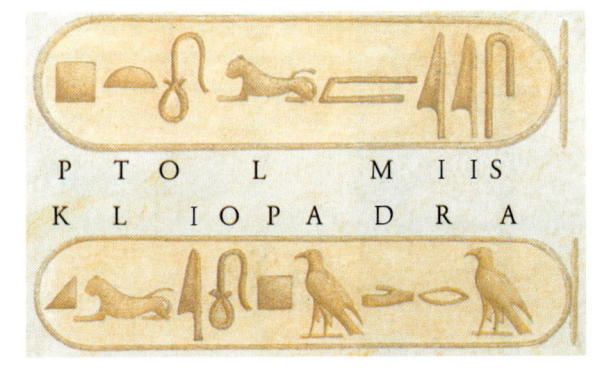

Das Volk des Pharao

Geschickte Handwerker

In Ägypten gab es ein hoch entwickeltes Handwerk, das von Männern und Frauen ausgeübt wurde. Bäcker, Metzger und Bierbrauer sorgten für Lebensmittel. Schreiner, Zimmerleute, Weber, Steinmetze, Schmiede und viele andere verarbeiteten Holz, Stein, Wolle oder Lehm. Auch Metalle oder Edelsteine, die man erst mühsam gewinnen oder aus fremden Ländern einführen musste, wurden verwendet. Die Ägypter stellten Geräte und Gegenstände zum täglichen Gebrauch wie Töpfe und Kleidungsstücke her, aber auch Luxuswaren wie prächtige Möbel oder wertvollen Schmuck.

Wer kann sich das leisten?

Die meisten Handwerker arbeiteten in den großen Betrieben der königlichen Höfe oder Tempel. Die Pharaonen, Wesire, Schreiber und Priester gaben ihnen die Aufträge. Denn sie legten Wert auf eine außergewöhnliche Lebensführung und prachtvolle Ausstattung ihrer Häuser und Grabstätten.

Ihre Untertanen stellten selbst her, was sie für ihr einfaches Leben brauchten, und gingen sorgfältig damit um. Nur selten konnten sie sich die Dienste von umherziehenden Handwerkern leisten.

1 **In den königlichen Werkstätten.**
Grabmalerei, um 1380 v. Chr.
Von oben links nach rechts unten:
Ein Goldschmied wiegt Gold ab. Drechsler arbeiten an Djed-Zeichen (Symbole der Dauer). Zwei Juweliere zeigen die fertigen Waren. Welche anderen Handwerker kannst du erkennen?

2 **Goldener Armreif, um 1530 v. Chr.**
Das Schmuckstück zeigt die geiergestaltige Göttin Oberägyptens: Nechbet. Die Flügel umspannen schützend den Arm; das Zeichen in den Klauen steht für die Ewigkeit.

Die Bauern

Die meisten Ägypter lebten als Bauern auf dem Lande. Während der jährlichen Überschwemmungen mussten sie beim Bau der Pyramiden, Paläste oder Tempel helfen. Nach dem Ende der Flut gingen sie auf ihre Felder und pflügten den feuchten Schlamm mit Ochsen. Bei der Aussaat des Getreides nahmen sie zum Festtreten der Saat Schafe oder Schweine mit auf die Äcker. Mit Eseln brachten sie die Ernte zu den Speichern.

In den Gärten wurden zahlreiche Obst- und Gemüsesorten angepflanzt, darunter Feigen, Datteln, Äpfel, Linsen, Zwiebeln und Bohnen. Auch Wein wurde angebaut. Die Ägypter hielten Geflügel und Kleinvieh. In den Sumpfgebieten züchteten sie Wasserbüffel.

Gering geachtet

Das Leben der Bauern war nicht leicht. Das Land, das sie bebauten, gehörte ihnen nicht. Neben dem König besaßen Prinzen, verdiente Beamte oder auch Tempel große Ländereien, die ihnen die Könige überlassen hatten. Die Eigentümer forderten von den Bauern Abgaben. Einen Teil der Erträge mussten sie als Steuer an den König abliefern. Den Bauern blieb daher manchmal kaum etwas zum Leben. Manche flüchteten, um dieser trostlosen Lage zu entgehen. Sie schlossen sich Räuberbanden an oder zogen in die Stadt, um dort Arbeit zu suchen. Oft endeten sie als Bettler.

③ Vom Korn zum Mehl.
Kalksteinfigur (26 cm hoch), um 2400 v. Chr. Getreide wurde von Hand gemahlen.

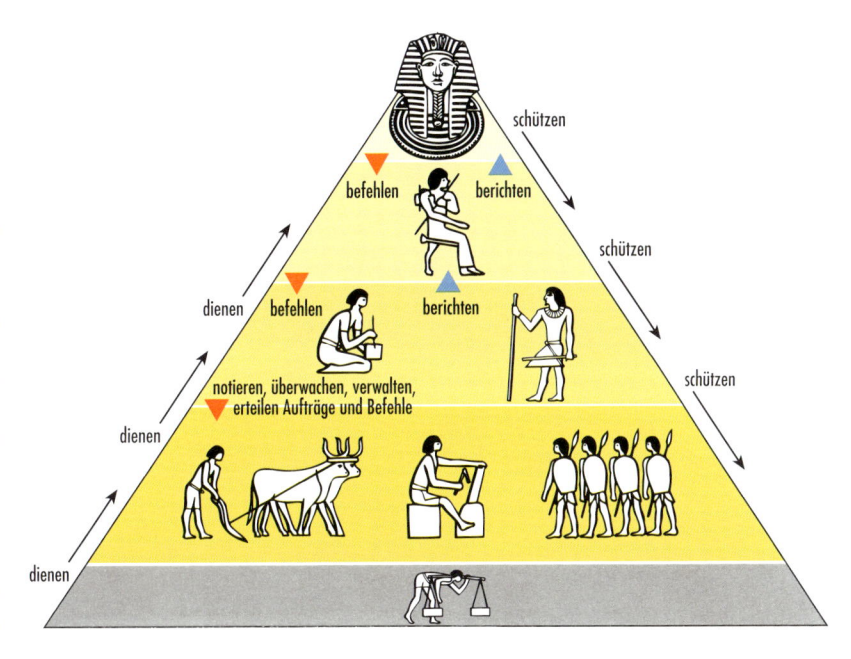

④ Die Gesellschaft in Ägypten.
*Nicht alle Menschen und Berufe galten in Ägypten gleich viel. Es bestand eine **Hierarchie**, eine streng von oben nach unten gegliederte Rangordnung in der Gesellschaft. Dieses Schaubild zeigt dir das. Deine Aufgabe ist es, die Grafik zu erläutern. Finde zunächst heraus, was dargestellt ist. Beschreibe dann die Beziehungen der Menschen zueinander (Aufgaben und Pflichten) und nenne ihren Rang. Die Form dieser Grafik ist von Bedeutung. Nenne den Grund, weshalb ein Dreieck gewählt wurde. Überlege, welche Vorteile ein Schaubild gegenüber einem Text hat?*

Wie lebten die Frauen?

In den ägyptischen Quellen begegnen uns Frauen häufig als Weberinnen, Spinnerinnen, Tänzerinnen und Musikantinnen, beim Bierbrauen und Brotbacken. Die meisten Frauen waren also im Haus tätig. Selten finden sich Hinweise auf Schreiber- oder Priesterinnen.

Am meisten wissen wir heute von den Frauen, die auf den Königsthron kamen oder Gattinnen von Pharaonen wurden.

Die Ägypterinnen waren den Ägyptern in vieler Hinsicht rechtlich gleichgestellt. Sie konnten Verträge abschließen, vor Gericht klagen oder Zeugnis ablegen, die Vormundschaft über ein Kind übernehmen und ihren eigenen Besitz vererben. Den Besitz ihrer verstorbenen Männer durften die Witwen aber nur verwalten, bis die Kinder das Erbe der Väter übernehmen konnten.

Die Sklaven

Früher wurde behauptet, **Sklaven** hätten die Pyramiden gebaut. Dies ist falsch, denn es gab im 3. Jahrtausend v. Chr. bei den Ägyptern nur wenige Menschen, denen man ihre Freiheit genommen hatte und die ohne Rechte waren. Erst seit dem 2. Jahrtausend v. Chr. wurden vermehrt Kriegsgefangene versklavt.

Der Königshof, die Tempel und reiche Privatleute kauften Sklaven. Sie wurden zum Eigentum ihrer Käufer, die sie beschäftigen, verkaufen, vermieten und vererben durften. Die Sklaven der Ägypter hatten das Recht auf Leben und Gesundheit. Außerdem konnten sie freigelassen werden.

M 1 Getreideernte.
*Grabmalerei, um 1400 v. Chr.
Oben links: Ablieferung des Getreides.*

M 2 „Zeig uns das Getreide!"
In verschiedenen Papyri des 12. Jahrhunderts v. Chr. beschreibt ein Schreiblehrer seinen Schülern die Lage der Bauern:

Denk an die missliche Lage, in die der Bauer gerät, wenn die Beamten kommen, um die Erntesteuer zu schätzen, und die Würmer die Hälfte der Ernte
5 vernichtet und die Nilpferde den Rest verschlungen haben. Die gefräßigen Spatzen bringen dem Bauern großes Unglück. Das auf dem Dreschboden verbliebene Getreide ist fort, Diebe ha-
10 ben es gestohlen. Was er für den gemieteten Ochsen schuldet, kann er nicht bezahlen, und die Ochsen sterben ihm weg, erschöpft durch das Übermaß an Pflügen und Drescharbeit. Und ge-
15 nau dann legt der Schreiber am Flussufer an, um die Erntesteuer zu schätzen. Bei sich hat er ein Gefolge von Bediensteten und Nubier* mit Palmruten. Sie sagen: „Zeig uns das Getreide!"
20 Aber es gibt keines, und der Bauer wird gnadenlos geschlagen. Dann wird er gebunden und mit dem Kopf voran in einen Teich getaucht, bis er fast ertrunken ist. Seine Frau wird vor seinen
25 Augen gefesselt, und seine Kinder werden ebenfalls gebunden.

Sergio Donadoni, Der Mensch des Alten Ägypten, Frankfurt/M. 1992, S. 36

__Nubier__: Krieger aus Nubien

1. Untersuche M 1 und M 2 und finde heraus, worin sie übereinstimmen.
2. Ein ägyptischer Bauer entschließt sich, seine Felder zu verlassen. Erscheint dir seine Schilderung glaubwürdig (M 1 und M 2)?

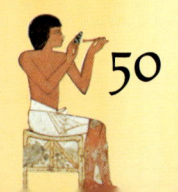

M 3 Königin Hatschepsut.
*Standfigur aus Rosengranit,
um 1500 v. Chr..*
Zu den vier bekannten Herrscherinnen Ägyptens gehört die Königstochter Hatschepsut. Da ihr Vater keine Söhne hatte, wurde zunächst ihr Mann König. Nach seinem Tod übernahm Hatschepsut die Herrschaft für ihren noch unmündigen Sohn. Sieben Jahre später ließ sie sich jedoch selbst zum König erklären, ihr Sohn wurde Mitherrscher. Hatschepsut regierte 21 Jahre bis zu ihrem Tod 1468 v. Chr.

M 4 Familiengruppe.
Grabbeigabe, um 2500 v. Chr.

M 5 „Erfreue ihr Herz"
Über die Frauen heißt es in einer „Weisheitslehre", die nach 2500 v. Chr. entstand:

Wenn es dir gut geht, gründe ein Haus und liebe deine Frau, fülle ihren Bauch und kleide ihren Rücken, Salben sind ein Heilmittel ihrer Glieder, erfreue ihr
5 Herz solange du lebst, sie ist ein fruchtbarer Acker für ihren Herren. Streite nicht mit ihr vor Gericht. Halte sie fern, Macht zu haben.

Sergio Donadoni, Der Mensch des Alten Ägypten, a.a.O., S. 365

M 6 „Ach, du Schöne ..."
Ein Nachruf auf eine verstorbene Frau, der um 1200 v. Chr. geschrieben wurde.

Ach, du Schöne ohnegleichen, du, die du das Vieh nach Hause brachtest, dich um unser Feld kümmertest, während alle Arten schwerer Lasten auf dir ruh-
5 ten, obwohl es für sie keine Stütze gab, sie abzusetzen.

Sergio Donadoni, Der Mensch des Alten Ägypten, a.a.O., S. 365

1. Nenne das Besondere an der Darstellung der Königin (M 3). Welche Gründe mögen für die Gestaltung der Figur wichtig gewesen sein? Vergleiche dazu M 3 mit Abb. 1, Seite 43.
2. Betrachte die Familie (M 4) und lies M 5 und M 6. Überlege, welcher der beiden Texte auf das dargestellte Ehepaar zutreffen könnte.
3. Welcher Rangstufe der Hierarchie (siehe Abb. 4, Seite 49) würdest du die in M 5 und M 6 angesprochenen Frauen zuordnen? Begründe.

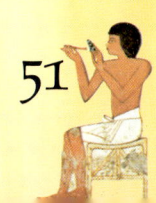

Götter, Glaube, Tempel

1 Die Götter kommen.
Rekonstruktionszeichnung.
Gezeigt wird der Einzug von Götterbildern in den Tempel von Luxor, wie er um 1200 v. Chr. während eines Festes stattgefunden haben könnte.
Im Hintergrund der Tempeleingang. Die beiden turmartigen Torbauten sind mit Reliefs geschmückt, davor stehen zwei Obelisken, in deren vergoldeten Spitzen sich die Sonne spiegelt, und Statuen, die an den königlichen Bauherrn Ramses II. erinnern.
Im Vordergrund tragen Priester auf Gestellen Barken. Auf diesen Schiffen befanden sich Götterbilder in Schreinen (sie sind hier nicht zu sehen). Unter ihnen die Statue des Reichsgottes Amun, der als Erneuerer der Welt, König der Götter und Herrscher im Himmel und auf Erden verherrlicht wurde. Einmal im Jahr wurden sein Standbild und die Bilder anderer Götter während des Hochwassers auf dem Nil von dem Heiligtum Karnak für wenige Tage nach Luxor gebracht.
Das Volk begleitete die Prozession vom Fluss zum Heiligtum, das nur die Priester und der Pharao betreten durften.

Übrigens: Im Tempel wurden die Götterbilder in besonderen Räumen, dem Allerheiligsten, aufbewahrt und täglich von Priestern nach genauen Vorschriften (Zeremonien) gespeist, gewaschen, geschminkt und gekleidet.

Alles hat eine Seele
Wenn der Nil nicht mehr genug Wasser führte, Heuschrecken die Ernte vernichteten, Krankheiten bei Menschen und Tieren wüteten oder Feinde über die Grenzen vordrangen, dann glaubten die Ägypter, dass sich die Götter von ihnen abgewandt hätten. Allein durch fromme Handlungen hofften sie, die Götter wieder günstig stimmen zu können.
Für die Ägypter hatte alles eine Seele: Menschen, Tiere, Pflanzen, Luft, Wasser, Gestirne usw. Vor allem in Tieren (z.B. in Stieren, Kühen, Nilpferden, Krokodilen, Falken oder Käfern) sahen sie göttliche Kräfte. Auch in Menschengestalt oder als Mischgestalt mit Menschenleib und Tierkopf stellten sie sich Götter vor.

Der Glaube

Im Laufe ihrer langen Geschichte veränderten die Ägypter ihre **Religion**, ihre Vorstellungen von den Göttern und die Art sie zu verehren. Ihren Polytheismus (von griech. *poly*: viel, und *theos*: Gott) behielten sie aber bei. Zu den Göttern, die sie schon lange in bestimmten Landesteilen und Orten verehrt hatten, kamen nach der Einigung Ober- und Unterägyptens neue „Reichsgötter". Für sie alle gab es zahllose Tempel.

Die Heiligtümer und ihre Priester waren für das Wohl des Landes verantwortlich. Daher gaben die Herrscher den Tempeln stets den größten Anteil der Kriegsbeute und viel Land.

Die großen Tempelanlagen waren Mittelpunkte des religiösen, wirtschaftlichen und kulturellen Lebens. Einige glichen abgeschlossenen Städten, in denen es neben den Gotteshäusern Schulen, Bibliotheken, Speicher, Werkstätten und Wohnungen gab. Hier lebten Priester, Gelehrte, Ärzte, Künstler, Schreiber, Handwerker, Aufseher, Bauern und Sklaven.

Reisen mit dem Sonnengott

Die Ägypter glaubten an ein Leben nach dem Tod. Starb ein Mensch, trennten sich ihrer Ansicht nach zwar Seele, Geist und Lebenskraft vom Körper. Sie galten aber als unvergänglich. Die Menschen am Nil meinten, die Lebenskräfte könnten eine Verbindung mit dem Sonnengott eingehen. Und wenn dieser allabendlich beim Sonnenuntergang in die Unterwelt fuhr, würde er sie auf seinem Boot mitnehmen. Nacht für Nacht wären dann Lebenskräfte und Körper wieder vereinigt und wohnten bis zum Sonnenaufgang in ihren Gräbern.

In späteren Zeiten glaubten die Ägypter auch, dass die von den Göttern für unsterblich erklärten Menschen in einem Paradies frei von Sorgen, Mühen und Ängsten leben würden.

Gut vorbereitet für die Ewigkeit

Allerdings war das Leben nach dem Tode an zwei Bedingungen geknüpft: Der Verstorbene musste sich einem Totengericht vor *Osiris* stellen, dem Herrscher im Jenseits, und sein Leib musste unversehrt sein.

Während der normale Ägypter im heißen Wüstensand beerdigt wurde, wo sein Leichnam rasch austrocknete und so vor Verwesung geschützt war, warf man die Ärmsten manchmal einfach in den Nil. Da der Fluss als Gottheit verehrt wurde, hoffte man, sie werde für die Toten sorgen. Könige, Vornehme und alle, die es sich leisten konnten, ließen ihren toten Körper einbalsamieren und als Mumie beisetzen. Dazu errichteten sie aufwendige Grabanlagen. Um Königsgräber herum und an bevorzugten Begräbnisstellen entstanden Totenstädte.

② Schiffsmodell.

Grabbeigabe aus Holz, um 2000 v. Chr. Das Modell ist 69 cm hoch, 32 cm breit und 86 cm lang und der Nachbau eines Reiseschiffes; es befindet sich im Roemer- und Pelizaeus-Museum in Hildesheim.
Der Aufwand für die vielen Dinge, die den Toten ins Grab gegeben wurden, war für den größten Teil der Bevölkerung nicht aufzubringen. Deshalb wurde nach Ersatz gesucht: Modelle und Abbildungen standen für das Original, und man hoffte, dass sie wirksam seien.

An den Wänden der Gräber, auf den Särgen und in Schriften rühmten Bilder und Texte die Taten und Leistungen der Verstorbenen, damit sie den Tod überwinden und göttliche Unsterblichkeit erlangen konnten. Reiche Grabbeigaben sollten den Weg ins Jenseits angenehm machen.

■ **CD-ROM-Tipp** → *Das alte Ägypten: Tutanchamon, Ramses. München: Systhema*

③ Uschebti-Figuren.

Etwa ab 1700 v. Chr. gaben die Ägypter den Toten kleine Figuren aus Stein, Ton, Wachs oder Holz als Diener mit ins Grab. Sie sollten im Jenseits für sie arbeiten und ihnen dort ein Leben ohne Mühsal ermöglichen.

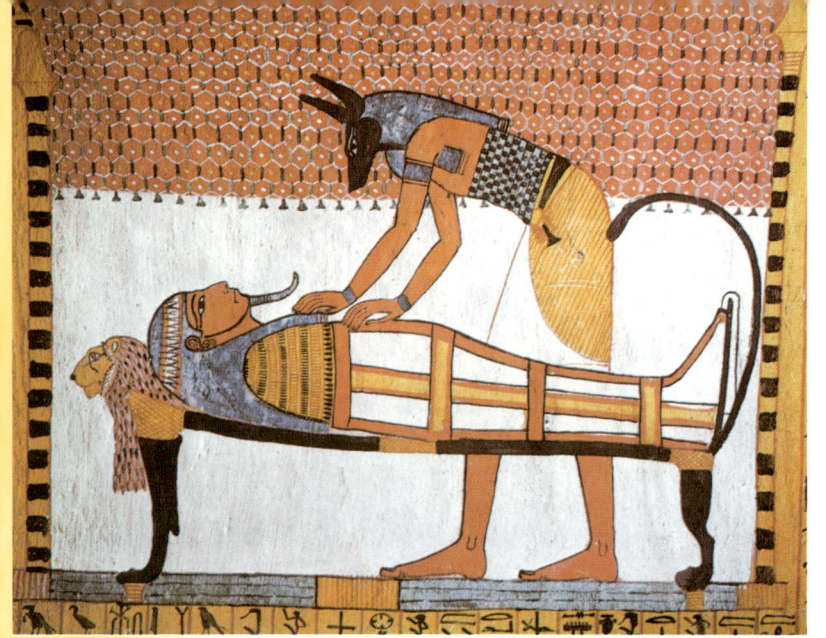

M 2 Anubis versorgt eine Mumie.
*Grabmalerei, um 1200.
Hier ist ein Priester mit Schakalkopfmaske tätig. Der schakalköpfige Anubis galt als Balsamierungsgott, Wächter der Geheimnisse und Totenrichter.*

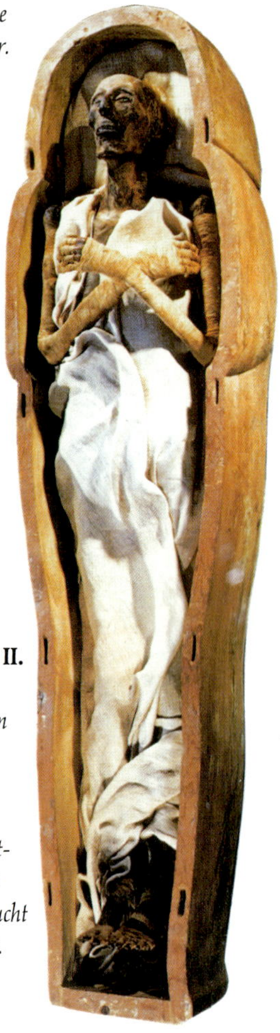

M 1 Ein Körper für die Ewigkeit

*Der königliche Baumeister Cha starb um das Jahr 1400 v. Chr. Sein Grab in einem Friedhof nahe der damaligen Hauptstadt Theben zählt zu den ganz wenigen, die vor ihrer Entdeckung im 20. Jahrhundert nicht von Grabräubern geplündert worden waren.
In den letzten Stunden, bevor der mumifizierte Körper Chas in den Sarg gelegt wurde, könnte sich Folgendes abgespielt haben:*

„Ehrlich gesagt weiß ich nicht so ganz genau, was die Balsamierer seit über 1000 Jahren machen. Sie tun sehr geheimnisvoll. Und der Mumie, die sie einem nach 70 Tagen wieder ins Haus bringen, kann man ja nicht ansehen, was sie mit ihr angestellt haben. –"

5 So aufmerksam hatte Antef seinem Großvater Hetep schon lange nicht mehr zugehört. Dieser erzählte ihm nämlich gerade, was in den letzten zweieinhalb Monaten mit dem verstorbenen Großonkel Cha geschehen war. Hetep fuhr fort: „Aber so viel hat mir einmal ein Freund verraten: Zuerst waschen sie den Toten und ziehen ihm dann das Gehirn mit einem eisernen Haken durch die Nase heraus; da-
10 nach schneiden sie die linke Bauchseite auf, um die Eingeweide zu entnehmen, die in eigenen Gefäßen bestattet werden. Nur das Herz, den Sitz unseres Denkens und Fühlens, lassen sie im Körper. Anschließend behandeln sie den Leichnam mit Natronsalz, damit er völlig austrocknet. Dies dauert wohl einige Wochen. Erst dann umwickeln die Balsamierer alle Körperteile sorgfältig mit harzgetränkten Lei-
15 nenbinden. Ich habe angeordnet, dass sie mindestens tausend Meter davon verwenden sollen. Für einen angesehenen Mann, wie es dein Großonkel Cha war, ist das nur recht und ... – Pass doch auf, du Tölpel!" Ein lautes Krachen hatte Hetep unterbrochen. Er war nun außer sich über die Unachtsamkeit des Dieners. „Wenn du den wertvollen Lehnstuhl beschädigst, können wir ihn meinem Bruder Cha
20 nicht mehr ins Grab mitgeben. Das ist Elfenbein!" Geschäftig lief er zwischen den Gegenständen umher, die im Hof seines Hauses aufgebaut waren, und verglich mit einer Liste. „Wir dürfen nichts vergessen. Das bin ich meinem Bruder schuldig. Er muss alles in seinem Grab vorfinden, was er im Jenseits braucht. Du da, gib Acht! Die goldene Elle ist ein Geschenk des Königs. Sorge dafür, dass sie nachher von al-
25 len Leuten gesehen werden kann, wenn wir die Sachen durch die ganze Stadt zum Grab tragen. Die Leute sollen merken, dass wir nicht irgendwer sind. – Horch, Antef! Hörst du die Klageweiber, die ich bestellt habe? Geh und hole die ganze Familie heraus, sie bringen die Mumie!"

Erzählt von Dieter Brückner; die Angaben zur Mumifizierung nach: Renate Germer, Das Geheimnis der Mumien. Ewiges Leben am Nil, München – New York 1997, S. 20 ff.

M 3 Mumie König Ramses II.
Er starb 1213 v. Chr. im Alter von über 80 Jahren. Seine Mumie wurde 1881 entdeckt und 1976 in Paris untersucht und konserviert.

M 4 Kanope.
Gefäß für die Eingeweide, um 1200 v. Chr.

M 5 Der Mund des Toten wird geöffnet.
*Aus einem Papyrus, um 1300 v. Chr.
Die Zeremonie der Mundöffnung war der Höhepunkt eines jeden Begräbnisses. Bevor die Mumie in den Sarg gelegt und das Grab verschlossen wurde, berührte ein Priester den Mund des Toten mit einem speziellen Gerät, damit der Verstorbene im Jenseits sprechen, essen und seinen Geschmackssinn gebrauchen konnte.*

M 6 Was Cha mitgegeben wurde
Ein italienischer Forscher entdeckte 1906 im Tal der Könige das Grab des Architekten Cha. Verwandte und Freunde haben Cha unter anderem folgende Sachen mit ins Grab gegeben:

Kleine Holzfigur des Cha, Totenbuch, 2 Uschebti-Figuren, 1 Truhe (darin u.a.: 5 Rasiermesser, Zange, Schleifstein, Alabastergefäß mit Salbe, 2 bronzene
5 Nadeln, hölzerner Kamm, 2 Fußringe aus Email, Feldflasche, Emailbecher, 2 Schreibpaletten mit Pinsel, Schreibtäfelchen, Elle, Futteral für eine Waage, Bohrer, Schreineraxt, Bronzemeißel, 3 Paar
10 Ledersandalen, Reisematte, mehrere Spazierstöcke, Behälter mit Toilettenutensilien), Wäschetruhe (darin: ca. 50 Unterhosen, 26 Lendenschurze, 17 Sommergewänder, 1 Wintergewand, 4
15 Leinentücher), Stuhl mit Lehne, 11 Hocker, 6 Tische, 2 Betten mit Kopfstützen, 13 Truhen, Betttücher, Handtücher, Teppiche, Öl, Wein, Brot, Mehl, Milch, geröstete und gesalzene Vögel, gesalze-
20 nes Fleisch, getrockneter Fisch, geschnittenes Gemüse, Zwiebeln, Knoblauch, Kümmel, Wacholder, Trauben, Datteln, Feigen, Nüsse, Brettspiel, Elle aus Gold.

Zusammengestellt nach: Das ägyptische Museum Turin, Mailand 1988, S. 85 ff.

M 7 Truhe des Cha.
*Bemaltes Holz, um 1400 v. Chr.
In dieser Truhe lag Wäsche.*

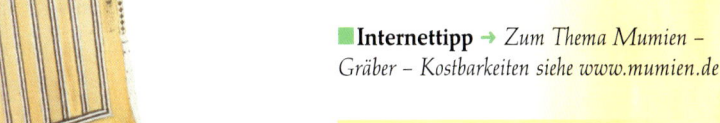

■ **Internettipp** → *Zum Thema Mumien – Gräber – Kostbarkeiten siehe www.mumien.de*

1. Liste die einzelnen Schritte der Einbalsamierung und des Begräbnisses auf (M 1, Seite 54, und M 5).
2. Ordne die Grabbeigaben (M 6) nach ihrem Verwendungszweck. Vergleiche sie mit denen aus der Bronzezeit (siehe Seite 32).
3. Erläutere an Beispielen, wieso wir gerade dem Jenseitsglauben und den Begräbnisbräuchen der Ägypter wichtige Informationen über ihren Alltag verdanken.

M 8 Lehnstuhl des Cha.
Bemaltes Holz, um 1400 v. Chr.

Der Verstorbene kniet im Gericht vor den Göttern

Der Verstorbene und **Anubis**, der Totengott

Schleifenkreuz: Zeichen für das ewige Leben

Waage; auf der linken Seite liegt das Herz des Toten, auf der rechten Seite steht eine Feder. Das Herz ist Zeichen für den Sitz des Verstandes und der Seele; es gibt ein Bekenntnis über die Lebensführung (siehe M 10) ab. Die Feder das Symbol für **Maat**: die Wahrheit, Gerechtigkeit und Ordnung.

„**Große Fresserin**": Sie fraß das Herz des Verstorbenen, wenn es schwerer als die Feder war. Dann konnte der Tote nicht in die Ewigkeit eingehen.

Thot, der Gott des Schreibens, des Wissens und der Weisheit

M 1 Die „große Prüfung": das Totengericht.

Ausschnitt aus dem „Totenbuch" des Schreibers Hunefer, Papyrus (39 cm hoch), um 1300 v. Chr.
Die Ägypter schmückten die Wände ihrer Grabkammern mit Bildern und Inschriften. In ähnlicher Weise verzierten sie Särge. Besonders sorgfältig gestalteten sie „Totenbücher", die sie den Mumien in den Sarg legten. Denn sie enthielten die richtigen Antworten, die der Verstorbene auf die Fragen des Totengerichts geben musste.
Die ägyptischen Künstler zeichneten und malten über dreitausend Jahre nach den gleichen strengen Regeln. Derjenige galt als Meister, der den alten Vorbildern am meisten entsprach.

M 2 „Ich bin rein …"

In einem Totenbuch, das um 1500 v. Chr. entstand, legt ein Verstorbener folgendes Bekenntnis ab:

Ich habe kein Unrecht gegen Menschen begangen, und ich habe keine Tiere misshandelt.
Ich habe nichts „Krummes" an Stelle
5 von Recht getan. […]
Ich habe keinen Gott beleidigt. […]
Ich habe kein Waisenkind an seinem Eigentum geschädigt.
Ich habe nicht getan, was die Götter
10 verabscheuen.
Ich habe keinen Diener bei seinem Vorgesetzten verleumdet.
Ich habe nicht Schmerz zugefügt und niemanden hungern lassen, ich habe
15 keine Tränen verursacht.

Ich habe nicht getötet, und ich habe auch nicht zu töten befohlen; niemandem habe ich ein Leid angetan.
Ich habe am Hohlmaß nichts hinzuge-
20 fügt und nichts vermindert, ich habe das Flächenmaß nicht geschmälert und am Ackerland nichts verändert.
Ich habe zu den Gewichten der Handwaage nichts hinzugefügt und das Lot
25 der Standwaage nicht verschoben.
Ich habe die Milch nicht vom Mund des Säuglings fortgenommen, ich habe das Vieh nicht von seiner Weide verdrängt. […]
30 Ich bin rein, ich bin rein, ich bin rein, ich bin rein!

Nach: Altägyptische Dichtung, ausgew., übers. und erl. von Erik Hornung, Stuttgart 1996, S. 121 ff.

Bilder können sprechen

Bilder können uns Geschichten erzählen und uns etwas über die Zeiten mitteilen, in denen sie entstanden sind. Du kannst sie zum Sprechen bringen, indem du Fragen an sie stellst. Nicht alle lassen sich bei jedem Bild beantworten. Oft musst du weitere Informationen einholen. Du kannst bei der Arbeit mit Bildern in drei Schritten vorgehen:

1. Beschreibe das Bild!
- Welche Personen erkennst du auf dem Bild?
- Was tun die Personen?
- Wie sind sie gekleidet?
- Haben sie Gegenstände bei sich?
- Kannst du weitere Dinge oder Tiere auf dem Bild erkennen?
- Wie wirkt das Bild auf dich?

2. Erkläre die Zusammenhänge!
- Ist auf dem Bild etwas hervorgehoben? Woran erkennst du das?
- Wie sind die Personen dargestellt? Fällt dir dabei etwas auf? Sind es wirkliche Personen, oder stehen sie für etwas?
- In welcher Beziehung zueinander sind die Personen dargestellt?

3. Finde heraus, warum das Bild „gemacht" wurde!
- Wann und wo wurde das Bild geschaffen oder veröffentlicht?
- Hat es ein besonderes Format?
- Wer hat den Auftrag dazu gegeben?
- Zu welchem Zweck wurde es hergestellt?
- Was sollte es dem Betrachter sagen?
- Welche Ereignisse und Vorstellungen haben für die Darstellung eine Bedeutung? Kannst du sie auf dem Bild wiederfinden?
- Erzähle, was das Bild dir sagt.

Der Tote und **Horus**, der Himmels- und Königsgott (Pharao)

Die vier **Horus-Söhne**: Wegbegleiter für die Himmelfahrt des Toten

Osiris, der oberste Richter und Herrscher im Jenseits; er hält Krummstab und Wedel als Zeichen seiner Herrschaft

Nephthys und **Isis**: die Schwestern von Osiris; sie schützen und beweinen den Toten

1. Betrachte M 1 und erzähle nach, wie das Totengericht ablief. Dazu musst du die Zeichnung von links nach rechts wie einen Comic lesen.
2. Beim Totengericht mussten sich die Verstorbenen vor den Göttern für ihr Leben rechtfertigen. Diese Rechtfertigung wurde in einem „Totenbuch" (M 2) aufgeschrieben. Der Verstorbene wollte damit den Göttern beweisen, dass er sich an ihre Gebote gehalten hatte. Lies aus dem „Totenbuch" die Gebote heraus, an die sich die Ägypter halten mussten, und schreibe sie auf.
3. Spielt mit verteilten Rollen ein Streitgespräch: Beim Totengericht tritt der verstorbene Bauer, von dem M 1 auf Seite 50 berichtet, hinzu und klagt den Toten, einen hohen Beamten des Königs, an.
Welche Vorwürfe wird er ihm machen? Wie könnte sich der Beamte zu rechtfertigen versuchen? Wie würde des Ergebnis des Totengerichts für ihn ausfallen?

Israel – Land der Bibel

Nomaden aus dem Zweistromland
Lange beherrschten die Ägypter das Land der *Kanaanäer* an der Ostküste des Mittelmeeres. Im 13. Jh. v. Chr. wurden sie von den *Philistern* vertrieben, an die noch immer der Name **Palästina** erinnert. Nach 1250 v. Chr. soll *Moses* die *Hebräer* aus der ägyptischen Gefangenschaft in das „gelobte Land" Kanaan (Palästina) geführt haben. Die Hebräer lebten zunächst als Nomaden in zwei Stammesgruppen: die südliche in **Juda**, die nördliche in **Israel**. Im 11. Jh. v.Chr. begannen die Hebräer, die Stadtstaaten der Kanaanäer zu erobern, um Siedlungsland zu gewinnen. Damit wurden sie zu Konkurrenten der Philister, die das Land ebenfalls für sich beanspruchten. Um die Gefahr abzuwehren, wählten die Stämme Judas und Israels erstmals einen gemeinsamen König: *David* aus Juda.

Aufstieg und Niedergang
David regierte von etwa 1000 bis 965 v. Chr. In dieser Zeit eroberte er Jerusalem, das er zu seiner Hauptstadt machte. Er besiegte die Philister und vergrößerte sein Reich in zahlreichen Kriegen. Das Kerngebiet seines Herrschaftsgebietes war nicht größer als das heutige Bundesland Hessen. Zum kulturellen Mittelpunkt ihres Reiches machten David und sein Sohn *Salomon* (König von 965 bis 932 v. Chr.) Jerusalem.

Doch dieses Königreich zerfiel bereits nach Salomons Tod wieder in Israel und Juda. Sie standen sich feindselig gegenüber, denn jedes von ihnen versuchte das andere zu beherrschen. Um die Mitte des 8. Jh. v. Chr. gerieten beide unter den Einfluss ihrer mächtigen Nachbarn: Zunächst eroberten die *Assyrer* Israel und machten Juda abgabenpflichtig. Gut hundert Jahre später wurden die Ägypter für kurze Zeit Herren des Landes, bis sie von den Babyloniern vertrieben wurden. Deren König *Nebukadnezar* machte kurzen Prozess, als die Hebräer einen Aufstand gegen seine Herrschaft wagten: Er eroberte im Jahr 587 v. Chr. das ganze Land, ließ Jerusalem mit dem Tempel Salomons zerstören und die vornehmen Familien der Hebräer nach Babylonien verschleppen. Für sie bürgerte sich allmählich die Bezeichnung **Juden** ein. Sie durften erst zurückkehren, als die Perser im Jahr 538 v. Chr. das babylonische Reich zerstörten.

Ihr Glaube
Während der *Babylonischen Gefangenschaft* der Juden entstanden die wichtigsten Bücher des ersten Teils der **Bibel**, später das *Alte Testament* genannt. Sie enthalten die Grundlagen der jüdischen Religion: Anders als alle umliegenden Völker glaubten die Juden nur noch an einen Gott, was wir **Monotheismus** (griech. *monos*: allein; *theos*: Gott) nennen. Ihrem Gott gaben sie den Namen *Jahwe*. Sie sahen und sehen sich als das von Gott auserwählte Volk an und sind davon überzeugt, dass am Ende der Zeiten Jahwe den Erlöser (hebräisch: *Messias*) schicken wird, die Toten auferstehen werden und ein Friedensreich beginnen wird. Der jüdische Glaube beeinflusste das Christentum und den Islam.*

---

① **Das Großreich Davids und Salomons, um 1000 bis um 926 v. Chr.**

Siedlungsgebiet der Hebräer
Gebiet unter davidischer Herrschaft
Abgabenpflichtige Staaten
Grenze zwischen Israel und Juda nach 926 v. Chr.

② **Vertreibung der Juden aus Lachis.**
Relief aus einem assyrischen Palast, um 700 v. Chr. (Ausschnitt).
Das Bild zeigt die erste belegte Vertreibung von Juden aus ihrer Heimat.

* Darüber erfährst du später mehr in diesem Buch.

1 Jahwe-Tempel in Jerusalem.

Rekonstruktionsversuch des um 950 v. Chr. erbauten Tempels.

Für die Rekonstruktion gibt es keine archäologischen Belege. Orientierung bieten allein alte Quellen, die sich in der Beschreibung widersprechen. Eine wuchtige Mauer umgibt den eigentlichen Tempelbereich. Sie umschließt die inneren Höfe: den Vorhof der Frauen ① und den Hof Israels, den nur Männer betreten durften ②. Der große Opferaltar ③ stand im Freien vor dem Tempelhaus ④. Dort war die offenstehende Tür mit einem Vorhang versehen. Dahinter befand sich der siebenarmige Leuchter, die Menora (siehe M 4), und der Weihrauchaltar.

Der anschließende Raum, das Allerheiligste, war dunkel und leer. Nur einmal im Jahr betrat der Hohepriester diesen Raum.

2 Verheißung des gelobten Landes

Im Alten Testament heißt es in einem Buch Mose, das vermutlich im 5. Jh. v.Chr. entstand:

Dem Herrn, eurem Gott, sollt ihr dienen, und so werde ich euer Brot und euer Wasser segnen und alle Krankheiten aus eurer Mitte entfernen. Keine
5 Frau wird fehlgebären oder unfruchtbar sein in eurem Lande. […] Meinen Schrecken werde ich vor euch her senden und alle Völker in Verwirrung bringen, so dass alle eure Feinde vor
10 euch fliehen […]. Ganz allmählich werde ich sie vor euch vertreiben, bis ihr so zahlreich seid, dass ihr das Land besetzen könnt. Und euer Gebiet soll reichen vom Roten Meer bis zum Mittel-
15 meer und von der Wüste bis zum Euphrat. Ja, ich werde die Bewohner dieses Landes in eure Hand geben, und ihr werdet sie vor euch vertreiben. Ihr sollt mit ihnen und ihren Göttern kein
20 Abkommen treffen. Sie sollen nicht in deinem Lande wohnen bleiben, damit sie euch nicht zur Sünde wider mich verleiten […].

Da schrieb Moses alle Gebote des
25 Herrn (torá) auf. […] Er las sie danach dem Volke vor, und die Menschen sprachen: Alles, was der Herr geboten hat, wollen wir tun und ihm gehorchen.

Nach 2. Buch Mose, 23, 25-24, 8

3 Die Zehn Gebote

Nach der Bibel gab Gott Moses den Auftrag, dem Volk Israel diese Gesetze zu verkünden:

1. Ich bin Jahwe, dein Gott, der dich aus der ägyptischen Sklaverei herausgeführt hat. Du sollst keine anderen Götter neben mir haben.
5 2. Du sollst kein Gottesbild machen […] Du sollst keine Bilder anbeten […].
3. Du sollst den Namen des Herrn, deines Gottes, nicht missbrauchen […].
4. Gedenke des Sabbattages, damit du
10 ihn heilig hältst. Sechs Tage sollst du arbeiten und all dein Werk tun, aber der siebte Tag ist ein Ruhetag, dem Herrn, deinem Gott, geweiht […].
5. Ehre deinen Vater und deine Mutter
15 […].
6. Du sollst nicht morden.
7. Du sollst die Ehe nicht brechen.
8. Du sollst nicht stehlen.
9. Du sollst gegen deinen Nächsten
20 kein falsches Zeugnis abgeben.
10. Du sollst nicht begehren nach dem Hause deines Nächsten, nicht nach seinem Weibe, seinen Sklaven, seinem Vieh oder nach irgend etwas anderem,
25 was er sein eigen nennt.

Nach 2. Buch Mose – Exodus, 20, 2-17

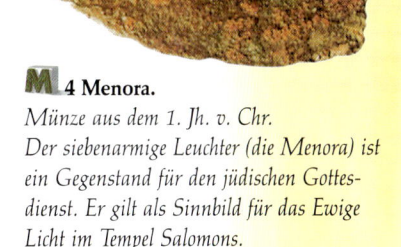

4 Menora.

Münze aus dem 1. Jh. v. Chr.
Der siebenarmige Leuchter (die Menora) ist ein Gegenstand für den jüdischen Gottesdienst. Er gilt als Sinnbild für das Ewige Licht im Tempel Salomons.

1. Beschreibe das Verhältnis Gottes zu den Juden (M 2).
2. In dem 1948 gegründeten Staat Israel berufen sich heute viele Bürger auf das Alte Testament (M 2, Zeilen 13 bis 16). Was weißt du darüber?
3. Vergleiche die Zehn Gebote (M 3) mit dem ägyptischen Bekenntnis (M 2, Seite 56). Gibt es Übereinstimmungen?
4. Welche Gebote sind noch heute für das Zusammenleben wichtig (M 3)? Begründe deine Aussage.

Was war wichtig?

Daten

um 3000 v. Chr *In Ägypten entsteht eine Hochkultur.*

Begriffe

Hochkultur: eine gegenüber dem einfachen Landleben weiter entwickelte Lebensform, deren Kennzeichen Städte, große Bauwerke (→ *Pyramiden*, Tempel), → *Schrift*, Verwaltung, Religion, Rechtspflege, Handwerk und Handel sind. Die ersten Hochkulturen entstanden an Euphrat und Tigris, am Nil sowie am Indus und Hwangho.

Pharao: zunächst die Bezeichnung des Königspalastes im alten Ägypten; seit dem 2. Jt. v. Chr. ein Titel des ägyptischen Herrschers. Pharaonen galten als göttlich. Sie waren die weltlichen und geistlichen Oberhäupter der alten Ägypter.

Polytheismus (griech. *poly*: viel; *theos*: Gott): Glaube an viele Götter. Die alten Ägypter verehrten mehrere Götter. Das Gegenteil des Polytheismus ist der *Monotheismus*, der Glaube an einen einzigen Gott; Beispiele: Judentum, Christentum und Islam.

Pyramide: ein Grabmal, das über einer quadratischen Grundfläche mit dreieckigen, spitz zulaufenden Seiten errichtet wurde. Solche Grabanlagen wurden in Ägypten von etwa 3000 bis 1500 v. Chr. nur für die Pharaonen (→ *Pharao*) erbaut, danach konnten auch andere Ägypter Pyramiden errichten lassen.
Unabhängig von den ägyptischen Vorbildern entstanden später in Kambodscha, Mittel- und Südamerika Tempelpyramiden.

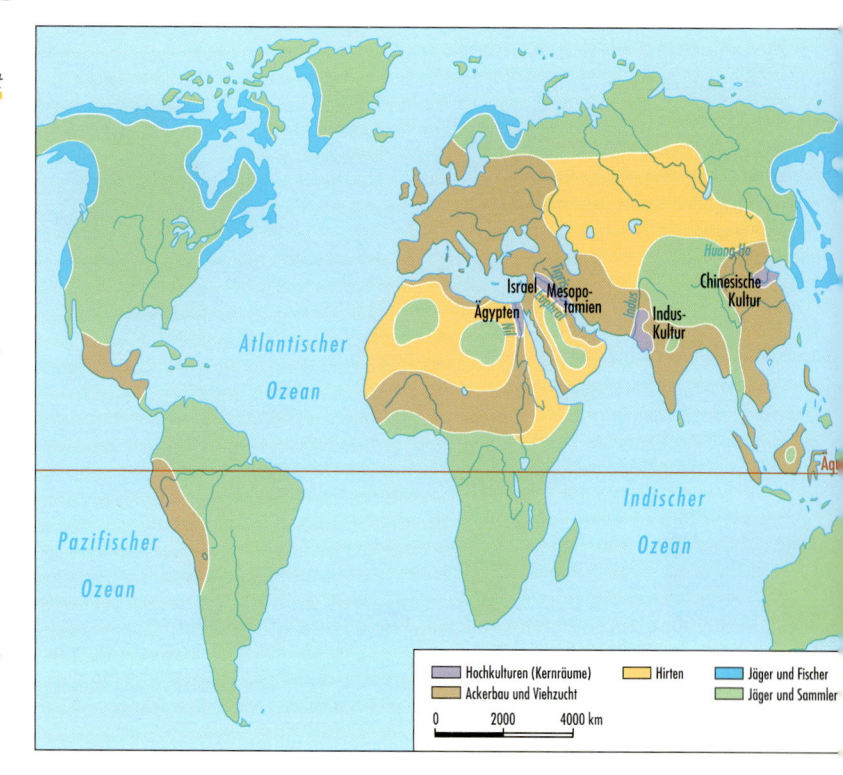

Schrift: Zeichen, mit denen Informationen und die gesprochene Sprache festgehalten werden.
Die ersten Versuche, Wissen mithilfe von Zeichen an andere weiterzugeben waren die → *Höhlenmalereien*. Aus Bildern wurden Zeichen. Die Sumerer in Mesopotamien entwickelten eine Keilschrift, die vor allem Angaben über Besitz anzeigte.
Im alten Ägypten verwendeten die Schreiber des *Pharao* zwischen 3000 v. Chr. und 300 n. Chr. rund 700 verschiedene Zeichen: die *Hieroglyphen* (griech. *hieros*: heilig, *glyphe*: Eingritztes). Sie geben sowohl Laute als auch Buchstaben und Bilder wieder und wurden in Stein geritzt oder mit Pinseln oder Schilfrohren auf Papyrus gemalt.

1 Frühe Hochkulturen der Welt bis ca. 1500 n. Chr.
In welchen heutigen Staaten liegen die Hochkulturen? Was weißt du über die Länder?

Grundfertigkeiten

Du hast in diesem Kapitel gelernt,
• wie alte Bauwerke untersucht und rekonstruiert sowie
• einfache Schaubilder (Grafiken) gelesen und
• Bilder zum Sprechen gebracht werden können.

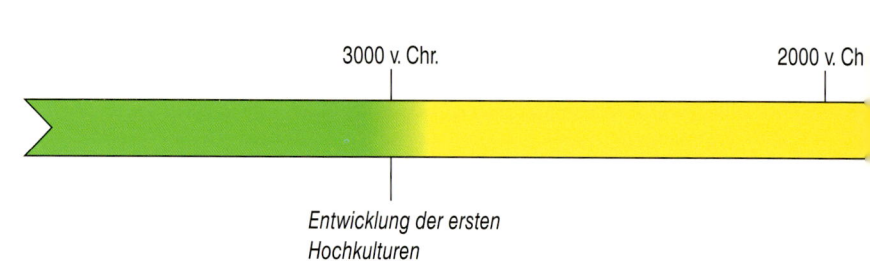

3000 v. Chr. — 2000 v. Ch

Entwicklung der ersten Hochkulturen

Zusammenfassung

Der Klimawechsel nach dem Ende der letzten Eiszeit veränderte die Lebensbedingungen gründlich. Die Menschen wichen vor den sich ausbreitenden Wüsten in fruchtbare Flusstäler aus. Doch auch wenn sie dort günstigere Bedingungen für Ackerbau und Viehzucht fanden, konnte die wachsende Zahl der auf engem Raum lebenden Menschen nur überleben, indem sie zusammenarbeiteten, um Dämme zu errichten und das Land zu bewässern. An der Spitze der in größeren Gruppen lebenden Menschen standen Anführer. Sie hatten die Leitung wichtiger gemeinschaftlicher Aufgaben übernommen und vererbten allmählich ihre Stellung auf ihre Nachkommen. Aus den Anführern wurden im Laufe der Jahrhunderte in Ägypten Pharaonen. Ihnen gelang es im 4. Jahrtausend v. Chr., einzelne Siedlungen zu einem Reich zusammenzufassen.

Die ägyptischen Pharaonen galten als gottähnlich und waren die obersten Priester. Sie herrschten unumschränkt und mit besonders ausgebildeten Beamten. Das ganze Land galt als Eigentum des Pharao. Die Einwohner des Reichs mussten Abgaben leisten und wurden zur Errichtung der Pyramiden und Tempel herangezogen.

Die alten Ägypter glaubten an viele Götter (*Polytheismus*). Die Priester waren die Mittler zwischen den Menschen und den Göttern, die nach damaligem Glauben das ganze Leben bestimmten. Geschenke der Pharaonen und Spenden der Gläubigen verhalfen Priestern und Tempeln zu Reichtum und Macht. Die Bedeutung der ägyptischen Religion zeigt sich im ausgeprägten Totenkult mit Mumifizierung, Grabmälern und Grabbeigaben. Im Dienst von Pharaonen und Priestern arbeiteten Handwerker und Künstler. Bezahlt wurden sie aus der Kriegsbeute mit Edelmetall, vor allem aber mit den landwirtschaftlichen Überschüssen, die die Bauern abzuliefern hatten. Straffe Verwaltung, Rechtspflege, Schrift, Blüte von Kunst und Handwerk und Anfänge von Wissenschaft zeigen, dass die Menschen in den Flusskulturen im Vergleich zu den Ackerbauern und Viehzüchtern anderswo oder zu früheren Zeiten große Entwicklungsschritte getan haben.

② Nofretete.
Plakat des Ägyptischen Museums, Berlin. Königin von Ägypten, Gemahlin des Echnaton (Amenophis IV.).

● **Exkursionstipps** → *Folgende baden-württembergische Museen stellen Funde der frühen Hochkulturen aus:*
- *Badisches Landesmuseum, Karlsruhe*
- *Sammlung des Ägyptologischen Instituts der Universität Heidelberg*
- *Museum Schloss Hohentübingen*

● **Lesetipps** → *Buchempfehlungen zur ägyptischen Geschichte findest du auf Seite 194.*

Übertrage die Zeitleiste auf ein Blatt (1 000 Jahre = 6 cm) und füge ein: wann die Cheops-Pyramide fertig wurde, das Totenbuch des Schreibers Hunefer entstand, Königin Hatschepsut regierte, die Grabkammer von Hochdorf gebaut wurde und wann Moses die Hebräer aus der ägyptischen Gefangenschaft in das „gelobte Land" geführt haben soll.

Soll Nofretete zurück nach Ägypten?
Anfang 2002 fordert der ägyptische Kulturminister Hosni:
„Im Interesse der Menschheit appelliere ich an Berlin, die Büste der Nofretete zurückzugeben."
Die ägyptische Regierung geht davon aus, dass das Königinnenporträt außer Landes geschmuggelt wurde, denn Hosni erklärte, dass Ägypten nur die Rückgabe gestohlener Kunstschätze fordere. Die Stiftung Preußischer Kulturbesitz weigert sich, das Bildnis herauszugeben und erklärt:
„Die Büste der Nofretete befindet sich aufgrund einer durch Vertrag vereinbarten Fundteilung seit 1913 rechtmäßig in Berlin."
Nach: www.selket.de/news20023101.htm

Ob die berühmte Büste unter unrechtmäßigen Umständen oder korrekt nach Berlin gelangt ist, kann heute kein unabhängiger Wissenschaftler mit Sicherheit sagen. Wie würdest du den Streit entscheiden? Begründe!

1000 v. Chr.   Christi Geburt

Verzweifelt blickte Europa zum Himmel und klagte: „Ihr Götter, wie konntet ihr das nur zulassen?" Aber im gleichen Atemzug machte sie sich selbst Vorwürfe: „Kann ich denn alle Schuld auf die Götter wälzen? Bin ich nicht selbst schuldig? Wie konnte ich so unvorsichtig sein, mich dem fremden Stier zu nähern und mich sogar auf seinen Rücken zu setzen? Geschah es mir da nicht recht, dass er mich forttrug?" Schaudernd erinnerte sie sich an ihre Reise. Eine Nacht und einen Tag lang war sie auf dem Rücken des weißen Stieres durch das Meer geschwommen. Er hatte sie von ihrer Heimat Phönizien an die Küste einer fremden Insel im Westen gebracht. Den Namen der Insel kannte sie nicht einmal. Wehmütig erinnerte sie sich an ihre Heimatstadt Tyros, wo sie im Palast ihres Vaters aufgewachsen war. Die Tränen rannen ihr über die Wangen, als sie an ihren Vater dachte, an die Mutter und die Freundinnen, die sie nun sicherlich überall suchen würden. Selbst wenn sie in dieser menschenleeren Gegend überleben sollte, würde sie die Lieben in der Heimat wohl nie mehr wieder sehen. Für einen Augenblick dachte Europa daran zu sterben. Da hörte sie ein leises Geräusch. Als sie sich umdrehte, sah sie eine Frauengestalt, die sich ihr näherte, ohne den Boden mit den Füßen zu berühren. „Hör auf, so zu jammern", begann sie zu sprechen. „Kennst du mich noch? Ich bin Aphrodite, die Göttin der Liebe. Neulich bin ich dir im Traum erschienen, um dir mitzuteilen, dass der Göttervater Zeus in dich verliebt ist." Europa starrte sie ungläubig an. Aphrodite fuhr fort: „Und was meinst du, wer dich hierher, auf die Insel Kreta, trug? Etwa ein normaler Stier? Hast du dich nicht gewundert, dass dich auf dem Meer kein Tropfen Wasser benetzt hat, obwohl die Wellen hochgingen? – Nein, der Stier war niemand anderer als Zeus. Er hatte dich vom Olymp aus erblickt und sich auf Grund deiner Schönheit sofort in dich verliebt. Um dich zu besitzen, beschloss er, dich zu entführen. Du bist", fuhr Aphrodite etwas schnippisch fort, „zwar nicht die einzige Geliebte unseres mächtigsten Gottes, aber tröste dich: Als Tochter des Königs von Tyros hätte man dich vielleicht geehrt, als Geliebte des Zeus wirst du unsterblich werden. Denn der Erdteil, zu dem Kreta gehört und in den er dich entführt hat, soll deinen Namen tragen: Europa."

Dieter Brückner

Europa auf dem Stier.
Unteritalische Vasenmalerei aus dem 4. Jh. v. Chr.

Leben im antiken Griechenland

Die Welt der Hellenen

Ständiger Kampf um Land

Schon im 2. Jahrtausend v. Chr. lebten im heutigen Griechenland Menschen mit einer einheitlichen Lebensweise*. Die Anführer dieser ständig um fruchtbares Land kämpfenden kleinen Völker wohnten zum Teil in befestigten Burgen, die von riesigen Mauern umgeben waren. Ihre Kriegszüge führten sie auch übers Meer. Auf der Insel Kreta plünderten sie die prächtigen Stadtanlagen.
Überreste der gewaltigen Burganlage von Mykene, Waffen und Schmuck aus Troja sowie Götter- und Heldensagen berichten von dieser frühgriechischen Zeit.

* Eine Karte findest du auf Seite 66.

① **Das Löwentor der Burgmauer von Mykene, etwa 14. Jh. v. Chr.**
Foto, um 1985.
Die beiden drei Meter hohen Löwen und gewaltige Steine der Mauer schützen den Burgpalast.

Wer herrschte in frühgriechischerr Zeit?

Mit dem 1. Jahrtausend v. Chr. beginnt für die Historiker die Antike, die Zeit, in der die Griechen (und später die Römer) die Mittelmeerwelt beherrschen. Damals wanderten erneut Völker aus dem Norden und Osten nach Südosteuropa. Sie drangen bis auf die Inseln des Ägäischen Meeres und an die Küsten Kleinasiens vor. Diese Völker zerstörten die frühgriechischen Siedlungen und Palastburgen. Sie unterwarfen die einfache Bevölkerung. Ihre Anführer scheinen sich mit den angestammten Herrscherfamilien verbunden zu haben. Auf Wanderschaft und Kriegszügen führten Männer das Kommando, die kampferprobt und entschlussfreudig waren. Diese „Könige" beanspruchten für sich und ihre Familien den größten Landbesitz. Zugleich waren sie oberste Priester und Richter.
Als die Einwanderer sich niedergelassen hatten und Landwirtschaft betrieben, wuchs der Reichtum und Einfluss einzelner Familien, deren Angehörige sich hervorgetan hatten. Diese nannten sich *Aristoi* (dt. *die Besten*). Sie legten Wert auf ihre Abstammung von vornehmen Familien (*Adel*) und beanspruchten die Macht über andere. Ihre Herrschaft wurde **Aristokratie** genannt – im Gegensatz zur **Monarchie**, der Herrschaft eines einzelnen (gr. *monos*: allein) Königs.

Die „Einheit" der Hellenen

Trotz ständiger Kriege um die wenigen fruchtbaren Gebiete des Landes entstand im Laufe der Jahrhunderte ein Zusammengehörigkeitsgefühl der Bewohner. Denn sie hatten – sieht man von Dialekten und örtlichen Gottheiten ab – eine gemeinsame Sprache und Religion. Seit etwa 700 v. Chr. nannten sie sich nach einem mittelgriechischen Volk *Hellenen*. Erst Jahrhunderte später bezeichneten die Römer die Hellenen als *Graeci*. Von diesem lateinischen Wort kommt der Name *Griechen*.
Gemeinsam verehrten die Hellenen bestimmte Götter und Göttinnen. Vor allem die Heiligtümer des *Zeus* in Olympia und des *Apollon* in Delphi waren allen Griechen heilig. Hierher zogen sie seit dem 8. Jh. v. Chr. aus dem gesamten griechischen Mittelmeerraum, baten die Götter um Hilfe, dankten ihnen für Wohltaten oder ließen sich ihr Schicksal vorhersagen. Trotzdem bildeten die Hellenen nie ein Reich unter einem Herrscher wie die Ägypter.

② **Gefäß in Form eines Stierkopfes.**
Mykenische Goldschmiedearbeit, 16. Jh. v. Chr.
Die Verehrung des Stiers war im Mittelmeerraum weit verbreitet – von Çatal Hüyük in Kleinasien (siehe hier Seite 28) bis Kreta (ab etwa 2000 v. Chr.).
Das abgebildete Trinkgefäß für besondere Anlässe nennt man Rhyton. Es funktioniert wie ein Trichter und hat einen feinen Ausguss. Ähnliche Gefäße gab es etwa zur gleichen Zeit auch auf Kreta, der Insel, wohin die Königstochter Europa der Sage nach entführt worden war. Was können wir daraus schließen?

Woran glaubten die Hellenen?

Die Griechen bewegten Fragen, die uns zum Teil noch heute beschäftigen: Was war am Anfang der Welt? Warum blitzt und donnert es? Sie wollten aber nicht nur die Naturerscheinungen und den Ursprung der Welt verstehen, sondern auch die Ursachen von Glück und Leid, Liebe, Hass, Streit, Trauer und Schmerz.

Wie andere Völker fanden die Griechen die Antwort auf ihre Fragen bei den Göttern: unsterblichen Wesen, die mit übermenschlichen Kräften ausgestattet waren. Sie hatten aus einem ungeordneten Chaos die Welt geschaffen und waren für alles verantwortlich, was am Himmel, auf Erden und im Wasser geschah. Nichts Menschliches war den Göttern und Göttinnen fremd. Sie waren auch launisch, eitel und streitlustig.

Dunkle Vorhersagen

Um den Willen der Götter erkunden zu können, befragten die Griechen mithilfe von Priesterinnen und Priestern so genannte „Spruchstätten": die **Orakel**. Diese gaben ihnen – wenn auch in verschlüsselter Form – Rat in allen Fragen. Ein Beispiel dafür ist der Fall des Königs *Kroisos* aus Kleinasien. Er erhielt die Auskunft, dass er ein großes Reich zerstören werde, wenn er seinen Nachbarn Persien angreife. Er griff an und zerstörte ein großes Reich – nämlich sein eigenes, da die Perser siegten!

Einfach sagenhaft

Eine Stufe unter den Göttern standen die **Heroen** wie *Herakles*. Diese Helden waren halb göttlicher und halb menschlicher Abstammung und besaßen übermenschliche Kraft und Stärke.

Von Göttern und Heroen sowie deren Taten berichtet der **Mythos** (dt. *Wort, Rede, Erzählung*). Die Götter- und Heldensagen wurden in der Frühzeit an den Höfen der Könige und Adligen von fahrenden Sängern vorgetragen. Der Dichter und Sänger *Homer* aus Kleinasien, der im 8. Jh. lebte, fasste in seinen Werken die Überlieferung aus der Welt der mächtigen griechischen Könige, die zwischen 1600 und 1200 v. Chr. gelebt hatten, zusammen. In der *Ilias* erzählt er unter anderem, wie die Götter in den Krieg der Griechen gegen Troja eingriffen. In der *Odyssee* berichtet er von den abenteuerlichen Irrfahrten des Odysseus nach der Eroberung Trojas.*

*Lies dazu auch Seite 67 ff.

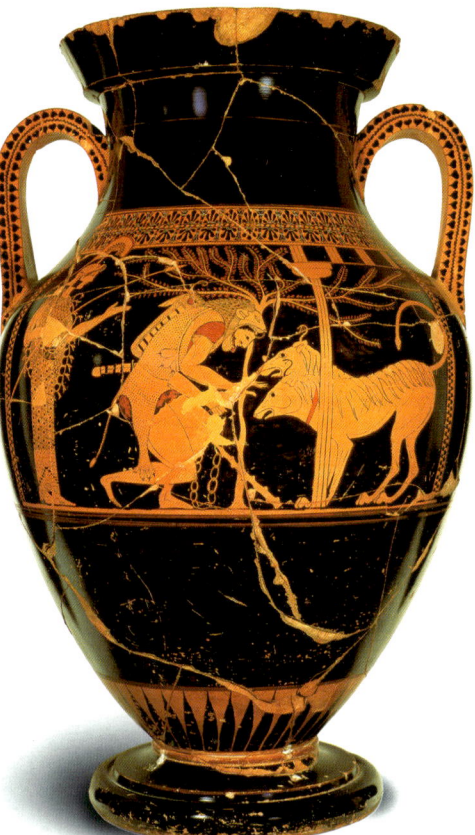

4 Herakles und der Höllenhund.
Vasenmalerei, um 520 v. Chr.; Höhe des Gefäßes 58,6 cm.
Zu den berühmtesten griechischen Heroen gehörte Herakles. Er musste zwölf Taten vollbringen, um unsterblich zu werden. Der Kampf mit dem unverwundbaren Löwen von Nemea wurde seine erste Heldentat. Er erwürgte ihn mit seinen Armen. Den Kopf des Ungeheuers benutzte er von da an als Helm, das Fell als Mantel.
Zum Bild: Mit Hilfe der Göttin Athene (links), der Göttin der Weisheit, die Helden und Handwerker schützt, fängt Herakles in der Unterwelt ohne Waffen den dreiköpfigen Höllenhund Kerberos.
Im Gegensatz zu den griechischen Malereien auf Stein, Holz und Verputz, die schon lange zerfallen sind, blieben zahlreiche Gefäße aus gebranntem Ton oder deren Scherben erhalten. Diese Keramikfunde – vom Vorratsgefäß bis zur kunstvoll bemalten Vase – sind wichtige Quellen für den Geschichtsforscher. Denn die Art der Keramik, ihre Herstellungsweise, ihr Zweck, ihre Bemalung und ihre Herkunft geben Hinweise auf Alltag, Gesellschaft, Religion und Handelsbeziehungen.

3 Zeus.
Bronzefigur, 14 cm hoch, um 470 v. Chr.
Zeus war der mächtigste Gott. Er herrschte auf dem Olymp, dem höchsten Berg Griechenlands und dem Wohnsitz aller Götter. Zeus schützte Ordnung und Recht, schickte Regen, Wind und Sonnenschein, er war der Herr des Donners und des Blitzes und kannte die Zukunft. Häufig wird er mit Adler und Eiche dargestellt.

---

1. Informiere dich über die weiteren Heldentaten des Herakles (Abb. 4).
2. Welche seiner Kräfte und Fähigkeiten ließen Zeus zum obersten Gott werden?
3. Weshalb konnten sich die Griechen als große Gemeinschaft fühlen?

LERNTIPP

Wie werten wir Karten aus?

M 1 Wo die Griechen bis etwa um 750 v. Chr. lebten.

Das ist das Thema der Karte.

Das ist der Schlüssel zum Kartenverständnis: die Legende.

Die Maßstableiste hilft dir, Entfernungen zu ermitteln.

Legende:
- 0–200 m (Kulturland)
- 200–1000 m
- über 1000 m
- ● Stadtstaaten (Poleis)
- ● wichtige Heiligtümer
- ◉ Austragungsorte gesamtgriechischer Wettkämpfe

0   100 km

Was können Karten?

Karten für den Geschichtsunterricht informieren nicht nur wie geografische Karten über die Lage von Ländern, Orten, Meeren und Flüssen, Bergen und anderen Kennzeichen einer Landschaft. Sie verknüpfen Erdkunde und Geschichte, indem sie beispielsweise zeigen, welche Ereignisse und Entwicklungen in bestimmten Gebieten stattfanden, wie sich Lebensräume von Völkern und Ländergrenzen veränderten, woher Handelsgüter kamen und wohin sie auf welchen Wegen gebracht wurden. Auch genaue Karten geben nur einen Teil der Gegebenheiten wieder. M 1 enthält nur einige von mehreren hundert griechischen Stadtstaaten und Tausenden von Heiligtümern.

Karten kannst du lesen

Um welches Thema es in der Karte geht, sagt dir die Überschrift. Die in der Karte verwendeten Zeichen, Farben und Abkürzungen werden in der *Legende* erklärt. Sie nennt dir meist auch den *Maßstab*.
Werden dir Fragen zu einer Karte gestellt, kläre zunächst, welches Gebiet sie umfasst und über welche Einzelheiten sie informiert. Wähle dann aus deinen Ergebnissen diejenigen aus, die direkt zu den Fragen passen. Suche nach Verknüpfungen zwischen den einzelnen Angaben, betrachte sie im Zusammenhang und ziehe Schlussfolgerungen.
Mit den Arbeitsfragen kannst du testen, ob du die Karte auf dieser Seiten „lesen" kannst.

1. Woran erkennst du, dass es sich um eine Geschichtskarte handelt?
2. Berechne mithilfe der Maßstableiste, wie weit es etwa von Ithaka nach Troja ist.
3. Beschreibe mit Hilfe der Legende die Landschaft in Thessalien und auf der Peloponnes.
4. Wie wirkten sich die landschaftlichen Gegebenheiten auf das Klima, auf die Besiedlung und die wirtschaftliche Nutzung aus?
5. Überlege, welches wohl das wichtigste Verkehrsmittel der Griechen war.
6. Vergleiche M 1 mit M 1 auf Seite 71. Nenne die Unterschiede.

PROJEKT: Kampf um Troja

① Das homerische Troja.
Rekonstruktionsversuch von Christoph Haußner, um 2000.

Schönheitswettbewerb mit Folgen

Nach Aussage der Mythen stritten sich die drei Göttinnen *Hera*, *Athene* und *Aphrodite*, wer von ihnen die Schönste sei. *Paris*, der Sohn des trojanischen Königs *Priamos*, sollte die Frage beantworten. Er entschied sich für Aphrodite und überreichte ihr einen Apfel als Siegprämie. Zum Dank dafür half sie ihm, *Helena*, die Königin von Sparta und angeblich schönste Frau auf Erden, für sich zu gewinnen. Paris entführte Helena nach Troja. Damit zog er sich den Zorn des Königs von Sparta, *Menelaos*, zu. Die Spartaner zogen daraufhin gemeinsam mit anderen Griechen gegen Troja.

Auf den Spuren Homers

In den Mythen und in den Erzählungen Homers klingt der Trojanische Krieg wie eine erfundene Geschichte. Sie erzählen, warum alle großen Helden Griechenlands vereint nach Troja zogen, wie die Götter in dem zehnjährigen Kampf mitwirkten und wie die Stadt des Königs Priamos schließlich erobert wurde und in Flammen aufging.

Aber die Archäologen, allen voran *Heinrich Schliemann*, fanden an den beschriebenen Stellen wirklich zerstörte Stadtmauern, die auf eine große Katastrophe um das Jahr 1200 v. Chr. hindeuten. Die Ausgräber fanden auch viele Hinweise darauf, dass Troja vor der Zerstörung ein reiches Handelszentrum war. Warum dort ein Krieg stattfand, konnten sie nicht herausfinden.

③ Tod eines Helden.
Abbildung auf einer antiken Tonscherbe. Zu sehen ist Achill, der beste Krieger der Griechen, wie er sich auf seinem Streitwagen triumphierend umschaut. Er zieht den getöteten Hektor, den tapfersten Trojaner, hinter sich her. Über ihm, auf den Mauern Trojas, sieht man die entsetzten Eltern des Toten: König Priamos und Königin Hekabe.

② Diadem aus dem „Schatz des Priamos".
Rekonstruktion des Kopfschmucks aus dem 16. Jh. v. Chr. Der deutsche Kaufmann Heinrich Schliemann erfüllte sich mit 42 Jahren seinen Jugendtraum: Er begann ein Studium in Paris und widmete sich ab 1869 ganz der Archäologie. 1870 zog er nach Athen und begann seine ersten Grabungen in Troja. Seine Idee war es, die von Homer in der „Ilias" genannten Stätten zu finden. Ein Höhepunkt seiner Arbeit war der Fund des „Priamosschatzes" um 1873. Wie ein Diadem getragen wurde, zeigt das Bild von Sophia Schliemann, der Ehefrau des Forschers. Informiere dich über das Leben des Ausgräbers Heinrich Schliemann.

PROJEKT

M 1 Die olympischen Götter im Trojanischen Krieg.
Links die Götter auf Seiten der Griechen, rechts die auf Seiten der Trojaner.

Hephaistos, Hera, Poseidon, Thetis, Athene, Zeus, Aphrodite, Ares, Artemis, Apollon

M 2 Trojas Untergang
In der Nacherzählung der „Ilias" und „Odyssee" von Walter Jens heißt es über das Eingreifen der Götter:

Während Griechen und Trojaner sich rüsteten, versammelten sich die Götter im goldenen Hause des Zeus. […] Als sie sich alle versammelt hatten in den
5 herrlich leuchtenden Hallen des hohen Olymp, hob Zeus gewaltig die Stimme: „Nun, da die Tage des heiligen Troja sich neigen, ist es mein Wille, dass ihr alle zur Erde hinabgeht und den Men-
10 schen helft, die euch am liebsten sind.

M 3 Trojanisches Pferd.
In Troja steht heute ein neues hölzernes Pferd. Kinder können über eine Leiter in das Innere des großen Holzpferdes klettern und griechische Eroberer spielen.

Die einen mögen die Griechen beschirmen, die anderen sollen wachen, dass Achilleus die Stadt nicht erobert. […]"

Die List, mit der die Griechen Troja eroberten, erzählt Jens so nach:

[…] Schrecklich erging es den griechi-
15 schen Helden, ehe Odysseus endlich den Plan fand, mit dessen Hilfe im zehnten Jahre das heilige Troja versank.
Eilig zogen die Griechen sich nach Tenedos, einer benachbarten Insel zu-
20 rück. Nur ein riesiges hölzernes Pferd […] und ein tapferer Mann namens Sinon blieben vor Troja zurück. Dieser Sinon, so war es geplant, sollte den Troern erzählen, das Pferd sei ein
25 Weihgeschenk für die erzürnte Athene; er selbst aber, Sinon, wäre ein griechischer Flüchtling, ein grimmiger Feind des Odysseus.
Und so geschah es. Die Griechen ver-
30 brannten das Lager und zogen davon. Die Troer jubelten laut, öffneten dann die Tore der Stadt und zogen das Pferd hinauf zu dem großen Platz vor dem Königspalast auf der Burg […]. Nur die
35 Priesterin Kassandra und Laokoon, ein frommer Mann, durchschauten den Trug; doch keiner war bereit, den Klagen zu glauben […]. Niemand aber bemerkte, dass sich im Bauch des Pferdes
40 zwölf Männer versteckt hielten, die darauf warteten, dass Sinon ihnen das vereinbarte Zeichen gab.

Ilias und Odyssee, nacherzählt von Walter Jens, Ravensburg
18 2001, S. 39 und 50

■ **Lesetipps →** *Katherine Allfrey, Die Trojanerin, München 2000;*
Marion Zimmer Bradley, Die Feuer von Troia, Frankfurt a. M.: 9. Auflage 1998;
Richard Carstensen, Griechische Sagen, München 1993;
Gerhard Fink, Who's who in der antiken Mythologie, München 1993;
Christoph Haußner und Matthias Raidt, Rüya und der Traum von Troia, Hamm 2001;
Auguste Lechner, Ilias. Der Untergang Trojas, Würzburg: 10. Auflage 1997

■ **CD-ROM-Tipp →** *Troja – 3000 Jahre Geschichte im Modell, Stuttgart: Theiss*

■ **Internettipp →** *Einige von Gustav Schwab bearbeitete Sagen des Altertums findest du unter:*
http://gutenberg.spiegel.de/schwab/sagen/schsagen.htm

1. Informiert euch über die in M 1 und M 2 genannten Götter. Verfasst Kurzbeschreibungen.
2. Was haben alle griechischen Götter mit den Menschen gemeinsam, was unterschied sie von ihnen?
3. Erzählt die Geschichte vom Untergang Trojas (M 2, Zeilen 14 ff.) zu Ende.

① Phalanx.
Vasenmalerei aus Korinth, um 640 v. Chr., Nachzeichnung von Peter Connolly. Dargestellt ist das Zusammentreffen zweier Heere von Schwerbewaffneten. Jeder, der seinen Platz in der Schlachtreihe einnahm, schützte sich mit dem „hoplon", einem Schild. Von ihm ist der Begriff „Hoplit" abgeleitet. Welche Aufgabe hatte wohl der Flötenspieler?

Polis, Phalanx und Kolonisation

② Hoplit.
Der Schild aus eisenbeschlagenem Holz maß ungefähr 90 cm im Durchmesser. Er hing an einem Lederriemen von der Schulter und wurde mit der Linken an einem Griff gehalten. Nebenbei: Die Rüstung wog rund 30 kg und musste von den Kriegern selbst gestellt werden. Was gehörte sonst noch zur Rüstung des Hopliten?

Der Oikos

Die im 1. Jahrtausend eingewanderten Völker lebten in Hausgemeinschaften, die sie **Oikos** nannten. Der Oikos bestand meist aus mehreren miteinander verwandten Familien und abhängigen Bauern. Dazu gehörte auch der gesamte Besitz: Ländereien, Gebäude, Möbel, Kleidung, Geräte, Waffen, Vieh und Sklaven. Der Oikos sicherte seinen Mitgliedern die wirtschaftliche Unabhängigkeit, er war Mittelpunkt des rechtlichen und religiösen Lebens und stellte Pferde und Rüstung für Kriegszüge zur Verfügung.

Die Polis

Da die Bevölkerung wuchs und ständig Kämpfe ausbrachen, entstanden um 800 v. Chr. immer mehr Siedlungen um eine befestigte Anhöhe oder Burg (gr. *Akropolis**) herum. Hierher zogen Adlige, Bauern, Handwerker und Händler. Die Orte erhielten Mauern und Tempel für die Götter. Sie wurden Mittelpunkte der bewohnten Gebiete. Die befestigte Siedlung und das landwirtschaftlich genutzte Umland bildeten einen Stadtstaat: die **Polis**.

Die meisten der griechischen **Staaten** blieben überschaubar, selten zählten sie mehr als 5 000 Einwohner. Athen und Sparta waren Ausnahmen. Jede Polis entwickelte unter der Führung des örtlichen Adels eine eigene Verwaltung, eigene Gesetze und eigene Formen der Götterverehrung.

Phalanx und Hoplit

Auch die Art und Weise, Kriege zu führen änderte sich. Seit dem 7. Jh. v. Chr. zogen nicht mehr einzelne Adlige mit ihren Streitwagen in den Krieg und kämpften Mann gegen Mann. An ihre Stelle traten die schwer bewaffneten Männer (**Hopliten**) einer Polis, die in geschlossener Schlachtreihe (**Phalanx**) kämpften. In ihr standen Adlige und reiche Bauern nebeneinander. Dabei war es wichtig, dass die Schlachtreihe im Kampf geschlossen blieb, damit die ungedeckte rechte Körperseite des Hopliten durch den Schild seines Nebenmannes geschützt war. Diese Kampfweise ließ ein Gefühl der Zusammengehörigkeit entstehen. Das Selbstbewusstsein der reichen Nichtadligen wuchs.

Die Griechen gründen Tochterstädte

Seit dem 8. Jh. v. Chr. verließen viele Griechen ihre Heimat. Sie zogen übers Meer, um neue Siedlungen zu gründen. Diese **Tochterstädte** blieben meist mit ihren „Mutterstädten" verbunden. Gründe für die Auswanderungen waren die wachsende Bevölkerung, der Mangel an Ackerland, Armut, Not und Kriege, aber auch Abenteurertum und Gewinn versprechender Handel. Griechen siedelten schließlich an den Küsten des Schwarzen Meeres und des Mittelmeeres. Die so genannte Kolonisation verlief nicht immer friedlich, da sie oft mit Vertreibungen der Anwohner verbunden war. Sie nützte auch der Seefahrt und dem Handel, dem Schiffsbau und dem Töpferhandwerk sowie anderen Gewerben.

---
* Eine Rekonstruktionszeichnung der Akropolis von Athen findest du auf Seite 91.

Begegnung mit anderen Kulturen

Die Einwanderungswellen, die Auswanderung und der Fernhandel förderten die Begegnung der Hellenen mit anderen Kulturen. Schon um die Mitte des 2. Jahrtausends v. Chr. wurden Metalle und Luxusgegenstände aus Ägypten, Syrien, Kleinasien und Sizilien nach Griechenland eingeführt. Dagegen waren Keramik, Textilien und Nahrungsmittel begehrte griechische Exportartikel.*

Über den Handel lernten die Griechen auch die Schriftzeichen der Phönizier kennen, aus denen sie im 9. Jh. v. Chr. ihr **Alphabet** entwickelten.

Nach dem Vorbild der Lyder aus Kleinasien prägten die Griechen seit dem 7. Jh. v. Chr. Münzen. Die Geldwirtschaft löste allmählich überall den Tauschhandel ab.

Griechische Kunst, Religion, Dichtung und Wissenschaft verdankten Kretern, Phöniziern, Babyloniern, Persern und Ägyptern wichtige Anregungen. Dieser Kulturaustausch hinderte die Griechen nicht daran, alle Menschen mit einer für sie fremden Sprache, Religion und Lebensweise **Barbaren** zu nennen. Sie haben diesen Begriff seit dem 6. Jh. v. Chr. verwendet, weil die Sprache der Fremden in ihren Ohren so unverständlich wie „bar-bar" klang. Anfangs war das gar nicht böse gemeint, aber später galten die Kulturen der „Barbaren" als minderwertig. So wurden im Krieg besiegte Fremde wie selbstverständlich zu Sklaven gemacht.**

④ **Handelsschiff.** Vasenmalerei, um 510 v. Chr.

⑤ **Münze aus Kleinasien, um 600 v. Chr.**
Münzen gehören zu den verbreitetsten und – wegen der Abbildungen und Beschriftungen – wichtigsten Quellen der Geschichte. Die ältesten Münzen, die wir kennen, bestehen aus einem Gemisch von Gold und Silber. Die Abbildungen auf ihnen berichten uns über Religion und Sagenwelt, über Handel und Politik.
Abgebildet ist auf dieser Münze das heilige Tier einer Gottheit: ein Damhirsch.

③ **Die Entwicklung des Alphabets.** Beispiele.
Worauf geht das Wort „Alphabet" zurück? Beschaffe dir ein vollständiges griechisches Alphabet und schreibe deinen Namen auf griechisch.

Phönizisches Alphabet		Griechisches Alphabet		Lateinisches Alphabet
ca. 1000 v. Chr.	Bedeutung	ca. 800 v. Chr.	Bedeutung	ca. 500 v. Chr.
ⵝ	'	A	A(lpha)	A
ⴺ	b	B	B(eta)	B
△	d	Δ	D(elta)	D
ⴹ	h	E	E(psilon)	E
ⴾ	k	K	K(appa)	K
ⵟ	m	M	M(y)	M
ⴳ	n	N	N(y)	N
ⴽ	r	P	R(ho)	R
w	š	Σ	S(igma)	S
Υ	u	Y	Y(psilon)	Y
–	–	Ω	O(mega)	O

* Zum Handel siehe auch Seite 88 f.
** Zur Sklaverei siehe Seite 86.

1. Die Hellenen begegneten vielen Völkern. Uns ergeht es ebenso. Teilt die Klasse in Gruppen auf; jede Gruppe steht für ein Land (Italien, Türkei, USA, Japan, England …) und überlegt, was wir aus diesen Ländern übernommen haben.
2. Betrachte einige Euro- und Cent-Münzen und untersuche, welche Angaben dort zu finden sind. Vergleiche diese Münzen mit der aus Kleinasien (Abb. 5).

M 1 Wo die Griechen siedelten (750–550 v. Chr.)

Der Gelehrte Platon lässt seinen Lehrer Sokrates im Jahre 399 v. Chr. sagen, die Griechen säßen „wie Ameisen oder Frösche um einen Teich".
Erschließe mithilfe der Karte, was er damit meinte. Stelle fest, in welchen modernen europäischen Staaten wir Überreste aus der Zeit der griechischen Auswanderung finden können.

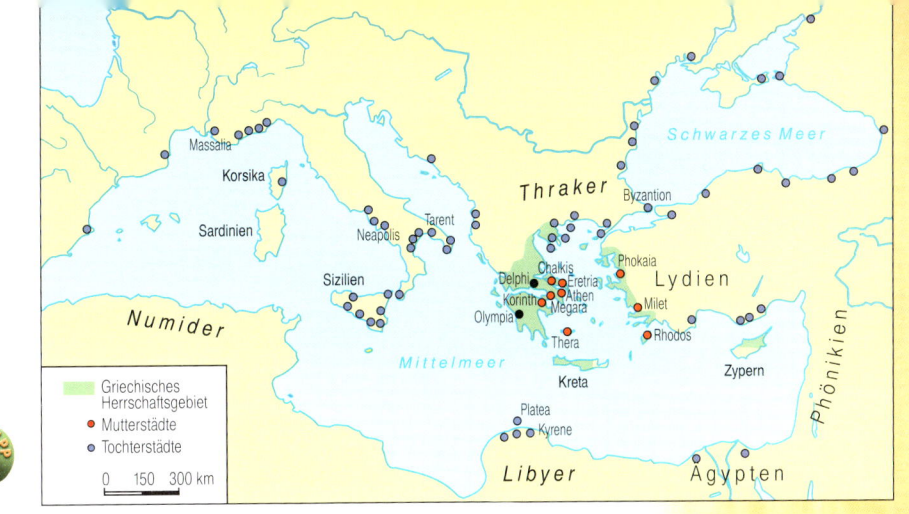

M 2 Befragung der Pythia in Delphi.

Malerei auf einer Schale, um 430 v. Chr.
In Delphi verehrten die Griechen Apollon. Er war der Gott des Lichtes, der Musik, der Dichtung und der Heilkunst. Apollon konnte das Dunkel der Zukunft durchdringen und tat den Willen seines Vaters Zeus durch den Mund einer Priesterin, die Pythia genannt wurde, kund. Viele Poleis bemühten sich deshalb um einen Rat des Orakels von Delphi.
Zum Bild: Die Pythia sitzt auf dem goldenen Dreifuß über einem Erdspalt, dem berauschende Dämpfe entströmen. Sie murmelt unverständliche Worte, die Priester für die Ratsuchenden deuten. Wie die Weissagung genau ablief, wissen wir nicht, denn die Pythia saß hinter einem Vorhang, und die Priester hielten den ganzen Vorgang streng geheim.

M 3 Gründung von Kyrene

Bei Herodot, der im 5. Jh. v. Chr. das erste uns erhaltene europäische Geschichtsbuch schrieb, finden sich Hinweise darüber, weshalb die Bewohner der Insel Thera (heute Santorin) um 630 v. Chr. die Tochterstadt Kyrene in Libyen gründeten.

Grinnos, der König über die Insel Thera, war in Begleitung anderer vornehmer Bürger, darunter ein junger Mann namens Battos, in Delphi. Obwohl Grinnos das Orakel über ganz andere Dinge befragte, ließ ihm die Pythia sagen, er solle in Libyen eine Stadt gründen. Darauf antwortete Grinnos: „Ich bin zu alt und schwerfällig, mich auf den Weg zu machen. Aber fordere doch einen von diesen Jüngeren auf!" Während dieser Worte wies Grinnos auf Battos. Weiter geschah damals nichts. […]
Danach blieb sieben Jahre lang der Regen in Thera aus […]. Auf ihre Anfrage beim Orakel erinnerte die Pythia sie an die Einwanderung in Libyen […]. Daraufhin bestimmten die Theraier, dass aus allen sieben Gemeinden der Insel immer je einer von zwei Brüdern um die Auswanderung losen sollte. Führer und König der Auswanderer sollte Battos sein.

Die Siedler ließen sich nicht in Libyen – wie von der Pythia empfohlen –, sondern auf einer Insel davor nieder.

Da es ihnen dort nicht gut ging, schickten sie Männer nach Delphi und befragten das Orakel, warum es ihnen so schlecht gehe. Die Pythia erteilte die Antwort: Wenn sie gemeinsam mit Battos Kyrene in Libyen besiedelten, würden sie es wieder besser haben. Statt dem Orakel zu folgen, kehrten die Siedler wieder nach Thera zurück. Die Theraier aber schossen nach ihnen, als sie in den Hafen einfuhren, und ließen sie nicht landen; vielmehr befahlen sie ihnen zurückzusegeln. Notgedrungen fuhren sie also wieder ab und besiedelten jene Insel an der libyschen Küste, die Platea heißt. […] Hier wohnten sie zwei Jahre; aber es ging ihnen dort nicht gut. So fuhren sie erneut nach Delphi. […]

Die Phythia machte die Siedler auf den Irrtum aufmerksam. Daraufhin siedelten sie sich auf dem libyschen Festland an.

Hier wohnten sie sechs Jahre. Im siebten Jahr erboten sich die Libyer, sie an einen noch schöneren Platz zu führen. […] Sie geleiteten sie dann an eine Quelle, die dem Apollon heilig sein soll, und sprachen: „Griechen, hier ist die rechte Stelle für die Gründung eurer Stadt […]."

Herodot, Historien IV, 150 ff., übers. von Josef Feix, München 1963 (vereinfacht)

1. Nenne die Gründe für die Auswanderung (M 3).
2. Bestimme die Rolle des Orakels und der Götter bei der Koloniegründung (M 3).
3. Stellt die Auswanderung in einem Rollenspiel dar. Wählt dazu folgende Szenen aus: die Reisevorbereitung, Abschied, Landung in Libyen und Rückkehr nach Thera.

Feste für die Götter

① Eine Familie schreitet zum Opfer.
Bemalte Holztafel aus Korinth, um 540 v. Chr.
An der Spitze der Prozession geht eine Frau, sie trägt auf dem Kopf einen Korb mit Gegenständen, die man für das Opfer benötigte. Beschreibe die anderen Teilnehmer.

Jede Feier ein Gottesdienst
Die Griechen achteten die Götter. Alles, was sie allein oder in Gemeinschaft unternahmen, begannen sie mit Gebet und Opfer. Sie dankten ihren Göttern und Göttinnen für die gewährte Unterstützung oder versuchten sie für die Zukunft günstig zu stimmen. Die Menschen opferten ihnen die ersten Früchte des Feldes oder die kräftigsten Tiere ihrer Herde und bauten ihnen prächtige Tempel. Regelmäßig veranstalteten die Griechen feierliche Umzüge, festliche Tänze, Theateraufführungen und große Wettkämpfe. Dabei gedachten sie immer auch der Toten und bewahrten das Andenken an gewonnene Schlachten. Alle Feste waren eine Form des Gottesdienstes, niemals nur ein Vergnügen.
Herrscher und Priester ordneten die Feiern für ihre Polis an. Sie boten sowohl den Stadtstaaten als auch einzelnen Vornehmen die Gelegenheit, Macht und Reichtum zur Schau zu stellen. Gleichzeitig dienten sie dem inneren Frieden, da die reichen Bürger die hohen Kosten für die aufwändigen Feste übernahmen. Insofern stärkten sie das Zusammengehörigkeitsgefühl der Bürger und den Stolz auf ihre Poleis. Zudem versuchten Politiker die Bürger durch prächtige Feste für sich und ihre Politik zu gewinnen.

Das größte Fest der Athener
Allein die Athener feierten im 5. Jh. v. Chr. im Verlauf eines Jahres über vierzig Feste. Das wichtigste und schönste waren die seit dem 6. Jh. v. Chr. alle vier Jahre im Sommer stattfindenden großen *Panathenäen*: das Geburtstagsfest der Stadtgöttin und Schutzpatronin *Athene*. Auf dem Höhepunkt der viertägigen Feiern säumten viele Menschen, darunter die Gesandten der verbündeten Staaten, die Heilige Straße, auf der eine lange Prozession feierlich zur Akropolis hinaufzog.* An der Spitze gingen Priester und die obersten Beamten, gefolgt von Jungfrauen, Opfertieren, Opferträgern und Musikern. Mit Spannung wurde dann ein Wagen in Form eines Schiffes erwartet, an dessen Mast ein prächtiges neues Gewand für die Statue der Athene im Parthenon-Tempel** hing.
Zu den Panathenäen gehörten Sportwettkämpfe und musikalische Wettbewerbe, später auch Theatervorstellungen. Den Abschluss des Festes bildete immer ein Essen, bei dem das Fleisch der Opfertiere verzehrt wurde.

** *Eine Zeichnung des Tempels findest du auf Seite 91.*

* *Welchen Weg die Prozession in Athen nahm, kannst du auf Seite 81 f. erkennen.*

1. Welchen Zwecken dienten Feste im alten Griechenland?
2. Erstelle eine Liste heutiger Festtage. Welche Gemeinsamkeiten, welche Unterschiede stellst du fest?

Die Olympischen Spiele

"Immer der Beste zu sein und die Anderen zu übertreffen", so beschrieb Homer das Bestreben der Griechen. Die Feste der Griechen in Olympia, aber auch in Korinth, Delphi und anderen Städten und Heiligtümern zeigen diesen Wettkampfgedanken.

In Olympia befanden sich alte und bedeutende Heiligtümer für Zeus und Hera, die „Königin der Götter", die über das Leben der Frauen wachte und Mutterschaft, Geburt und Ehe schützte. Zeus und Hera zu Ehren fanden seit etwa dem 11. Jh. v. Chr. regelmäßig Olympische Spiele statt, zu denen Wettkämpfe gehörten. Erst ab 776 v. Chr. sind die Namen der Sieger der „großen Olympien" überliefert. Sie fanden alle vier Jahre statt, und nach ihnen bestimmten die Griechen ihre Zeitrechnung (776 v. Chr. = 1. Jahr der 1. *Olympiade*).

Im Laufe ihrer über tausendjährigen Geschichte änderte sich der Ablauf der Feier. Aus einem Festtag wurden schließlich fünf. Zum ursprünglichen Stadionlauf kamen Weitsprung, Diskuswerfen, Ringkampf und Wagenrennen. Nicht nur Sportler stritten um Anerkennung und Preise, sondern auch Sänger und Dichter.

Die Zahl und der Kreis der Teilnehmer änderten sich mit der Zeit. Anfangs nahmen wohl nur Angehörige vornehmer Adelsgeschlechter weniger griechischer Städte teil, später kamen die Teilnehmer von überall, wo Griechen lebten.

Grundsätzlich durften an den Spielen in Olympia nur wehrfähige Männer, die Bürgerrechte besaßen, teilnehmen. Verheiratete Frauen wurden nicht einmal als Zuschauerinnen zugelassen; dagegen verwehrte man Mädchen und Sklaven das Zuschauen nicht. Für Frauen soll es eigene Wettkämpfe gegeben haben.

Der „Olympische Friede"

„Das Fest des Zeus ist wiederum nahe, aller Streit soll ruhen, jeder Waffenlärm schweige! Frei mögen auf allen Land- und Wasserstraßen die Pilger heranziehen zu der gastlichen Schwelle des Zeus!"

Mit diesen oder ähnlichen Worten zogen alle vier Jahre die Boten Olympias aus, um zu den „großen Olympien" einzuladen. Diese Botschaft führte nicht unbedingt zur Einstellung aller Kriege in Griechenland. Immerhin schützte sie die an- und abreisenden Teilnehmer.

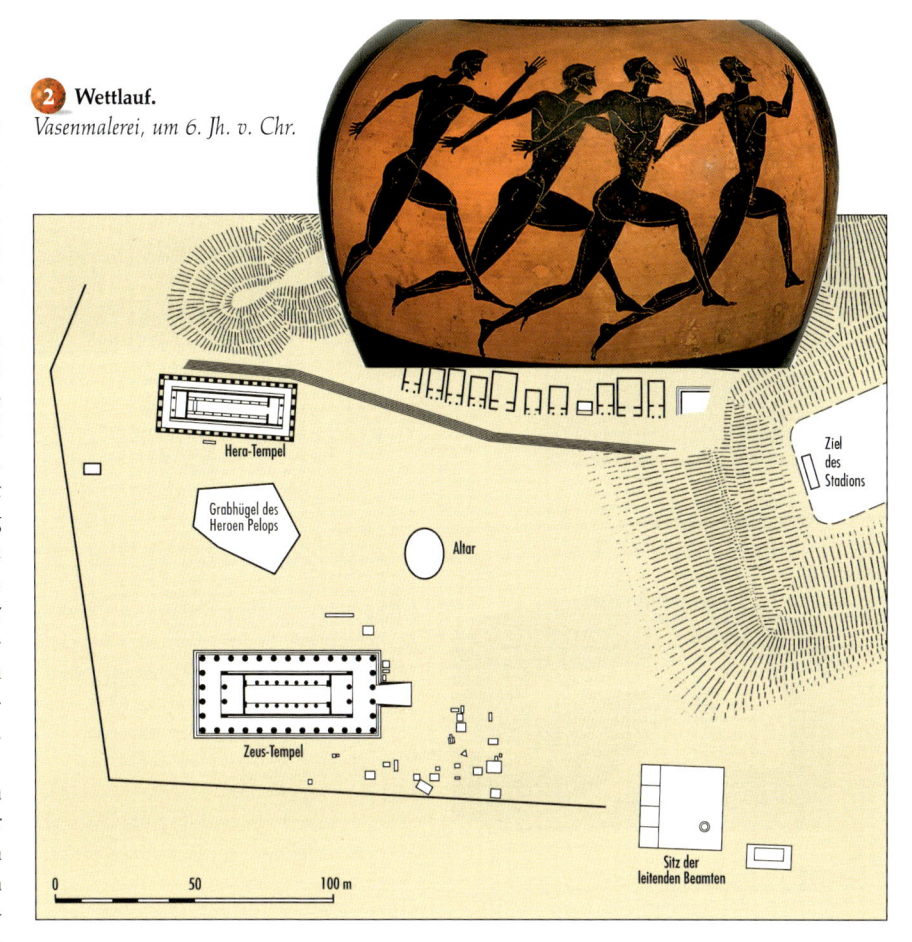

Ruhm, Lohn und Unsterblichkeit

Wer bei den Wettkämpfen in Olympia gewann, erhielt einen „Kranz des Zeus" aus den Zweigen des heiligen Ölbaumes. In der Heimat erwarteten den Olympiasieger weitere Auszeichnungen. In Athen bekam er um 600 v. Chr. eine Geldprämie von 500 Drachmen – ein Vermögen, denn ein Ochse kostete damals fünf Drachmen. Außerdem wurde der Sieger lebenslang von Steuern und Abgaben befreit und durfte – dies galt als besondere Auszeichnung – bis an sein Lebensende im Kreis der höchsten Würdenträger und verdientesten Bürger der Polis umsonst speisen. Darüber hinaus fertigten Künstler von den siegreichen Olympioniken* Statuen an, die auf öffentlichen Plätzen aufgestellt wurden. Dichter verfassten Verse über deren Erfolg. Dies alles sollte die Olympiasieger unsterblich machen – also göttergleich – und den Ruhm ihrer Heimatstadt vermehren.

Fair play?

Für die Teilnehmer stand viel auf dem Spiel. Daher ist es kaum verwunderlich, dass die Wettkämpfe nicht immer fair verliefen. Bei den Wagenrennen wurde so rücksichtslos gefahren, dass es zu tödlichen Unfällen kam. Hinzu kamen Bestechung und Betrug. Dies alles wissen wir aus Strafbestimmungen, die ab dem 6. Jh. v. Chr. eingeführt wurden.

* Olympio-nike: Olympiasieger

2 Wettlauf.
Vasenmalerei, um 6. Jh. v. Chr.

3 Olympia im 6./5. Jh. v. Chr.
Grundriss.
Was liegt im Mittelpunkt des Heiligtums? Erkläre, warum!

M 1 Diskuswerfer.
Vasenmalerei, um 500 v. Chr.

M 2 Weitsprung.
Malerei auf einer Schale, um 480 v. Chr.

M 3 Wagenrennen.
Vasenmalerei, um 400 v. Chr.
Nur Adlige und Reiche konnten sich Wagenrennen leisten. Sie nahmen an den Rennen meist nicht selbst teil, sondern überließen ihre Pferde und Fahrzeuge angeworbenen Wagenlenkern.
Die olympischen Ehren erhielten aber die Besitzer der Wagen. Aus diesem Grunde konnten im 4. und 3. Jh. v. Chr. auch zwei Frauen „Olympiasieger" werden.

M 4 Höhepunkte der Olympischen Spiele
Im 5./4. Jh. v. Chr. verliefen die Spiele in etwa wie folgt:

Erster Tag — Eröffnung und Eid aller Athleten (einschließlich ihrer Verwandten und Betreuer) vor der Statue des Zeus; Wettkämpfe der Knaben (12–18-jährige): Wettlauf, Ringen und Faustkampf

Zweiter Tag — Wagenrennen der Vier- und Zweigespanne, Wettreiten, Fünfkampf (Diskuswerfen, Weitsprung, Speerwerfen, Laufen und Ringen); Totenopfer

Dritter Tag — Feierliche Prozession zum großen Altar des Zeus: Höhepunkt des Festes; danach Langlauf (rund 3840 m), Stadionlauf (rund 192 m) und Doppellauf (rund 384 m)

Vierter Tag — Ringen, Faustkampf und Pankration (eine Art Catchen, bei dem Würgen, Treten und Beißen erlaubt waren) und zum Abschluss der Waffenlauf (rund 384 m mit einem bronzenen Schild am linken Arm)

Fünfter Tag — Siegerehrung, Dankopfer und Festessen

Ludwig Drees, Olympia. Götter, Künstler und Athleten, Stuttgart 1967, S. 77 ff. (vereinfacht)

M 5 Über die Bedeutung der Olympischen Spiele
Der Redner und Schriftsteller Isokrates aus Athen verfasste für die Olympischen Spiele von 380 v. Chr. eine „Festschrift". Darin forderte er die zerstrittenen griechischen Staaten zur Einigkeit auf, da ganz Griechenland von außen bedroht wurde. In diesem Zusammenhang hob er die Bedeutung der Festspiele hervor und schrieb:

Mit Recht lobt man diejenigen, welche die Festversammlungen eingeführt haben, denn sie überlieferten die Sitte, dass wir uns nach Verkündung des Gottesfriedens und nach Beilegung der schwebenden Feindschaften an einem Ort zusammenfinden, um den Göttern gemeinschaftlich Gebete und Opfer darzubringen. Dabei er-
5 innern wir uns der bestehenden Verwandtschaft, verbessern für die Zukunft das gegenseitige Verständnis, erneuern alte und schließen neue Freundschaften.

Isokrates, Panegyrikos 43, übers. von Theodor Flathe, Berlin o. J. (vereinfacht)

M 6 Die erste Olympiasiegerin im Tennis.
Charlotte Cooper aus England. Foto von 1900.
Die ersten Olympischen Spiele der Neuzeit fanden 1896 in Athen statt. Aber erst 1900 erhielten sechs Frauen aus vier Ländern die Erlaubnis, an den Olympischen Spielen teilzunehmen. Ihre Teilnahme beschränkte sich auf Sportarten wie Tennis und Golf.

1. Die Weitspringer in Olympia sprangen aus dem Stand und hielten Gewichte in beiden Händen (M 2). Heute ist Weitsprung eine andere Sportart. Findet weitere olympische Disziplinen, die sich verändert haben.
2. Lies den Lehrbuchtext und M 5 und erkläre, warum die Olympischen Spiele für alle Hellenen so wichtig waren.

Sparta – ein Staat von Kriegern?

Die „Herren" auf dem Peloponnes

Sparta fiel durch seinen ungewöhnlich großen Einflussbereich auf, der fast die gesamte Südhälfte der Halbinsel Peloponnes umfasste. Wie kam es dazu? Nach 1000 v. Chr. drangen die *Dorer* (dt. *Speerleute*) in das fruchtbare Tal des Eurotas ein und gründeten Sparta. Es bestand nicht aus einer Siedlung mit einer befestigten Burg wie die meisten griechischen Poleis, sondern aus fünf Dörfern, die wenige Kilometer auseinander lagen.

Die gesamte Ebene konnten die Spartaner erst nach über hundert Jahren erobern. Sie blieben auch nach der Einwanderung an Kampf und Krieg gewöhnt. Das hatte Folgen: Als die Bevölkerung wuchs und das Land knapp wurde, lösten die Spartaner das Problem nicht wie andere griechische Poleis durch Kolonisation. Sie eroberten stattdessen in ihrer Nachbarschaft das dicht besiedelte, fruchtbare und reiche Messenien jenseits des Taygetosgebirges.

① Spartanischer Krieger.
Etwa 15 cm hohe Bronzefigur, 5. Jh. v. Chr.

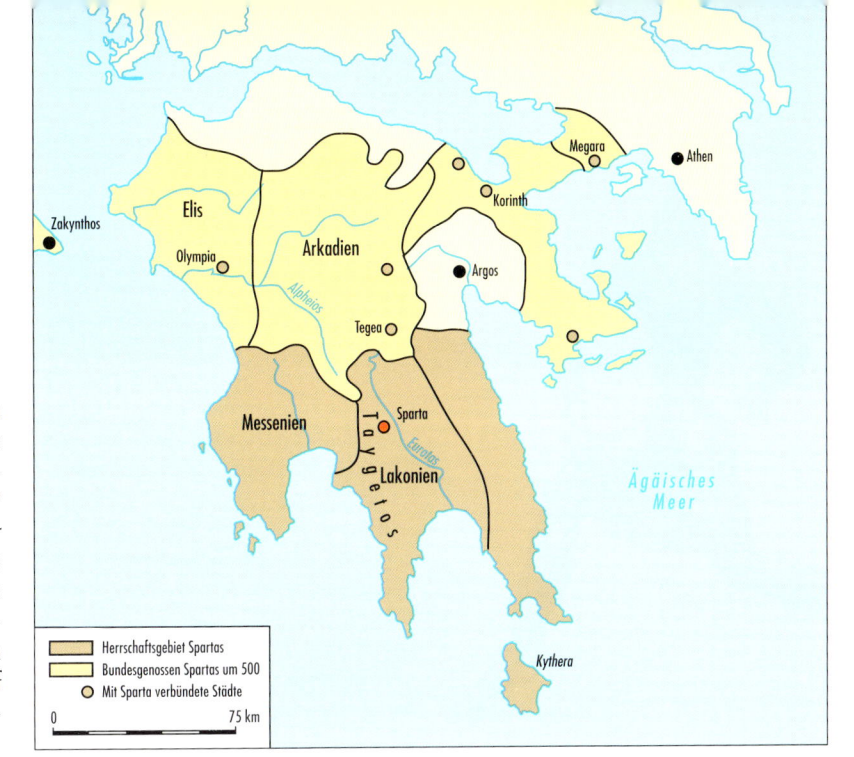

Sieger und Besiegte

Das neue Land teilten die Spartaner durch Los gleichmäßig unter sich auf. Seine 300 000 Bewohner wurden Sklaven, die man hier **Heloten** nannte. Sie gehörten dem spartanischen Staat. Der wies sie spartanischen Bürgern zu, damit sie deren Landbesitz bewirtschafteten. Die Heloten lebten zwar mit ihren Angehörigen in Familien zusammen, mussten aber hohe Abgaben an ihre Herren leisten und hatten keine Rechte. Damit sie nicht zu gefährlich wurden, erklärten ihnen die Spartaner alljährlich den Krieg. Es wurde gerne gesehen, wenn junge Spartaner Jagd auf Heloten machten: Sie zu töten galt als Mutprobe oder Sport.

Siege haben ihren Preis

Die Spartaner mussten immer mit Aufständen der Heloten rechnen. Da sie ihre Herrschaft nicht aufgeben wollten, sahen sie nur einen Ausweg: Sparta musste unbesiegbar bleiben. Seit dem 7. Jh. v. Chr. lebten die rund 6000 waffenfähigen Männer, die **Spartiaten**, ständig wie im Krieg. Sie verbrachten den größten Teil ihres Lebens getrennt von ihren Familien in Tisch- oder Zeltgemeinschaften, in denen sie die Mahlzeiten einnahmen und sich im Kampf übten. Es war ihnen verboten, auf dem Feld zu arbeiten, Handel zu treiben oder einen anderen Beruf auszuüben. Dies überließen sie den etwa 60 000 **Periöken** (dt. *Umwohnern*). Das waren die Nachkommen besiegter Anwohner des Eurotastales, die nicht versklavt, aber auch nicht in die Gemeinschaft der Spartaner aufgenommen worden waren. Sie mussten Steuern zahlen und im Heer dienen, hatten aber keine Mitspracherechte.

② Der Peloponnes.

③ Das Taygetosgebirge.
Das Gebirge trennt Lakonien von Messenien. Im Vordergrund die fruchtbare Ebene von Sparta.

4 Spartanisches Mädchen.
12 cm hohe Bronzefigur, um 500 v. Chr. Laufen, Ringen, Diskus- und Speerwerfen gehörten zu den von Mädchen ausgeübten Sportarten.

Spartanische Erziehung

Jungen und Mädchen galten als Eigentum des Staates. Sie wurden „dazu erzogen, nicht eklig und wählerisch beim Essen zu sein, keine Angst zu haben im Dunkeln oder wenn sie allein waren und frei zu sein von hässlicher Übellaunigkeit und Weinerlichkeit". Dies berichtet uns der griechische Geschichtsschreiber *Plutarch* rund 500 Jahre nach Spartas Glanzzeit.

Die Jungen wuchsen in Lagern auf, wo sie im Kriegshandwerk gedrillt wurden und Gehorsam lernten. Mit 20 Jahren wurden die jungen Spartiaten Soldaten. Mädchen wurden ähnlich erzogen wie Jungen. Sie mussten viel Sport treiben, denn man glaubte, dass nur kräftige Frauen gesunde Kinder zur Welt bringen. Verheiratet wurden sie erst als Erwachsene und nicht wie in anderen griechischen Staaten als Jugendliche.

Die Rolle der Frauen

Die Spartanerinnen verwalteten das Landgut der Familie und beaufsichtigten die Heloten, während ihre Männer sich in den Zeltgemeinschaften oder im Krieg aufhielten. Die Spartiaten waren davon abhängig, dass ihre Frauen gut wirtschafteten. Denn der Mann, der nichts zum Unterhalt seiner Tischgemeinschaft beitrugen, wurde aus dem Kreis der Spartiaten ausgeschlossen.
Einige Geschichtsschreiber berichten, spartanische Frauen hätten auch gegenüber Männern ihre politische Meinung gesagt. Wir wissen nicht, ob das stimmt. Jedenfalls wäre es nicht verwunderlich, denn Frauen erfüllten nicht nur selbstständig viele Aufgaben, sie hatten sogar oft eigenen Grundbesitz.

Königs- oder Volksherrschaft?

Während der ständigen Kriege bildete sich im 7. Jh. v. Chr. die spartanische **Staatsform** heraus. Sie galt als Werk des Gesetzgebers *Lykurg*.
An der Spitze des Staates standen zwei Könige, die ihr Amt vererbten. Sie vertraten die Polis vor den Göttern und führten das Heer. Sie wurden von fünf **Ephoren** (dt. *Aufseher*) beaufsichtigt und von einem **Rat der Alten** (*Gerusia*) beraten. Während die Ephoren von der Volksversammlung für ein Jahr gewählt wurden, bestand der Rat der Alten aus 28 lebenslang amtierenden Mitgliedern, die über 60 Jahre alt waren, und zwei erblichen Königen. Die Ephoren bestimmten die Außen- und Innenpolitik, leiteten den „Rat der Alten", überwachten die Einhaltung der Verfassung* und konnten sogar die Könige anklagen. Unter ihrem Vorsitz tagte die monatliche **Volksversammlung**. Hier trafen sich alle Spartiaten, die wehrfähigen Männer über 30 Jahren. Allein diese ==Vollbürger== entschieden über Gesetze, Verträge sowie über Krieg und Frieden. Die Periöken waren politisch ohne Einfluss, also ==Nichtbürger,== und die Heloten rechtlose ==Sklaven.==
Auch der Einfluss der Spartiaten war begrenzt: Sie konnten die Vorschläge der Ephoren oder des Rates der Alten nur ablehnen oder annehmen, nicht aber selbst Gesetze vorschlagen oder über die Anträge diskutieren. Hielten der Rat der Alten und die Könige einen Volksbeschluss für falsch, konnten sie ihn für ungültig erklären.

Sparta: Herrscher über einen Bund

Im Krieg galten die Spartaner als unbesiegbar. Trotzdem waren sie zu wenige, um die gesamte Peloponnes zu erobern. Sie schlossen daher mit anderen Stadtstaaten der Halbinsel Verträge. So entstand im 6. Jh. der **Peloponnesische Bund**. Obwohl in ihm seit etwa 500 v. Chr. mit der Mehrheit der Stimmen entschieden wurde, beherrschte Sparta ihn militärisch. Kein Bundesgenosse konnte etwas ohne oder gar gegen Sparta unternehmen.

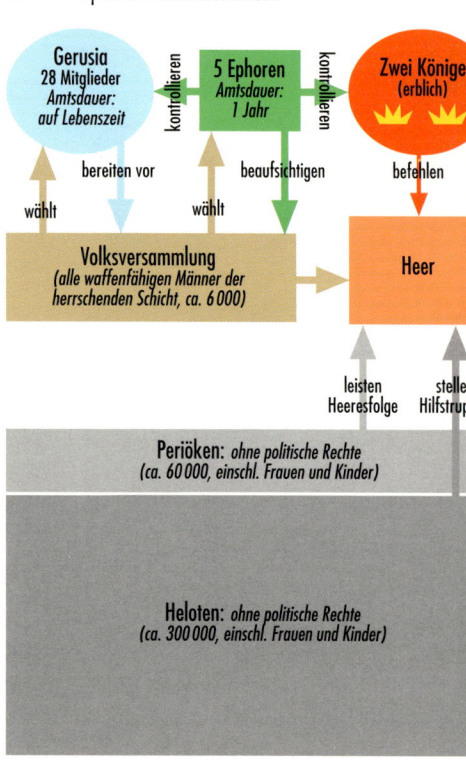

*****Verfassung:*** *Grundsätze, in denen die Staatsordnung und die Rechte und Pflichten der Bürger festgelegt sind.*

5 Bevölkerung und politische Ordnung Spartas um 500 v. Chr.

1 Junge Spartanerinnen fordern Jungen zum Wettkampf heraus.
Ölgemälde (97,4 x 140 cm) von Edgar Degas, 1860. Bilder wie dieses nennen wir **Historienbilder**. Sie stellen ein bestimmtes Ereignis oder typische Zustände aus der Historie (Geschichte) dar. Degas malte dieses Bild mehr als 2000 Jahre nach dem Ende des spartanischen Staates.

2 Der Mensch gehört dem Staat
Der griechische Schriftsteller Plutarch (um 45-120 n. Chr.) schreibt:

Die zur Welt Gekommenen aufzuziehen unterlag nicht der Entscheidung des Vaters, sondern er hatte den Säugling an einen Ort zu bringen, wo die
5 Ältesten der Gemeindegenossen saßen und das Kind untersuchten und, wenn es wohlgebaut und kräftig war, seine Aufzucht anordneten […]; war es aber schwächlich und missgestaltet, so lie-
10 ßen sie es zu einem Felsabgrund am Taygetos-Gebirge bringen. Denn sie meinten, für ein Wesen, das von Anfang an nicht fähig sei, gesund und kräftig heranzuwachsen, sei es besser,
15 nicht zu leben, sowohl um seiner selbst wie um des Staates willen […].

Die Knaben gab man nicht in die Hände von gekauften oder gemieteten Erziehern, noch durfte jeder seinen Sohn
20 halten und aufziehen wie er wollte, sondern der Staat nahm sie, sobald sie sieben Jahre alt waren, zu sich und teilte sie in Gruppen, in denen sie miteinander aufwuchsen, erzogen und gewöhnt
25 wurden, beim Spiel wie bei ernster Beschäftigung immer beisammen zu sein […]. Lesen und Schreiben lernten sie nur so viel, wie sie brauchten; die ganze übrige Erziehung war darauf gerichtet,
30 dass sie pünktlich gehorchen, Strapazen ertragen und im Kampfe siegen lernten […].
Die Zucht erstreckte sich bis auf die Erwachsenen. Keinem stand es frei, zu leben, wie er wollte, sondern sie lebten in
35 der Stadt wie in einem Feldlager nach strengen Vorschriften für all ihr Verhalten und ihre Beschäftigung in der Öffentlichkeit, und überhaupt glaubten sie
40 nicht sich, sondern dem Vaterland zu gehören.

Plutarch, Große Griechen und Römer, Lykurgos 16 u. 24, übers. von Konrat Ziegler, Bd. 1, Zürich - München ³1979 (vereinfacht)

1. Was mag Degas zu dem Bild (M 1) veranlasst haben? Verfasse ein Streitgespräch zwischen den Mädchen und Jungen. Berücksichtige die Darstellung und M 2.
2. Stelle dir vor, du lebtest in Sparta. Was würde dir gefallen, was überhaupt nicht?
3. Nenne Ziel und Mittel der Erziehung (M 2).

① Der persische Großkönig Dareios I. empfängt eine Gesandtschaft.
Relief von der Nordtreppe des Thronsaales von Persepolis (ca. 6,00 m lang und 4,50 m hoch; 5. Jh. v. Chr.). Auf dem erhöhten Thron sitzt Dareios I., der von 521-485 v. Chr. regierte. Hinter dem König standen einmal der Kronprinz Xerxes, ein Diener und der Träger der königlichen Waffen.

Griechen gegen Perser

Großkönige herrschen

Um das Jahr 490 v. Chr. erschienen in den Stadtstaaten Griechenlands Gesandte des persischen Großkönigs *Dareios I.* und forderten Erde und Wasser zum Zeichen der Unterwerfung. Wie war das möglich?

Um diese Zeit beherrschte Dareios bereits weite Teile Vorderasiens und Ägyptens. Er und seine Vorfahren hatten in vielen Kriegen mit einer großen Armee und ihren gefürchteten Bogenschützen ein Weltreich erobert, und sie erhoben den Anspruch, die „Könige der Könige", „Herrscher der Welt" (*Großkönige*) zu sein.

Für die Verwaltung ihres Reiches hatten sie eine neue Methode entwickelt. Sie teilten es in 20 **Satrapien** (*Provinzen*) auf, an deren Spitze ein Stellvertreter des Großkönigs stand. Die Bewohner mussten Abgaben an den Großkönig leisten, durften aber in der Regel ihre gewohnte Religion und Kultur behalten und frei wirtschaften.

Zwei Welten treffen aufeinander

Die Perser hatten griechische Städte in Kleinasien unterworfen. Einige dieser Städte erhoben sich unter der Führung Milets im Jahre 499 v. Chr. gegen die persische Vorherrschaft. Vergeblich warteten die Aufständischen auf die Hilfe des Mutterlandes: Die Schiffe aus Athen kamen zu spät. Milet und andere Poleis wurden zerstört. Um weitere Aufstände zu verhindern, wollte Dareios Griechenland unterwerfen. So kam es zum Krieg zwischen Griechen und Persern, die bisher zwar über den Handel und die Griechenstädte in Kleinasien miteinander Kontakt gehabt hatten, jedoch nur wenig voneinander wussten.

Gemeinsam gegen die Perser

Trotz der Übermacht ihrer Truppen scheiterten die Perser in zwei Feldzügen. Die athenischen Hopliten siegten unter *Miltiades* in der **Schlacht bei Marathon** (490 v. Chr.) gegen die persischen Bogenschützen.* Zehn Jahre später kehrten die Perser zurück, um den Misserfolg von Marathon zu rächen. Doch inzwischen hatten die Athener eine große Kriegsflotte gebaut, die sie zur stärksten Seemacht der griechischen Welt machte. Außerdem hatten sich angesichts der persischen Bedrohung mehrere griechische Staaten unter der Führung Spartas zu einem Militärbündnis zusammengeschlossen (481 v. Chr.).

Triumph der Griechen

Die Perser zerstörten zwar im Jahre 480 v. Chr. Athen und steckten die Tempel in Brand, doch die Bevölkerung hatte sich zuvor auf Inseln in Sicherheit gebracht. In der **Seeschlacht von Salamis** (480 v. Chr.) scheiterten die Perser an der Athener Flotte. Ein Jahr später wurden die Perser in der **Landschlacht von Plataiai** von griechischen Hopliten geschlagen.

Um gegen künftige Angriffe gewappnet zu sein, gründete Athen 478/477 v. Chr. den *Attisch-Delischen Seebund*, dem allmählich die meisten Poleis in der Ägäis beitraten.

Aus Unwissen entstehen Vorurteile

Die Griechen wussten auch nach den Perserkriegen nicht viel mehr über die Perser und ihr Land. Doch die Erinnerung an die Bedrohung durch die Perser, an den Krieg und den eigenen Sieg blieb bei ihnen lebendig. So kam es, dass schon bald alles, was mit den Persern zusammenhing, als schlecht galt: Ihre Religionen wurden als Aberglaube belächelt. Auf ihre orientalische, teilweise noch nomadische Lebensweise blickten die Griechen von oben herab. Die beinahe unumschränkte Macht der Großkönige deuteten sie als Gewaltherrschaft, der sich die angeblich feigen Untertanen mit verachtungswürdiger „Unterwürfigkeit" beugten.

---

* Ein Läufer soll die Siegesnachricht nach Athen gebracht haben, wo er tot zusammengebrochen sei. Auf diese quellenmäßig ungesicherte Erzählung geht der längste Laufwettbewerb der Leichtathleten zurück: der Marathonlauf. Die Strecke von 42,196 km, die heute gelaufen wird, ist nicht die Entfernung zwischen Marathon und Athen, sondern die zwischen Windsor und London; sie wurde 1908 festgelegt.

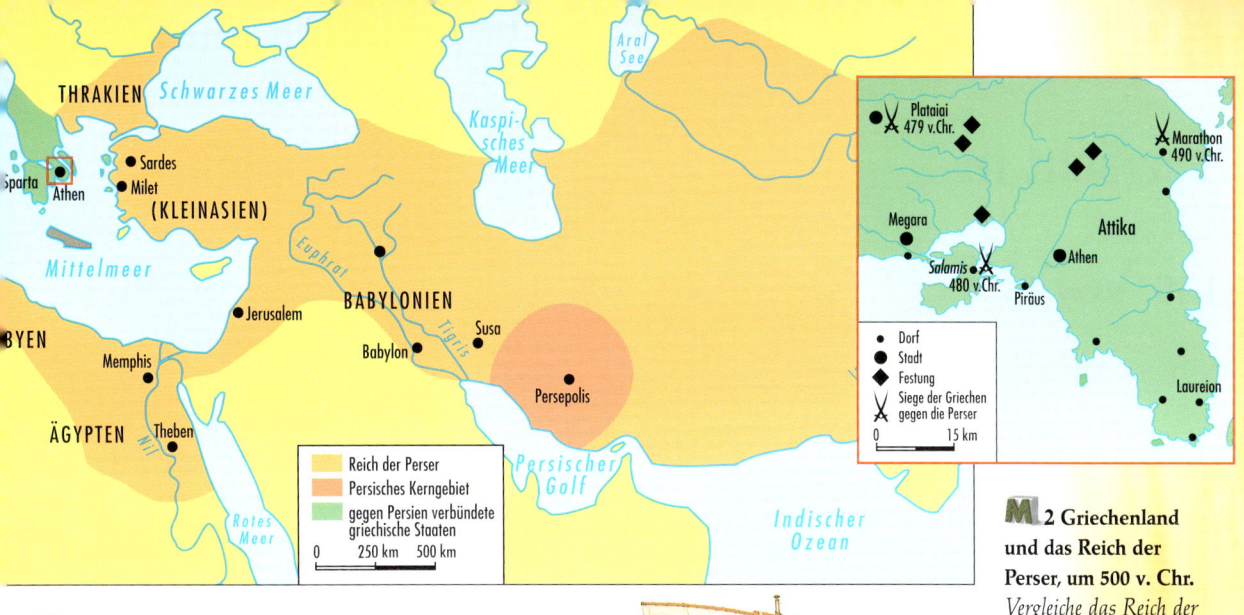

M 2 Griechenland und das Reich der Perser, um 500 v. Chr.

Vergleiche das Reich der Perser mit dem Gebiet der Griechen. Wie beurteilst du die Siegeschancen der Griechen?

M 1 Wofür die Griechen kämpfen

Die Geschichte der Perserkriege ist uns nur aus griechischen Quellen bekannt, vor allem aus dem Geschichtswerk des Herodot. Er gibt darin folgendes Gespräch zwischen zwei spartanischen (= lakedaimonischen) Boten und dem persischen Heerführer Hydarnes wieder, das vor der Schlacht von Salamis geführt worden sein soll.

„Ihr lakedaimonischen Männer! Warum sträubt ihr euch denn, Freunde des Großkönigs zu werden? Ihr seht doch, wie der Großkönig wackere Männer zu
5 ehren weiß. Ihr braucht da nur auf mich und meine Verhältnisse zu schauen. So könnt auch ihr, wenn ihr euch dem Großkönig ergeben würdet, […] wohl jeder von euch über ein Gebiet in Hel-
10 las herrschen, das euch der Großkönig anweisen würde." Darauf gaben sie folgende Antwort: „Hydarnes! Der Rat, der sich auf uns bezieht, ist nicht gleichmäßig ausgewogen. Bei dem ei-
15 nen Teil stützt du dich auf deine eigene Erfahrung, bei dem anderen Teil fehlt sie dir. Was es heißt, Sklave zu sein, das weißt du, mit der Freiheit aber hast du noch keine Erfahrung gemacht
20 und weißt nicht, ob sie süß ist oder nicht. Denn wenn du sie gekostet hättest, würdest du uns raten, nicht nur mit Speeren, sondern sogar mit Äxten für sie zu kämpfen."

Herodot, Die Bücher der Geschichte VII, 135, übers. von Walther Sontheimer, Stuttgart 1974

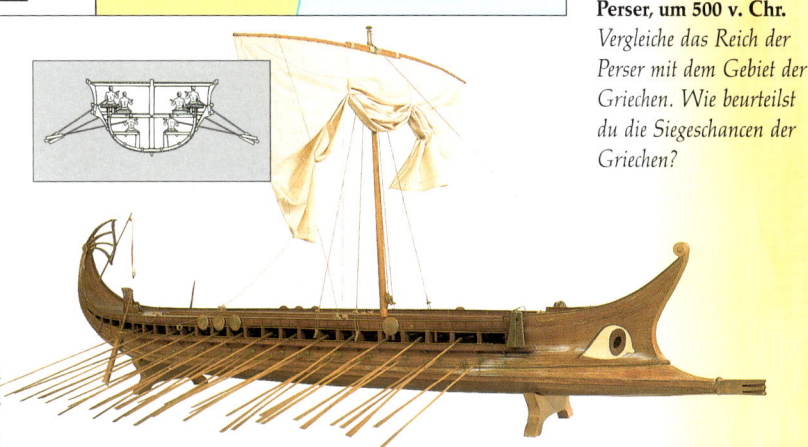

M 3 Attische Triere („Dreidecker").

Rekonstruktion.

Mit diesen Kampfschiffen beherrschten die Athener im 5. Jh. v. Chr. die Ägäis.

Sie waren etwa 40 m lang und 5 m breit. Zur Besatzung gehörten bis zu 170 Ruderer, die in drei Reihen übereinander saßen, dazu kamen zehn Hopliten und vier Bogenschützen.

Im Gefecht versuchte man, mit dem am Bug angebrachten Rammsporn die feindlichen Schiffe kampfunfähig zu machen.

M 4 Soldaten der persischen Leibwache.

Ausschnitt aus einem Relief eines Ziegelfrieses auf einer etwa 2 m hohen Mauer des Königspalastes in Susa (Persien/Iran).

Die persischen Truppen bestanden überwiegend aus Söldnern, das heißt aus nichtpersischen Soldaten, die für Geld kämpften.

1. Nenne das gemeinsame Ziel, das so verschiedene Staaten wie Sparta und Athen nach Herodot hatten (M 1).
2. Wie erklärst du dir, dass die Griechen gegen eine solche Übermacht siegten?

Herrscht in Athen das Volk?

Immer mehr wollen mitbestimmen
Für die Bevölkerung Athens bedeutete der Ausbau der Flotte seit den Perserkriegen Arbeit und Einkommen. Gleichzeitig stärkten die Kriege das Selbstbewusstsein der Männer aus der Unterschicht – immerhin rund 80 Prozent aller Bürger. Sie wussten, dass ihr Einsatz als Ruderer unentbehrlich geworden war. Dieses Selbstvertrauen der Unterschichten nutzten die beiden adligen Volksführer *Ephialtes* und *Perikles*, um im Jahre 462 v. Chr. die Volksherrschaft durchzusetzen. Sie schlossen damit eine Entwicklung ab, die im 6. Jh. v. Chr. unter dem Staatsmann *Solon* begonnen hatte.

Wie funktioniert die Volksherrschaft?
Von nun an teilten sich drei Einrichtungen die politische Macht.
- Eine **Volksversammlung** entschied alle Fragen des öffentlichen Lebens: Gesetzgebung, Krieg und Frieden, Wahl und Überwachung der Beamten, Einnahmen und Ausgaben des Staates, Vergabe von Bauaufträgen und anderes mehr. Jährlich fanden mindestens vierzig Volksversammlungen statt. Alle wehrfähigen Bürger hatten das gleiche Stimmrecht. Jeder besaß das gleiche Recht, durch eine Rede eine Mehrheit für seine Anträge zu erreichen.
- Ein **Rat der Fünfhundert** übte die Regierungsgeschäfte aus. Seine Mitglieder wurden aus Bürgern, die sich bewerben konnten, ausgelost. Sie waren für ein Jahr im Amt. Je fünfzig Mitglieder des Rates mussten für ein Zehntel des Jahres im Regierungsgebäude anwesend sein. Anträge der Bürger, die in der Volksversammlung besprochen werden sollten, wurden in diesem Ausschuss beraten, der sich täglich traf.
- Streitfälle wurden von **Volksgerichten** entschieden. Für die zehn Gerichtshöfe wurden Jahr für Jahr 6 000 Athener als Richter ausgelost.

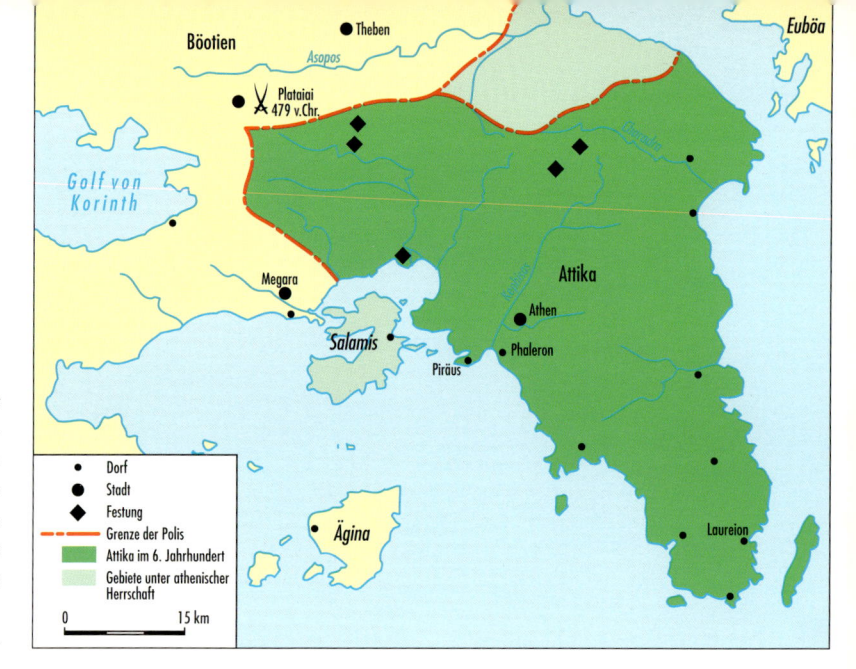

❶ Attika und Athen.
Ganz Attika gehörte zur Polis Athen. Die Halbinsel umfasst ungefähr 2 600 km², dies entspricht etwa der Größe des Saarlandes.

Kläger und Beklagte konnten ihre Standpunkte öffentlich darlegen. Am Ende entschied eine geheime Abstimmung über schuldig oder unschuldig. Seit 462 v. Chr. erhielten die Mitglieder des Rates **Diäten** (dt. *Sitzungsgelder*). Perikles ließ später auch den Geschworenen der Volksgerichte Tagegelder zahlen.*
Damit war die Entwicklung zu einer Staatsform abgeschlossen, die wir **Demokratie** nennen. Ihr Ziel war nach Aussage griechischer Geschichtsschreiber die „Herrschaft des Volkes über sich selbst".

Wer blieb ausgeschlossen?
Frauen, Sklaven und fremde Mitbewohner* hatten keine Mitwirkungsrechte. Darüber hinaus blieb die Führung Athens trotz der demokratischen Ordnung überwiegend in den Händen einiger weniger wohlhabender Männer. Das hatte einerseits mit dem immer noch hohen Ansehen der adligen Familien zu tun. Andererseits damit, dass die Athener keine regelmäßigen Steuern zahlten. Daher war es üblich, dass wichtige Gemeinschaftsausgaben wie der Bau von Kriegsschiffen oder die Veranstaltung von Festen, von den hohen Beamten aus ihrem Privatvermögen bezahlt wurden. So konnten nur reiche Männer sich um ein hohes Amt bewerben. Gewählt wurde aber allein, wer das Volk überzeugen konnte.

*Zu den fremden Mitbewohnern siehe Seite 86.

❷ Perikles.
Büste nach einem Original von 440 v. Chr. Der Künstler hat Perikles mit Helm, also als Feldherrn (Strategen), dargestellt.
Perikles stammte aus einer alten Adelsfamilie. Er wurde von 443 bis zu seinem Tod 429 v. Chr. alljährlich in das Strategenamt wiedergewählt. Dies beweist nicht nur sein Ansehen in der Bevölkerung, sondern auch, dass es in der attischen Demokratie möglich war, über lange Zeit eine führende Stellung zu behaupten.

M 1 Athen in der 2. Hälfte des 5. Jh. v. Chr. *Rekonstruktionszeichnung.*
① **Akropolis** (siehe auch Seite 91), ② **Pnyx**, *Ort der Volksversammlungen (siehe auch M 4, Seite 82)*,
③ **Münzanstalt**, ④ **Brunnenhaus**, ⑤ **Säulengang**, ⑥ **Gerichtshof**,
⑦ **Sitz der Feldherren**, ⑧ **Sitz des Rates der 500**, ⑨ **Agora**, ⑩ **Heilige Straße**.

M 2 Für und gegen die Demokratie
Der Dichter Euripides lässt in dem Drama „Hiketiden" (dt. Die Schutzflehenden) von 424 v. Chr. den Athener Theseus sagen:

Nichts ist dem Volke so verhasst wie ein Tyrann. Dort gelten nicht als Höchstes die gemeinsamen Gesetze; einer schaltet als Gesetzesherr ganz unumschränkt, und das ist keine Gleichheit mehr. Doch werden die Gesetze schriftlich festgelegt, genießt der Arme wie der Reiche gleiches Recht; die freie Rede steht dem Armen zu wie dem vom Glück Gesegneten, wenn er beleidigt wird, und hat er recht, besiegt der kleine Mann den großen.
So klingt der Ruf der Freiheit: „Wer will einen Rat, der unsrem Staate nützt, vor die Versammlung bringen?" Und wer es wünscht, der erntet Ruhm, wer nicht, kann schweigen.
Wo gibt es größere Gleichheit noch in einem Staat?

An einer anderen Stelle des Dramas behauptet ein Bote aus Theben:

Denn in der Stadt, die mich entsandte, wird die Herrschaft von einem Manne, nicht vom Pöbel* ausgeübt; und keinen gibt es, der das Volk durch eitles Schwatzen – zum eigenen Vorteil nur! – bald hier-, bald dorthin lenkt. […]
Wie kann überhaupt das Volk den Staat beherrschen, wo es nicht die Redekunst beherrscht? […] Und ein armer Bauersmann mag zwar nicht unvernünftig sein – im Drange seiner Arbeit kann er jedoch kaum den Blick auf das Gemeinwohl richten!

Henning Ottmann, Geschichte des politischen Denkens.
Die Griechen. Bd. 1/1: Von Homer bis Sokrates,
Stuttgart/Weimar 2001, Seite 203 f.

*Pöbel: einfaches, ungebildetes Volk

1. Erkläre mithilfe von M 2 die Grundlagen der attischen Demokratie.
2. Was kritisiert der Thebaner an der Demokratie? Welche Herrschaftsform rechtfertigt er (M 4)?

81

PROJEKT

Königsherrschaft – Aristokratie – Demokratie

Ein König hat in der Regel die Macht geerbt und herrscht auf Lebenszeit; er allein

- ernennt Beamte,
- erlässt Gesetze,
- spricht Recht,
- entscheidet über Krieg und Frieden,
- ist oberster Feldherr und
- ist oberster Priester.

Das Volk hat kein Recht auf Mitsprache.

M 1 Königsherrschaft

Familien vornehmer Abstammung (Adel) wählen für bestimmte Zeit aus ihren Reihen die, die

- Beamte ernennen,
- Gesetze erlassen,
- Recht sprechen,
- über Krieg und
- Frieden entscheiden,
- die Heerführer und
- die Priester stellen.

Das einfache Volk hat kein Recht auf Mitsprache.

M 2 Aristokratie

M 3 Demokratie in Athen, um 435 v. Chr.

Alle einheimischen und wehrpflichtigen Männer können an **Volksversammlungen** teilnehmen, Gesetze beschließen, über Krieg und Frieden entscheiden, Ratsmitglieder, Beamte, Heerführer (Strategen) und Richter durch Wahl oder Auslosung bestimmen.

jährlich durch Los → **Rat der Fünfhundert**
- leitet die Volksversammlungen,
- bereitet die Gesetze vor,
- plant die Außenpolitik,
- kontrolliert die Beamten und
- beaufsichtigt das Staatsvermögen.

jährlich durch Los oder Wahl →
9 Archonten* (Los)
10 Heerführer (Wahl)
und etwa
700 Beamten (Wahl), die die Beschlüsse der Volksversammlung ausführen

*****Archonten** (griech. archein: herrschen): die höchsten Beamten

jährlich durch Los →
Geschworenengerichte (6000 Richter) zuständig für die allgemeine Rechtsprechung

Areopag (ehemalige Archonten) spricht Recht bei Mord, Brandstiftung und Verbrechen gegen den Staat

Jugendliche, Frauen, fremde Mitbewohner (Metöken) und Sklaven sind ohne politische Rechte.

M 4 Volksversammlung in Athen. *Zeichnung von Kevin Maddison, 1988. Die Athener versammelten sich bis ins 4. Jh. v. Chr. auf dem Pnyx-Hügel im Westen von Athen. Der Platz war etwa 80 m breit und 40 m tief. Er bot Raum für rund 6 000 Menschen.*

35 000	vollberechtigte Bürger
100 000	Frauen und Kinder der Bürger
35 000	fremde Mitbewohner mit Frauen und Kindern (Metöken)*
80 000	Sklaven und Sklavinnen

*Siehe dazu Seite 86

M 5 Zusammensetzung der Bevölkerung Athens (Stadt und Land), um 450 v. Chr.

1. Erkläre die Unterschiede der drei Herrschaftsformen (M 1 bis M 3).
2. Herrscht in Athen tatsächlich das Volk? Diskutiert die Frage mithilfe von M 3 bis M 5.

M 1 Über Geschichtsschreibung

Über den Peloponnesischen Krieg zwischen Athen und Sparta, der 431 v. Chr. begann und mit Unterbrechungen 27 Jahre dauerte, hat Thukydides (siehe M 2) ein bedeutendes Buch geschrieben. Zu Beginn des Werkes beschreibt er, wie er dabei vorgegangen ist und wen er als Leser erreichen wollte:

Beide Gegner haben sowohl während der Vorbereitungen zum Krieg als auch im Krieg Reden gehalten. Einige dieser Reden hatte ich selbst gehört, über an-
5 dere Reden haben mir Zeugen berichtet. Aber in beiden Fällen war es schwierig, den genauen Wortlaut dieser Reden im Gedächtnis zu behalten. Daher habe ich die Reden so verfasst:
10 Ich habe mir vorgestellt, was der Redner in der jeweiligen Situation vor allen Dingen sagen wollte, und dem entsprechend habe ich den Wortlaut der Rede formuliert.
15 Wenn ich über die Taten, die in diesem Krieg vollbracht wurden, schreibe, so folge ich weder dem erstbesten Bericht noch meiner eigenen Meinung, sondern ich habe Selbsterlebtes und von
20 anderen Berichtetes mit größtmöglicher Genauigkeit in jedem einzelnen Fall verglichen und erforscht. Es war schwierig, die Wahrheit zu finden, weil die jeweiligen Augenzeugen über dasselbe Ereig-
25 nis nicht dasselbe berichteten, sondern abhängig von ihrer Parteinahme und von ihrem Gedächtnis.

Da ich nicht spannend erzähle, wird meine Darstellung vielleicht nicht un-
30 terhaltsam sein. Ich schreibe nämlich für all diejenigen, die klare Erkenntnis über die vergangenen Ereignisse suchen und wissen, dass sich diese Ereignisse jederzeit wiederholen können, da
35 dies in der Natur der Menschen liegt. Sie werden mein Werk für nützlich halten, und das soll mir genügen. Ich habe es geschrieben, damit man es immer wieder liest, nicht, damit man es einmal
40 mit Vergnügen hört und dann weglegt.

Thukydides, Der Peloponnesische Krieg, Buch I, 22; übersetzt, sprachlich vereinfacht und modernisiert von Dieter Brückner

M 2 Thukydides.

Römische Kopie einer griechischen Bronzestatue aus dem 4. Jh. v. Chr.
Der Athener Thukydides (um 460 v. Chr. bis nach 400 v. Chr.) verlor als gewählter Feldherr (Stratege) 424 eine Schlacht im so genannten Peloponnesischen Krieg zwischen Athen und Sparta und wurde daraufhin verbannt. Erst 404 kehrte er nach Athen zurück. Während seiner Verbannung schrieb Thukydides die Geschichte des Peloponnesischen Krieges. Obwohl das Werk unvollständig blieb, gilt es als das bedeutendste Geschichtswerk der antiken Literatur.
Mit ihm beginnt die politische, auf Quellenforschung und -deutung zurückgehende Geschichtsschreibung.

1. Schreibe die Stellen aus der Quelle M 1 ab, die du für das Thema besonders wichtig hältst. Begründe deine Auswahl.
2. Betrachtet in Gruppen die schriftlichen Quellen, die ihr in diesem Kapitel kennen gelernt habt. Schreibt jeweils auf, welche Kenntnisse über die Griechen wir nur ihnen verdanken.

LERNTIPP

Textquellen auswerten und deuten

Du hast in den vorangegangenen Kapiteln einige schriftliche Quellen kennen gelernt. Dabei wirst du gemerkt haben, dass es gar nicht so einfach ist, sie zum Sprechen zu bringen. Hier ein paar Hilfen und Anregungen:

- Lies die Textquelle zunächst langsam und sorgfältig durch.
- Schreibe beim zweiten Lesen unbekannte Begriffe oder schwierige Formulierungen heraus, die du nicht verstehst; schlage – wenn nötig – im Register deines Buches oder in einem Lexikon nach.
- Kopiere den Text und unterstreiche oder markiere die Stellen, die dir wichtig erscheinen.
- Gliedere den Text in Sinnabschnitte, finde Überschriften für sie und den gesamten Text.
- Schreibe bei längeren Texten eine Inhaltsübersicht und eine Zusammenfassung.
- Notiere, was dir an der Sprache des Textes auffällt (kommen z. B. bestimmte Wörter mehrfach vor?).

Um eine Textquelle deuten (interpretieren) zu können, ist es hilfreich, die Quellengattung zu kennen.

- Handelt es sich um eine Urkunde, ein Gesetz, einen Brief, eine Rede, um eine Lebenserinnerung oder ein Werk der Geschichtsschreibung?
- Stammt der Text aus der Zeit, über die er berichtet, oder wurde er später verfasst?

Für eine weiter gehende Interpretation gilt es folgende Fragen zu berücksichtigen:

- Was weißt du über den Autor/die Autorin?
- Hat er/sie selbst erlebt, worüber er/sie schreibt? Woher bezieht er/sie das Wissen?
- Mit welcher Absicht hat er/sie den Text verfasst? War der Text an jemanden gerichtet? Sollte er veröffentlicht werden?

Eine ungleiche Gesellschaft

Männerherrschaft auch im Alltag
Viele Athener waren beruflich selbstständig. Als Handwerker, Händler und Bauern boten sie auf dem Marktplatz ihre Waren an. Dort wurden die jeweils neuesten Ereignisse besprochen. Die Männer verbrachten ihre Freizeit wohl am liebsten auf dem Marktplatz oder im Theater*.

Die Hauptmahlzeit nahm die Familie mit dem Hausherrn erst gegen Abend ein. Dabei saß man nicht auf Stühlen um einen Tisch, sondern lag auf Polstern um kleine niedrige Tische.

Brot und Käse, Oliven, Feigen und Honig, Gemüse und Fisch waren die wichtigste Nahrung. Fleisch gab es für die meisten Athener nur bei Opferfesten. Häufig kamen Gäste ins Haus.

Reiche Bürger luden Freunde, Gelehrte und Künstler regelmäßig zu einem **Symposion** (dt. *Gastmahl*) ein. Diese Treffen begannen mit einem Trankopfer. Danach aßen, tranken, sangen oder unterhielten sich die Teilnehmer. Manchmal sorgten Sklaven oder Sklavinnen für die Unterhaltung. Die Ehefrauen nahmen nicht teil.

*Zum Theater siehe auch Seite 92 f.

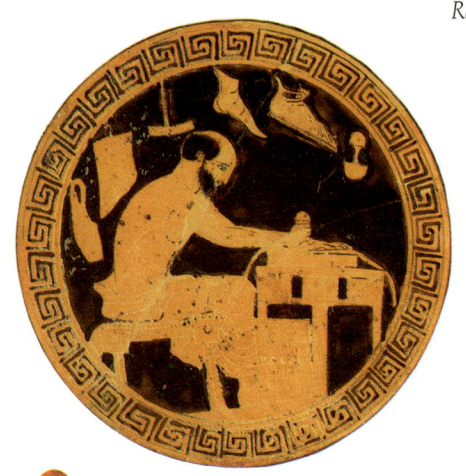

② Häuserblock.
Rekonstruktionszeichnung.
Archäologischen Funden aus Priene an der kleinasiatischen Küste verdanken wir eine Vorstellung darüber, wie die Griechen nach etwa 460 v. Chr. Stadthäuser anlegten.
Was meinen Historiker, wenn sie sagen, diese Bauweise passe zur athenischen Demokratie?

① Halle
② Wohnraum
③ Raum für Gastmähler
④ Bad?
⑤ Schlafraum
⑥ Frauengemach
⑦ Hof
⑧ Vorratsraum
⑨ Laden
⑩ Brunnen
⑪ Hauptstraße

③ Raum für Gastmähler in den Häusern von Priene.
Rekonstruktionszeichnung.

① Schuster.
Vasenmalerei, 5. Jh. v. Chr.

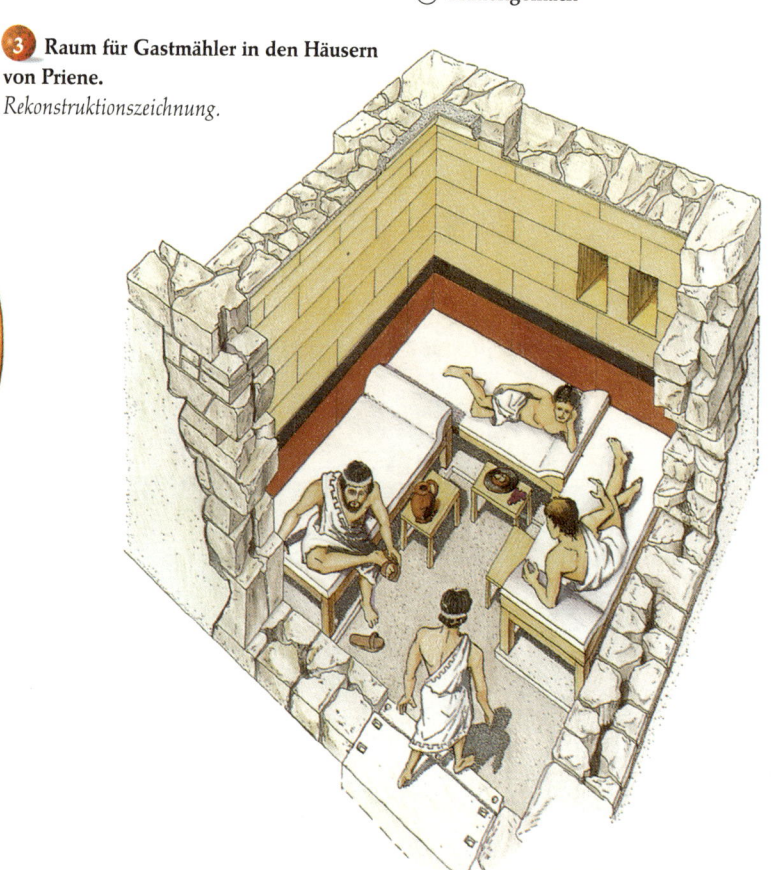

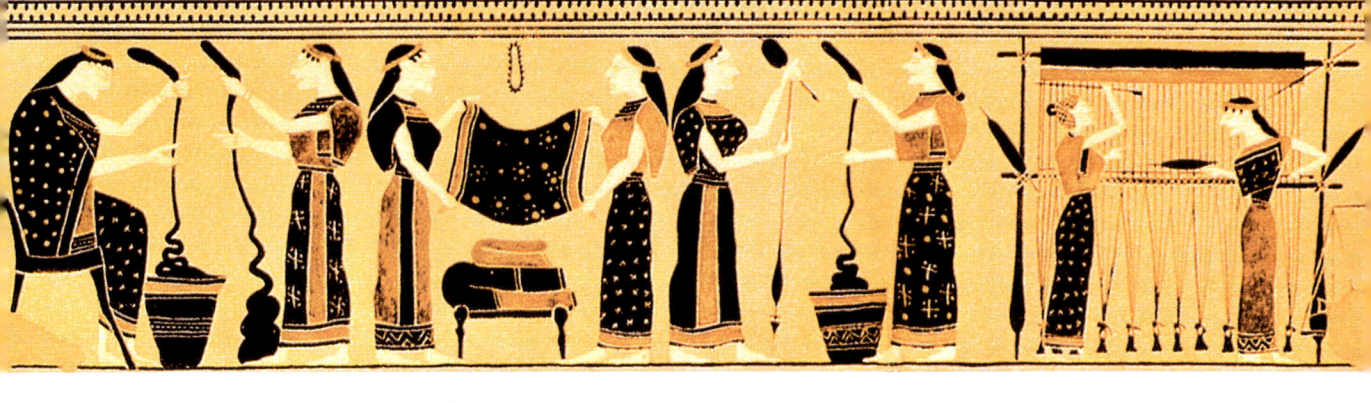

Frauen – den Männern untertan?
Ihr ganzes Leben lang standen Frauen in Athen unter der Vormundschaft eines Mannes: Vater, Bruder oder Ehemann bestimmten über sie und vertraten sie vor Gericht. Grundbesitz konnten die Athenerinnen nicht erwerben. Ebensowenig verfügten sie über politische Rechte, was aber nicht bedeuten muss, dass sie keinen Einfluss auf ihre Männer besaßen.

Ihr Lebensraum war vor allem das Haus. Zu ihren Aufgaben gehörte es, Kinder auf die Welt zu bringen, Küche und Haushalt zu führen und sich der Kindererziehung sowie der Pflege von Alten und Kranken zu widmen.

Frauen aus den Unterschichten mussten oft auch außerhalb des Hauses einer Erwerbstätigkeit nachgehen. Sie arbeiteten beispielsweise als Wäscherinnen, Wollarbeiterinnen, Hebammen, Kindermädchen oder Händlerinnen.

Wer der Mittel- und Oberschicht angehörte, verließ das Haus nicht einmal zum Wasserholen oder Einkaufen. Diese Arbeiten erledigten Sklaven. Es galt das Gebot: „Eine ehrbare Frau bleibt im Haus; die Straße gehört den Frauen, die nichts wert sind."

4 Frauen verarbeiten Wolle.
Vasenmalerei, um 550 v. Chr.
Welche Arbeitsgänge erkennst du?

Kinder – den Vätern unterworfen?
Das Schicksal der Kinder hing vom Familienvater ab. Er entschied nach der Geburt des Kindes, ob es in der Familie aufgezogen oder ausgesetzt wurde. Im zweiten Fall drohten dem Neugeborenen der Hungertod oder die Sklaverei. Später bestimmte der Vater, welche Ausbildung das Kind erhielt.

Töchter wuchsen im Haus auf. Sie lernten Spinnen und Weben und wurden auf ihre Rolle als Ehefrau und Mutter vorbereitet. Nur Mädchen aus reichem Hause erhielten Unterricht im Lesen, Schreiben, Musizieren und Tanzen. Gewöhnlich wurden die Mädchen in Athen bereits mit 14 oder 15 Jahren verheiratet.

5 Unterricht.
Vasenmalerei, um 480 v. Chr.
Vor den Schülern jeweils die Lehrer.
Ganz rechts ein Sklave, der auf die Schüler aufzupassen hat.

Während die Mädchen früh ihre Rolle als Ehefrauen übernehmen mussten, lebten ihre männlichen Altersgenossen oft noch im Hause der Eltern. Söhne aus ärmeren Familien erwarben häufig nur geringe Kenntnisse im Lesen und Schreiben, da Bildung nicht kostenlos war. Väter brachten ihren Söhnen ein Handwerk bei, weil sie deren Unterstützung im Alter erwarteten.

Reiche Eltern sorgten für eine gute Bildung ihrer Kinder. Ein Haussklave, der **Pädagoge** (dt. *Erzieher*), begleitete die Knaben zum Lehrer oder überwachte die häuslichen Übungen. Neben dem Unterricht im Lesen, Schreiben, Rechnen und Sport, lernten die jungen Männer Grammatik. Verse von Homer und anderen Dichtern mussten die Schüler auswendig lernen, daneben betrieben sie Musik, Geometrie und Sternenkunde. Später konzentrierte sich die Ausbildung auf die **Rhetorik** (*Kunst der Rede*). Die Schulzeit dauerte häufig bis zum 18. Lebensjahr. Dann wurden alle jungen Männer zum Militärdienst eingezogen. Eine Ehe gingen sie meist zwischen ihrem 20. und 35. Lebensjahr ein.

Frei, aber keine Bürger

Im Gegensatz zu Sparta hatte die Handelsstadt Athen den Ruf, fremdenfreundlich zu sein. Doch je größer Athen wurde, umso strenger unterschieden die Athener zwischen einheimischen Bürgern und **Metöken**, fremden eingewanderten Mitbewohnern. Zur Zeit des Perikles besaßen nur Männer die Bürgerrechte, deren beide Großväter bereits Bürger der Stadt gewesen waren. Die Metöken – etwa zehn Prozent der Bevölkerung Athens – genossen zwar den Schutz der athenischen Gesetze, mussten sich aber vor Gericht von einem Athener vertreten lassen. Sie durften ihren Beruf und ihren Wohnort wählen, konnten jedoch keinen Grundbesitz erwerben. Metöken zahlten eine besondere Steuer, dienten als Hopliten oder Ruderer und nahmen an religiösen Festen teil. Sie besaßen keine politischen Rechte. Die Aufnahme in die Bürgerschaft war möglich, wenn 6000 Bürger in einer Volksversammlung zustimmten.

7 Abwiegen von Waren.
Vasenmalerei, um 540 v. Chr.

Nur wenige Athener misstrauten den Einwanderern. Die meisten erkannten, wie bedeutend die Metöken für sie waren: Als Händler, als Besitzer kleiner und großer Handelsbetriebe trugen sie zum Wohlstand bei. Als Gelehrte und Künstler waren sie aus der Stadt nicht wegzudenken.

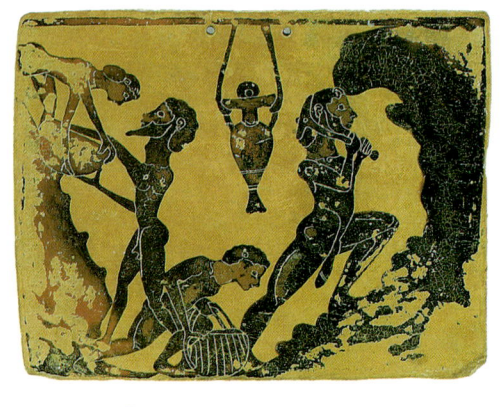

Sklaven – von Menschen zur Sache gemacht

Im 5. Jh. v. Chr. war etwa jeder dritte Einwohner Athens Sklave. Sie oder ihre Vorfahren waren als Gefangene nach Athen gebracht worden. Denn nicht nur der einmal versklavte Gefangene, sondern auch dessen Nachkommen blieben Sklaven. Griechen befanden sich unter ihnen kaum, denn den Athenern wurde im 5. Jh. v. Chr. verboten, Hellenen als Sklaven zu kaufen. Die Mehrzahl kam aus dem Schwarzmeergebiet oder aus Kleinasien.
Die Sklaven galten als „Menschenvieh" oder als Sache, da sie angeblich keine Vernunft besaßen und nur zum Gehorchen geboren waren. Kaum ein Grieche bezweifelte das. Kritische Worte wie diese aus dem 4. Jh. v. Chr. fanden nur wenige: „Die Götter haben alle Menschen frei erschaffen, die Natur hat niemanden zum Sklaven gemacht."

6 In einer Tongrube.
Tontäfelchen aus Korinth, 6. Jh. v. Chr. Mit einer Hacke löst ein Arbeiter (Sklave?) die Tonklumpen von der Wand, ein anderer sammelt den Ton in einen Korb ein, und ein dritter hebt einen Korb aus der Mulde. Von oben hängt ein Wassergefäß herab, aus dem sich die Männer erfrischen können. Wozu brauchten die Griechen den Ton vor allem?

Wofür wurden Sklaven gebraucht?

Die meisten Sklaven arbeiteten als Hausdiener, Pädagogen und Musikanten in der Stadt. Reiche Bürger leisteten sich bis zu 50 Hausslaven. Andere arbeiteten in Handwerksbetrieben und Geschäften. Ihr Lebensstandard unterschied sich kaum von dem armer Bürger.
Einzelne Sklaven gelangten als Verwalter eines Gutes oder Betriebes zu Wohlstand. Sie konnten auch freigelassen werden. Darüber entschied ihr Herr, nicht die Polis.
Einige Reiche vermieteten Sklaven als Erntearbeiter an kleine Bauern. Der größte bekannte Sklavenhalter Athens um 430 v. Chr. war *Nikias*. In den von ihm gepachteten Silbergruben von Laureion beschäftigte er zeitweise über 1000 Sklaven. In engen, dunklen Stollen, die vom Qualm der Öllampen erfüllt waren, förderten sie unter fürchterlichen Bedingungen das kostbare Silbererz.

---

1. *Bestimme den Unterschied zwischen Metöken und Sklaven.*
2. *Schreibe einem Athener Sklavenhalter einen Brief, in dem du ihm deine Meinung über die Sklaverei mitteilst.*

1 So sind sie …

*Der griechische Gelehrte **Sokrates** (470-399 v. Chr.) gibt folgendes Gespräch mit einem Bekannten wieder:*

„Sie war doch noch nicht fünfzehn Jahre alt, als ich sie heiratete. Die Zeit vorher hatte man fürsorglich auf sie aufgepasst, dass sie möglichst wenig sah, hörte und fragte. Ich war schon damit zufrieden, dass sie bei ihrem Kommen bereits verstand, mit Wolle umzugehen und ein Gewand anzufertigen, und dass sie auch schon bei der Spinnarbeit der Dienerinnen zugesehen hatte. Außerdem war sie in der Magenfrage ganz vorzüglich erzogen, mein lieber Sokrates, was mir bei Mann und Frau die wichtigste Erziehungsfrage zu sein scheint […]."

Der Bekannte begründet die Unterschiede so:

„Da beide Arten von Arbeit nötig sind, die draußen und drinnen, schuf Gott die Natur des Weibes für die Arbeiten im Hause, die des Mannes aber für die Arbeiten außerhalb des Hauses. Denn der Mann ist mehr dazu geschaffen, Kälte und Wärme, Märsche und Feldzüge zu ertragen. Daher trug der Gott ihm die Arbeiten außerhalb des Hauses auf. Der Körper der Frau ist weniger widerstandsfähig, deshalb ist sie besser für die Arbeiten im Hause geeignet."

*Der griechische Gelehrte **Aristoteles** (384-322 v. Chr.), dessen Werk das europäische Denken bis in die Gegenwart beeinflusst, schreibt:*

Es steht dem Manne zu, über die Frau und die Kinder zu herrschen. Über die Frau nach der Art eines Staatsmannes, über die Kinder aber nach der eines Königs. Denn das Männliche ist von Natur zur Führung mehr geeignet als das Weibliche, und das Ältere und Reife ist das mehr als das Jüngere und Unreife.

Erster und zweiter Text: Xenophon, Hauswirtschaftslehre 7,3 ff., übers. von Ernst Bux, Stuttgart 1956
Dritter Text: Aristoteles, Politik 1259a, übers. von Franz Schwarz, Stuttgart 1989 (gerafft und vereinfacht)

3 Frau vor einer Truhe.
Terrakottarelief aus Locri (Unteritalien), um 460 v. Chr.
An der Wand sind ein Korb, ein Spiegel, ein Ölkrug und ein anderes Gefäß (für Schminke?) zu sehen.
Das Relief war ursprünglich bunt. Inwiefern zeigt dieses Bild die griechischen Vorstellungen von den Aufgaben der Frauen?

2 Kleinkind im Kinderstuhl.
Innenbild einer Schale, um 450 v. Chr.

---

1. Nenne die Aufgaben der Frauen und Männer. Auf welche Lebensverhältnisse bezieht sich die Aufgabenverteilung (M 1 bis M 3)?
2. Ob sich die Frauen über ihre Lebenssituation beschwert haben? Es gibt darüber kaum Quellen. Warum wohl?
3. Schreibe einen Brief an Aristoteles und teile ihm deine Meinung über seine Vorstellungen mit (M 1, Zeilen 28 ff.).

Reisen bringt Gewinn

Jahr für Jahr strömen Touristen nach Griechenland. Viele besuchen das Land, um die Kunst und Kultur der alten Griechen kennen zu lernen, andere, um Sonne, Meer und Ruhe auf einer der zahllosen Inseln in der Ägäis genießen zu können. Bis Athen kommen die Touristen meist mit dem Flugzeug, aber auf die Inseln gelangen sie nur mit Fähren.

Griechenlands lange Küsten und die vielen Inseln machten das Schiff schon im Altertum zu einem unentbehrlichen Verkehrsmittel für Menschen und Waren. Es ermöglichte den Griechen kulturelle und geschäftliche Kontakte zu ihren Nachbarn und die Gründung von Tochterstädten.

Mit Schiffen kamen begehrte Waren nach Griechenland, im Gegenzug wurden wertvolle Produkte exportiert. Griechische Ärzte und Baumeister, die in Persien oder Ägypten arbeiten wollten, bestiegen in Athens Hafen ein Schiff. Andererseits lockten berühmte Philosophen und Redelehrer viele Interessierte aus den Ländern am Mittelmeer zu Studien nach Athen. Außer zu den großen Spielen und Heiligtümern reisten die Griechen nur in dringenden geschäftlichen Angelegenheiten. Passagierschiffe im Liniendienst nach Fahrplan gab es nicht. Schiffsreisen waren trotz langer Dauer schneller und trotz Piraten meist sicherer als der Landweg. Die Griechen benötigten zahllose Schiffe, deren Bau sie von den Phöniziern gelernt hatten. Auf den Werften war der Bedarf an Bauholz so enorm, dass ganze Wälder verschwanden.

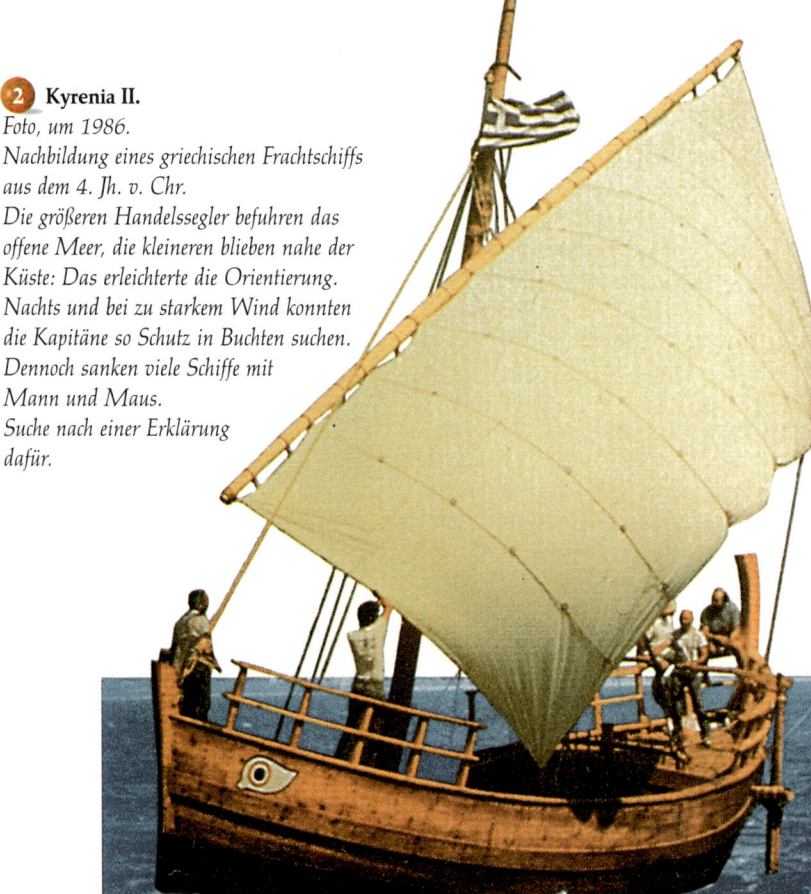

② Kyrenia II.
Foto, um 1986.
Nachbildung eines griechischen Frachtschiffs aus dem 4. Jh. v. Chr.
Die größeren Handelssegler befuhren das offene Meer, die kleineren blieben nahe der Küste: Das erleichterte die Orientierung. Nachts und bei zu starkem Wind konnten die Kapitäne so Schutz in Buchten suchen. Dennoch sanken viele Schiffe mit Mann und Maus.
Suche nach einer Erklärung dafür.

① Abenteuer unter Wasser.
Foto, um 1986.
1965 entdeckten Taucher vor Kyrenia (Zypern) ein 2400 Jahre altes Schiffswrack. Unterwasserarchäologen legten den 14 m langen Rumpf frei. Der Taucher benutzt Pressluft, um Ablagerungen zu entfernen.

③ Schiffsrumpf.
Die 5000 Einzelteile des bei Kyrenia gefundenen Schiffes wurden geborgen, haltbar gemacht und wieder zusammengesetzt. Abb. 1 zeigt einen originalgetreuen Nachbau des gefundenen Schiffes.

M 1 „Lass das meiste daheim …"

Der griechische Dichter Hesiod (um 700 v. Chr.) rät seinem Bruder:

Du, o Perses, gedenke daher bei jeglichem Werke
An die passende Stunde, bei Schifffahrt aber am meisten.
5 Lobe das kleine Schiff; doch tu die Fracht in das größte.
Denn je größer die Fracht, wird größer Gewinn zum Gewinne
Kommen, wenn dich die Winde mit
10 wilden Stürmen verschonen. […]
Fürchterlich ist's, in den Wogen zu sterben; lass dir drum raten […].
Tu nicht dein sämtliches Gut hinein in die bauchigen Schiffe;
15 Lass das meiste daheim, das mindre magst du verladen.

Gottfried Guggenbühl (Hrsg.), Quellen zur Geschichte des Altertums, neu bearb. von Hans C. Huber, Zürich ³1964, S. 33 f.

M 2 Handeln und herrschen

In einer Schrift aus dem 5. Jh. v. Chr. wird festgestellt:

Die Athener allein sind imstande, über die Schätze Griechenlands und die der Barbarenländer zu verfügen. Denn, wenn irgendeine Stadt Überschuss an
5 Schiffsholz, Eisen, Kupfer oder Flachs hat, wohin soll sie es exportieren, ohne die Einwilligung Athens, des meerbeherrschenden Volkes? […] Dem meerbeherrschenden Staat gewährt der
10 Verkehr auch die Mittel zu allerlei Genüssen. Was es in Sizilien, Italien, auf Zypern, in Ägypten, in Libyen, in Pontusländern* oder in der Peleponnes oder sonstwo an Delikatessen gibt, das
15 ist alles in Athen vereinigt.

Nach: Michel Austin und Pierre Vidal-Naquet, Gesellschaft und Wirtschaft im alten Griechenland, München 1984, S. 259

* Länder am Schwarzen Meer

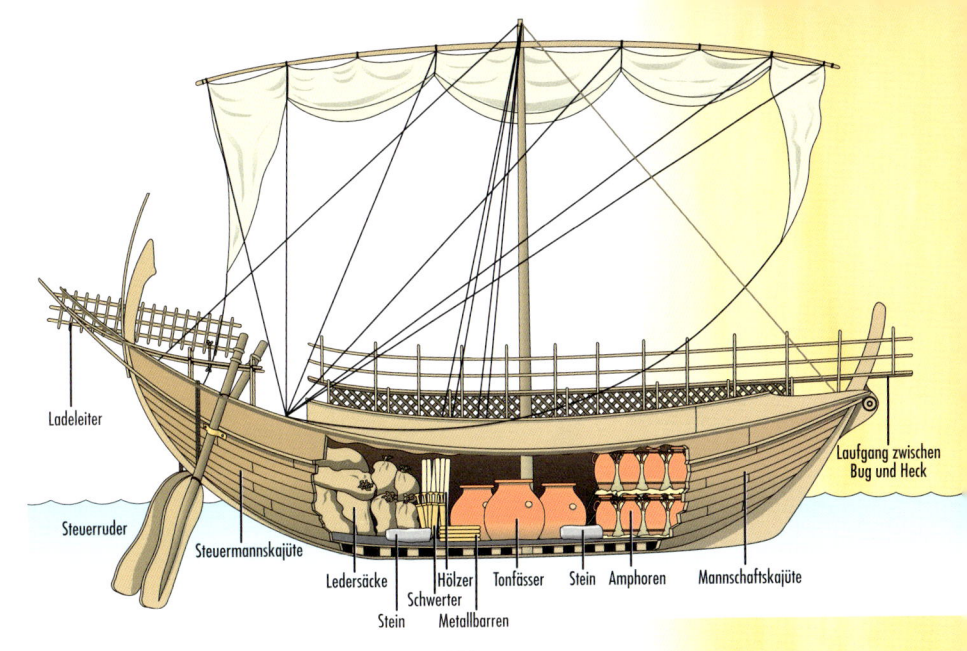

M 3 Athen – Zentrum des Handels.

M 4 Ehre und Gewinn

Der Schriftsteller Xenophon (um 430 - nach 355 v. Chr.) schlägt vor:

Es wäre gut und ehrenvoll, Kaufleute und Reeder auch durch Ehrensitze im Theater auszuzeichnen und manchmal diejenigen zu einem Ehrenmahl einzu-
5 laden, von denen man glaubt, dass sie durch besonders gute Schiffe und Waren der Stadt Nutzen bringen. Denn die so Geehrten dürften nicht nur um des Gewinnes, sondern auch um der
10 Ehrung willen wie zu Freunden herbeieilen. So viel ist klar: Je mehr Menschen sich hier niederlassen und hierherkommen, desto mehr Waren dürften auch eingeführt und ausgeführt, gekauft und
15 verkauft und desto mehr Mieten und Steuern eingenommen werden.

Rolf Rilinger (Hrsg.), Leben im antiken Griechenland, München 1990, S. 460

M 5 Griechisches Frachtschiff.

Rekonstruktionszeichnung.
Die Handelsschiffe waren selten über 20 m lang und breit. Sie konnten zwischen 70 und 150 t laden.

Beschriftungen: Ladeleiter, Laufgang zwischen Bug und Heck, Steuerruder, Steuermannskajüte, Ledersäcke, Stein, Hölzer Schwerter, Metallbarren, Tonfässer, Stein, Amphoren, Mannschaftskajüte

1. Erkläre die Bedeutung der Handelsschifffahrt (M 1 bis M 4).
2. Trage in eine Liste die nach Griechenland eingeführten Waren und ihre Herkunftsländer ein (M 3).
3. Ein Schiff schaffte normalerweise 5 bis 6 Kilometer pro Stunde. Wie lange dauerte demnach eine Fahrt von Athen nach Kyrene? Nutze dazu die Karte M 1, S. 71.
4. Überlegt, woher wir wohl unsere Kenntnisse über die Schifffahrt der Griechen haben. Ein Tipp: Damalige Unglücke sind heute unser Glück.

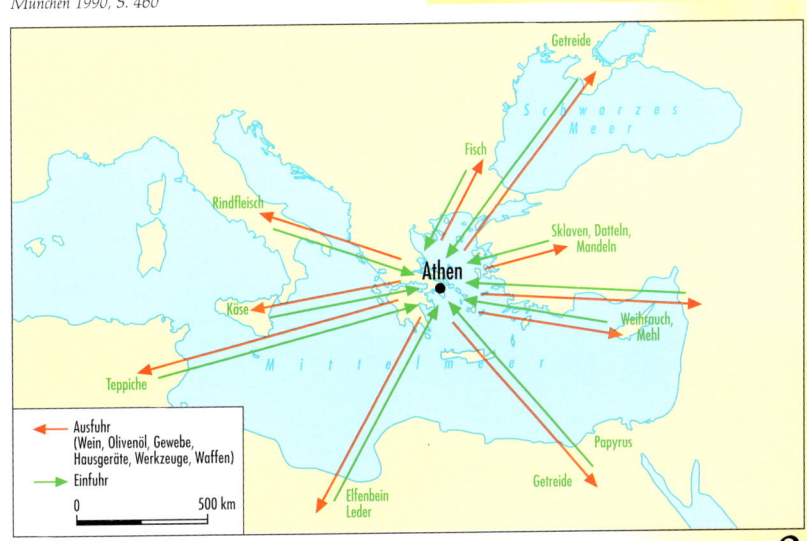

Hervorragende Künstler

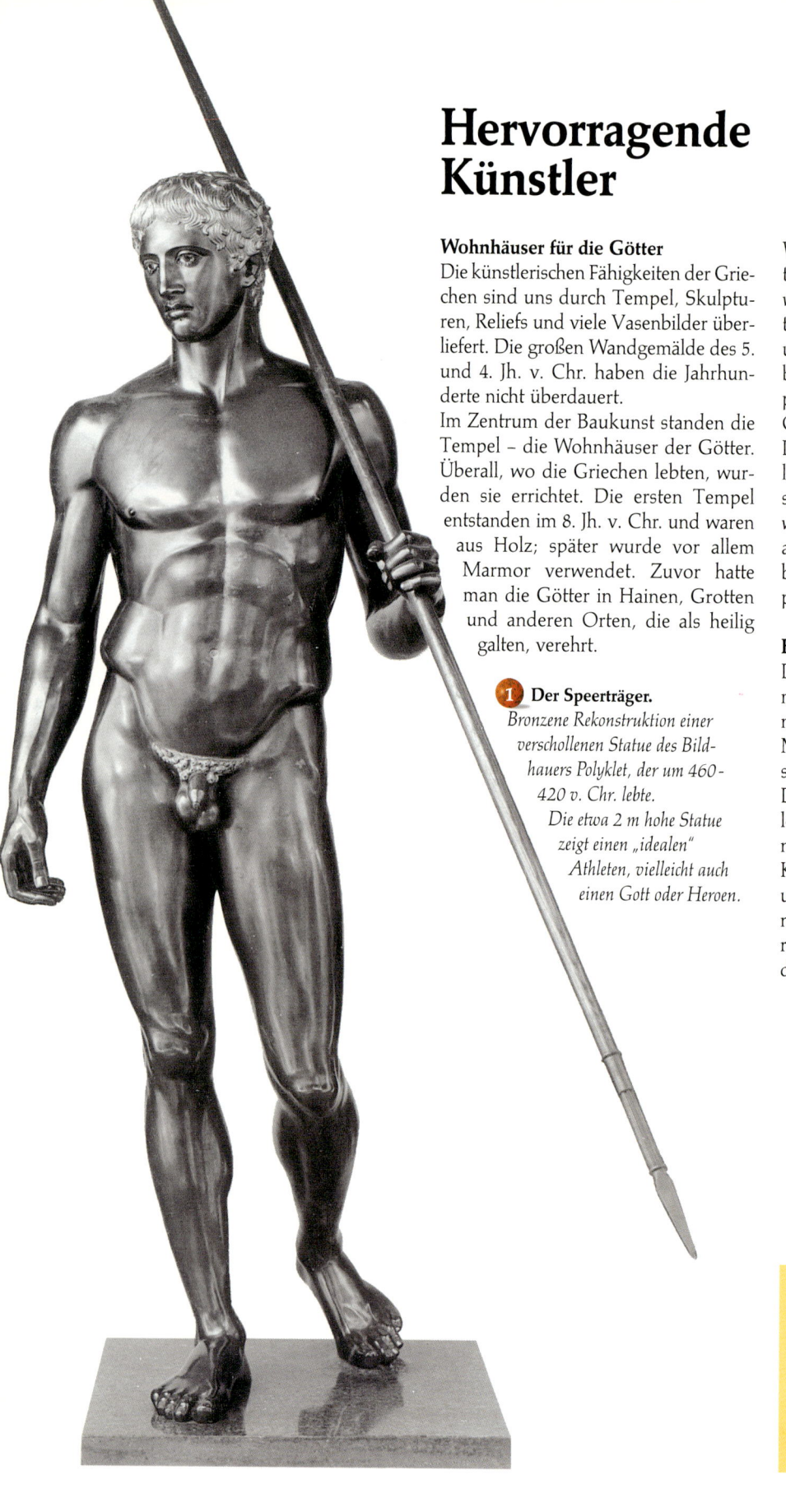

Wohnhäuser für die Götter

Die künstlerischen Fähigkeiten der Griechen sind uns durch Tempel, Skulpturen, Reliefs und viele Vasenbilder überliefert. Die großen Wandgemälde des 5. und 4. Jh. v. Chr. haben die Jahrhunderte nicht überdauert.

Im Zentrum der Baukunst standen die Tempel – die Wohnhäuser der Götter. Überall, wo die Griechen lebten, wurden sie errichtet. Die ersten Tempel entstanden im 8. Jh. v. Chr. und waren aus Holz; später wurde vor allem Marmor verwendet. Zuvor hatte man die Götter in Hainen, Grotten und anderen Orten, die als heilig galten, verehrt.

❶ Der Speerträger.
Bronzene Rekonstruktion einer verschollenen Statue des Bildhauers Polyklet, der um 460-420 v. Chr. lebte.
Die etwa 2 m hohe Statue zeigt einen „idealen" Athleten, vielleicht auch einen Gott oder Heroen.

Wohnstätte der Gottheit war ein fensterloser Raum mit dem Götterbild. Er war von Säulen umgeben. Länge, Breite und Höhe des Tempels sowie Zahl und Abstand der Säulen wurden nach bestimmten Zahlenverhältnissen geplant, die als Ausdruck einer ewigen Ordnung (**Harmonie**) galten.

Die Tempel waren keine Versammlungsräume für die Gläubigen wie unsere Kirchen. Gottesdienst und Opfer wurden unter freiem Himmel am Altar abgehalten und dargebracht. Der Altar befand sich vor der Ostseite des Tempels.

Harmonie und Vollkommenheit

Die Bildhauer beobachteten und vermaßen den menschlichen Körper genau. Sie formten ideale Gestalten aus Marmor oder Bronze. Darin waren für sie die unsterblichen Götter verkörpert. Die Statuen des *Polyklet* galten als zeitlos schön und makellos. Sie wurden oft nachgeahmt.

Kunstwerke, die sich durch Harmonie und Vollkommenheit auszeichnen, nennen wir heute „klassisch". Für die Europäer sind die Griechen die Schöpfer der ersten **Klassik**.

Stelle in einer Übersicht die in diesem Kapitel abgebildeten griechischen Kunstwerke aus dem 6. bis 5. Jh. v. Chr. zusammen. Bestimme gleichzeitig, für wen sie geschaffen wurden.
Was fällt dir dabei auf?

M 1 Akropolis.

Ansicht von Westen. Rekonstruktionszeichnung.
In Athen wurde die Akropolis, die „Burgstadt", zum Standort der prächtigsten Tempel. Nachdem die Perser im Jahre 480 v. Chr. ältere Anlagen zerstört hatten, entstanden dort zwischen 450 und 404 v. Chr. viele neue Bauwerke. Der größte Tempel war Athene, der jungfräulichen (griech. parthenos) Schutzgöttin der Stadt, geweiht und hieß Parthenon ①. Der zwischen 448 und 437 v. Chr. im dorischen Stil gebaute Tempel hat eine Grundfläche von rund 31 x 70 m und ist einschließlich des Gebälks fast 18 m hoch. Im Parthenon befand sich das Standbild der Athene. In den Giebeln des bunt bemalten Tempels standen Figuren, die unter anderem den Streit der Athene mit dem Meeresgott Poseidon um die Herrschaft über Attika darstellen.
Der L-förmige Tempel ② ist das Erechtheion (Erechtheus: ein attischer Heros, der den Streit zwischen Athene und Poseidon schlichtete); in ihm waren die ältesten Kulte der Stadt angesiedelt.
Im Osten des Erechtheion stand der Altar ③, das Ziel des Panathenäenzuges.

Im Freien ④ stand die große Statue der Athena Promachos („die in vorderster Linie kämpfende Athene"). Den Glanz ihrer vergoldeten Lanzenspitze konnten Seeleute bereits von ferne sehen.
Der mächtige Torbau (Propyläen) besteht aus einer Säulenhalle und einem Tor ⑤.
Rechts neben den Propyläen steht der kleine Nike-Tempel ⑥; er war der Göttin des Sieges (Nike) geweiht.

■ **Internettipp** → *Eine englischsprachige Information über den Parthenon-Tempel und Bilder vom Fries findest du unter* http://zeus.ekt.gr

M 2 Die drei griechischen Bauformen von Säulen, Friesen und Dächern.
Von links nach rechts: dorisch, ionisch und korinthisch.

1. In M 1 erfährst du, wie groß der Parthenon-Tempel war. Vergleiche die Größe mit einem Gebäude in deinem Heimatort (z. B. mit der Kirche, dem Rathaus oder der Schule).
2. Stell dir vor, wie beeindruckt die Athener Bürger waren, wenn sie den Burgberg hinaufgestiegen waren und vor dem großen Tempel standen. Die schön und sorgfältig verzierten Giebel und Friese unterm Dach konnten sie aber kaum im Detail erkennen. Überlege, wem sie gefallen sollten.
3. Auch in neuerer Zeit wurden Gebäude mit griechischen Säulen gebaut (M 2). Suche nach solchen Bauten und überlege, warum Jahrhunderte später diese Formen wieder verwendet wurden.

Wortgewandte Dichter

Belehrende Tragödien

Der Stoff, aus dem die griechische Dichtung schöpfte, geht zurück auf mündlich überlieferte *Epen* (Erzählungen). Die „Ilias" und die „Odyssee" des Homer sind Beispiele dafür. Innerhalb der dramatischen Dichtung (*Drama* = Handlung), die von Musik und Tanz begleitet auf die Bühne des **Theaters** gebracht wurde, bildete die *Tragödie* (Trauerspiel) die einflussreichste Gattung. Sie zeigt, dass die Menschen dem Schicksal unterworfen sind, das manchmal selbst den vernichtet, der die Gebote der Götter achtet. Der Zuschauer soll am Ende Mitleid mit den Hauptfiguren und Furcht vor den Göttern empfinden. Er wird durch die Tragödie belehrt, wie er leben und handeln soll, und er sieht, welche Grenzen dem Menschen gesetzt sind.

Schauspiele waren Bestandteile öffentlicher Feste (und damit auch der Politik). 534 v. Chr. ordnete der Tyrann Peisistratos die ersten Tragödienaufführungen bei den *Dionysien* an, einem dreitägigen Fest der Athener für *Dionysos*, den Gott der Lust und des Rausches. Da die Stücke in der Regel nur einmal gezeigt wurden, entstanden allein im Verlauf des 5. Jh. über tausend Tragödien. Nur wenige sind erhalten geblieben. Die wichtigsten Stücke stammen von *Aischylos*, *Sophokles* und *Euripides*.

Lachen über Komödien

Neben Tragödien wurden *Komödien* (Lustspiele) aufgeführt. Sie legten durch Übertreibungen die Missstände der Zeit offen und übten Kritik an menschlichen Schwächen. Sie gaben den Bürgern Gelegenheit, über die Mächtigen und Einflussreichen zu lachen. Der bedeutendste Komödiendichter war *Aristophanes*, der seine Stücke Ende des 5. und Anfang des 4. Jh. v. Chr. verfasste.

❶ Schauspieler.
Vasenmalerei (Ausschnitt) aus Tarent (Unteritalien), um 350 v. Chr.
Der Schauspieler hat nach der Aufführung einer Tragödie die Maske zum Applaus abgenommen.
Nebenbei: Schauspieler waren ausschließlich Männer; sie spielten auch die Frauenrollen.

❷ Dichter und Dichterin.
Vasenmalerei, um 470 v. Chr.; Höhe des Weingefäßes 52,5 cm.
Beide Personen halten in der Linken das Barbiton (eine Art Zither) und in der Rechten ein Plektron zum Anreißen der Saiten.

Was es sonst noch gab

Zu den Gattungen der griechischen Dichtung, die bis heute die europäische Literatur beeinflussen, gehören die *Fabeln*, kurze Erzählungen, in denen Tiere menschliche Schwächen bloßstellen. Die ältesten werden *Äsop* zugeschrieben, der im 6. Jh. v. Chr. lebte.

Die griechische Literatur ist in Verse gefasst. Epen, Dramen und Fabeln wandten sich ausschließlich an Zuhörer und Zuschauer, nicht an Leser. Besonders gilt dies für die *Lyrik*, die ursprünglich gesungen wurde. Sie erhielt ihre Bezeichnung von der *Lyra*, einem Saiteninstrument, die sie beim Vortrag begleitete. Zur gesungenen Dichtung gehörte häufig der Tanz.

1 Dionysos-Theater in Athen.
Foto, um 1990.
Dieses Theater am Südhang der Akropolis hatte zunächst Sitzreihen aus Holz, erst im 4. Jh. v. Chr. wurden sie aus Stein angefertigt.
Auf den 78 Sitzreihen fanden etwa 17 000 Zuschauer Platz. Der Bau war so geplant, dass die Darsteller auch in den hinteren Reihen verstanden wurden.

3 Dionysos-Theater in Athen.
Grundrisszeichnung von Margarete Bieber.
Orchestra: „Tanzplatz"; Platz für den Chor und die Schauspieler
Parodos: Eingang für den Chor
Proskenion: Bühne
Skene: erhöhte Bühne für die Schauspieler
Theatron: Zuschauerraum

2 Streit zwischen Vater und Sohn
Bei den Dionysien in Athen fanden regelmäßig Theaterwettbewerbe statt. Preisrichter entschieden, welcher Dichter, welcher Regisseur und welcher Chor „gesiegt" hatte. Eines der preisgekrönten Werke ist „Antigone" von Sophokles, das Stück wurde 441 v. Chr. aufgeführt.
Das Thema: Antigone hat ihren Bruder, der Theben angegriffen hatte, begraben, obwohl der thebanische König Kreon es bei Todesstrafe verboten hatte. Sie beruft sich auf das Gebot der Götter, dass Verstorbene von ihren Angehörigen würdig begraben werden sollen. Ihre Tat wird entdeckt. Antigone soll nach dem Willen des Königs sterben. Kreons Sohn Haimon, der mit Antigone verlobt ist, führt daraufhin mit seinem Vater folgendes Streitgespräch:

Haimon	Das Volk von Theben sagt einmütig: Nein!
Kreon	So sagt das Volk mir, wie ich herrschen soll? […] Wer hat das Recht zu herrschen, wenn nicht ich?
Haimon	Der Staat gehört doch nicht alleine dir.
Kreon	Ist nicht der Staat das Eigentum des Herrschers?
Haimon	Allein herrschst du am besten in der Wüste […]. Ich sehe, dass du dich am Recht versündigst.
Kreon	Wenn ich die Herrscherwürde heilig halte?
Haimon	Heilig? – Du trittst das göttliche Gesetz mit Füßen!

Der Schluss: Kreon lässt Antigone lebendig in eine Felsenhöhle einmauern. Erst ein blinder (!) Seher kann den König davon überzeugen, dass er sich damit gegen die Götter versündigt hat. Doch Kreons Einsicht kommt zu spät: Haimon ist inzwischen gewaltsam in die Höhle eingedrungen. Er findet Antigone erhängt vor und stürzt sich vor den Augen seines Vaters in sein Schwert. Als Kreons Ehefrau davon hört, verflucht sie ihren Mann und begeht ebenfalls Selbstmord. Der König bleibt als gebrochener Mann zurück.
Sophokles, Antigone 735 ff., übers. von Dieter Brückner

1. Vergleiche die Anlage des Theaters (M 1 und M 3) mit heutigen Stadien, Parlaments- und Konzertsälen.
2. Untersuche den Streit zwischen Kreon und Haimon. Worüber streiten sie sich eigentlich? Wer hat die besseren Argumente? Begründe deine Meinung.
3. Informiere dich im Deutschunterricht über Inhalt und Absicht von Fabeln. Suche Beispiele von Äsop.

Alexander erobert ein Weltreich

Eine neue Großmacht: Makedonien

Im 4. Jh. v. Chr. gelang es *Philipp II.*, Makedonien politisch zu einigen und Bundesgenossen zu finden. Zugleich schuf der König eine Armee, deren Stärke vor allem auf der Phalanx der Fußsoldaten und der Reiterei beruhte. Kluge Leute wie der Athener *Demosthenes* sahen die Gefahr und mahnten die griechischen Poleis vergeblich zur Eintracht. Als Philipps Truppen anrückten, stellten sich ihnen nur Athener und Thebaner entgegen. Sie wurden 338 v. Chr. geschlagen. Viele griechische Städte verloren ihre Unabhängigkeit.

Zwei Jahre später fiel Philipp einem Mordanschlag zum Opfer. Sein zwanzigjähriger Sohn *Alexander* setzte seine Nachfolge mit Gewalt durch und unterdrückte Aufstände in Griechenland. Militärisch hatte Alexander unter seinem Vater Erfahrungen gesammelt. Dazu war er von griechischen Lehrern ausgebildet worden: Der große Philosoph Aristoteles war zeitweilig sein Lehrer. Besonders stark müssen die Götter- und Heldensagen der Griechen den jungen Alexander beeindruckt haben: Er soll mit seinen Freunden davon geträumt haben, den Taten Achills und Herakles' nachzueifern.

Die Eroberung eines Weltreichs

Um die Griechen hinter sich zu vereinen, hatte schon Philipp einen Feldzug gegen Persien geplant. Er behauptete, für die Zerstörung griechischer Heiligtümer durch die Perser vor knapp 150 Jahren Rache zu nehmen und die griechischen Städte in Kleinasien von der Fremdherrschaft befreien zu wollen.

① **Alexander der Große.**
Münze, um 324 v. Chr.
Die Vorderseite der wohl noch zu Lebzeiten Alexanders geprägten Münze zeigt den Herrscher als Herakles im Löwenfell. Kannst du erklären, was damit ausgedrückt werden sollte? Lies dazu nochmals den Abschnitt über die griechischen Götter und Heroen auf Seite 65.

Zwei Jahre nach dem Tode seines Vaters sah Alexander seine Chance: 334 v. Chr. setzte er mit einem Heer von vielleicht 30 000 Mann nach Kleinasien über und begann den Krieg gegen die Perser.
Es gelang den Truppen Alexanders, die Heere des persischen Großkönigs mehrmals zu besiegen. *Dareios III.* verlor Krieg, Reich und auf der Flucht sein Leben.
In Ländern wie Lydien oder Ägypten, die von den Persern unterworfen worden waren, wurde Alexander teilweise als Befreier empfangen. Er ließ sich zwar als neuer Herrscher feiern, schonte aber die alten Heiligtümer und staatlichen Einrichtungen. Zeigte sich jedoch Widerstand, handelte er rücksichtslos: Als seine Truppen die phönizische Hafenstadt Tyros erst nach langer Belagerung einnehmen konnten, brachten sie 10 000 Einwohner und Soldaten um. Weitere 30 000 verkauften sie in die Sklaverei.

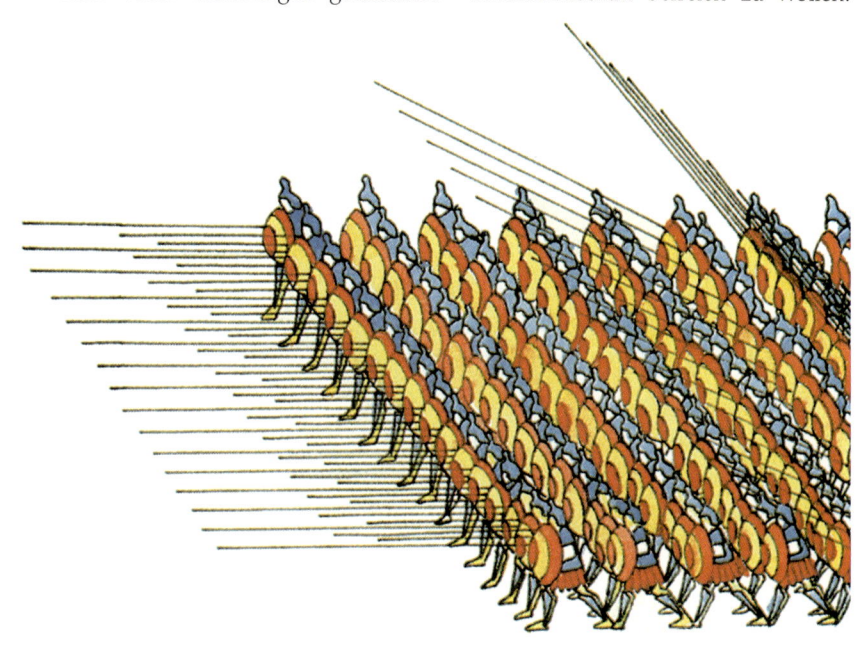

② **Die makedonische Phalanx.**
Rekonstruktionszeichnung.
Wichtigster Teil von Alexanders Heer waren die schwer bewaffneten Fußsoldaten. Ihre Kampfart ähnelte der der griechischen Hopliten, aber ihre Lanzen waren wesentlich länger (etwa 4 bis 6 m).

3 Das Alexanderreich.
Welche heutigen Länder durchzogen Alexander der Große und seine Soldaten?

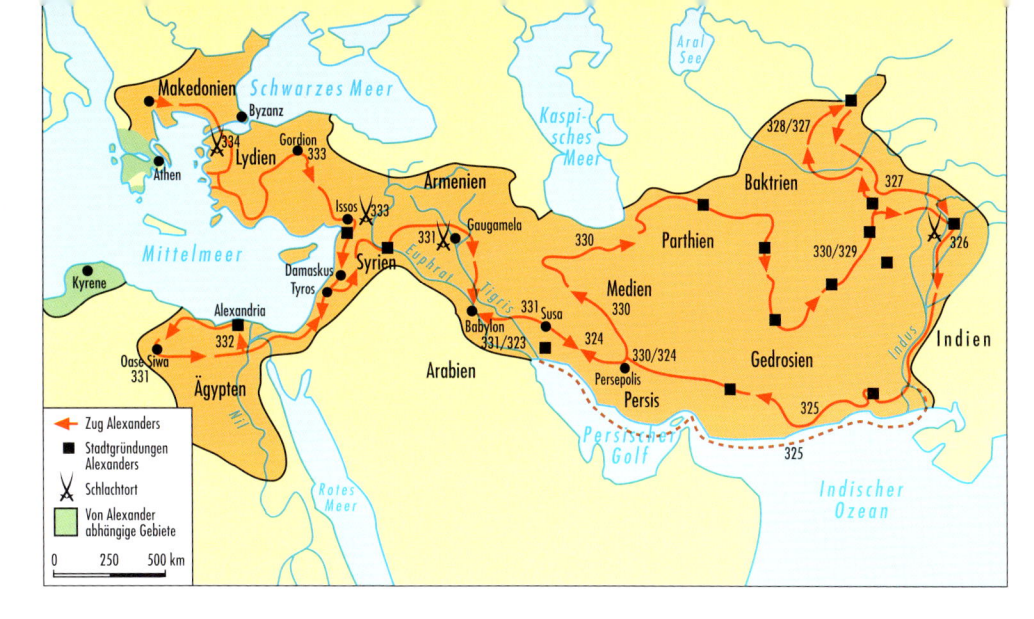

Die Taten eines „Großen"?

Alexander zog mit seinen Truppen immer weiter nach Osten, durch Wüsten und über Berge bis nach Nordindien, wo er 327 v. Chr. den König *Poros* mit dessen 200 Kriegselefanten besiegte. Es schien, als wollte Alexander die damals bekannte Welt erobern.

Zahlreiche Gelehrte begleiteten die Kriegszüge. Sie legten unter anderem Karten an und untersuchten die Tier- und Pflanzenwelt sowie die Bodenschätze der eroberten Gebiete. Angeblich sollen von allen unbekannten Pflanzen und Tieren Exemplare an Aristoteles geschickt worden sein.

Alexanders Verhalten empfanden bald immer mehr Soldaten als Zwang. Am Indus schließlich weigerten sie sich weiterzuziehen. Nach neun Jahren musste Alexander widerwillig den Rückzug antreten. Der Rückmarsch des Landheeres durch die Wüsten forderte Tausende von Toten. Ein kleiner Teil der Armee segelte vom Indus entlang der Küste bis zur Mündung von Euphrat und Tigris, um den Seeweg nach Indien zu erkunden.

Zurück in Susa, der alten persischen Hauptstadt, bemühte sich Alexander darum, Griechen, Makedonen und Perser zu verbinden. Er heiratete zwei persische Königstöchter und verlangte von seinen hohen Beamten und Heerführern, dass sie Ehen mit Perserinnen eingingen. Alexander wollte die griechisch-makedonischen und persischen Würdenträger seines riesigen Reiches durch verwandtschaftliche Beziehungen verbinden und so eine neue Führungsschicht schaffen.

Nicht genug damit: 10 000 makedonische Soldaten konnten nun Orientalinnen heiraten und bekamen dafür Geschenke. Die Kinder aus diesen Beziehungen sollten den „Grundstock" für eine neue Truppe sowie für ein neues Volk bilden.

All dies geschah mit Zwang und zum Befremden einiger makedonischer und griechischer Heerführer, die eine überflüssige Annäherung an „barbarische" Verhältnisse befürchteten. Sie beklagten, dass Alexander persische Hofsitten übernahm. Besucher mussten vor ihm auf die Knie fallen, als sei er ein Gott. Er reagierte auf Kritik immer öfter mit Härte – auch gegen engste Freunde. Im Rausch erschlug er seinen Jugendfreund, weil der sein persisches Gehabe kritisiert hatte.

Als Alexander die Vorbereitungen für einen neuen Feldzug nach Arabien traf, wurde er von einem Fieber gepackt. Im Juni 323 v. Chr. starb er im Alter von 32 Jahren in Babylon. Schon bald nach seinem Tode wurde er *Alexander der Große* genannt.

Die Nachfolger

Nach Alexanders Tod zerfiel sein Reich rasch. Die Macht lag nun in den Händen der Feldherren, die sich als Nachfolger Alexanders fühlten: den **Diadochen**. Keiner gönnte dem anderen die Alleinherrschaft. Schließlich behaupteten sich drei selbstständige Königreiche: das *Ptolemäerreich* in Ägypten, das *Seleukidenreich* in Syrien und einem Teil Vorderasiens und das *Antigonidenreich* in Makedonien.

4 Alexander der Große.
Kopie aus der Zeit Alexanders.

---

1. *Nenne die Motive für den Feldzug Alexanders.*
2. *Nimm Stellung zu Alexanders Verhalten in Susa.*

1 Die Alexanderschlacht.

Fußbodenmosaik aus Pompeji, entstanden um 100 v. Chr. Forscher gehen davon aus, dass dieses 5,82 x 3,13 m große Mosaik aus 4 Mio. Steinchen die Kopie eines griechischen Großgemäldes aus dem 3./2. Jh. v. Chr. ist. Dargestellt ist, wie Alexander (links) auf den persischen Großkönig Dareios III. trifft.

2 Das Rätsel Alexander

*Bei dem griechischen Geschichtsschreiber **Diodor**, der rund 200 Jahre nach Alexander lebte, heißt es:*

In kurzer Zeit hat dieser König große Taten vollbracht. Dank seiner eigenen Klugheit und Tapferkeit übertraf er an Größe der Leistungen alle Könige, von
5 denen die Erinnerung weiß. In nur zwölf Jahren hatte er nämlich nicht wenig von Europa und fast ganz Asien unterworfen und damit zu Recht weit reichenden Ruhm erworben, der ihn
10 den alten Heroen und Halbgöttern gleichstellte.

*Im 1. Jh. n. Chr. schrieb der römische Politiker und Philosoph **Seneca**:*

Den unglücklichen Alexander trieb seine Zerstörungswut sogar ins Unerhörte. Oder hältst du jemanden für geistig
15 gesund, der mit der Unterwerfung Griechenlands beginnt, wo er doch seine Erziehung erhalten hat? [...] Nicht zufrieden mit der Katastrophe so vieler Staaten, die sein Vater Philipp besiegt
20 oder gekauft hatte, wirft er die einen hier, die anderen dort nieder und trägt seine Waffen durch die ganze Welt. Und nirgends macht seine Grausamkeit erschöpft Halt, nach Art wilder Tiere,
25 die mehr reißen als ihr Hunger verlangt.

Hans-Joachim Gehrke, Alexander der Große, München 1996, S. 9 und S. 100 f.

1. Jahrhunderte nach Alexanders Tod wurde das Mosaik (M 1) gelegt. Beschreibe, wie Alexander und sein Gegner dargestellt wurden. Vergleiche dazu vor allem die Gesichtsausdrücke. Welcher Augenblick der Schlacht ist zu sehen?
2. Kannst du erkennen, auf welcher Seite der Künstler steht? Begründe!
3. Vergleiche das Gesicht Alexanders auf dem Mosaik mit den Porträts auf Seite 94 und 95. Welche Vorstellung vermitteln diese Bilder von Alexander? Finde dazu Adjektive.
4. Vergleiche die Ansichten Diodors und Senecas (M 2). Wessen Urteil überzeugt dich mehr?
5. Erörtert, ob Alexander den Beinamen „der Große" verdient hat.

Was prägt die hellenistische Welt?

Überall griechischer Einfluss

Alexander der Große behielt sich alle wichtigen Entscheidungen vor und machte sich damit zum unumschränkten Herrscher. Seine Macht leitete er von einem göttlichen Willen ab. Er ließ sich schon zu Lebzeiten wie ein Gott verherrlichen.

Während der Eroberungen wurden entlang der Marschrouten Städte nach griechischem Vorbild gegründet, die nach dem Eroberer *Alexandria* hießen. Hierhin und in die älteren Städte zogen viele Griechen und Makedonen als Händler, Beamte oder einfach als Siedler. Sie bildeten eine kleine Oberschicht, die alle politischen Rechte hatte. Ihre wirtschaftlichen und religiösen Vorstellungen sowie ihre Sprache brachten die Hellenen mit. Griechisch war bald – wie heute Englisch – die internationale Sprache. Die griechische Sprache blieb in den Ländern im östlichen Mittelmeerraum auch noch Jahrhunderte später unter der Herrschaft der Römer vorherrschend.

Ebenso prägte die griechische Architektur das Bild der Städte. Überall entstanden Tempel und Theater. Die vornehmen Einheimischen mussten ihre Lebensweise anpassen, um sich zu behaupten. Umgekehrt übernahmen die Griechen Anregungen. Vor allem die östlichen Religionen übten eine große Anziehungskraft auf sie aus.

Während Wissenschaft und Künste in den Städten eine Blüte erlebten, veränderte sich auf dem Lande wenig. Hier, wo die große Mehrheit der Bevölkerung lebte und arbeitete, blieben die Menschen bei ihren ägyptischen oder orientalischen Sitten und Bräuchen.

Diese Zeit bezeichnen wir als **Hellenismus**, weil damals die griechische Kultur in die bekannte Welt hinausgetragen wurde.

1 Der „Dornauszieher".
Marmorkopie einer 82,5 cm hohen hellenistischen Skulptur vom Ende des 3. Jhs. v. Chr.

2 Buckliger Bettler.
6,7 cm hohe Bronzefigur, um 250 v. Chr.

3 Verkaufsautomat für Weihwasser aus hellenistischer Zeit.
Rekonstruktionszeichnung.
Was passierte, wenn eine Münze eingeworfen wurde?

Alexandria – eine Weltstadt?

Alexander hatte 332 v. Chr. im westlichen Mündungsgebiet des Nil, an der Stelle einer alten ägyptischen Siedlung, die Stadt Alexandria gegründet. Nach griechischen Plänen entstand hier ein Zentrum der hellenistischen Kultur.
Alexandria erhielt das Recht auf den Alleinhandel mit Papyrus, Parfüm und Glas. Vor allem durch den Getreidehandel konnte die Stadt an Bedeutung gewinnen. Schiffswerften wurden errichtet und große Betriebe, die Waren auch für den Export herstellten. Alexandria zählte bis zu 600 000 Einwohner. Hier lebten Ägypter, Syrer, Juden, Araber, Perser, Afrikaner. Aber nur Griechen und Makedonen hatten Bürgerrechte.

■ **CD-ROM-Tipp** → Rita Amedick u. a., *Wunder antiker Technik. Automaten – Orgeln – Uhren – Wasserspiele,* Stuttgart: Theiss

4 Moderne archimedische Schraube.
Foto aus Ägypten, um 1960.
Worin liegt der Vorteil dieser Technik gegenüber den Schöpfanlagen der alten Ägypter (siehe M 3 und M 4, Seite 42)?

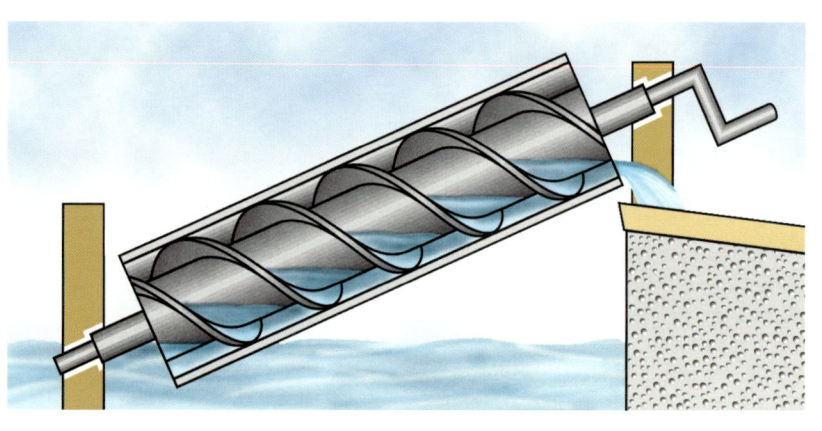

Erfinder und Gelehrte

Der Ruhm der Stadt ging auf das *Museion* zurück, eine königliche Forschungsstätte, die nach den *Musen*, den griechischen Göttinnen der Künste und der Wissenschaften, benannt war. Nach dem Vorbild athenischer Philosophenschulen fanden sich hier die besten Gelehrten zusammen, um zu forschen und zu lehren. Für den Lebensunterhalt der Philosophen, Sprachforscher, Geschichts- und Naturwissenschaftler, Geografen und Mediziner sorgte der Herrscher. Den Gelehrten stand die bedeutendste Bibliothek der Antike zur Verfügung. Sie soll rund 700 000 Schriftrollen besessen haben.

5 Die „Archimedische Schraube".
Rekonstruktionszeichnung.

Unter den Gelehrten, die im 3. Jh. v. Chr. in Alexandria forschten, waren *Euklid*, der Verfasser eines noch im 19. Jh. verwendeten Lehrbuches der Geometrie, sowie der berühmte Mathematiker und Erfinder *Archimedes*, der die unendliche Schraube und den Flaschenzug erfand und Waffen (Schleudern) verbesserte. *Eratosthenes* beschäftigte sich mit dem Sprachgebrauch in der Komödie, mit Philosophie, Mathematik, Astronomie (Himmelskunde) und Geografie. Er berechnete den Erdumfang bereits erstaunlich genau und nahm an, dass man von Spanien aus westwärts nach Indien segeln könne.

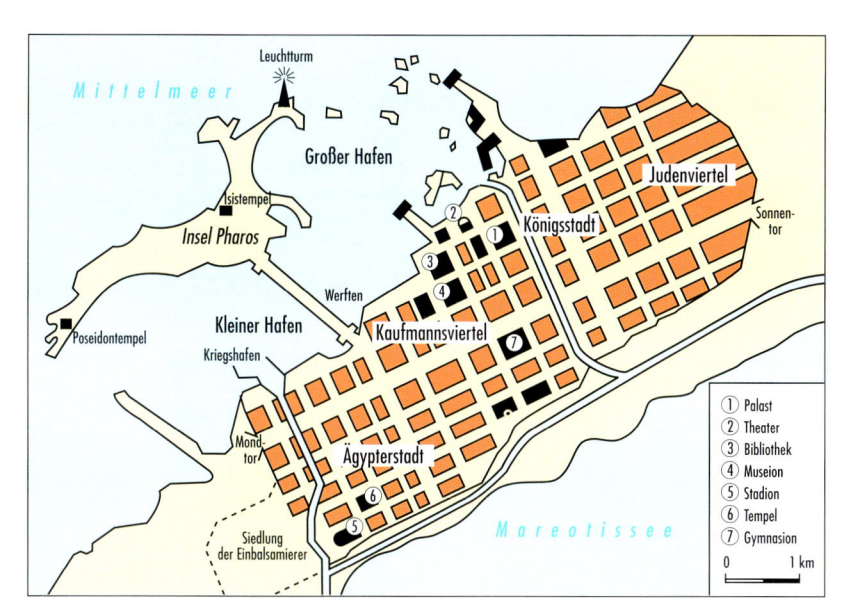

M 2 Plan von Alexandria.
Die Angaben beruhen weitgehend auf Vermutungen.
Beschreibe die Lage der Stadt. Wie ist sie gegliedert? Was fällt dir am Straßenverlauf auf? Erkläre die Lage der bedeutenden Einrichtungen. Für wen waren sie bestimmt? Versuche deine Antworten jeweils zu begründen. Vergleiche den Straßenverlauf mit dem deines Schul- oder Wohnortes.

M 1 Eine Beschreibung Alexandrias
Der griechische Geograf und Geschichtsschreiber Strabon, der an der Wende vom 1. zum 2. Jh. n. Chr. lebte, beschreibt die Stadt so:

Vielseitig ist die Gunst der Lage: Von zwei Meeren wird der Platz umspült, von Norden her durch das „Ägyptische" Meer, im Süden durch den […] Mareotischen See. Ihn speist der Nil mit vielen Kanälen […], auf denen weit mehr eingeführt wird als vom Meere her; […] dafür ist in dem Meereshafen die Ausfuhr aus Alexandria höher als die Einfuhr […].
Die Grundfläche der Stadt erinnert in ihrer Form an einen Mantel, dessen Längenseiten vom Meere umspült werden, und etwa 30 Stadien [5,549 km] ausmachen; die Breitseiten, je sieben [1,295 km] oder acht Stadien [1,480 km] lang, sind die Landengen, die auf der einen Seite vom Meere, auf der anderen vom See eingeschnürt werden. Die ganze Stadt wird von Straßen durchschnitten, die Platz für Reiter und Wagen bieten; zwei sind besonders geräumig, mit einer Breite von mehr als einem Plethron [etwa 31 m], sie schneiden sich im rechten Winkel. Die Stadt besitzt sehr schöne öffentliche Bezirke und den Bezirk der Königspaläste, die ein Viertel oder gar ein Drittel des Stadtumfangs ausmachen […].
Der Wohlstand der Stadt aber ist vor allem darin begründet, dass von ganz Ägypten allein dieser Platz zu beidem geschaffen ist: zum Seehandel wegen der guten Hafenverhältnisse und zum Binnenhandel, da der Strom wie ein bequemer Fährmann alles transportiert und an einem Platze zusammenführt, der der größte Handelsplatz der Welt ist.

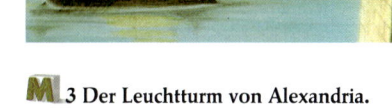

Walter Arend (Bearb.), Altertum. Geschichte in Quellen, München ³1979, S. 367 f.

M 3 Der Leuchtturm von Alexandria.
Rekonstruktionszeichnung.
Für die Seeschifffahrt wurde Anfang des 3. Jh. v. Chr. auf der Insel Pharos vor Alexandria ein etwa 100 Meter hoher Leuchtturm errichtet. Dessen Feuer wurde durch einen Hohlspiegel so verstärkt, dass es noch 50 km entfernt zu sehen war. Er war der erste von einem Architekten entworfene Leuchtturm der Welt und das Vorbild aller weiteren Leucht- und Kirchtürme sowie Minarette. Der Leuchtturm von Alexandria wurde in der Antike zu den Sieben Weltwundern gezählt. Er zerfiel im 14. Jh. n. Chr.

■ **Internettipp** → *Informationen über die Sieben Weltwunder der Antike siehe unter www.raetsel-der-menschheit.de/wewu/index.htm*

1. Wie begründet Strabon den Reichtum der Stadt (M 1)?
3. Informiert euch über die anderen Weltwunder der Antike. Sucht Bilder dazu und gestaltet ein Poster.

Was war wichtig?

Daten

um 800 v. Chr.	*In Griechenland entstehen Stadtstaaten (Poleis).*
Mitte 5. Jh. v. Chr.	*Der Stadtstaat Athen ist auf dem Höhepunkt seiner politischen und wirtschaftlichen Macht; die Glanzzeit der griechischen Kunst, Literatur und Philosophie beginnt.*

Begriffe

Antike (lat. *antiquus*: alt): in der europäischen Geschichte die Zeit von etwa 1000 v. Chr. bis ins 5. Jh. n. Chr., in der Griechen und Römer den Mittelmeerraum beherrschten.

Kolonisation (von lat. *colere*: Land bebauen): Seit dem 8. Jh. v. Chr. wanderten Griechen aus ihrer Heimat aus. Sie gründeten rund ums Mittelmeer und an den Küsten des Schwarzen Meeres Tochterstädte. Gründe für die Kolonisation waren Bevölkerungswachstum, Landknappheit, Konflikte zwischen Adel und Volk, Kriege, Handel und Abenteurertum.

Olympische Spiele: Seit etwa dem 11. Jh. v. Chr. fanden in Olympia regelmäßig Feiern zu Ehren der Götter statt, zu denen auch Sportwettkämpfe gehörten. Ab 776 v. Chr. sind Olympia-Sieger bekannt. An den „großen Olympien", die bald alle vier Jahre in Olympia stattfanden, durften in der Regel nur wehrfähige Männer teilnehmen. 394 n. Chr. wurden die Olympischen Spiele als heidnischer Brauch verboten. 1896 fanden in Athen erstmals wieder Olympische Spiele statt.

Polis: zunächst die griechische Bezeichnung für eine Burg und die dazugehörige Siedlung, ab etwa 800 v. Chr. für einen Ort, der aus einem städtischen Zentrum und Umland bestand. Das Zentrum war geschützter Wohnort, Sitz der Regierung und Mittelpunkt der religiösen Feiern (Tempel). Auf dem Umland wurde die Nahrung für die Einwohner angebaut. Im 5. Jh. v. Chr. gab es rund 700 griechische Stadtstaaten (Poleis).

Vollbürger – Nichtbürger – Sklave: Alle einheimischen wehrfähigen Männer waren in Sparta und Athen Vollbürger. Sie durften an Volksversammlungen teilnehmen und über Gesetze, Verträge und Krieg und Frieden entscheiden. In Athen konnten Vollbürger auch durch Los oder Wahl zu Richtern und Beamten auf Zeit ernannt werden. Frauen und Kinder hatten keine politischen Rechte. Sie galten wie die *Periöken* (Umwohner) in Sparta und die *Metöken* (fremden Mitbewohner) in Athen als Nichtbürger.
Unfrei und rechtlos waren Sklaven. Die Eigentümer konnten über sie wie über Sachen verfügen. Zum Sklaven wurden in erster Linie Kriegsgefangene gemacht. Auch bei Zahlungsunfähigkeit konnten Menschen versklavt werden (*Schuldknechtschaft*). Sklaven konnten von ihren Eigentümern freigelassen werden. Vollbürger wurden sie damit aber nicht.

1 Olympische Spiele in Athen.
Titelblatt des offiziellen Berichts über die 1. Olympischen Spiele der Neuzeit von 1896.

Grundfertigkeiten

Du hast in diesem Kapitel
- eine Einführung in die Arbeit mit Karten erhalten und etwas über
- die Art und Weise erfahren, wie schriftliche Quellen ausgewertet und gedeutet werden.

Darüber hinaus konntest du
- die Entstehung verschiedener politischer Ordnungen kennen lernen und mithilfe von Grafiken vergleichen sowie
- weitere Bilder und Rekonstruktionen antiker Bauwerke und Gegenstände betrachten.

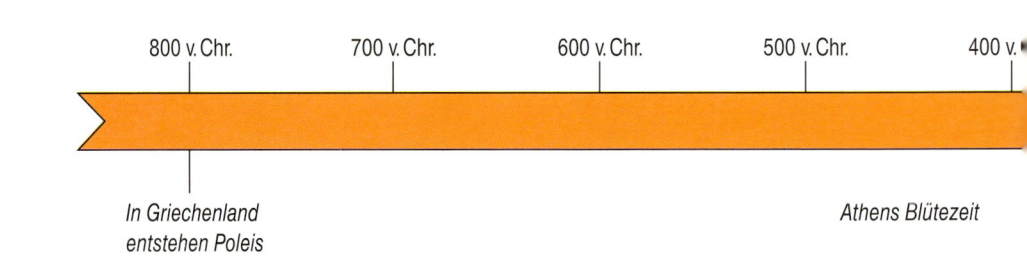

800 v. Chr.	700 v. Chr.	600 v. Chr.	500 v. Chr.	400 v.
In Griechenland entstehen Poleis			*Athens Blütezeit*	

Zusammenfassung

Um 1000 v. Chr. wanderten Völker aus dem Norden nach Griechenland und Kleinasien ein und zerstörten die frühgriechische mykenische Kultur. In der kleinräumigen Landschaft entstanden nach 800 v. Chr. zahlreiche selbstständige Stadtstaaten (griech. *Poleis*). Trotz der politischen Zerrissenheit sahen sich die Einwohner Griechenlands auf Grund ihrer gemeinsamen Sprache und Religion als kulturelle Einheit. Das wichtigste Götterfest fand alle vier Jahre im Hain von Olympia zu Ehren Zeus' statt: die Olympischen Spiele.

Die wachsende Bevölkerung und der geringe Ertrag des Bodens zwangen die Griechen seit dem 8. Jh. v. Chr., neues Siedlungsland zu suchen. An den Küsten des Schwarzen Meeres und des Mittelmeeres gründeten sie zahlreiche Tochterstädte (Kolonien). Unter den griechischen Stadtstaaten ragten im 5. Jh. v. Chr. zwei besonders heraus: Sparta als stärkste Landmacht und Athen als führende Seemacht. In Sparta standen zwei erbliche Könige an der Spitze des Staates. Sie vertraten die Polis vor den Göttern und führten das Heer.

Während im Kriegerstaat Sparta die Königsherrschaft der Form nach bestehen blieb, wurde in Athen die Königs- und Adelsherrschaft schrittweise verdrängt und unter Perikles eine demokratische Staatsform entwickelt. Jeder Vollbürger Athens war aufgefordert, sich am politischen Leben sowie an der Rechtsprechung zu beteiligen. Keine Bürgerrechte standen allerdings den Frauen zu, die – anders als in Sparta – zurückgezogen im häuslichen Wirkungskreis lebten. Zu den Nichtbürgern Athens zählten die fremden Mitbewohner (*Metöken*) sowie die Sklaven.

2 Anstecker.
Offizielles Emblem der XXX. Olympischen Spiele in Athen, Griechenland.

Die olympische Idee
Der Franzose Baron Pierre de Coubertin (1862-1937) setzte sich für die Wiederbelebung der Olympischen Spiele ein. Über den Sinn und Zweck der olympischen Idee schrieb er 1936:

Die Olympischen Spiele feiern, heißt, sich auf die Geschichte berufen. Sie ist es, die am besten den Frieden sichern kann. Von den Völkern verlangen, sich gegenseitig zu lieben, ist eine Art Kinderei; sie aufzufordern, sich zu achten, ist keine Utopie; aber um sich zu achten muss man sich zunächst kennen.

Pierre de Coubertin, Der Olympische Gedanke. Reden und Aufsätze, Stuttgart 1967, S. 154

Diskutiert die Einstellung Coubertins. Entspricht sie den antiken Vorstellungen? Ist sie noch heute aktuell?

● **Exkursionstipps** → *Folgende baden-württembergische Museen stellen Funde aus dem antiken Griechenland aus:*
- *Antikenmuseum und Abguss-Sammlung des Archäologischen Instituts der Universität, Heidelberg*
- *Archäologische Sammlung der Universität, Freiburg im Breisgau*
- *Badisches Landesmuseum, Karlsruhe*
- *Württembergisches Landesmuseum, Stuttgart*
- *Museum Schloss Hohentübingen, Tübingen*

● **Lesetipps** → *Buchempfehlungen zur griechischen Geschichte findest du auf Seite 195.*

Übertrage die Zeitleiste auf ein Blatt (100 Jahre = 2,5 cm) und füge ein: wann Perikles und Alexander der Große starben, sich die Volksherrschaft in Athen durchsetzte und die Athener die Schlacht bei Marathon gewannen.

300 v. Chr. | 200 v. Chr. | 100 v. Chr. | Christi Geburt

„Du bist wie immer ein schlechter Verlierer, Remus!" Spöttisch und verärgert zog Romulus die Mundwinkel nach unten und ging ein paar Schritte weiter. Seit einiger Zeit mäkelte sein Zwillingsbruder an allem herum, was er anordnete oder tat. Offensichtlich konnte er es nicht verwinden, dass er, Romulus, nun König der Stadt sein würde, die sie gemeinsam mit anderen Männern hier auf dem Palatin, einer der Anhöhen über dem Tiber, gründen wollten. Romulus spürte den bohrenden Blick seines Bruders. Er drehte sich noch einmal um. „Was willst du? Die Götter haben ihren Willen unmissverständlich kundgetan, indem sie mir zwölf, dir aber nur sechs Geier geschickt haben. Du solltest dich dem Götterwillen fügen." Als er das verschlossene Gesicht des Remus sah, fügte er hinzu: „Ich bin mit all den anderen Männern hierher gekommen, um eine Stadt zu gründen, und niemand wird mich davon abhalten – auch du nicht. Hier ist nur Platz für einen König. Und der bin ich. Auf keinen Fall wirst du verhindern, dass die Stadt meinen Namen trägt: Roma!" Während Remus trotzig die Fußspitze in die Erde bohrte, ergriff Romulus wortlos den Pflug. Feierlich schritt er hinter dem Gespann mit einem weißen Ochsen her. Die Furche, die er auf dem Hügel zog, nahm allmählich die Form eines Quadrates an. Auf ihr sollte sich bald Roms Stadtmauer erheben. Als Romulus die Furche vollendet hatte, blickte er stolz auf sein Werk. „Die Stadt wird ewig stehen; die Götter schützen sie. Kein Bewaffneter darf sie betreten, denn sie ist heilig. Kein Feind soll je ihre Mauern überwinden, ohne dafür mit dem Tod zu büßen …"
Noch bevor Romulus zu Ende gesprochen hatte, zog Remus, auf den er gar nicht mehr geachtet hatte, sein Schwert und rief herausfordernd: „Dann versuche doch mich aufzuhalten, wenn du dich traust! Mich wird deine „Mauer" nicht aufhalten." Mit einem weiten Satz sprang er über die Furche. Romulus wurde blass vor Zorn. Er zog ebenfalls seine Waffe, setzte dem Bruder nach und schlug auf ihn ein, bis er sich nicht mehr regte. Als er endlich wie aus einem tiefen Rausch wieder zu sich kam, stieß er keuchend hervor: „Bei meinem Vater Mars, so soll es jedem ergehen, der es wagt, Roms Mauern zu missachten."

Dieter Brückner

Die „Kapitolinische Wölfin".
Etruskische Bronzefigur, um 500 v. Chr. Die Figur soll auf dem Kapitol, einem der sieben Hügel Roms, gestanden haben. Das Kapitol war der religiöse Mittelpunkt der Stadt (ähnlich der Akropolis in Athen).

Leben im römischen Weltreich

Wann beginnt die Geschichte Roms?

Sage ...

Dass *Romulus* Rom gegründet habe, lernten später auch die römischen Kinder in der Schule. Sogar den angeblichen Gründungstag hatten römische Geschichtsschreiber festgelegt: den 21. April 753 v. Chr.

Von der Kindheit der Zwillinge berichtet die Sage, dass sie Söhne der Königstochter *Ilia* waren, zu deren Vorfahren der Trojaner *Aeneas* gehörte. Dieser große Held der griechischen Sage und Sohn der Göttin *Venus* sei mit seinen Leuten aus dem brennenden Troja geflohen und nach langen Irrfahrten in Italien gelandet. Und der Vater der Kinder? Laut Sage war es der Kriegsgott *Mars*.

Trotz ihrer besonderen Herkunft sei Ilia großes Leid widerfahren: Der Sage nach trieb ein machtgieriger Onkel sie in den Tod und setzte ihre beiden Säuglinge in einem Körbchen auf dem Tiber aus. Ans Ufer gespült, blieb dieses an einem Feigenbaum hängen. Dort fand eine von ihrem Vater Mars gesandte Wölfin die Zwillinge, säugte sie und bewahrte sie vor dem Verhungern. Ein Hirte entdeckte die Kinder und zog sie mit seiner Frau groß.

Später nahmen sich beide vor, nahe dem Ort ihrer wunderbaren Rettung eine Stadt zu gründen, wobei es zu dem Brudermord an Remus gekommen sein soll. Die Sage berichtet weiter, dass Romulus, der erste König der Stadt, nach seinem Tode in den Kreis der Götter aufgenommen worden sei. Sechs weitere Könige hätten nach ihm noch die Stadt regiert, bevor dann im Jahre 510 v. Chr. der siebente mit Namen *Tarquinius Superbus* (zu deutsch: *„Tarquinius der Überhebliche"*) von den Römern vertrieben worden sei.

... und Wirklichkeit

Soweit die sagenhafte Überlieferung. Wie aber ist es wirklich gewesen? Archäologen haben im Bereich der Hügel am Tiber zweierlei gefunden: Spuren von einfachen Lehmhäusern und Gräbern aus dem 11. bis 9. Jh. v. Chr. Daraus schließt man, dass sich schon lange vor Roms angeblichem Gründungsjahr italische Völker dort niedergelassen hatten.

Im 7. Jh. v. Chr. muss der Ort für die *Etrusker* interessant geworden sein. Etruskische Könige aus verschiedenen Familien übernahmen dort die Herrschaft. Eine von ihnen trug den Namen *Ruma*. Die Zahl der Einwohner wuchs während der Monarchie, in der nur ein Einzelner von vornehmer Abstammung die Macht hatte. Vielen Einwanderern wurde **Asyl** (*Zuflucht*) gewährt. Es wurden Tempel, Häuser aus Stein und eine Brücke über den Tiber errichtet, die erste Kanalisation gebaut, ein großer Markt angelegt und die auf diese Weise allmählich entstandene Stadt mit einer Mauer umgeben. Die ältesten Überreste der Stadtbefestigung datieren die Archäologen auf die Zeit um 600 v. Chr.

1 **Aus der Gründungssage Roms.**
Münze, Anfang des 2. Jh. v. Chr.
Welcher Augenblick der Gründungssage ist dargestellt?

2 **Rom – die Hügel, um 900 v. Chr.**
Auf dem Palatin soll Romulus der Sage nach seine Furche für die Stadtmauer gezogen haben.

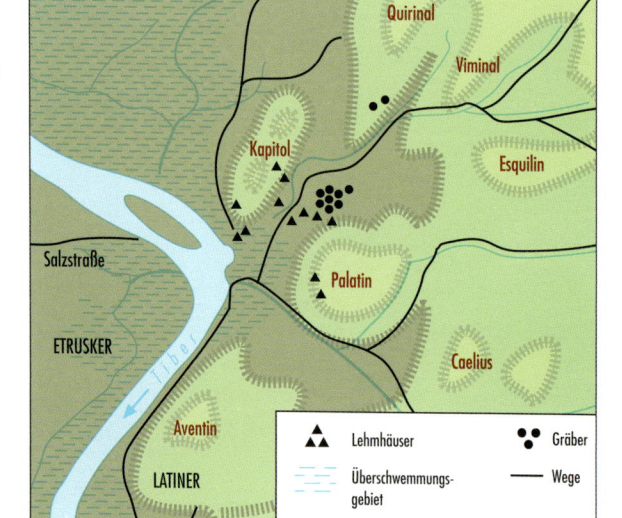

---

1. Schau dir die Karten auf Seite 104 und 105 genau an und stelle fest, welche Vorteile die Gegend für die Gründung einer Stadt bot.
2. Überprüfe, ob du in der Sage einen Teil der tatsächlichen Entstehungsgeschichte wiederfinden kannst.
3. Überlege, weshalb die Römer auf ihre Herkunftssage besonders stolz waren.

③ Italien zur Zeit der größten etruskischen Ausdehnung, Ende des 6. Jh. v. Chr.

④ Etruskisches Ehepaar.
Terrakottafiguren auf einem Sarkophag (Prunksarg), um 525 v. Chr.

Die Etrusker – ein rätselhaftes Volk

Die Etrusker lebten im nördlichen Italien, dehnten ihren Einfluss aber über Rom nach Süden aus. Sie hatten eine fremdartige Kultur. Bereits die Geschichtsschreiber der Antike nahmen deshalb an, dass sie von weither nach Italien eingewandert seien, etwa aus dem Gebiet der heutigen Türkei.

Vor ihren Städten legten die Etrusker große Gräberstädte an. In den hausförmigen Grabanlagen fand man bunte Wandmalereien. Sie zeigen ihre Bewohner bei alltäglichen Beschäftigungen. Beispielsweise stellten sie aus gebranntem Ton (*Terrakotta*) kunstvolle Figuren her. Sie waren Meister in der Metallverarbeitung und schufen großartige Darstellungen von Menschen und Tieren – wie die „Kapitolinische Wölfin" – aus Bronze.

Was die Etrusker aufgeschrieben haben, können wir lesen, weil ihr Alphabet griechischen Ursprungs ist. Wir kennen aber nur einen kleinen Teil ihrer Sprache. Denn die Inschriften sind kurz und enthalten fast immer dieselben Wörter – vergleichbar den Grabsteinen auf unseren Friedhöfen. Aus diesen Inschriften wissen wir: Die Kinder wurden oft nach ihrer Mutter genannt. Wir schließen daraus, dass die Frauen der Etrusker ähnliche Rechte besaßen wie ihre Männer.

Hoch entwickelt war bei den Etruskern die Kunst, den Willen der Götter – und damit die Zukunft – zu erforschen. Bevor sie eine wichtige Entscheidung, zum Beispiel über einen Kriegszug, trafen, opferten sie ihren Göttern und untersuchten die Leber und andere innere Organe der Opfertiere. Darüber hinaus deuteten sie die Flugbahnen der Vögel am Himmel und den Verlauf der Blitze bei einem Gewitter. So versuchten sie herauszufinden, ob die Götter mit ihrem Tun einverstanden waren oder nicht.

⑤ Etruskisches Stadttor.
Foto, um 1980.
Porta Giove in Fulerri bei Viterbo, 4. bis 3. Jh. v. Chr.
Das Bild zeigt, welche Erfindung der Etrusker für die römische Bautechnik unentbehrlich wurde. Die Antwort findest du durch Vergleiche. Betrachte das Löwentor von Mykene (Seite 64) sowie die römischen Wasserleitungen (Seite 139) und das Kolosseum (Seite 144).

M 1 Gastmahl. *Etruskische Wandmalerei, um 460 v. Chr., kolorierte Durchzeichnungen von Carlo Ruspi, 1832 (Ausschnitt).*

M 2 Ein Grieche über die Etrusker und Römer

Der griechische Geschichtsschreiber Diodor aus Sizilien, der im 1. Jh. v. Chr. eine Weltgeschichte in 40 Büchern verfasste, berichtet:

Es bleibt uns noch übrig, von den Etruskern zu sprechen. Dieses Volk, das sich von alters her durch Tapferkeit auszeichnete, eroberte viel Land und
5 gründete zahlreiche ansehnliche Städte, gleichzeitig beherrschte es auf Grund seiner Seemacht lange Zeiten das Meer […]. Auch ihre Landstreitkräfte bildeten die Etrusker mit großem Eifer aus […].
10 Dazu verstanden sie es, den obersten Beamten das nötige Ansehen zu verschaffen, indem sie ihnen die Liktoren* beigaben und den elfenbeinernen Stuhl und die purpurgesäumte Toga** verlie-
15 hen. Im Häuserbau erfanden sie die Vorhallen, eine gute Hilfe, die Störungen durch das Gedränge der aufwartenden Volksmenge zu vermeiden. Das meiste davon haben die Römer nachge-
20 ahmt und es – noch verschönert – in ihr eigenes Gemeinwesen übernommen. Auf die Weiterbildung der Wissenschaften und die Natur- und Götterlehre haben sie viel Eifer verwendet. Sie
25 haben die Beobachtung und Deutung des Donners und Blitzes mehr als alle übrigen Menschen ausgebildet, um die göttlichen Vorzeichen durch den Donner auszulegen.
30 Das Land, das sie bewohnen, ist in jeder Weise fruchtbar, und sie gewinnen durch seine Bearbeitung eine nicht endende Fülle an Feldfrüchten, die ihnen über den nötigen Unterhalt hinaus
35 reichlichen Genuss und Schwelgerei ermöglichen. Zweimal am Tage lassen sie sich nämlich köstliche Speisen auftischen, und sie lassen sich auch alles andere zukommen, was zu übermäßiger
40 Üppigkeit gehört: Bunte Teppiche mit Blumen breiten sie beim Mahle aus, eine Menge silberner Trinkgefäße von allen Formen stehen bereit, und eine große Zahl von Sklaven steht jederzeit
45 dienend zur Verfügung.

Walter Arend (Bearb.), Altertum. Geschichte in Quellen, München ³1978, S. 391 (vereinfacht)

* Über Liktoren findest du auf Seite 109 weitere Informationen.
** Zur Toga siehe Abb. 1, Seite 107.

---

1. Beschreibe das Wandgemälde (M 1), und vergleiche mit dem Bericht Diodors (M 2).
2. Der Sarkophag (Abb. 4, Seite 105) und das Bild (M 1) könnten dich an ähnliche Darstellungen der Griechen erinnern. Was die Frauen betrifft, wirst du jedoch einen wichtigen Unterschied entdecken. Erläutere ihn.
3. Was sagen Sarkophag und Wandgemälde über die Vorstellungen der Etrusker vom Leben nach dem Tod aus?

Rom wird Republik

Wer bestimmt im frühen Rom?

Nachdem die Römer im Jahr 510 v. Chr. ihren letzten König für immer aus der Stadt verbannt hatten, bezeichneten sie ihren Staat als Republik, das bedeutet „öffentliche Angelegenheit" (lat. *res publica*). Wer aber sollte nun in dieser Republik regieren, das Heer führen, als Priester den Willen der Götter erkunden, oberster Richter sein? Diese Aufgaben waren bisher dem König vorbehalten.

Die königliche Macht teilten die **Patrizier** unter sich auf. Sie stammten von den Männern ab, die angeblich zusammen mit Romulus die Stadt gegründet hatten und galten als die „Väter" (lat. *patres*) Roms. Damit die Patrizier, die über umfangreichen Landbesitz verfügten, ihre Vorrechte behalten konnten, war ihnen die Heirat mit den übrigen Bürgern verboten.

All diese waren für sie **Plebejer**, die Volksmenge (lat. *plebs*). Zu ihnen zählten die Bauern, Handwerker, Händler und Tagelöhner – der bei weitem größte Teil der Römer.

Streit zwischen Patriziern und Plebejern: die Ständekämpfe

Die Plebejer wussten, dass die Patrizier sie als Arbeitskräfte brauchten. Sie wussten auch, dass Rom sie im Krieg benötigte. Dort waren die plebejischen Fußsoldaten wichtiger geworden als die patrizischen Reiter.

Was lag da für die Plebejer näher, als zu streiken, um ihre Stellung zu verbessern? Im Jahre 494 v. Chr., als das Heer für einen Krieg versammelt werden sollte, zogen sie der Überlieferung nach aus der Stadt auf den nahen „Heiligen Berg" und stellten Bedingungen für ihre Rückkehr.

Die Plebejer setzen sich durch

In den Ständekämpfen errangen die Plebejer mit der Einführung des Amtes der **Volkstribunen** einen ersten Erfolg. Seit 450 v. Chr. gab es zehn Volkstribunen, die jährlich gewählt wurden. Sie hatten die Aufgabe, Leben und Vermögen der Plebejer zu schützen, und waren in ihrem Amt unverletzlich (*sakrosankt*). Denn angeblich hatten die Plebejer geschworen, Rom sofort wieder zu verlassen, falls einem der Volkstribunen auch nur ein Haar gekrümmt werde. Die Volkstribunen erhielten das Recht, gegen Amtshandlungen der Patrizier ihr **Veto** einzulegen (lat. *veto*: ich verbiete). Darüber hinaus beriefen sie Versammlungen der Plebejer ein, auf denen **Plebiszite** (*Volksbeschlüsse*) gefasst werden konnten.

In den folgenden 200 Jahren erstritten die Plebejer weitere Zugeständnisse:

- Sie wurden an der Wahl der Heerführer beteiligt (vor 450 v. Chr.).
- Alle gültigen Gesetze wurden auf Bronzetafeln veröffentlicht (*Zwölf-Tafel-Gesetz*, um 450 v. Chr.).
- Das Heiratsverbot zwischen Patriziern und Plebejern wurde aufgehoben (445 v. Chr.).
- Die Plebejer konnten in die höchsten Staatsämter gewählt werden (367 v. Chr.).
- Kein Römer konnte mehr wegen Überschuldung versklavt werden (Aufhebung der Schuldknechtschaft, 326 v. Chr.).
- Plebiszite der Plebsversammlung erhielten Gesetzeskraft, d. h. auch Patrizier mussten sie befolgen, obwohl sie nicht an diesen Versammlungen teilnehmen durften (287 v. Chr.).

1 Der „Volksredner".
1,85 m hohe Bronzefigur, um 80 v. Chr. Der Mann trägt eine **Toga** *mit einem eingewebten Streifen auf dem Saum und einen Ring am Finger der linken Hand. Dies kennzeichnet ihn als Angehörigen der Oberschicht. Die Toga war das Kennzeichen des freien Bürgers. Ausländer durften sie nicht tragen. Welche Vor- und Nachteile hat es, wenn man die gesellschaftliche Stellung eines Menschen an der Kleidung sofort erkennen kann? Überlege, was der Redner mit der Haltung des Armes ausdrücken wollte.*

M 1 „Der Magen und die Glieder".
Wie es an dem Tag, als der Streit zwischen den Plebejern und Patriziern seinen ersten Höhepunkt fand, im alten Rom genau zuging, wissen wir nicht. Aber so ähnlich, wie es unsere Hauptfigur Lucius Cornelius erlebt hat, könnte es schon gewesen sein ...

Es schien ein Morgen wie viele andere zu sein. Der vornehme Lucius Cornelius ging zum Forum. Das Gedränge war so groß wie immer um diese Zeit. Aber plötzlich fiel Lucius Cornelius auf, dass die Leute heute nicht in die Stadt zum Marktplatz gingen. Nein, ganze Familien zogen mit all ihren Habseligkeiten aus
5 der Stadt.
Da erkannte Lucius Cornelius in der Menge den Plebejer Quintus. „Was ist hier los?", wollte er wissen. Ohne den sonst üblichen Respekt gegenüber dem vornehmen Patrizier raunzte Quintus zurück: „Was soll schon los sein? Es reicht uns. Wir gehen." Lucius Cornelius war so verblüfft, dass er ganz vergaß, Quintus we-
10 gen seines groben Tons zu tadeln. „Was reicht euch? Wohin geht ihr?" Quintus baute sich breitbeinig vor ihm auf: „Wir haben es satt, dass ihr Patrizier, mit eueren angeblich so vornehmen Vorfahren, hier in der Stadt schaltet und waltet, wie es euch in den Kram passt. Ihr plündert uns aus, ihr biegt euch die Gesetze so zurecht, wie ihr sie braucht. Wir arbeiten, und ihr schiebt euch die hohen Ämter ge-
15 genseitig zu. Ihr befehlt, wir buckeln! Jetzt hat es sich ausgebuckelt. Wir haben beschlossen, Rom zu verlassen und einen eigenen Staat zu gründen."
Quintus blickte Lucius Cornelius triumphierend an, dem bei diesen Worten beinahe die Luft weggeblieben wäre. Der Plebejer ging weiter, doch nach ein paar Schritten drehte er sich noch einmal um: „Und eure hübschen Töchter könnt ihr
20 für euch behalten. Ihr gebt sie uns ja sowieso nicht als Bräute."
Auf dem Forum hatten sich unterdessen die Oberhäupter der Patrizierfamilien in heller Aufregung versammelt. Lucius Cornelius hörte sie schon von weitem durcheinander reden. Gerade rief einer mit sich überschlagender Stimme: „Sie erklären uns den Krieg. Wir müssen sie züchtigen. Das bedeutet Krieg!
25 Bürgerkrieg!" „Und ich kann dir sagen, wer ihn verlieren wird: Wir!", lautete die knappe Antwort eines anderen. „Sie sind viel mehr als wir. Und den Zeitpunkt ihres Auszugs haben sie gut gewählt. Unsere Neider in der Nachbarschaft werden sich die Gelegenheit nicht entgehen lassen und uns angreifen. Wie sollen wir uns ohne Hilfe der Plebejer verteidigen?" „Er hat Recht", meinte ein Dritter.
30 „Wir müssen versuchen, sie zurückzuholen." „Das kannst du gerne tun", spottete der erste Patrizier. „Ich bin gespannt, wie lange sie dich reden lassen." Nach langem Hin und Her ergriff Menenius Agrippa das Wort: „Ich werde gehen."
Im Lager der Plebejer wurde er mit einer Mischung aus Überraschung und Misstrauen empfangen. Als sich die Menge um ihn versammelt hatte, begann er:
35 „Stellt euch einen Körper vor mit Kopf, Armen, Beinen, Rumpf und Magen. Eines Tages empörten sich die Glieder dieses Körpers. Denn sie mussten ja schließlich alle für den Magen arbeiten, der selbst nichts anderes tat, als faul ..." Weiter kam Menenius Agrippa nicht. Wütende Zwischenrufe unterbrachen ihn: „Wir wollen keine Märchen hören! Wir wollen endlich mitbestimmen, was im
40 Staat geschieht, und wir wollen gerecht behandelt werden!"
Nur mühsam beruhigten einige der Umstehenden die aufgebrachte Menge. Menenius Agrippa konnte fortfahren: „Die empörten Glieder sprachen sich untereinander ab. Die Hände wollten keine Speisen mehr zum Mund führen, der Mund weigerte sich, Essen aufzunehmen, die Zähne hörten auf, Nahrung zu zer-
45 kleinern. Bald mussten sie aber erkennen, dass der ganze Körper verfiel. Sie selbst wurden immer schwächer, nur weil sie geglaubt hatten, sie könnten den Magen durch Hunger bestrafen und auf ihn verzichten." An dieser Stelle hörte Menenius Agrippa einfach auf zu sprechen. Wortlos ging er durch die Menge der schweigenden Plebejer zurück nach Rom.

Livius, Römische Geschichte II, 32 (nacherzählt von Dieter Brückner)

M 2 Concordia-Tempel.
Münze von 36 n. Chr.
Zu sehen ist der Tempel der Concordia, der Göttin der Eintracht und Einigkeit. In der Mitte sieht man durch den offenen Eingang auf die Statue der sitzenden Concordia.
Der erste Concordia-Tempel wurde im Jahre 366 v. Chr. „gemeinsam von Senat und Volk" mitten in Rom errichtet.
Nenne Gründe für die Errichtung eines solchen Tempels.

1. Grundlage der Erzählung (M 1) ist die Fabel vom „Magen und den Gliedern", die der Geschichtsschreiber Livius (um 59 v. Chr.–17 n. Chr.) in seiner „Römischen Geschichte" wiedergibt. Der Schluss wird hier nicht nacherzählt. Vermute, wie die Fabel schloss, wie die Plebejer auf sie reagiert haben und was Menenius Agrippa mit ihr verdeutlichen wollte.
2. Hätte dich als Plebejer die Fabel überzeugt?
3. Versetzt euch in die Lage der Plebejer und Patrizier. Spielt das Streitgespräch in einem Rollenspiel nach.

Wer regiert die Republik?

Eine neue Führungsschicht entsteht: die Nobilität

Die Plebejer hatten eine weit reichende Gleichstellung mit den Patriziern erreicht. Den vollen Nutzen davon hatten aber nur die reichsten von ihnen: Sie konnten es sich leisten, die unbezahlten Staatsämter zu übernehmen. Und nur sie wurden von den Patriziern für würdig befunden, in ihre vornehmen Geschlechter einzuheiraten. Die etwa 30 einflussreichsten Familien der Patrizier und Plebejer bildeten gemeinsam die neue Führungsschicht in Rom: die **Nobilität** (dt. *die Namhaften*). Aus ihnen stammten die erfolgreichen Staatsmänner.

Treue und Vertrauen

Dass die Ständekämpfe nicht zu Bürgerkriegen wurden, verdankten die Römer einer Einrichtung, die wohl seit der Königszeit bestand: das **Klientelwesen**. Ärmere Bürger unterstellten sich einem wohlhabenden und einflussreichen Mitbürger und wurden so zu Klienten eines **Patrons** (lat. *patronus*: Schutzherr). Sie kamen regelmäßig in sein Haus und boten ihm ihre Dienste an. Der Patron gewährte ihnen Schutz und Sicherheit, indem er sie vor Gericht vertrat oder in Notfällen ihren Lebensunterhalt sichern half. Strebte der Patron ein politisches Amt an, waren die Klienten wichtig: Sie begleiteten ihn auf seinen Wegen, stimmten bei Abstimmungen in seinem Sinne und warben bei Wahlen für ihn.

Die Treue, die beide Partner verband, galt lebenslang. Sie wurde auf die Kinder übertragen und hielt in der Regel über Generationen. Denn es war für die Römer eine Verpflichtung, an den von ihren Vorfahren ererbten Verhaltensweisen festzuhalten.

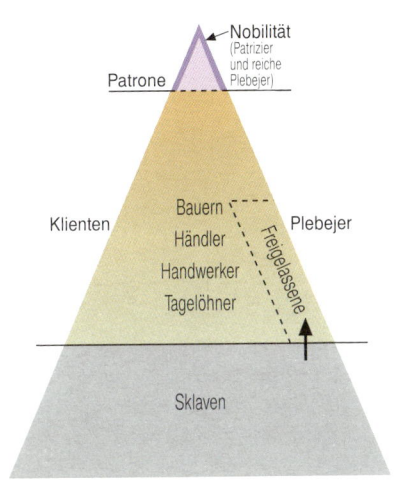

1 Wie ist die Gesellschaft in der Republik aufgebaut?
Erkläre mit dieser Grafik die Beziehungen der Menschen in der römischen Gesellschaft.

Zahlreiche Ämter

An der Spitze der Regierung standen zwei **Konsuln**. Im Kriegsfall hatten sie den Oberbefehl über das Heer. In ihrer Amtsführung standen ihnen weitere **Magistrate** – so bezeichneten die Römer die Inhaber der Regierungsämter – zur Seite.

Prätoren waren die Stellvertreter der Konsuln und überwachten die Rechtsprechung.

Ädile sorgten für die Sicherheit der Stadt Rom, prüften auf dem Markt Preise, Maße und Gewichte und organisierten die öffentlichen Feste und Spiele.

Quästoren verwalteten die Staatskasse. Als Quästor begann ein Römer mit etwa 30 Jahren seine Ämterlaufbahn.

Die Amtszeit aller dieser Magistrate war auf ein Jahr beschränkt. Jedes Amt wurde mit mindestens zwei Amtsträgern besetzt, von denen jeder gegen Handlungen seines Kollegen Einspruch erheben konnte. Kein Römer durfte dasselbe Amt zweimal, zwei Ämter gleichzeitig oder unmittelbar hintereinander bekleiden. Es war eine Pause von zwei Jahren vorgeschrieben.

Eine Sonderstellung behielten die jährlich von den Plebejern gewählten zehn *Volkstribune*. Sie durften in ihrer Amtsführung von niemandem behindert werden, konnten jede Amtshandlung anderer Beamte durch ihr Veto verhindern und sogar den Abbruch einer Senatssitzung herbeiführen. Dazu besaßen sie das Recht, Volksversammlungen einzuberufen und Beschlüsse fassen zu lassen.

Alle fünf Jahre wurden zwei *Zensoren* gewählt. Sie führten die Listen der nachrückenden Senatoren und setzten die Steuern fest. Darüber hinaus konnten sie Bürgern, die einen unwürdigen Lebenswandel führten, eine öffentliche Rüge (lat. *nota*) erteilen.

In Zeiten besonderer Gefahr für den Staat konnte eine **Diktatur** errichtet werden. Den Anweisungen des Diktators hatten sich alle unterzuordnen. Er blieb sechs Monate im Amt.

Einem Konsul gingen in der Öffentlichkeit zwölf, einem Prätor sechs Liktoren voran.

2 Liktor.
Bronzefigur, 1. Jh. v. Chr.
Kennzeichen der Magistrate war ein mit roten Riemen verschnürtes Rutenbündel (lat. fasces) mit einem Beil. Es wurde von den Liktoren getragen.

3 **Der Senat tagt.**
Wandgemälde von Cesare Maccari, Rom 1882/88.

Erfahrene Männer machen die Politik
Dem **Senat** (ursprünglich „Rat der Alten") gehörten 300 ehemalige Magistrate auf Lebenszeit an. Er tagte mehrmals im Monat bei geöffneten Türen. Jede Sitzung wurde von einem Konsul einberufen und geleitet. Der Konsul trug Probleme vor und forderte die Senatoren auf, ihre Meinung dazu zu sagen. Die Reihenfolge der Redner lag fest: Sie richtete sich nach Alter und Ämtern, die ein Senator bekleidet hatte. Die Redezeit war nicht begrenzt. Bei Sonnenuntergang endete aber die Sitzung. Stimmte die Senatsmehrheit einer der Meinungen zu, wurde daraus ein Senatsbeschluss.

Der Senat überwachte die Einnahmen und Ausgaben des Staates, empfing auswärtige Staatsmänner und schloss Verträge mit fremden Staaten. Vor allem aber bereitete er Gesetze und Wahlvorschläge vor und erteilte den Magistraten verbindliche „Ratschläge" für ihre Amtsführung. Die herausragende Stellung der Senatoren wurde durch ihre Kleidung deutlich: Nur sie durften eine Toga mit breitem Purpurstreifen und rote Schnabelschuhe tragen.

Das Volk entscheidet mit
Vom Volk wurden sowohl die Magistrate gewählt als auch die Gesetze beschlossen, und zwar auf unterschiedlich zusammengesetzten Volksversammlungen. Stimmberechtigt waren alle wehrfähigen Männer, allerdings wurden ihre Stimmen unterschiedlich gewichtet. Auf der *Heeresversammlung*, die unter anderem die Konsuln wählte und über Krieg und Frieden entschied, wurde nach Klassen abgestimmt. Die wenigen Stimmen der Reichen in den oberen Klassen zählten so viel wie die zahlreichen Stimmen der weniger Vermögenden in den unteren Klassen.

In der Plebsversammlung in der über die meisten Gesetze abgestimmt wurde, zählten die Stimmen aller Teilnehmer gleich.
In den Versammlungen wurde nicht diskutiert, sondern nur mit „Ja" oder „Nein" abgestimmt. Die Vorschläge brachte ein Konsul mit dem Einverständnis des Senats oder ein Volkstribun ein.
Die Römer erhielten für ihre politische Arbeit keine Bezahlung. Alle Magistrate waren Ehrenämter. Diäten gab es weder für Senatssitzungen noch bei Volksversammlungen. Im Gegensatz zu den Athenern konnten es sich die meisten Römer daher nicht leisten, politische Ämter zu bekleiden.

---

1. *Nenne zwei Regeln für die Vergabe der Magistrate und die Ausnahmen.*
2. *An welchen Bestimmungen erkennst du, dass die Römer eine Königsherrschaft verhindern wollten?*

1 Stimmabgabe in einer Volksversammlung.
Münze von 113 / 112 v. Chr. Das aufgeprägte Wort nennt den Münzmeister, hat also mit der Stimmabgabe nichts zu tun.

2 SPQR.
Die Abkürzung der Formel „Senat und Volk von Rom" (lat. SENATUS POPULUSQUE ROMANUS) finden wir unter anderem auf Münzen und Gebäuden. Noch heute dient die Abkürzung in Rom – wie auf diesem Kanaldeckel – zur Bezeichnung öffentlichen Eigentums.

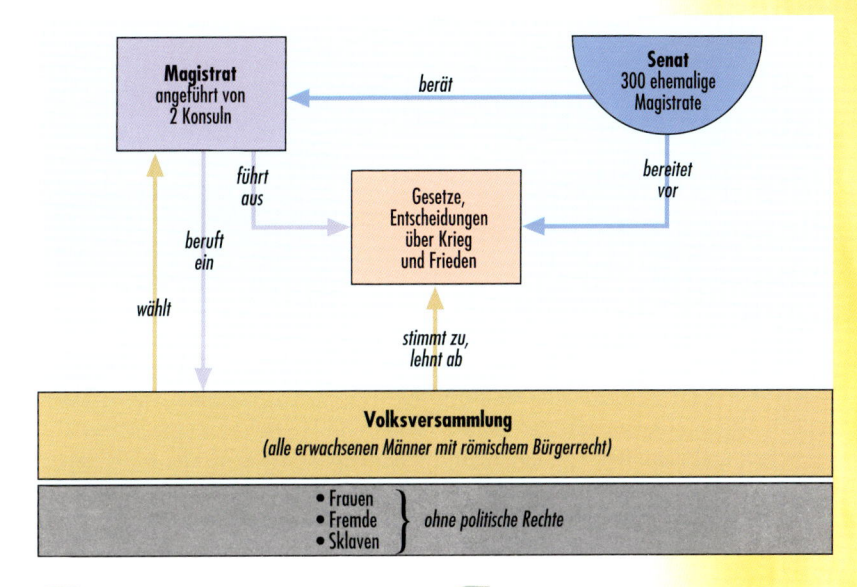

3 Die „gemischte Verfassung"
Polybios (um 200-120 v. Chr.), der als Sohn eines griechischen Feldherrn nach Rom verschleppt worden war, beschreibt die Verfassung der römischen Republik so:

Es gab drei Teile, die im Staat Gewalt hatten [...]. So gerecht und angemessen aber war alles geordnet, waren die Rollen verteilt und wurden in diesem
5 Zusammenspiel die Aufgaben gelöst, dass auch von den Einheimischen niemand mit Bestimmtheit hätte sagen können, ob die ganze Verfassung aristokratisch, demokratisch oder monar-
10 chisch war. Und so musste es jedem Betrachter ergehen!
Denn wenn man seinen Blick auf die Machtfülle der Konsuln richtete, erschien die Staatsform vollkommen
15 monarchisch und königlich, wenn man auf die Macht des Senats sah, jedoch aristokratisch, und wenn man auf die Befugnisse des Volkes blickte, schien sie unzweifelhaft demokratisch [...].
20 Obwohl jeder der drei Teile eine solche Macht hat, einander zu schaden oder zu helfen, so wirken sie doch in allen kritischen Situationen so einträchtig zusammen, dass man unmöglich ein bes-
25 seres Verfassungssystem finden kann [...].
Daher ist dieser Staat aufgrund seiner eigentümlichen Verfassung unüberwindlich und erreicht alles, was er sich
30 vorgenommen hat.

Walter Arend (Bearb.), Altertum, a.a.O., S. 418 (stark vereinfacht)

4 Die Verfassung der römischen Republik nach den Ständekämpfen.
Da es bei den Römern keine geschriebene Verfassung gab, wie wir sie heute kennen (Grundgesetz), kann diese Grafik nur einen ungefähren Einblick in die Verhältnisse bieten. Wer regierte in Rom? Wie ist die Macht verteilt? Wer hat den größten Einfluss? Das Schaubild hilft dir, diese Fragen zu beantworten.

1. Polybios bezeichnet die politische Ordnung Roms als „gemischte Verfassung" (M 3). Erkläre!
2. Durch das Kürzel SPQR (M 2) gaben die Römer zu erkennen, dass sie die Machtverteilung anders sahen als Polybios (M 3). Erkläre.
3. Vergleiche den Einfluss der athenischen Volksversammlung (siehe Seite 73) mit dem der römischen (M 4).

Auf dem Weg zur Weltmacht

Kriege ohne Ende?
In den ersten vier Jahrhunderten nach dem Ende der Königsherrschaft führten die Römer mindestens 150 Jahre lang Krieg. Wie kam es dazu? Die Völker Italiens lebten anfangs von der Landwirtschaft und kämpften nur, um ihren Besitz gegen Angreifer zu verteidigen. Allmählich wandelte sich ihre Einstellung.
Die Bevölkerung war stark angewachsen. Sie brauchte mehr Nahrung und damit mehr Ackerland. Hinzu kamen Abenteuerlust und die Hoffnung auf Beute. Manche Völker waren reicher als andere. Das weckte den Neid der armen und ein Gefühl der Stärke oder Überheblichkeit der reichen, die noch mehr wollten. Die Folge waren Auseinandersetzungen zwischen den Völkern und immer neue Kriegszüge.

Die Römer unterwerfen Italien
Die Römer waren den umliegenden Völkern militärisch überlegen. Seit dem Ende des 5. Jh. v. Chr. beanspruchten sie die Vorherrschaft im *Latinischen Bund*, einem Bündnis mehrerer Städte im Umkreis von Rom. Alle, die Rom den Rang streitig machen konnten oder wollten, wurden nun Opfer der römischen Heere. Das bekamen besonders die Etrusker zu spüren. Sie verloren Land und Herrschaft an die Römer. Während Rom versuchte, Mittelitalien zu unterwerfen, musste es schwere Rückschläge einstecken. Im Jahre 387 überfielen die *Kelten* aus dem Norden – von den Römern später auch *Gallier* genannt – Rom. Sie plünderten die Stadt und zogen nur gegen ein hohes Lösegeld ab. Der Kampf gegen die *Samniten*, ein südlich von Rom lebendes Bergvolk, dauerte über 30 Jahre.
Mit der Unterwerfung Tarents und anderer Griechenstädte im Süden der Halbinsel beherrschten die Römer um 270 v. Chr. ganz Italien.

Rom wird Weltmacht
Als Herrscher über Italien hatten die Römer neue Nachbarn jenseits des Meeres: Makedonien, die griechischen Stadtstaaten Siziliens und Karthago. Sie herauszufordern war weit gefährlicher als der Kampf mit den bisherigen Gegnern. Das Ringen um die Vorherrschaft im Mittelmeerraum zog sich mit Unterbrechungen von 264 bis etwa 133 v. Chr. hin. Mehr als einmal standen die Römer kurz vor dem Untergang.

1 Römische Soldaten.
Seit etwa 300 v. Chr. formierten sich die Soldaten im Kampf zu drei Schlachtreihen. Die jüngsten Krieger, die Hastati, und die mit einer kompletten Schutzausrüstung versehenen Principes (lat. princeps: die erste Stelle einnehmend) bildeten die 1. und 2. Reihe der Schlachtordnung. Die Kämpfer der 3. Reihe, die Triarii, standen dahinter. Sie waren die am besten ausgerüsteten Krieger und entschieden vielfach den Ausgang der Schlacht. Die Velites kämpften außerhalb der drei Reihen. Betrachte die Abbildungen von Triarius, Hastatus bzw. Princeps sowie Veles und beurteile deren jeweilige Aufgabe im Kampf. In römischen Schlachtschilderungen finden wir oft den Satz: „Die Sache ging bis zu den Triariern." Was sagt dies über den Verlauf der Schlacht aus?

Triarius *(Soldat der 3. Reihe)*

Hastatus oder **Princeps** *(Soldat der 1. und 2. Reihe)*

Veles *(Vorkämpfer)*

Aus Nachbarn werden Feinde

Karthago war um 800 v. Chr. von den Phöniziern an der nordafrikanischen Küste gegründet worden. 500 Jahre später beherrschte es Nordafrika und das westliche Mittelmeer.

Dem Kampf Roms mit Karthago waren Kämpfe zwischen zwei reichen griechischen Kolonien auf der Insel Sizilien vorausgegangen: Syrakus und Messana (heute Messina). In die Enge getrieben baten die Machthaber Messinas zuerst Karthago und dann Rom um Hilfe.

Der römische Senat überlegte lange, ob man den Messanern helfen und damit einen Krieg mit Karthago riskieren sollte. Schließlich stimmte die Volksversammlung für ein Eingreifen Roms.

Im Jahre 264 v. Chr. setzte das römische Heer nach Sizilien über. Damit begann der **Erste Punische Krieg** (*punisch = phönikisch = karthagisch*), in dem Rom sich die Herrschaft im westlichen Mittelmeer sichern wollte. Die Römer gewannen ihn erst nach 23 Jahren, nachdem sie mühsam gelernt hatten, einen Seekrieg zu führen. Karthago musste hohe Kriegsentschädigungen zahlen. Sizilien wurde römisch.

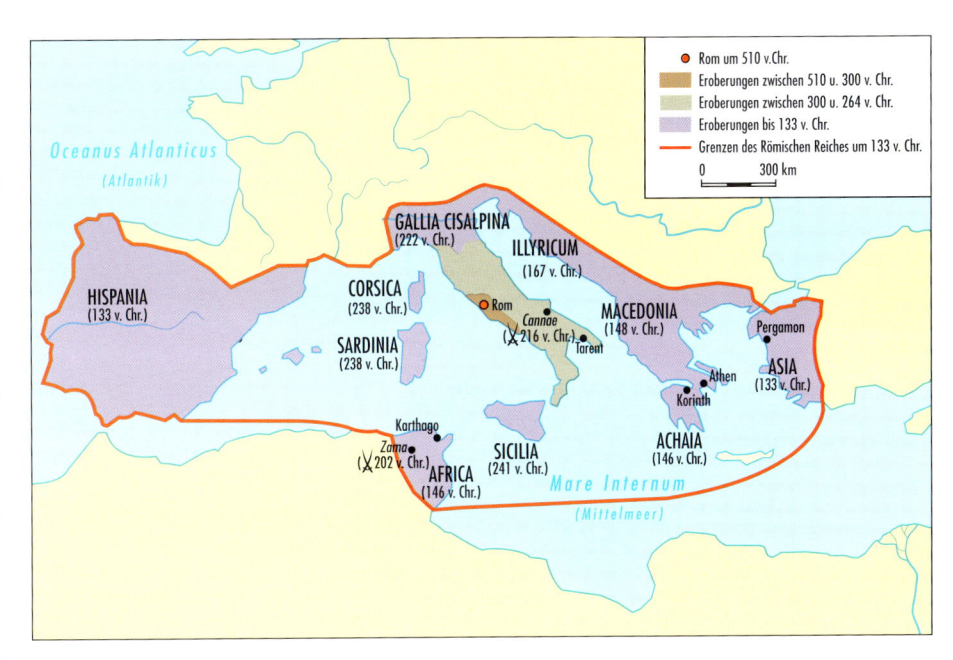

② Das Römische Reich dehnt sich aus.
*Nebenbei: Die Ausdehnung eines Machtbereiches nennen wir **Expansion**.*

Eine schlimme Niederlage

Rom konnte trotz seines Sieges die Macht der Karthager nicht brechen. Diese bauten ihre Herrschaft auf der spanischen Halbinsel aus. Dort wuchs Hannibal auf. Schon als Neunjähriger soll er den Römern Rache geschworen haben. Im Jahre 219 griff er Roms spanischen Verbündeten Saguntum an. Danach begann der **Zweite Punische Krieg** (218-201 v. Chr.). Hannibal zog mit seinen Truppen vom südlichen Spanien aus über Gebirge und Flüsse nach Südfrankreich, um Rom von Norden her anzugreifen. Er verlangte sich, seinen Soldaten und den mitgeführten Tieren – vor allem den Kriegselefanten – eine außergewöhnliche Leistung ab: die Überquerung der Alpen auf verschneiten Pässen! Der Gewaltmarsch machte Hannibal berühmt. Dabei blieb oft unbeachtet, dass die Hälfte der beteiligten Menschen und Tiere während des Zuges ums Leben kam.

In Norditalien begrüßten die Kelten Hannibal als Befreier von der römischen Herrschaft. Sie schlossen sich seinem Zug nach Süden an. Im Jahre 216 v. Chr. erlitten die Römer in der **Schlacht bei Cannae** die schlimmste Niederlage ihrer Geschichte: etwa 60 000 Mann starben.

③ Hannibals Marsch über die Alpen.
Holzstich nach einer Zeichnung von Heinrich Leutemann, 1866.
Erstmals hatten die Perser im Jahre 331 v. Chr. Elefanten im Kampf gegen Alexander den Großen eingesetzt.

Hannibal vor den Toren Roms

Hannibal griff Rom nicht an. Stattdessen versuchte er die Bundesgenossen der Römer für sich zu gewinnen. Das gelang ihm nur teilweise. Der Krieg in Italien erstarrte, und erst nach 15 Jahren stellte sich ein Wandel ein. Inzwischen hatte der junge Feldherr *Scipio* das karthagische Spanien für Rom erobert und seine Soldaten nach Nordafrika übersetzen lassen. Hannibal verließ daraufhin mit seinen Truppen Italien, um seine Vaterstadt zu verteidigen. Aber die Römer siegten in der entscheidenden **Schlacht bei Zama** (202 v. Chr.). Karthago musste alle seine Außengebiete einschließlich Spanien an Rom abtreten, beinahe seine gesamte Flotte ausliefern und hohe Wiedergutmachungszahlungen leisten. Damit hatten die Römer die Vorherrschaft über das westliche Mittelmeergebiet gewonnen.

Musste Karthago zerstört werden?

Trotz der Niederlage blieb Karthago eine erfolgreiche Handelsmacht. Rund 50 Jahre nach dem Zweiten Punischen Krieg forderten daher viele römische Senatoren: „Karthago muss zerstört werden!" Die römischen Politiker ermutigten die benachbarten *Numider*, Karthago durch ständige Angriffe herauszufordern. Nach dem Friedensvertrag von 201 v. Chr. durfte sich Karthago nicht ohne römisches Einverständnis gegen diesen unfriedlichen Nachbarn wehren. Als es dies im Jahre 149 v. Chr. doch tat, hatte Rom den ersehnten Anlass für den **Dritten Punischen Krieg**.

Drei Jahre später war Karthago von der Landkarte verschwunden. Die Sieger verkauften die Bevölkerung in die Sklaverei und rissen die Mauern der Stadt nieder.

„Unser Meer"

Von nun an beherrschen die Römer das westliche Mittelmeer. Mit der Eroberung Makedoniens und der griechischen Staatenwelt, die sie im Jahre 133 v. Chr. abschlossen, bestimmten sie auch über das östliche Mittelmeer.

4 Der Kriegsgott Mars.
Münze, nach 289 v. Chr..
In dem nach dem Gott benannten Monat März (ursprünglich der erste Monat des römischen Jahres) begann sowohl das Wachstum der Pflanzen wie die Zeit der Kriegszüge. Sein Altar stand vor den Toren der Stadt auf dem Marsfeld, das in frühen Zeiten als Übungsgelände für die Truppen diente und Ort der Heeresversammlung war.

Das Mittelmeer war zum Meer Roms geworden, zum „mare nostrum" (dt. *unser Meer*). Damit waren die Römer aus der Sicht der Zeitgenossen zur Weltmacht aufgestiegen. Weit und breit gab es für Jahrhunderte keinen Staat, der Roms Vorherrschaft bedrohen konnte. Schon bald bürgerte sich für den römischen Herrschaftsbereich die Bezeichnung **Imperium Romanum** (dt. *Römisches Reich*) ein.

Führten die Römer „gerechte Kriege"?

Die Römer waren stets überzeugt, in einen „gerechten Krieg" zu ziehen. Immer sahen sie im Gegner den Angreifer und nahmen für sich das Recht in Anspruch, das „Vaterland" zu schützen – ob durch Verteidigung oder Angriff. Auch beschuldigten sie ihre Gegner, Verträge oder Bündnisse gebrochen zu haben.

Die Nobilität verbreitete die Vorstellung vom „gerechten Krieg", denn die Kriege boten ihren Angehörigen die Chance, Ruhm und Reichtümer zu erwerben. Sie verbreitete auch die Vorstellung, dass Rom von den Göttern dazu bestimmt sei, die Welt zu regieren.

Kolonien und Provinzen

Ihre militärischen Erfolge sicherten die Römer politisch. Bevor sie einen Krieg begannen, boten sie ihren Gegnern in der Regel ein Bündnis an. Sie sollten sich verpflichten, „auf ewig dieselben Feinde und Freunde zu haben wie das römische Volk". Gingen die Betroffenen darauf ein, mussten sie künftig als **Bundesgenossen** Rom in jedem Krieg mit Soldaten unterstützen. Als Gegenleistung gewährten die Römer ihnen Schutz. Lehnten die Gegner ab, begann der Krieg.

Nach einem Sieg zwangen die Römer die Unterlegenen zum Bündnis. So konnte Rom zur Zeit Hannibals rund 700 000 Männer zu den Waffen rufen, weit mehr als jede andere Macht.

Um ihre Vorherrschaft in Italien zu sichern, gründeten die Römer **Kolonien**. Diese Ansiedlungen römischer Bürger im Land besiegter Gegner dienten militärischen und wirtschaftlichen Zielen. Ostia, der spätere Hafen Roms an der Mündung des Tibers, war eine der ersten römischen Kolonien (um 350 v. Chr.). Um 218 v. Chr. gab es bereits zwölf Küstenkolonien – alles befestigte Städte, in denen römische Bürger siedelten.

Nach dem Ersten Punischen Krieg erklärten die Römer die außerhalb Italiens eroberten Gebiete zu **Provinzen**: zu Amtsbereichen römischer Magistrate. Die Bewohner mussten den römischen Statthaltern vielfältige Dienste leisten und hohe Steuern zahlen. Die erste römische Provinz wurde das reiche Sizilien.

Bündnisse, Kolonisation und die Errichtung von Provinzen trugen dazu bei, dass die besiegten Völker die römische Lebensweise annahmen.*

*Zur Romanisierung siehe Seite 147 ff.

M 1 Das Heer verschanzt sich.
Rekonstruktionszeichnung von Peter Connolly.
Das römische Heer bestand zunächst aus vier Legionen von je etwa 6 000 Fußsoldaten. Die Soldaten mussten für ihre Ausrüstung selbst aufkommen.
Sie trugen auf ihren Märschen neben den Waffen noch Werkzeuge zum Bau von Schutzwällen und Lagern, Töpfe und Pfannen zum Kochen sowie Proviant für mehrere Tage. Alles zusammen wog etwa 40 kg.
Zum Bild: Alle velites (Vorkämpfer), die Kavallerie (Reiterei) und die Hälfte der schweren Infanterie (Fußsoldaten) befinden sich zwischen der Umwallung und dem Feind. Der Gepäcktross steht hinter dem Wall (links). Ein Zenturio (Befehlshaber über 100 Mann) hält eine Messlatte.

M 2 Ein römisches Lager.
Vereinfachter Grundriss.

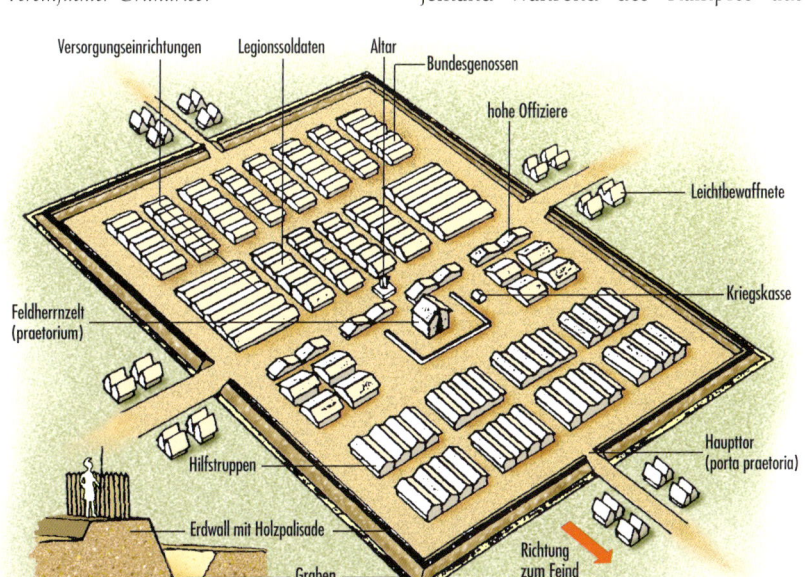

M 3 Römische Disziplin
Polybios (siehe Seite 111, M 3) berichtet:

Bei Wachvergehen tritt sogleich das Standgericht der Offiziere zusammen, und wenn der Betroffene verurteilt wird, ist die Strafe das Schlagen mit
5 Stöcken, das folgendermaßen vollzogen wird: Der Offizier nimmt einen Holzstock und berührt damit den Verurteilten nur eben. Darauf schlagen alle Soldaten im Lager mit Stöcken auf
10 ihn ein. Die meisten Verurteilten finden dabei schon im Lager den Tod […].
Das Folgende rechnen die Römer als Verletzung der soldatischen Pflicht und Ehre und als Feigheit: Wenn jemand
15 aus Furcht seinen Platz verlässt; wenn jemand während des Kampfes aus Furcht eine Waffe fortwirft. Deshalb gehen viele in den Tod und wagen trotz vielfacher Übermacht des Feindes nicht,
20 ihren Posten zu verlassen, aus Furcht vor der Strafe, die sie im eigenen Lager erwartet […].
Wenn einer in einer Schlacht besondere Tapferkeit bewiesen hat, beruft der
25 Feldherr eine Heeresversammlung ein, stellt ihn ihr vor, richtet an ihn anerkennende Worte für seine Tapferkeit und überreicht ihm dann ein Ehrengeschenk.
30 Wer bei der Einnahme einer Stadt als erster die Mauer erstiegen hat, erhält einen goldenen Kranz.* Ebenso, wer einem Kameraden, Bürger oder Bundesgenossen das Leben gerettet hat, in-
35 dem er ihn mit seinem Schilde deckte. Der Gerettete bekränzt den Retter und ehrt diesen sein Leben lang wie einen Vater.

Walter Arend (Bearb.), Altertum, a.a.O., S. 420 f. (vereinfacht)

* Siehe hier M 5, S. 116, und Abb. 1, S. 128.

1. Erläutere den Grundriss des Lagers (M 2).
2. Der Bericht des Polybios (M 3) ist aus der Sicht eines Griechen geschrieben. Überlege, warum er bestimmte Verhaltensweisen der Römer hervorhebt und ob diese die römischen Erfolge erklären.

M 4 Urteile über den Aufstieg und die Herrschaft Roms

*Im Jahr 69 v. Chr. soll nach dem Historiker **Sallust** (86-35 v. Chr.) ein von den Römern vertriebener Fürst aus Kleinasien folgenden Brief an seinen Nachbarfürsten in Armenien geschrieben haben:*

Denn für die Römer gibt es seit ehe und je diesen einzigen Anlass, mit allen Stämmen, Völkern und Königen Krieg zu führen: ihre unermessliche Begierde nach Herrschaft und Reichtum […].
Oder weißt du nicht, dass die Römer, nachdem ihnen der Ozean beim
5 Vordringen nach Westen eine Grenze gesetzt hat, ihre Waffen hierher gerichtet haben und dass sie vom ersten Anfang an nichts besitzen, was nicht geraubt wäre, Haus und Frauen, Ländereien und Herrschaft? […] Mit diesem Verhalten werden sie alles vernichten oder selbst zugrunde gehen.

*Der aus Sizilien stammende griechische Geschichtsschreiber **Diodor** (um 80-29 v. Chr.) schreibt:*

Die Römer errichteten ihre Weltherrschaft durch die Tapferkeit ihrer Heere und
10 brachten sie zur größten Ausdehnung durch die überaus anständige Behandlung der Unterworfenen […]. Denn während die Besiegten der härtesten Bestrafung als einstige Feinde entgegensahen, ließen sich die Sieger an Mäßigung von keinem anderen übertreffen. Den einen gaben sie Anteil am Bürgerrecht, anderen gestanden sie das gegenseitige Recht, Ehen zu schließen, zu. Einigen gaben sie das
20 Recht, nach eigenen Gesetzen zu leben. Keinem trugen sie das frühere Unrecht härter nach als nötig. Wahrlich, dies Übermaß an Milde war der Grund, dass Könige und freie Städte und schließlich ganze Völker aus freiem Willen sich der römischen Vormacht eilends unterstellten. Als die Römer aber nahezu die ganze bewohnte Erde beherrschten, da begannen sie, ihre Herrschaft durch Terror und
25 die Vernichtung der ansehnlichsten Städte zu sichern.

*Der römische Dichter **Vergil** schrieb um 20 v. Chr. über die Aufgabe der Römer:*

Du, Römer, lenke durch deine Herrschaft die Völker! Bedenke, das kannst du am besten: gesitteten Frieden stiften, die Unterworfenen schonen und die Hochmütigen bezwingen.

Texte nach: Livius, Römische Geschichte, Buch XXI, 43 f., hrsg. von Josef Feix, Zürich-Düsseldorf ⁴1991; Sallust, Historiae/Zeitgeschichte, übers. u. hrsg. v. Otto Leggewie, Stuttgart 1975; Walter Arend, Altertum, a.a.O., S. 456 (Diodor); Vergil, Aeneis 6, 847 ff., übers. von Klaus Gast

M 5 Feldzeichenträger 1. Jh. n. Chr.
Rekonstruktionszeichnung von Peter Connolly. Nach den Signalen, die der Feldzeichenträger gab, richteten sich die Soldaten. Im oberen Drittel des abgebildeten Feldzeichens befindet sich die „goldene Mauerkrone".

1. Das römische Weltreich ist das Ergebnis einer bestimmten Politik. Beschreibe sie und suche eine Bezeichnung dafür.
2. Wie versuchen Diodor und Vergil (M 1) den römischen Herrschaftsanspruch zu rechtfertigen? Welche Auffassung gibt Sallust wieder? Wessen Urteil trifft deiner Meinung nach am ehesten zu?

Familienleben

Die „familia" und die „väterliche Gewalt"

Die familiäre Lebensweise der Römer war auch in der Kaiserzeit noch von der frühen Republik geprägt. Seit dieser kriegerischen Zeit galt das Leitbild der bäuerlichen Großfamilie. Über 90 Prozent der Reichsbewohner führten ein arbeits- und entbehrungsreiches Leben auf dem Lande.

Zur römischen „familia" gehörten nicht nur Eltern und Kinder, sondern alle Generationen einer Familie mit deren Familien, einschließlich der Sklaven und Freigelassenen.

An der Spitze des Familienverbandes stand das älteste männliche Mitglied: der **pater familias** (dt. *Vater der Familie*). Das „Familienoberhaupt" besaß aufgrund seines Alters (Erfahrung) und seines Ansehens (*Autorität*) die Entscheidungsgewalt über alle Angehörigen der „familia" und durfte über das Vermögen verfügen. Nur er konnte sich und seine „familia" vor Gericht vertreten.

Die Rechte des „pater familias" waren weit reichend. So durfte er ohne Gerichtsverfahren Mitglieder der eigenen Familie bestrafen, sogar mit dem Tode. Er konnte bis ins 4. Jh. n. Chr. neugeborene Kinder aussetzen, sei es, weil sie unehelich, krank oder nicht zu ernähren waren.

① Patrizier mit Ahnenbildnissen.
1,65 m hohe Marmorstatue aus dem 1 Jh. v. Chr.
Ahnenbildnisse wurden zu festlichen Anlässen in der Öffentlichkeit gezeigt. Sie galten für den vornehmen Römer als Zeichen für das Weiterleben in der Erinnerung der Nachfahren.
Nebenbei: Die Römer trugen mindestens drei Namen: den Vornamen (z. B. Lucius), den Familiennamen (z. B. Iunius) und den Beinamen (z. B. Brutus).
Für die Frauen genügte dagegen die weibliche Form des Familiennamens (z. B. Cornelia, Claudia).

Der „pater familias" war auch das religiöse Oberhaupt der Familie. Nur er durfte den Hausgöttern Opfer darbringen. Sich dem Willen des „pater familias" zu widersetzen, galt als Verstoß gegen die „Sitten der Vorfahren" (lat. *mos maiorum*), gegen die ungeschriebenen Gesetze anständiger, ehrenhafter Lebensführung. Sie zu missachten konnte den Ausschluss aus dem Familienverband bedeuten. So war es möglich, dass ein 60-jähriger angesehener Politiker und Familienvater, dessen Vater noch lebte, nicht frei über sein Vermögen bestimmen durfte.

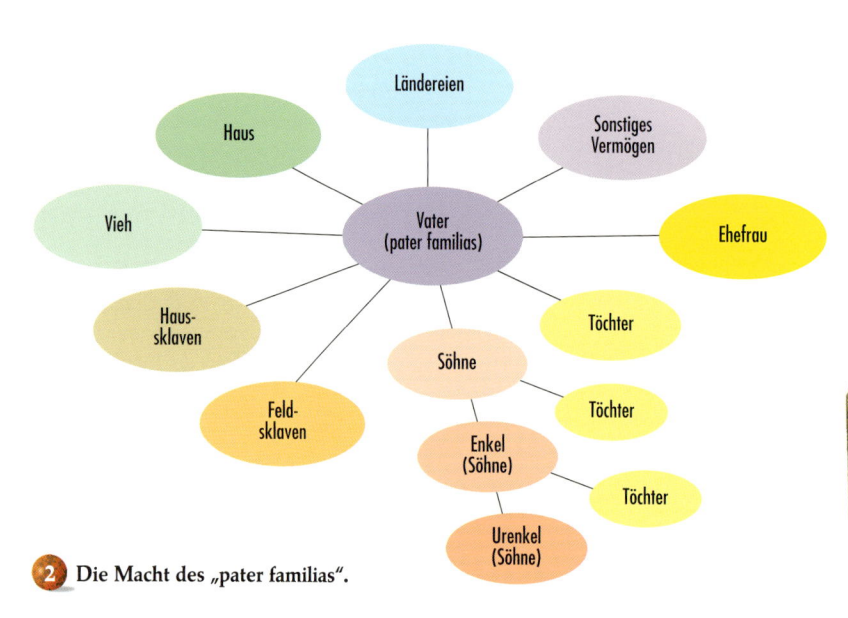

2 Die Macht des „pater familias".

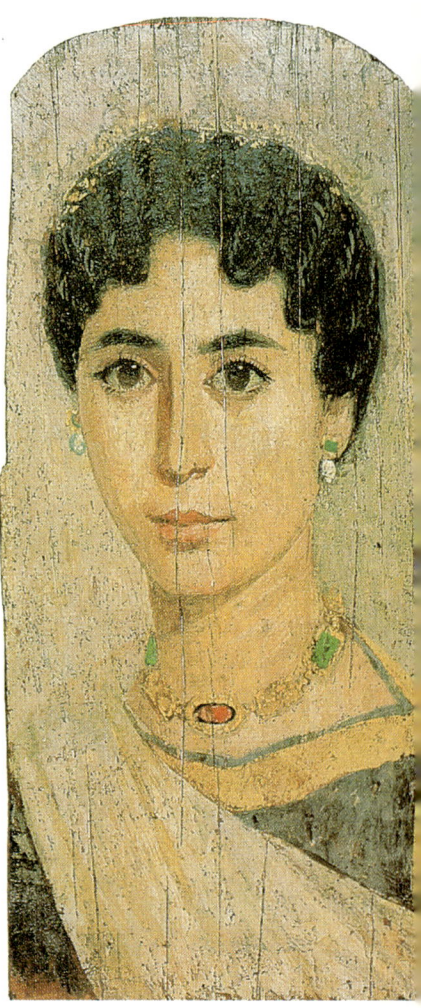

3 Porträt einer Frau aus der Oberschicht. *Malerei auf Holz, um 180 n. Chr.*

Die Stellung der Frauen und Kinder

Die römische Gesellschaft wurde von Männern beherrscht. Nur sie durften wählen und öffentliche Ämter übernehmen. Lediglich einige Frauen aus vornehmen Familien konnten Priesterinnen werden, z.B. **Vestalinnen**, die der Göttin des häuslichen Herdes (lat. *vesta*) dienten. Allgemein durften Frauen nicht einmal als Zeuginnen vor Gericht auftreten. Diese Zurücksetzung begründeten die Männer damit, dass die Frauen keinen Kriegsdienst leisten mussten.

Das Familienoberhaupt bestimmte Ausbildung, Beruf und oft auch Ehepartner der Kinder. Mädchen galten mit 12 Jahren als volljährig, die Jungen mit 14. In der Regel wurden Mädchen schon zwischen dem 13. und 17. Lebensjahr verheiratet.

Seit dem Ende des 3. Jh. v. Chr. konnten Paare unter Zeugen einen Ehevertrag abschließen, bei dem die Frau im Besitz der Mitgift und ihres Vermögens blieb und sich nicht völlig in die Gewalt ihres Gatten begab. Allerdings brauchte sie einen Vormund – normalerweise das älteste männliche Mitglied ihrer Familie –, der die rechtlichen Angelegenheiten für sie regelte. Diese Form der Ehe, die bald allgemein üblich wurde, konnte jederzeit geschieden werden, wenn einer der Ehepartner das verlangte.

Auch wenn das römische Frauenbild davon ausging, dass der Wirkungsbereich der Frau allein das Haus sei, gab es bereits viele berufstätige Frauen. Typische Frauenberufe waren Hebamme, Näherin, Friseurin, Gastwirtin und (selten) Ärztin. Es gab auch selbstständige Geschäftsfrauen; bekannt ist z.B. eine Lampenherstellerin.

Im Vergleich zu den Verhältnissen in Athen lebten die römischen Frauen weniger zurückgezogen. Sie nahmen an den Mahlzeiten mit Gästen teil, konnten sich allein in der Öffentlichkeit zeigen und nicht nur Läden, sondern auch öffentliche Veranstaltungen wie Wagenrennen oder Gladiatorenkämpfe besuchen. Zudem nahmen Frauen aus den angesehenen Familien über ihre Männer Einfluss auf politische Entscheidungen.

---

1. Liste die Rechte auf, die der „pater familias" gegenüber den anderen Familienangehörigen hatte. Welche Verantwortung wurde ihm aufgebürdet?
2. Eine Gesellschaft, in der ein Familienoberhaupt eine solche Stellung besitzt wie im alten Rom, nennt man „patriarchalisch". Gibt es in unserer Gesellschaft noch solche Verhältnisse?

1 Eine römische Hochzeit.
Relief aus dem 2. Jh. n. Chr. Nachdem die Braut am Vorabend ihre Mädchenkleider und ihr Kinderspielzeug den Hausgöttern geweiht hatte, legte sie am Morgen ihre Hochzeitskleider an. Traf der Bräutigam ein, reichten sich beide feierlich die Hände, wobei sie die Ehegötter anriefen und ihnen opferten. Danach wurde der Ehevertrag, der die Mitgift regelte, unterzeichnet.

Angetan mit einem Schleier wurde die Braut nun in einem fröhlichen Fackelzug unter Gesängen zum Haus des Bräutigams geleitet. Dieser trug sie dort über die Türschwelle und führte sie zum Herd, wo die Hausgötter und Ahnenbilder um das Feuer aufgestellt waren. Die Braut brachte ein Opfer dar, Gebete wurden gesprochen, und gemeinsam verzehrte das Brautpaar einen Kuchen, der aus feinstem Mehl zubereitet war. Erst am folgenden Tag fand dann das große Hochzeitsmahl mit vielen Gästen statt.

Beschreibe, was auf dem Relief vorgeht.

2 Verlobungsringe.

3 Ein Mann trauert
Aus der Grabrede eines Römers für seine Ehefrau (1. Jh. v. Chr.):

Ehen von so langer Dauer, die durch den Tod beendet, nicht durch Scheidung getrennt werden, sind selten. Ward es uns doch beschieden, dass un-
5 sere Ehe ohne eine Trübung bis zum 41. Jahre fortdauerte [...].
Was soll ich deine häuslichen Tugenden preisen, deine Keuschheit, deine Folgsamkeit, dein freundliches und um-
10 gängliches Wesen, deine Beständigkeit in häuslichen Arbeiten, deine Frömmigkeit, frei von allem Aberglauben, deine Bescheidenheit im Schmuck, die Einfachheit im Auftreten? Wozu soll ich re-
15 den von der Zuneigung zu den Deinen, deiner liebevollen Gesinnung gegenüber der ganzen Familie? [...]
Wir haben uns so die Pflichten geteilt, dass ich die Betreuung deines Vermö-
20 gens übernahm und du über dem meinen wachtest [...]. Als ich vor politischer Verfolgung fliehen musste, warst du es, die mir mit Hilfe deines Schmuckes die meisten Mittel dazu
25 verschaffte [...].

Jochen Martin, Das alte Rom. Geschichte und Kultur des Imperium Romanum, München 1994, S. 188, übersetzt von Hans-Jürgen Hillen (vereinfacht)

1. Vergleiche die Hochzeit damals und heute (M 1). Wodurch wurde/wird die Ehe geschlossen?
2. Arbeite das von Frauen erwartete Verhalten heraus (M 3).

Sklavenleben

Sklaven – Eigentum anderer
Zu einer römischen Familie gehörten Sklaven. Diese unterstanden der Gewalt des „pater familias" und waren sein Eigentum: Er konnte über sie und ihre Nachkommen verfügen wie über Haustiere oder Geräte. Er durfte sie nicht nur zu den härtesten Arbeiten zwingen, sie nach seinem Ermessen belohnen und bestrafen, sondern er konnte sie sogar – als Teil des Familienvermögens – verkaufen, verleihen oder verschenken.
Warum gab es Sklaven, und wie lebten sie in Rom und im Reich?

Wie man Sklave wurde
Die wichtigste und früheste Wurzel der Sklaverei war – wie in Griechenland – die Kriegsgefangenschaft. Die Römer glaubten, dass nach einem Kampf auf Leben und Tod der Überlegene das Recht habe, den Unterlegenen zu töten und dessen Eigentum, auch Frau und Kinder, zu übernehmen. Ließ der Sieger den Besiegten am Leben, so gehörte ihm dessen Leben: Er konnte es als Arbeitskraft selbst „nutzen" oder durch Verkauf zu Geld machen.

1 Sklavenfessel aus Südattika.
Nur Sklaven, die im Bergbau arbeiten mussten, erhielten solche Fesseln. In der rechten Fessel haben sich Knochenreste erhalten.

Da die Römer in ihren Kriegen ganze Heere gefangen genommen und zahllose Städte erobert hatten, gerieten Hunderttausende in die Sklaverei. In Friedenszeiten wurden die Sklavenmärkte von Menschenräubern beliefert, vor allem von Piraten.
Als Sklave konnte man auch zur Welt kommen. Denn als Sklave galt, wer eine Sklavin zur Mutter hatte.

Was kosten Sklaven?
Der Preis für einen Sklaven oder eine Sklavin richtete sich nach Alter, Gesundheit und Ausbildung. Junge und gesunde Männer und Frauen ohne Ausbildung kosteten in Rom zu Beginn der Kaiserzeit etwa den Jahreslohn eines Arbeiters. Spezialisten wie beispielsweise Sprachlehrer für Griechisch oder Ärzte waren teurer: Für sie wurde auf den Sklavenmärkten das Hundertfache gezahlt.

Ohne Sklaven läuft fast nichts
Sklaven brauchten keinen Wehrdienst zu leisten. Während der Kriegszüge der Römer mussten sie aber dafür sorgen, dass genügend Nahrungsmittel angebaut sowie die notwendigen Güter hergestellt und transportiert wurden. Insofern bildete die Sklaverei eine Voraussetzung für die Eroberungen Roms.
Nutzen aus der Sklaverei zogen vor allem die Großgrundbesitzer aus dem Senatoren- und Ritterstand. Sie setzten seit dem 2. Jh. v. Chr. immer mehr Sklaven als Landarbeiter auf ihren großen Ländereien ein.
Zur selben Zeit wurden Sklaven in Betrieben wie Großbäckereien oder Töpfereien und im Bergbau beschäftigt. Für den Beginn der Kaiserzeit schätzen Wissenschaftler die Zahl der Sklaven in Italien auf 2,5 Mio. bei etwa 7,5 Mio. Einwohnern.

2 Sklaven bei der Arbeit.
Mosaik, um 350 n. Chr. Beschreibe die Arbeiten auf dem Bild.

Lebens- und Arbeitsbedingungen

Die Lebensbedingungen der Sklaven hingen von ihren Besitzern ab. Entscheidend war, ob sie zu einem städtischen oder einem ländlichen Haushalt gehörten und welche Aufgaben sie dort zu erfüllen hatten. Sklaven und Sklavinnen wurden nicht nur als ungelernte Arbeiter, Diener, Köche, Hausgehilfinnen oder Ammen beschäftigt, sondern auch als Privatsekretäre, Lehrer und Ärzte. Zahlreiche Sklaven leiteten im Auftrag ihres Herrn Geschäfte und Handwerksbetriebe, außerdem gab es Sklaven im öffentlichen Dienst (z.B. bei der Feuerwehr). Ihre wirtschaftliche Lage war in der späten Kaiserzeit in der Regel nicht ungünstiger als die vieler freier Stadtbewohner. Dennoch blieben sie Außenseiter der Gesellschaft.

Viel schlechter erging es den Sklaven, die in großen Arbeitskolonnen auf Landgütern bei der Feldarbeit eingesetzt wurden oder angekettet in Bergwerken, Steinbrüchen oder auf Galeeren arbeiten mussten.

Nicht von ungefähr brachen die großen Sklavenunruhen (135-132 v. Chr. und 105-101 v. Chr.) in Sizilien auf dem Lande aus. Auch der berühmte Aufstand des Gladiatorensklaven *Spartacus* (73-71 v. Chr.) wurde durch die ländlichen Sklaven zur größten Sklavenerhebung Italiens. Etwa 70 000 Sklaven und verarmte Bürger lehnten sich über zwei Jahre gegen die römische Macht auf und zogen plündernd und raubend durch das Land. Ihr Hauptziel war die Wiedererlangung ihrer persönlichen Freiheit, nicht die allgemeine Beseitigung der Sklaverei. Alle Sklavenaufstände fanden ein blutiges Ende. Die Überlebenden wurden am Kreuz hingerichtet.

Einmal Sklave – immer Sklave?

Aus der Kaiserzeit sind zwar kritische Stimmen römischer Schriftsteller zur Sklaverei überliefert, aber diese klagten nur den unmenschlichen Umgang mit Sklaven an. Eine Abschaffung der Sklaverei forderten sie nicht.

Sklaven, die Geld gespart oder geerbt hatten, konnten sich freikaufen. Auch war mancher Herr bereit, einen Sklaven als Belohnung für eine besondere Leistung oder für lange treue Dienste freizulassen. Die Freilassung war das Lebensziel fast aller Sklaven und Sklavinnen, besonders wenn sie Kinder hatten. Die Aussicht darauf lohnten sie dem Herrn durch erhöhte Arbeitsleistung. Auch nach der Freilassung musste dieser nicht auf ihre Dienste verzichten: Sie blieben ihm meist als Klienten verbunden und gehörten weiterhin zur „familia".

Zu Beginn der Kaiserzeit wurde es vor allem in den Städten üblich, Sklaven nach etwa fünf Jahren freizulassen, vorausgesetzt, sie waren über 30 Jahre alt und hatten sich nichts zu Schulden kommen lassen. Danach sank die Zahl der Sklaven.

1. In Italien (auch in Ägypten und Griechenland) waren viele freie Bürger in die Sklaverei geraten. Erinnerst du dich auf welche Weise?
2. Überlege, aus welchen Ländern im 2. und 1. Jh. v. Chr. besonders viele Sklaven nach Italien gekommen sein müssen.

1 Sklavenmarke aus Rom oder der Umgebung, 4. Jh. n. Chr.

Manche Sklaven trugen Marken am Halsband. Die abgebildete Aufschrift lautet sinngemäß: „Hindere mich an der Flucht und bringe mich zu meinem Meister, Viventius, der im Hof des Callistus wohnt, zurück."

2 Aus Gefangenen werden Sklaven

Der jüdische Geschichtsschreiber Josephus, der an dem bewaffneten Aufstand der Juden gegen die römischen Besatzer teilnahm (66-70 n. Chr.) berichtet:

Als die Soldaten vom Töten bereits ermüdeten, jedoch noch eine große Menge Überlebender zum Vorschein kam, befahl der spätere Kaiser Titus, nur die
5 Bewaffneten und die aktiv Widerstand Leistenden zu töten, die übrige Menge aber lebend gefangen zu nehmen [...]. Von den jungen Leuten sonderte man die körperlich größten und ansehnlichs-
10 ten aus und sparte sie auf für den Triumphzug. Von der übrigen Menge schickte man die Gefangenen, die älter waren als 17 Jahre, in die ägyptischen Bergwerke und Steinbrüche, die meis-
15 ten aber verteilte Titus als Geschenke auf die Provinzen, wo sie in den Amphitheatern* durch Schwert und wilde Tiere umkommen sollten. Gefangene unter 17 Jahren verkaufte er.

20 Werner Eck u. Johannes Heinrichs (Hrsg.), Sklaven und Freigelassene in der Gesellschaft der römischen Kaiserzeit, Darmstadt 1993, S. 6 (vereinfacht)

* Siehe dazu die Bildunterschrift zu Abb. 1, Seite 144.

3 Sklavenschicksale

*Im Jahre 54 v. Chr. schrieb der Politiker und Philosoph **Cicero** seinem Schreibsklaven Tiro:*

Ich bin tief beunruhigt wegen deiner Gesundheit [...] und würde dir mehr schreiben, wenn ich glauben könnte, dass du schon gern Briefe lesen magst.
5 So richte deinen Geist, den ich sehr hoch schätze, darauf, dass du ihn für mich und für dich bewahrest [...].
Nachdem ich den Brief geschrieben habe, kommt endlich Hermia: Ich habe
10 nun deinen Brief in der Hand, geschrieben mit zittrigen Buchstaben; kein Wunder, bei einer so schweren Krankheit! Ich schicke dir Ägypta – weil er ein feinfühliger Mensch ist und dich
15 zu lieben scheint – damit er dich umsorgt; und mit ihm einen Koch. Lebewohl!

*Der Philosoph und Schriftsteller **Apuleius** (2. Jh. n. Chr.) beschreibt das Los der Mühlensklaven:*

Gute Götter, welch elende Menschlein gab es dort: Ihre ganze Haut mit graublauen Striemen gezeichnet, ihr zerschundener Rücken mit zerschlisse-
5 nen Lumpen mehr behangen als bedeckt, einige überhaupt nur mit einem winzigen Lappen in der Schamgegend; und alle waren so wenig und schlecht bekleidet, dass man ihre Körper durch
10 die Fetzen hindurch sah; ihre Stirn war mit Buchstaben markiert, ihr Haar halb abrasiert, ihre Fußgelenke steckten in Eisenringen.

Cicero, ad fam. 16,15, übers. von Klaus Gast sowie Werner Eck u. Johannes Heinrichs (Hrsg.), a. a. O., S. 113

4 „Warum denken sie so?"

Der Politiker und philosophierende Schriftsteller Seneca (4 v. Chr.-65 n. Chr.) schreibt an einen Freund:

Ich lache über die, die es für schimpflich halten, mit ihrem Sklaven zu speisen!
Warum denken sie so?
5 Nur weil die überaus hochmütige Gewohnheit herrscht, dass um den Herrn beim Speisen eine Schar von Sklaven herumsteht! Dieser stopft mehr in sich hinein als er verdauen kann und belädt
10 mit ungeheurer Gier seinen vorstehenden Bauch, der seine Pflicht schon nicht mehr erfüllen kann, so dass er mit größerer Mühe alles wieder hervorbringt, was er in sich hineingetan hat –
15 aber den unglücklichen Sklaven ist nicht einmal erlaubt, die Lippen zu bewegen, um zu sprechen. Mit der Rute wird jedes Flüstern unterdrückt. Sogar unwillkürliche Laute ziehen Prügel nach
20 sich: Husten, Niesen, Schluckauf. Mit harter Bestrafung wird jede Unterbrechung der Stille geahndet. Die ganze Nacht hindurch stehen die Armen da, stumm und ohne Essen.

Seneca, ad Lucilium 47,2-4, übers. von Klaus Gast

---

1. Schreibe auf, was du aus den Quellen (M 1 bis M 4) Neues über die Sklaverei erfahren hast.
2. Entwickelt ein Rollenspiel zu folgendem Problem: Ein pater familias hat vor mehreren Jahren eine hohe Summe für einen griechischen Hauslehrer bezahlt. Der Sklave unterrichtet dessen einzige Tochter erfolgreich. Sie kommt auf den Gedanken, den Vater um Freilassung des Lehrers zu bitten ...

Wie herrscht Caesar?

Eine steile Karriere
Im Jahre 100 v. Chr. wurde *Gaius Iulius Caesar* geboren. Er entstammte einer der ältesten Familien Roms. Von Jugend an neigte Caesar den Populären zu. So war es gut für ihn, dass er während der Diktatur Sullas im Osten Militärdienst leistete und erst nach dessen Tod in die Hauptstadt zurückkehrte. Seine Ämterlaufbahn begann er im Jahre 68 v. Chr. als Quästor. Um als Politiker bekannt zu werden, veranstaltete Caesar als Ädil besonders prächtige Spiele. Die riesigen Geldsummen, die er sich dafür geliehen hatte, konnte er erst zurückzahlen, nachdem er Statthalter in Spanien gewesen war (61 v. Chr.).

Das Jahr 60 v. Chr. wurde für Caesar besonders wichtig. Mit dem angesehenen Feldherrn *Pompejus*, der das Mittelmeer von Seeräubern befreit und im Osten bis zur Grenze Arabiens römische Provinzen errichtet hatte, und *Crassus*, dem als reichstem Mann Roms ganze Stadtviertel gehörten, schloss er eine wichtige Vereinbarung: das erste **Triumvirat** (dt. *Dreimännerbund*). Gemeinsam wollten die drei ihre politischen Pläne gegen den Senat durchsetzen.

Caesar unterwirft Gallien
Caesar konnte in das Triumvirat, das von seinen Gegnern „dreiköpfiges Ungeheuer" genannt wurde, nicht mehr einbringen als das Konsulamt für das Jahr 59 v. Chr. Er nutzte es, um sich die Statthalterschaft der Provinz Gallien, die Norditalien und Teile Südfrankreichs umfasste, zu sichern.

Zwischen 58 und 50 v. Chr. eroberte er mit einem riesigen Heer das restliche Gallien vom Atlantik bis zum Rhein. Außerdem unternahm er mehrere Kriegszüge nach Germanien und Britannien.

Eine Million Gallier soll in den sieben Kriegsjahren umgekommen, eine weitere in die Sklaverei gegangen sein. Die großen Reichtümer des Landes füllten die Kassen Caesars und seiner Anhänger.

1 Gaius Iulius Caesar.
Diese 33 cm hohe Marmorbüste wurde wohl kurz nach Caesars Tod angefertigt.
In Schriften verteidigte Caesar sein Vorgehen als Feldherr und Politiker. „Caesar" wurde zum Beinamen, später zum Titelbestandteil der römischen Kaiser. Er lebt in den Herrschertiteln „Zar" und „Kaiser" fort.

2 Unterwerfung Galliens.

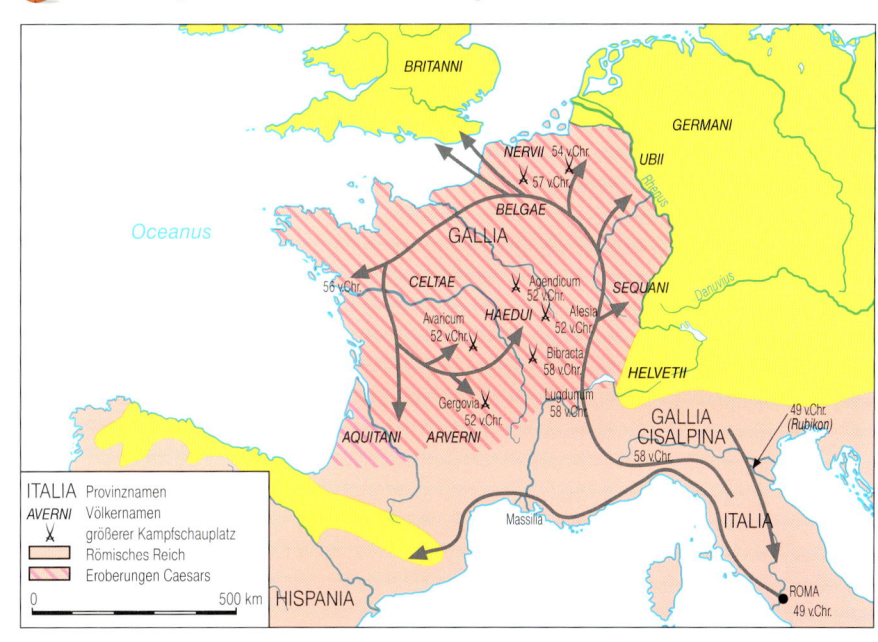

3 Die Niederlage der Gallier im Comic.
Nach: Rene Goscinny und Albert Uderzo, Asterix und der Arvernerschild (Großer Asterix-Band XI), übers. von Gudrun Penndorf, Stuttgart: Delta-Verlag 1972, Seite 5.
Im Jahr 52 v. Chr. führte Vercingetorix einen Aufstand der Gallier gegen Caesar an. Bei Alesia siegten die Römer. Damit war Gallien unter römische Herrschaft gelangt.
Der Comic-Zeichner hat eine ganz besondere Auffassung von der endgültigen Niederlage der Gallier. Beschreibe seine Sicht.
Siehe dazu auch den Lerntipp auf Seite 126.

④ Freiheitsmütze zwischen zwei Dolchen.
Münze von 43/42 v. Chr.
Die Münze ließ der Caesarmörder Brutus nach seiner Flucht im Osten des Reiches prägen. Die Aufschrift EID[ibus] MAR[tiis] ist die abgekürzte Datumsangabe (an den Iden des März).
In der Mitte ist eine Kappe (lat. pilleus) zu sehen. Solche Kopfbedeckungen wurden von freigelassenen Sklaven getragen.

Kampf um die Macht

Caesars Erfolge und seine wachsende militärische Macht beobachtete der Senat in Rom mit Misstrauen. Die Optimaten fürchteten um ihre führende Stellung. Ihnen gelang es, den eifersüchtigen Pompejus auf ihre Seite zu ziehen. In einem widerrechtlichen Senatsbeschluss setzten sie Caesar als Statthalter und Heerführer ab.
Als Caesar davon erfuhr, befand er sich an der Grenze zwischen seiner Provinz und Italien. Er wusste, dass er ohne Amt und Truppen den Angriffen seiner Gegner ausgeliefert war.
Damit wollte er sich nicht abfinden. Er suchte die Entscheidung in einem Bürgerkrieg. Am 10. Januar 49 v. Chr. überschritt er mit seinen Truppen den Grenzfluss *Rubikon*, um nach Rom zu marschieren.

„Ich kam, ich sah, ich siegte"

Caesars Gegner flohen übers Meer nach Griechenland. Ungehindert konnte er in Rom einziehen. In den Provinzen waren die Truppen des Senats zwar zahlenmäßig überlegen, doch Caesar schaffte es regelmäßig, sie zu besiegen. So geriet Caesars Kampf gegen seine Feinde zu einem vierjährigen Siegeszug rund ums Mittelmeer: Spanien – Griechenland – Ägypten – Kleinasien – Nordafrika – Spanien. Aus dieser Zeit stammen seine stolzen Worte: „Ich kam, ich sah, ich siegte" (lat. *veni, vidi, vici*).
In Rom übertrug man Caesar das Amt des Diktators, zunächst zeitlich begrenzt, ab 45 v. Chr. auf Lebenszeit. Seine Macht nutzte er, um Reformen durchzusetzen:
- Die Bewohner Norditaliens erhielten das Bürgerrecht, und die Städte Italiens konnten sich selbst verwalten.
- Zur Altersversorgung der Soldaten sowie für Proletarier wurden auch außerhalb Italiens Kolonien gegründet.
- In Rom erhielten nur noch 150 000 Proletarier Getreidespenden, weil die Arbeitslosigkeit gesenkt werden konnte.
- Die Zahl der Senatoren wurde auf 900 erhöht; außerdem durften sie jetzt auch aus den Provinzen stammen.
- Eine längst fällige Kalenderreform wurde durchgeführt (die Jahreszeiten hatten sich verschoben, die Bäume blühten Ende Januar).

Zugleich startete Caesar in Rom ein öffentliches Bauprogramm. Dazu wollte er den Tiber umleiten, den Hafen ausbauen und Sümpfe trockenlegen.

⑤ „Caesar und Kleopatra". →
Standbild aus dem amerikanischen Historienfilm „Cleopatra", 1962. Kleopatra, die letzte Königin von Ägypten, wurde von Caesar unterstützt. Einer Erzählung nach verschaffte sie sich in einem Stoffballen Zugang zu seinen Gemächern. Sie wurde Caesars Geliebte und gebar ihm einen Sohn. 46-44 v. Chr. hielt sich Kleopatra in Rom auf.

„Auch du, mein Sohn?"

Der Senat überhäufte Caesar mit Ehrungen. Er durfte ständig das Purpurgewand des Triumphators mit goldenem Lorbeerkranz tragen, erhielt den Ehrennamen *Vater des Vaterlandes*, und sein Geburtsmonat bekam den Namen *Iulius*.
Caesar regierte wie ein König. Dies war für eine Minderheit im Senat, die an der Republik festhielt, unerträglich.
An den **Iden des März** (15. März) 44 v. Chr. wurde Caesar vor einer Senatssitzung von einer Gruppe von Senatoren durch 23 Dolchstiche getötet. Unter den Mördern war sein junger Freund *Brutus*, zu dem er gesagt haben soll: „Auch du, mein Sohn?" Die Attentäter retteten die Republik nicht. Ein weiterer Bürgerkrieg um Caesars Erbe folgte.

---

1. Zeichne Caesars Aufstieg als Treppe, deren Stufen du Jahreszahlen zuordnest. (Die Stufen können unterschiedlich hoch und breit sein.)
2. Prüfe die Reformen Caesars. Welche lagen im Interesse des Staates, welche nutzten ihm selbst?
3. Warum wählte Brutus das Motiv für die Münze (Abb. 4)? Was wollte er erreichen? Was zeigt dir dieses Beispiel für die Bedeutung von Münzen?

M 1 Über den Feldherrn und Politiker Caesar

*Der Schriftsteller **Sueton** (70-140 n. Chr.) schreibt über den Feldherrn und Politiker Caesar:*

Seine Soldaten beurteilte er weder nach ihrer Moral noch nach ihrer äußeren Stellung, sondern nur nach ihren militärischen Fähigkeiten [...]. Weder nahm er alle Vergehen zur Kenntnis, noch bestrafte er sie ihrer Schwere entsprechend, war aber gegenüber Deserteuren* und Meuterern ein sehr strenger Richter und Rächer; im Übrigen drückte er ein Auge zu [...].
Bei Ansprachen redete er sie nicht mit „Soldaten", sondern mit dem schmeichelhafteren „Kameraden" an, und er hielt auch auf ihr Äußeres: So stattete er sie mit silber- und goldverzierten Waffen aus, einmal des Aussehens wegen, dann auch, damit sie im Kampf eher darauf achteten und Angst hätten, sie zu verlieren [...]. Auf diese Weise spornte er sie zu größter Ergebenheit und Tapferkeit an. Als er den Bürgerkrieg begann, steuerten die Offiziere jeder Legion aus ihrem Ersparten die Ausrüstung je eines Reiters bei, und alle Soldaten boten sich an, ohne Sold und Getreiderationen, ganz umsonst, für ihn zu kämpfen [...].
Gegenüber seinen Freunden war Caesar immer zuvorkommend und nachsichtig [...]. Auf dem Gipfel seiner Macht erhob er auch Leute aus den untersten Schichten zu hohen Ehren [...]. Andererseits saßen seine Feindschaften nie so tief, dass er sie nicht bei Gelegenheit gerne beilegte.

*Der griechische Schriftsteller **Plutarch** (46-120 n. Chr.) berichtet:*

Vor Caesars Glück indes beugten die Römer trotz alledem das Haupt und fügten sich willig ins Joch. Und da sie unter der Monarchie Erholung zu finden hofften von den Leiden der Bürgerkriege, ernannten sie ihn zum Diktator auf Lebenszeit. Dies bedeutete die unverhüllte Tyrannis [...].
Wenn aber der Hass gegen Caesar immer sichtbarer hervorbrach und ihn schließlich in den Tod hineinriss, so trug daran sein Streben nach der Königswürde die Schuld. Für das Volk war dies der erste Anlass, sich von ihm abzuwenden, für seine Gegner [...] ein besonders günstiger Vorwand.

Sueton, Gaius Iulius Caesar, 65 ff., zitiert nach: ders., Leben der Caesaren, übers. u. hrsg. von André Lambert, Reinbek 1960, S. 38 ff. u. Plutarch, Große Griechen und Römer, Caesar 57 u. 60, übers. von Walter Wuhrmann, München 1994

* **Deserteur:** Soldat, der zur Gegenseite überläuft oder seinen Platz verlässt.

1. Vergleiche die Äußerungen über Caesar von Sueton und Plutarch (M 1). Inwieweit entsprechen ihre Aussagen Caesars Taten, wie sie im Lehrbuchtext dargestellt werden?
2. Wie beurteilst du, dass Brutus und die anderen Verschwörer die Republik durch einen „Tyrannenmord" retten wollten?
3. Auch ein Historienfilm enthält Deutungen von Geschichte. Wie erscheint Caesar auf dem Szenenbild (Abb. 5)? Welche Darstellungsmittel wurden angewandt?

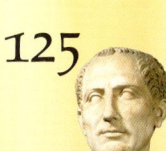

LERNTIPP

Geschichte in Comics und Jugendbüchern

„Wir befinden uns im Jahr 50 v. Chr. Ganz Gallien ist von den Römern besetzt …. Ganz Gallien? Nein!" – Kennt ihr diese Sätze? Mit ihnen beginnt jeder Comic über den kleinen Gallier Asterix (von *astérisque:* Sternchen), der sich mit seinen Freunden Caesar, dem mächtigsten Mann Roms, in den Weg stellt. – Was hat Asterix und was haben Comics aber in eurem Geschichtsbuch zu suchen?

In manchen Comics kommen Personen und Ereignisse aus der Geschichte vor. In den gezeichneten Bildern werden sie uns scheinbar lebensecht vorgestellt und in Sprechblasen reden sie zu uns. Aber Vorsicht: Im Comic werden Geschichte und Erfindung bunt gemischt, ohne dass wir das immer auf Anhieb erkennen.

Dasselbe gilt für historische Jugendbücher. Deren Autoren verwenden aus der Geschichte, was ihnen entweder unterhaltsam erscheint oder was sie für ihre Zwecke brauchen können. Sie wollen Interesse für die Geschichte wecken, aber kein historisches Sachbuch schreiben. Manchmal folgen sie den historischen Quellen, manchmal gehen sie frei mit ihnen um: sie verändern, fügen etwas hinzu, lassen weg, was ihnen langweilig erscheint oder nicht in ihr Konzept passt. Vor allem die wörtlichen Reden sind so gut wie immer erfunden.

Comics und historische Erzählungen können und sollen uns „Appetit" machen, uns mit Geschichte zu befassen. Sie reichen nicht aus, wenn ihr euch über Personen und Ereignisse der Geschichte zuverlässig informieren wollt. Oft muss man eine ganze Menge wissen, um den Zeichnern und Erzählern nicht auf den Leim zu gehen.

Die folgenden Fragen können dir helfen, Comics und Geschichtserzählungen zu prüfen:
- Welche Handlung wird erzählt? Was davon hat sich tatsächlich ereignet? Was wurde erfunden, was weggelassen?
- Welche Personen kommen vor? Sind sie historisch nachweisbar oder ausgedacht? Welche Eigenschaften und Charakterzüge haben sie? Entsprechen sie den historischen Personen? Lassen sie sich durch Quellen bestätigen oder widerlegen?

M 1 „Wie alles begann …"
Asterix-Hefte erscheinen seit 1959 in Frankreich und seit 1967 in deutschen Übersetzungen; die Texte stammen von Rene Goscinny (*1926) und die Zeichnungen von Albert Uderzo (*1927). Die abgebildete Seite ist aus: Gallische Geschichten mit Asterix und Obelix. Goscinny und Uderzo präsentieren das Beste aus 29 Abenteuern, übers. von Gudrun Penndorf, Stuttgart: Ehapa Verlag 2. Auflage 1994, Seite 6.
Prüft die erste Aussage des Comics.

M 2 Interview mit einem Geschichtenerzähler

Warum stellen Sie, Herr Brückner, jedem Hauptkapitel von „Das waren Zeiten" eine Erzählung voran?

Ein Geschichtsbuch für die Schule muss in erster Linie sachlich informieren. Meine kurzen Erzählungen fallen da absichtlich etwas aus dem Rahmen: Sie
5 wirken durch die wörtliche Rede locker, denn sie sollen Interesse bei den Schülern wecken. Sie sprechen auf unterhaltsame Weise ein Thema an und führen so in das Kapitel ein.

Woher bekommen Sie die Anregungen für die Erzählungen?

10 Im Fall von „Lucy" (siehe Seite 14) war es ein kurzer Abschnitt in einem Sachbuch über die Entdeckung dieses sensationellen Fundes. Hier stimmen alle Angaben über die Umstände des Ge-
15 sprächs mit der Wirklichkeit überein. Erfunden habe ich den Wortlaut des Gesprächs. Die Erzählung über den Wesir des Cheops (siehe Seite 36) habe ich wie ein Mosaik aus vielen kleinen
20 Informationen über den Pyramidenbau und die Aufgaben des Wesirs zusammen gesetzt, der tatsächlich gelebt hat. Und die Anregungen zu „Europa" und „Romulus und Remus" (siehe die Seiten 62
25 und 102) verdanke ich griechischen und römischen Sagen.

Gehören solche Erzählungen überhaupt in ein Geschichtsbuch?

Ich finde, sie bereichern es ganz wesentlich. Erstens beruhen sie alle auf geschichtlichen Quellen oder Dokumen-
30 ten. Zweitens sind sie kurz. Und drittens: Auf jede Erzählung folgt ein langes Kapitel mit einer sachlichen Darstellung und einer bunten Reihe historischer Quellen. Schüler lernen
35 Geschichte ja nicht aus der einen Erzählung. Vielmehr werden sie von ihr angeregt, dem angetippten Thema mit sachlich zuverlässigen Informationen auf den Grund zu gehen.

Gesprächsprotokoll vom Oktober 2003

M 3 Wie sah Caesar aus?

*In dem Roman „Caesar und der Gallier" von **Hans Dieter Stöver** (* 1937) wird Caesar von dem 17-jährigen Römer Sextus, der Hauptfigur der Erzählung, so beschrieben:*

So dunkel hatte er sich Caesars Augen nicht vorgestellt. Er spürte, welche Kraft von ihnen ausging, doch er sah auch, dass die Strapazen und Anstrengungen
5 der vergangenen Wochen Spuren in seinem Gesicht hinterlassen hatten. Scharf zeichneten sich die Falten an den Seiten des Mundes ab. Noch mehr fiel ihm auf: die helle, weiche Haut, die fei-
10 nen, sehr gepflegten Hände, die scharfen Backenknochen, die hagere und doch kraftvolle Gestalt. Caesars Bewegungen waren geschmeidig, schnell, gezielt, besonders die der Augen. Ih-
15 nen schien nichts zu entgehen.

Plutarch *(siehe M 1, Seite 125) schreibt:*

Er war von hagerer Gestalt und hatte eine zarte weiße Haut […].

Sueton *(siehe M 1, Seite 125) berichtet:*

Er soll von stattlicher Figur gewesen sein, weiße Haut, schlanke Gliedmaßen,
20 ein etwas zu volles Gesicht, schwarze, lebhafte Augen […]. Um sein Aussehen war er allzu besorgt. […] Über seine Glatze war er sehr ärgerlich, da sie seinen Gegnern oft Anlass zu Witzen bot.
25 Deshalb pflegte er seine Haare vom Scheitel nach vorn zu bürsten […].

Erster Text: Hans Dieter Stöver, Caesar und der Gallier, München 2. Auflage 2001, S. 268 f. Zweiter Text: Plutarch, Von großen Griechen und Römern, Caesar 17.2. Dritter Text: Sueton, Leben der Caesaren, Caesar 45

M 4 Gaius Iulius Caesar.
26 cm hohe Marmorbüste, um 20 v. Chr.

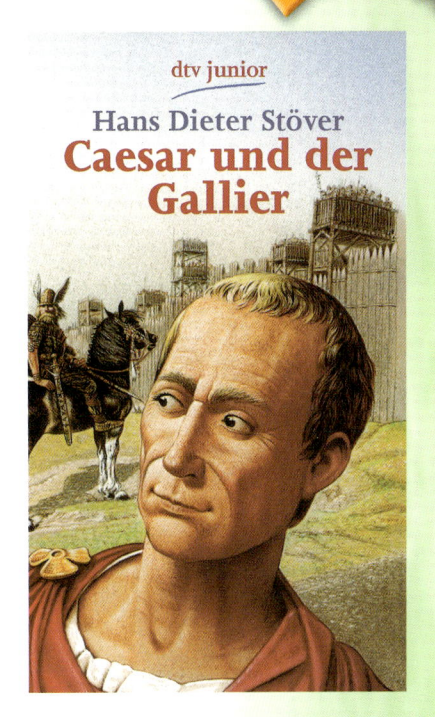

M 5 „Caesar und der Gallier".
Umschlagbild von Tilman Michalski, um 2000.
Vergleiche das Bild von Caesar mit M 3, M 4 und Abb. 1 auf Seite 123. Was fällt dir auf?

● **Lesetipps** → *Ausgewählte Hinweise auf historische Jugendbücher findet ihr im Anhang des Buches auf den Seiten 195 f.*

1. *Comics wirken oft lustig. Warum (M 1)?*
2. *Wann empfindet ihr eine Geschichtserzählung als unterhaltsam? Untersucht dazu in diesem Buch die Beispiele auf den Auftaktseiten. Berücksichtigt M 2.*
3. *Welche Aussagen über Caesar sind von Stöver frei erfunden, welche kann er aus schriftlichen und bildlichen Quellen übernommen haben (M 3 und M 4)?*

Augustus: Retter oder Zerstörer der Republik?

Gaius Octavius setzt sich durch
Mit dem neuen Bürgerkrieg begann der Aufstieg des *Gaius Octavius*. Er war von seinem Großonkel Caesar adoptiert und zum Erben bestimmt worden; der 18-Jährige hieß nun *Gaius Iulius Caesar Octavianus*. Zu Ehren seines Adoptivvaters veranstaltete er in Rom prächtige Spiele und stellte mit eigenem Geld ein Privatheer auf. Für den Krieg gegen die Caesar-Mörder verbündete er sich mit *Antonius*, einem Anhänger seines Adoptivvaters. Nach ihrem Sieg überließ er diesem die Regierung der östlichen Reichshälfte.
Octavian wollte sein Erbe nicht teilen. Er warf Antonius vor, eine unerlaubte und für Rom gefährliche Verbindung mit der ägyptischen Königin *Kleopatra* eingegangen zu sein. Rom erklärte daraufhin Kleopatra – und damit auch ihrem Partner Antonius – den Krieg. Die Entscheidung fiel 31 v. Chr. in der **Seeschlacht bei Aktium** an der Küste Griechenlands. Octavians Flotte siegte. Kleopatra und Antonius begingen Selbstmord. Ägypten wurde römische Provinz.

Die „Bescheidenheit" des Augustus
Endlich war der Bürgerkrieg vorbei. Octavian, der in Rom mehr als 2000 politische Gegner, darunter 300 Senatoren, hatte umbringen lassen, war der unumstrittene Herr des Römischen Reiches. Im Jahre 27 v. Chr. veranstaltete er einen Triumphzug und erklärte vor dem Senat den Rücktritt von allen Ämtern. Der Reaktion der Senatoren muss sich Octavianus sicher gewesen sein: Sie protestierten und baten ihn einhellig, doch wenigstens in den von Feinden bedrohten Provinzen den militärischen Oberbefehl zu behalten. Als er zögernd zustimmte, wurde er mit Ehrungen überhäuft. Octavianus wurde als zweiter Romulus gefeiert, der Rom mit Hilfe der Götter neu gegründet habe. Dies drückte der Ehrenname aus, der ihm vom Senat verliehen wurde: *Augustus* (dt. *der Erhabene*; daraus wurde später die Formel *Imperator Augustus*, dt. *Kaiserliche Majestät*).

1 Bildnis des Augustus.
Etwa 8 cm hoher Anhänger, 1. Jh. n. Chr.
(die Fassung stammt aus dem 17. Jh.).
Im Jahre 27 v. Chr. erhielt Augustus vom Senat „für die Rettung aller Bürger" die „corona civica", den Eichenkranz. Er wurde seit langem für die Rettung eines Mitbürgers in der Schlacht verliehen. Lies dazu nochmals M 3, S. 115.
Dieses Ehrenzeichen nahm später mehr und mehr den Charakter eines Herrschaftssymbols an. Wie nennt man es heute?

2 Römischer Adler.
Schmuckstück (Durchmesser: 22 cm), 1. Jh. n. Chr.
(die Fassung stammt aus dem 16. Jh.).
Der Adler, der Vogel Jupiters (Zeus'), wurde zum Sinnbild der kaiserlichen Macht; in seinen Klauen hält er außer dem Eichenkranz einen Palmenzweig, das Ehrenzeichen für eine siegreiche Schlacht.

Schaubild: Machtstruktur

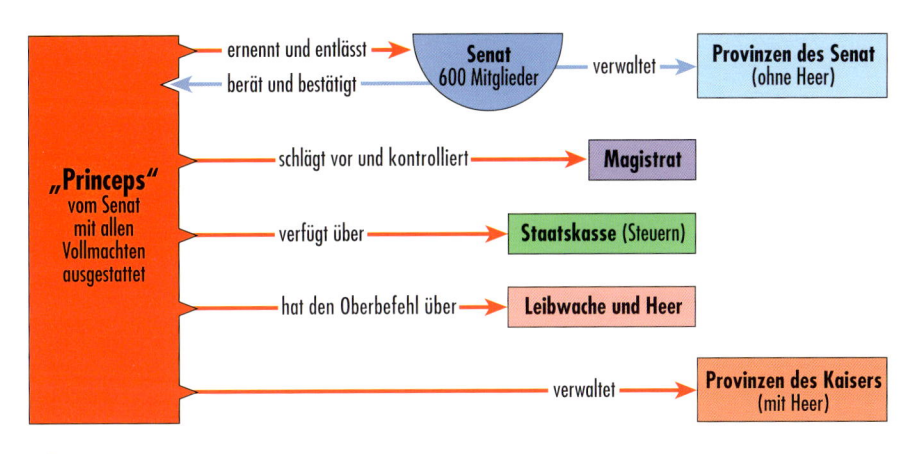

- **"Princeps"** vom Senat mit allen Vollmachten ausgestattet
  - ernennt und entlässt → **Senat** 600 Mitglieder → verwaltet → **Provinzen des Senat** (ohne Heer)
  - berät und bestätigt ←
  - schlägt vor und kontrolliert → **Magistrat**
  - verfügt über → **Staatskasse (Steuern)**
  - hat den Oberbefehl über → **Leibwache und Heer**
  - verwaltet → **Provinzen des Kaisers** (mit Heer)

3 Wie viel Macht hat der „erste Bürger"?

Die Macht des Augustus

Hinter einer republikanischen Fassade entstand ein Kaiserreich. Augustus – unter diesem Namen ist Octavianus in die Geschichte eingegangen – behielt den Oberbefehl über alle römischen Truppen sein Leben lang. Hinzu kamen im Laufe der Zeit weitere Rechte:
- Augustus erhielt auf Dauer die Befugnisse eines Volkstribunen, sie gaben ihm Schutz vor gerichtlicher Verfolgung und das Recht, Gesetze vor die Volksversammlung zu bringen.
- Er übernahm die Aufgaben eines Zensors, wodurch ihm unter anderem die Auswahl der Senatoren zustand.
- Er bekleidete das Amt des Ersten Priesters, das ihn zum obersten Wächter über Religion und Sitten machte.

Das Heer organisierte Augustus neu. Unter ihm entstand eine auch in Friedenszeiten ständig einsatzbereite Truppe: das **stehende Heer**. Es bestand aus 28 Legionen und umfasste etwa 150 000 Mann mit langjähriger Dienstzeit (20 Jahre und mehr). Ergänzt wurde das Heer durch Hilfstruppen aus den Provinzen. Augustus behielt sich die Versorgung der Soldaten vor. Sie mussten einen Treueeid auf ihn schwören. Die höchsten Kommandostellen vergab er selbst.

Auch die Verwaltung des Reiches änderte Augustus. Dem Senat beließ er die Aufsicht über die befriedeten Provinzen. Die Verantwortung für die reichsten und für die gefährdeten Provinzen, in denen die Legionen stationiert waren, lag bei ihm. Er ließ sie von Männern seiner Wahl verwalten.

Der Princeps und das Volk

Augustus wahrte den Schein, die Republik wiederhergestellt zu haben. Er behauptete, die vom Volk gewählten Magistrate an Macht nicht zu übertreffen, sondern nur durch das Maß der Verantwortung und sein persönliches Ansehen. In der Öffentlichkeit trug er deshalb wie die übrigen Senatoren die purpurgesäumte Toga. Seinem Selbstverständnis nach war er der „erste Bürger" (lat. *princeps civium*) des Staates. Nach dieser Bezeichnung erhielt die Herrschaftsform des Augustus auch ihren Namen: der **Prinzipat**.

Augustus – der Friedensbringer

Für weite Teile der Bevölkerung war es Augustus, der die über 100 Jahre andauernden Bürgerkriege beendet und eine Zeit des Friedens und Wohlstandes eingeleitet hatte.

Augustus setzte den unter Caesar begonnenen Ausbau Roms zur prunkvollen Hauptstadt fort. Er rühmte sich später, „eine Stadt aus Ziegelsteinen vorgefunden und eine aus Marmor hinterlassen" zu haben. Die von ihm durchgeführten Spiele für das Volk übertrafen die seiner Vorgänger – sieht man von denen Caesars ab – bei weitem. Kunstwerke, Inschriften und Münzen verbreiteten seine Taten. Zahlreiche Dichter verkündeten in ihren Werken, mit Augustus sei ein „goldenes Zeitalter" angebrochen.

---

1. Augustus behauptete, die Republik wiederhergestellt zu haben. Hat er Recht?
2. Stelle dir vor, du wärest Reporter im antiken Rom und könntest Augustus interviewen. Was würdest du ihn zu seinen Zielen fragen? Formuliere Antworten, wie sie Augustus gegeben haben könnte. Es lässt sich aus den Vorlagen auch ein Rollenspiel gestalten.

4 Triumphzug auf dem Forum Romanum zur Kaiserzeit.
Rekonstruierte Ansicht von Johannes Bühlmann und Friedrich von Thiersch, 1900/02.
Das Forum Romanum galt als das „Herz" der Stadt. Hier fanden Triumphzüge, Versammlungen, Gerichtsverhandlungen und Prozessionen statt.
Zu den abgebildeten Gebäuden:
① Tempel der Vesta
② Dioskuren-Tempel
③ Basilica Iulia
④ Tempel des Jupiter
⑤ Tempel des Saturn
⑥ Bogen des Kaisers Tiberius
⑦ Tempel des Kaisers Vespasian
⑧ Staatsarchiv
⑨ Tempel der Concordia
⑩ Triumphbogen des Kaisers Septimius Severus
⑪ Basilica Aemilia
⑫ Rednertribüne
⑬ Goldener Meilenstein

■ **Internettipp** → Einen virtuellen Rundgang zu den antiken Stätten Roms kannst du unter www.roma-antiqua.de finden.

Varus verliert

Im Vergleich zu Caesar zog Augustus Verhandlungen den Kriegszügen vor. Auf diesem Weg erreichte er im Osten Erfolge gegen die *Parther*. Im Norden stießen seine Stiefsöhne *Drusus* und *Tiberius* bis an die Donau vor. Aus dem von Kelten bewohnten Land zwischen Alpen und Donau wurden unter Augustus römische Provinzen.
Von den Feldherren des Augustus hatte *Varus*, der mit drei Legionen und zahlreichen Hilfstruppen über den Rhein bis zur Elbe gezogen war, Pech. Im Herbst des Jahres 9 n. Chr. wurde er von *Arminius*, einem Anführer der *Cherusker*, der im römischen Heer Offizier gewesen war, in einen Hinterhalt gelockt. In einem dreitägigen Kampf soll Rom etwa 20 000 Mann verloren haben*. Möglicherweise trug diese Niederlage dazu bei, dass der mittlere und nördliche Teil Deutschlands und Europas nicht römisch wurden.

Die Kaiserzeit beginnt

Die Bürgerkriege hatten deutlich gemacht, dass die innen- und außenpolitischen Probleme des römischen Weltreiches nicht mehr von Politikern im jährlichen Wechsel der Ämter gelöst werden konnten. Die von Augustus geschaffene Ordnung, die dem Reich 40 Jahre inneren Frieden brachte, schien dafür besser geeignet. Aber, wer sollte sein Werk weiterführen? Auch dieses Problem löste Augustus: Da er keine leiblichen Söhne hatte, bestimmte er seinen Stiefsohn *Tiberius* zu seinem Nachfolger. Ihm vererbte er mit Zustimmung des Senats seine Stellung. Die römische Kaiserzeit begann.

*Mehr über die Varus-Schlacht findest du auf den Seiten 134 f.

LERNTIPP: Eine Statue als Quelle?

1 Augustus.
Kopie der Panzerstatue aus Primaporta bei Rom, nach 20 n. Chr.

Die farbige Rekonstruktion geht auf die Marmorstatue zurück, die 1863 in der Villa der Livia, der Frau des Augustus, gefunden wurde und heute in den Vatikanischen Museen in Rom zu sehen ist. Die Bemalung wurde nach Farbspuren der Originalstatue rekonstruiert. Die Lanze ist später von Archäologen hinzugefügt worden. Denkbar wäre auch, dass die Figur im linken Arm einen Lorbeerzweig (höchste Auszeichnung für einen römischen Soldaten) trug und in der rechten die Lanze (Zeichen für die Befehlsgewalt des Herrschers) hielt. Auf dem Brustpanzer ist zu sehen, wie der Partherkönig dem Gott Mars die römischen Feldzeichen übergibt, die die Römer in einer Schlacht 53 v. Chr. an ihn verloren hatten. Augustus erreichte 20 v. Chr. die Rückgabe der Feldzeichen durch Verhandlungen.

Auf die Wirkung kommt es an

Herrscherstandbilder sollen auf die Betrachter wirken. Um sie beurteilen zu können, müssen wir sie zunächst als Ganzes und dann in ihren Einzelheiten betrachten. Wichtig sind Größe, Kopf-, Arm- und Beinhaltung, Blickrichtung, Kleidung und Beigaben. Die Besonderheiten sind nicht zufällig gewählt, sondern sollen etwas Bestimmtes aussagen. Aus ihnen können wir erschließen, wie sich der Herrscher sah und wie er vom Volk gesehen werden wollte.

An der Augustus-Statue fällt auf:
- Augustus war etwa 1,70 m groß. Die Höhe der Statue beträgt aber 2,04 m.
- Augustus trägt einen verzierten Brustpanzer und eine Lanze.
- Die Römer stellten nur ihre Götter barfuß dar.
- Die kleine Figur am rechten Bein soll der Liebesgott Amor sein, ein Kind der Venus, der Göttin der Liebe und Schönheit und die angebliche Stammesmutter der Familie von Caesar und Augustus.

1. Vergleiche den Kopf der Statue mit dem „Speerträger" von Polyklet (Abb. 1, Seite 90).
2. Die Statue wurde wahrscheinlich im Auftrag des Senats aufgestellt. Was sollte sie den Bürgern aus der Ferne mitteilen, was bei näherer Betrachtung?

| Augur* | Augustus | Augur | — Priester — | Liktor |

M 1 Altar des augusteischen Friedens (Ara Pacis Augustae) in Rom, 13-9 v. Chr.
Nachzeichnung der Opferprozession, die auf der Marmormauer des Altars dargestellt ist. Das Relief ist im Original 1,55 m hoch und 8 m lang. Das Foto (rechts) zeigt die Ansicht des Altars von Weitem.
Der „Friedensaltar" war 13 v. Chr. vom Senat in Auftrag gegeben worden, um Augustus dafür zu danken, dass er nach den Siegen in Spanien und Gallien den Frieden im Reich wiederhergestellt hatte. Er wurde 9 v. Chr. in einer feierlichen Zeremonie eingeweiht.
Neben der kaiserlichen Familie, den Auguren und Liktoren sind auch Agrippa, der Freund und Schwiegersohn des Augustus, und Livia, die Ehefrau des Herrschers, abgebildet.
In der rechten Bildhälfte stehen die Stiefsöhne des Augustus, Drusus und Tiberius.
Was findest du an der Anordnung der Personen sowie ihrem Aussehen bemerkenswert?

*__Augur__: eine Art Priester. Allein den Auguren war es erlaubt, göttliche Zeichen zu deuten. Sie bestimmten zum Beispiel am Flug wilder Vögel, ob die Götter einem Vorhaben günstig gesonnen waren.

M 2 Augustus legt Rechenschaft ab
Augustus fasste in einem „Tatenbericht" sein gesamtes politisches Handeln zusammen. Er wurde nach seinem Tode im Senat verlesen und seinem Wunsch gemäß dann in Bronzetafeln eingraviert und vor seinem Grabmal in Rom aufgestellt. In Ankara (Türkei) fand man eine Kopie des Textes an der Wand des dortigen Augustus-Tempels eingemeißelt.

Im Alter von 19 Jahren stellte ich aus eigenem Entschluss und aus eigenen Mitteln ein Heer auf, mit dem ich die Gewaltherrschaft einer Partei in Rom
5 beendete und die Republik in die Freiheit zurückführte […].
Die meinen Vater getötet haben, habe ich in die Fremde getrieben und sie für ihre Tat in rechtmäßigen fünf Prozessen
10 bestraft […].
Ich habe zu Wasser und zu Land […] Kriege auf dem ganzen Erdkreis geführt und als Sieger allen Bürgern Schonung gewährt, wenn sie um
15 Verzeihung baten […].
Die Diktatur, die mir in Abwesenheit und Anwesenheit vom Volk und Senat einstimmig angeboten wurde, habe ich nicht angenommen.
20 Princeps des Senats war ich bis zu dem Tag, an dem ich dies schrieb, 40 Jahre lang.
Die Senatsliste habe ich dreimal erneuert und drei Volkszählungen* durchge-
25 führt […].
Die Tür des Ianus-Tempels, den unsere Vorfahren geschlossen haben wollten, wenn im ganzen Reich durch Siege gewonnener Friede eingetreten
30 sei, was vor meiner Geburt seit der Gründung der Stadt zweimal geschehen war, ist unter meiner Führung durch Senatsbeschluss dreimal geschlossen worden.
35 Viermal habe ich mit meinem Geld die Staatskasse unterstützt […]. Aus mei-

grippa   Livia   **Tiberius**   **Drusus**

nem Erbe habe ich in die Kriegskasse bezahlt, damit die Soldaten, die 20 Jahre und mehr gedient hatten, Prämien
40 bekamen.

Augustus nennt Beträge von zusammen fast einer Milliarde Sesterzen (an Kaufkraft heute etwa sechs Milliarden €). Er zählt seine Bauten auf, darunter elf neu erbaute und 82 renovierte Tempel.

Die gallischen und die spanischen Provinzen und Germanien […] habe ich bis zur Mündung des Flusses Elbe erobert und befriedet […].
45 Während ich dies schreibe, stehe ich im 76. Lebensjahr.

Ausgewählt und übersetzt von Klaus Gast

* „Es begab sich aber zu der Zeit, dass ein Gebot von dem Kaiser Augustus ausging, dass alle Welt geschätzet würde …" Kennst du diesen Text? Erkundige dich nach seiner Fortsetzung!

M 3 Wie die kaiserliche Macht entsteht

Der wohl bedeutendste römische Historiker, der Senator Cornelius Tacitus (um 56-117 n. Chr.) schreibt:

Sobald Augustus das Militär mit Geschenken, das Volk durch Getreidespenden, alle miteinander durch die Annehmlichkeit einer Friedenszeit für
5 sich gewonnen hatte, erhob er allmählich höher sein Haupt und zog die Befugnisse des Senats, der Staatsverwaltung und der Gesetzgebung an sich. Dabei fand er keinen Widersa-
10 cher, da die tatkräftigsten Männer auf den Schlachtfeldern geblieben oder den öffentlichen Verfolgungen (Proskriptionen) zum Opfer gefallen waren, während die übrig gebliebenen
15 Angehörigen der Nobilität bereitwillig das Joch der Knechtschaft auf sich nahmen und dafür umso höher an Reichtum und Ehren stiegen […].
So hatte sich denn die Staatsform gewan-
20 delt […]. Die Gleichheit der Staatsbürger war beseitigt, und alle schauten nur noch auf die Befehle des Princeps […].

Tacitus, Annalen I.2, übers. von Walther Sontheimer, Stuttgart 1964 (vereinfacht)

1. *Überprüfe, ob Augustus richtig über seine außenpolitischen Erfolge berichtet (M 2).*
2. *Schreibe aus M 2 und M 3 heraus, mit welchen Mitteln Augustus sich seine Herrschaft in Rom sicherte.*
3. *M 2 und M 3 gehen auf die Erfolge des Augustus ein. Die Verfasser verfolgen aber sehr unterschiedliche Absichten. Erkläre!*

Arminius schlug Varus – aber wo?

Ein Denkmal steht falsch

An Sommerwochenenden pilgern Tausende nach Hiddesen, einem kleinen Ort in der Nähe von Detmold. Ihr Ziel ist das Hermanns-Denkmal. Es soll an den Sieg der Germanen über die Römer im Jahre 9 n. Chr. erinnern: Der Cheruskerfürst Arminius, später „Hermann" genannt, schlug mit seinen Kriegern irgendwo östlich von Ems und Lippe das Heer des römischen Statthalters Varus. Darüber informieren uns nur römische Schriften, unter anderem die Werke der Historiker *Cassius Dio* und *Tacitus*. Schriftliche Quellen der Germanen gibt es nicht.

Die Niederlage der Römer galt lange als der Anfang vom Ende ihrer Herrschaft in Germanien. Zwar zogen sich die Römer nach ihrer Niederlage an den Rhein zurück. Ihre Eroberungspolitik aber gaben sie nicht auf.

Wo genau die unter Arminius kämpfenden germanischen Völker den Sieg über die Römer errangen, war lange umstritten. Sicher ist heute: Da, wo das viel besuchte Hermanns-Denkmal an die Schlacht erinnern soll, fand sie garantiert nicht statt. Archäologen konnten dort keinerlei Spuren eines Kampfes finden.

Münzen weisen den Weg

Bereits 1884 hatte der Altertumsforscher *Theodor Mommsen* nach der Auswertung von Münzen behauptet, die Schlacht sei in Kalkriese bei Bramsche etwa 20 Kilometer nördlich von Osnabrück in Niedersachsen geschlagen worden. Seine Kritiker warfen ihm vor, ein paar römische Geldstücke seien kein Beweis für den Untergang von drei Legionen.

Hundert Jahre nach Mommsen zog ein Hobby-Archäologe mit einem Metallsuchgerät über die Wiesen und Felder bei Kalkriese. Er fand 160 Münzen – und das Auffallende daran: sie alle waren vor 9 n. Chr. geprägt worden. Noch sensationeller war ein anderer Fund: drei knapp 4 cm lange Schleudergeschosse, wie sie römische Soldaten benutzt hatten.

Die Profis kommen

Die Hinweise, dass Kalkriese der Ort der Varus-Schlacht sein konnte, mehrten sich: Ende der 1980er-Jahre begannen deshalb Wissenschaftler mit systematischen Grabungen. Sie fanden römische Wurfspieße, Teile von Helmen, Schilden und Pferdegeschirr, Werkzeuge, Münzen, medizinische Instrumente und Alltagsgegenstände – vom Besteck bis zu Spielsteinen. Sie entdeckten auch eine von den Germanen errichtete Wallanlage, die ihnen als Hinterhalt diente. Die Funde belegen eindeutig: Bei Kalkriese fand eine große Schlacht statt. Ob es aber die Varus-Schlacht war, diskutieren Forscher noch immer.

② Das Hermanns-Denkmal bei Detmold.
Foto, um 1980.
Es ist bis zur Schwertspitze 26 m hoch und steht auf einem ebenso hohen Unterbau. Auf dem Schwert steht: „Deutsche Einigkeit meine Stärke, meine Stärke Deutschlands Macht." Bezahlt wurde das 1875 eingeweihte Denkmal mit Spenden der Bürger und Geldern des Kaisers.

■ Internettipp →
www.hermannsdenkmal.de

① Der Hinterhalt der Germanen.
Das Foto wurde Pfingsten 2003 im Museum und Park Kalkriese anlässlich der „Römer- und Germanentage" aufgenommen. Es zeigt den rekonstruierten Wall mit einigen Germanen.

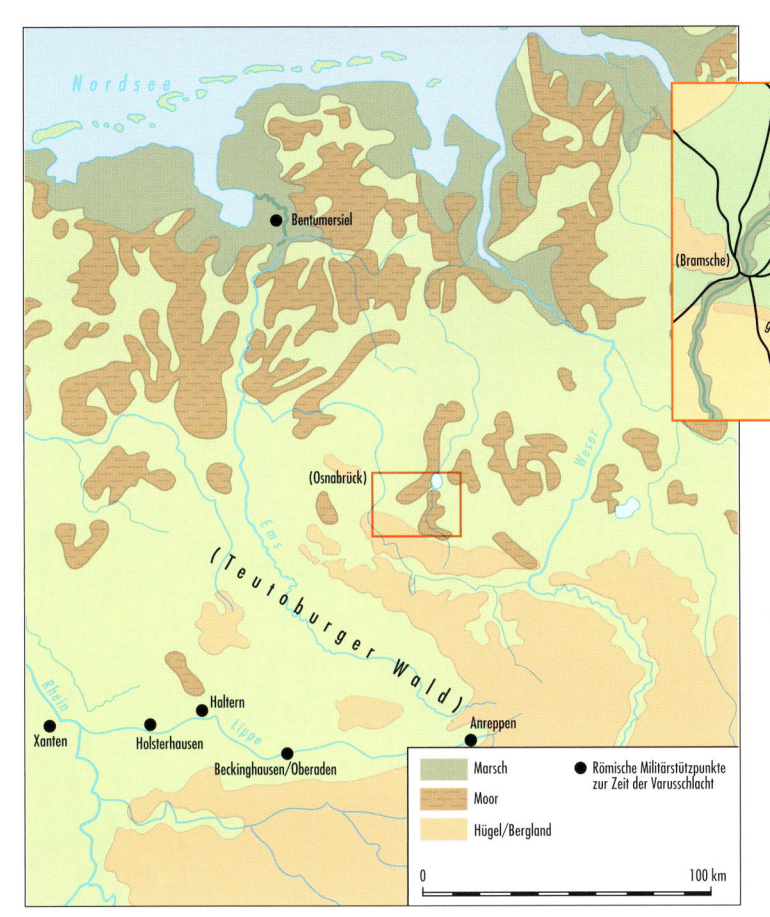

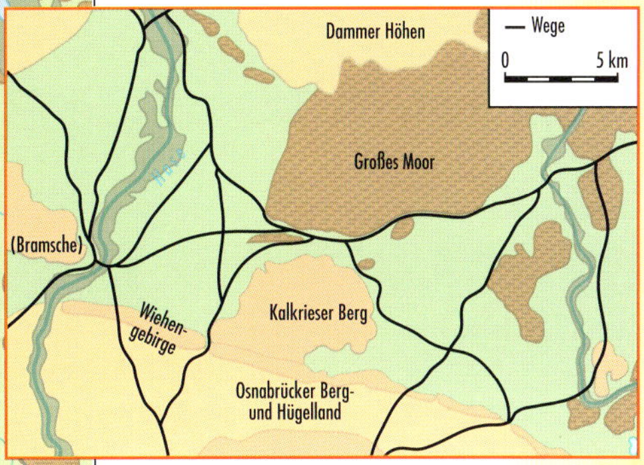

M 1 Lage und landschaftliche Gliederung des Fundplatzes Kalkriese.

M 3 Eiserne, ursprünglich mit Silberblech überzogene Maske.
Teil eines etwa 17 cm hohen Prunkhelms, der vor allem bei Paraden getragen wurde. Links: Kaum zu erkennender Rostklumpen. Rechts: Restaurierter Zustand.

M 2 Zwei Geschossspitzen, ein Lanzenschuh, drei Lanzenspitzen.
Länge der größten Lanzenspitze: 20,5 cm.

M 4 Alltagsgeld der römischen Soldaten.
Diese in Kalkriese gefundene Kupfermünze (As) wurde 8-3 v. Chr. geprägt. Sie trägt einen Stempel mit den Buchstaben VAR (= Varus). Varus, der in der Schlacht fiel, war seit 7 n. Chr. Statthalter und Oberbefehlshaber in Germanien. Er wird die mit seinem Kürzel versehenen Münzen an die Soldaten ausgegeben haben.

1. Überlegt, warum die Funde des Hobby-Archäologen die Wissenschaftler aufmerksam gemacht haben.
2. Inwiefern kann aus der Karte (M 1) abgeleitet werden, dass der Ort für einen Überfall der Germanen besonders geeignet war?
3. Betrachte das Denkmal (Abb. 2, Seite 134), und lies dazu nochmals die Bildlegende. Wie wird die Varus-Schlacht damit gedeutet?
4. Diskutiert darüber, welche Funde in Kalkriese noch gemacht werden müssten, um zu bestätigen oder zu widerlegen, dass hier die Varus-Schlacht stattgefunden hat.

■ **Internettipps** → *Über den Ort der Varus-Schlacht und die Quellen siehe www.geschichte.uni-osnabrueck.de/projekt und www.kalkriese-varusschlacht.de*

Rom in Gefahr

Soldaten werden Kaiser

Schon Augustus regierte das Reich im Grunde allein. Das änderte sich unter seinen Nachfolgern nicht. Dem Senat blieb nur noch die Aufgabe, die Kaiser zu bestätigen, welche durch Geburt oder durch Testament der Vorgänger zum neuen Herrscher bestimmt worden waren. Doch auch dieses Recht verlor der Senat schließlich. Ab dem Ende des 2. Jh. entschieden meist die Heerführer in den kaiserlichen Provinzen oder die kaiserliche Palastgarde, die etwa 10 000 *Prätorianer*, wer Kaiser sein sollte.

Die Herrscher stützten ihre Macht auf die Grenzarmee, die sie mit beträchtlichen Solderhöhungen, Schenkungen und anderen Vergünstigungen belohnten.

Eine Krise nach der anderen

Im Laufe des 3. Jh. herrschten weit über 40 Kaiser. Dazu kamen nochmals doppelt so viele Männer, die mit Hilfe ihrer Truppen versucht hatten, die Macht an sich zu reißen. Das Reich litt unter mehreren Problemen:
• Von Norden und Osten drangen immer häufiger fremde Völker ins Reich ein und es wurde schwieriger, die Tausende von Kilometern lange Reichsgrenze zu sichern.
• In den Grenzregionen litten Handel, Handwerk und Landwirtschaft. Die Folge waren geringere Steuereinnahmen.
• Die steigenden Kosten für die Armee belastete die Staatskasse stark.
• Der häufige Herrscherwechsel machte eine langfristig angelegte Politik unmöglich.

1 Diokletian und seine Mitkaiser.
Etwa 1,30 m hohe Skulptur aus Byzanz, um 300 (heute an der Fassade des Markusdoms in Venedig). Jeder Kaiser umarmt einen „Unterkaiser", den er sich zum Helfer bestellt hat.

Keine Lösung in Sicht

Zu den ersten Versuchen, die Schwierigkeiten in den Griff zu bekommen, gehörte die Verleihung des Bürgerrechtes an alle freien Reichsbewohner im Jahre 212. Kaiser *Caracalla*, der von 211 bis 217 regierte, übertrug damit den neuen Bürgern nicht nur Rechte, sondern bürdete ihnen auch Pflichten auf: Militärdienst und Steuern. Eine Lösung der Schwierigkeiten erreichte er nicht. Stattdessen stiegen die Steuern und Preise. Das Geld verlor an Wert.

Der Kaiser – „Herr und Gott"

In dieser Krisenzeit bemühten sich die Herrscher, ihrem Kaisertum eine unanfechtbare Begründung zu geben. Diokletian, den seine Soldaten 284 zum Kaiser ausgerufen hatten, bezeichnete sich als „Herr und Gott" (lat. *dominus et deus*). Er und seine Nachfolger fühlten sich keinem Menschen mehr verantwortlich. Aus dem Prinzipat war der **Dominat** geworden.

Für ihre Untertanen rückten die Kaiser in fast unerreichbare Ferne. Wer als Untertan die Gnade erhielt, vor das Angesicht eines Kaisers treten zu dürfen, musste sich vor ihm auf die Erde werfen und den Saum seines Gewandes küssen.

Vier Männer regieren ein Reich

Diokletian hatte erkannt, dass unter den schwierigen Bedingungen ein Herrscher das riesige Reich nicht allein regieren konnte. Deshalb teilte er es in vier Verwaltungseinheiten, so genannten **Präfekturen**. In diesen sollten vier Männer, zwei Kaiser und zwei Unterkaiser, die kaiserliche Macht ausüben. Jeder der vier Herrscher (gr. *tetrarchia*: Viererherrschaft) regierte seinen Teil von einer militärisch günstig gelegenen Stadt aus: Mailand, Trier, Sirmium (in der Nähe des heutigen Belgrad) und Nikomedia (Kleinasien) wurden die neuen Zentren des Reiches.* Rom hatte aufgehört, Hauptstadt des Weltreichs zu sein.

* *Die erwähnten Zentren findest du auf der Karte M 1, Seite 159.*

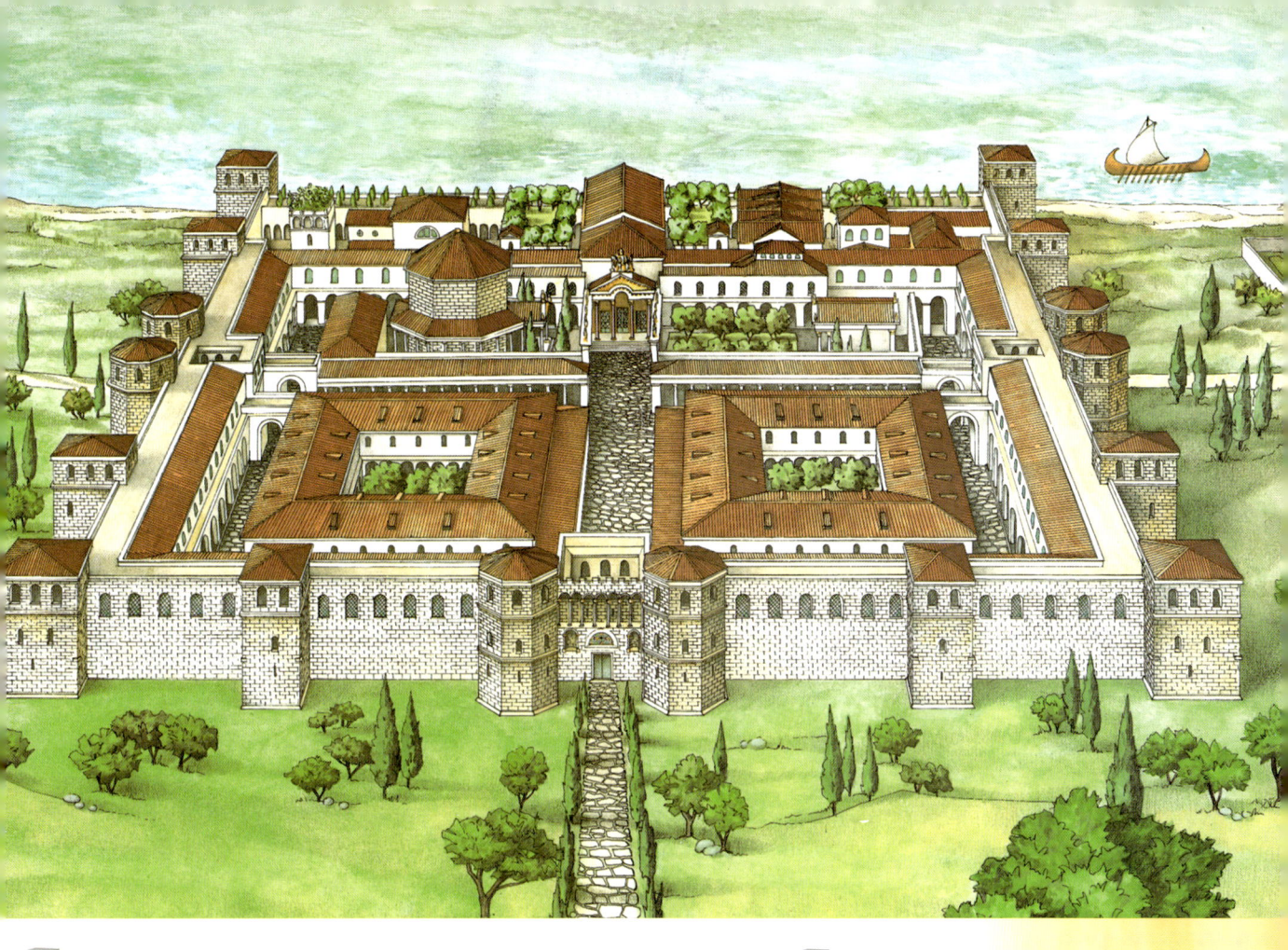

M 1 Das römische Bürgerrecht – eine Auszeichnung?

Der Geschichtsschreiber Cassius Dio, ein Zeitgenosse Caracallas, berichtet über die Umstände, die im Jahre 212 zur Verleihung des römischen Bürgerrechtes an alle freien Reichsbewohner führten:

Caracalla war ein Freund der Verschwendung seinen Soldaten gegenüber [...]. Er war gewohnt, alle Menschen ringsum zu berauben und aufzu-
5 reiben, nicht zum wenigsten die Senatoren. Denn abgesehen von den goldenen Kränzen, die er als steter Sieger über irgendwelche Feinde öfters forderte [...], abgesehen von den Provi-
10 antlieferungen, die von uns in großen Mengen und bei allen Gelegenheiten, teils umsonst, teils auch noch unter eigenem Aufwand eingetrieben wurden, die er alle seinen Soldaten zukommen
15 ließ oder auch verhökerte, von den Geschenken, die er von reichen Privatleuten wie auch von den Gemeinden zusätzlich forderte, von den sonstigen Steuern, die er neu einführte, und von
20 dem Zehnten, den er anstelle des Zwanzigsten für Freilassungen, für Erbschaften und alle Schenkungen erhob [...], abgesehen von dem Bürgerrecht, das er allen Untertanen des Römischen
25 Reiches, angeblich als eine Auszeichnung, tatsächlich aber in der Absicht verlieh, dadurch seine Einkünfte zu vermehren, da nämlich die Nichtbürger die meisten dieser Abgaben nicht zu
30 entrichten brauchten: Außerdem mussten wir ihm, sooft er von Rom verreiste, mitten auf den Wegstrecken, auch wenn sie noch so kurz waren, Gebäude aller Art und kostspielige Absteige-
35 quartiere auf unsere eigenen Kosten errichten lassen, in denen er niemals wohnte, nein, von denen er vermutlich nie ein einziges zu Gesicht bekam.

Walter Arend (Bearb.), Altertum, a.a.O., S. 698

M 2 Kaiserpalast von Split.
Rekonstruktionszeichnung.
An der dalmatinischen Küste (heute Kroatien) ließ sich um 300 Kaiser Diokletian diesen riesigen Palast als Alterssitz bauen. Die Anlage folgt dem Grundmuster des römischen Militärlagers; sie umfasst eine Fläche von 215 x 180 m. An den drei Landseiten war der Palast von 13 m hohen Mauern mit Türmen und Toren umgeben. Die heutige Altstadt von Split ist zum Teil in die Ruinen dieses Palastes hineingebaut.

1. Erarbeite aus M 1, wieso unter den Soldatenkaisern viele Menschen verarmten.
2. Nenne Gründe, weshalb das Bürgerrecht an alle freien Reichsbewohner verliehen (M 1) wurde.

Leben und Arbeiten in der Stadt

Sorgen und Probleme

In der Hauptstadt Rom lebten nach den Angaben der Behörde für die Getreideversorgung im 3. Jh. n. Chr. knapp eine Million Menschen.

Die meisten der Stadtbewohner hatte mit Problemen zu kämpfen, die in ähnlicher und doch ganz anderer Weise auch heute die Menschen beschäftigten: die Sorge um ein erträgliches Auskommen, um einen sicheren Arbeitsplatz oder um eine Wohnung. Grundstücke waren in der Stadt Mangelware. Einzeln stehende Stadthäuser konnten sich nur sehr reiche Römer leisten.

Die einfache Bevölkerung lebte auf engstem Raum in großen Mietshäusern, die oft einsturzgefährdet waren. Mauern und Wände bestanden aus dünnem Holz oder Fachwerk, das für Risse anfällig war. Die Bauunternehmer sparten an Ziegelsteinen, Mörtel und Zement. Häufig stürzten Häuser ein. Möglicherweise wurde aus diesem Grund im 1. Jh. n. Chr. die Höhe der Mietshäuser in Rom auf etwa 21 m (sechs Stockwerke), später auf etwa 18 m begrenzt.

Im Erdgeschoss dieser Stadthäuser lagen oft Läden mit Werkstätten oder Lagerräumen. In den ersten und zweiten Etagen befanden sich jeweils drei bis fünf Räume, in den höheren Stockwerken wurden die „Wohnzellen" immer kleiner und dunkler. Es gab weder Wasseranschlüsse noch Toiletten. Ein Bottich unter der Treppe diente oft als Sammelbehälter für Urin. Sonst waren die Bewohner auf öffentliche Toiletten angewiesen. Nebenbei: Urin wurde von Gerbern gesammelt, sie brauchten ihn zur Bearbeitung von Fellen und Häuten.

Eine ständige Gefahr war das Feuer. Wenn ein Bewohner unvorsichtig mit einer Fackel, einer Kerze oder einem Wärmebecken umging, konnte ein Haus oder ein ganzes Stadtviertel in Flammen aufgehen. Die römische Feuerwehr, die unter Augustus aus 7 000 Mann bestand, kam oft zu spät.

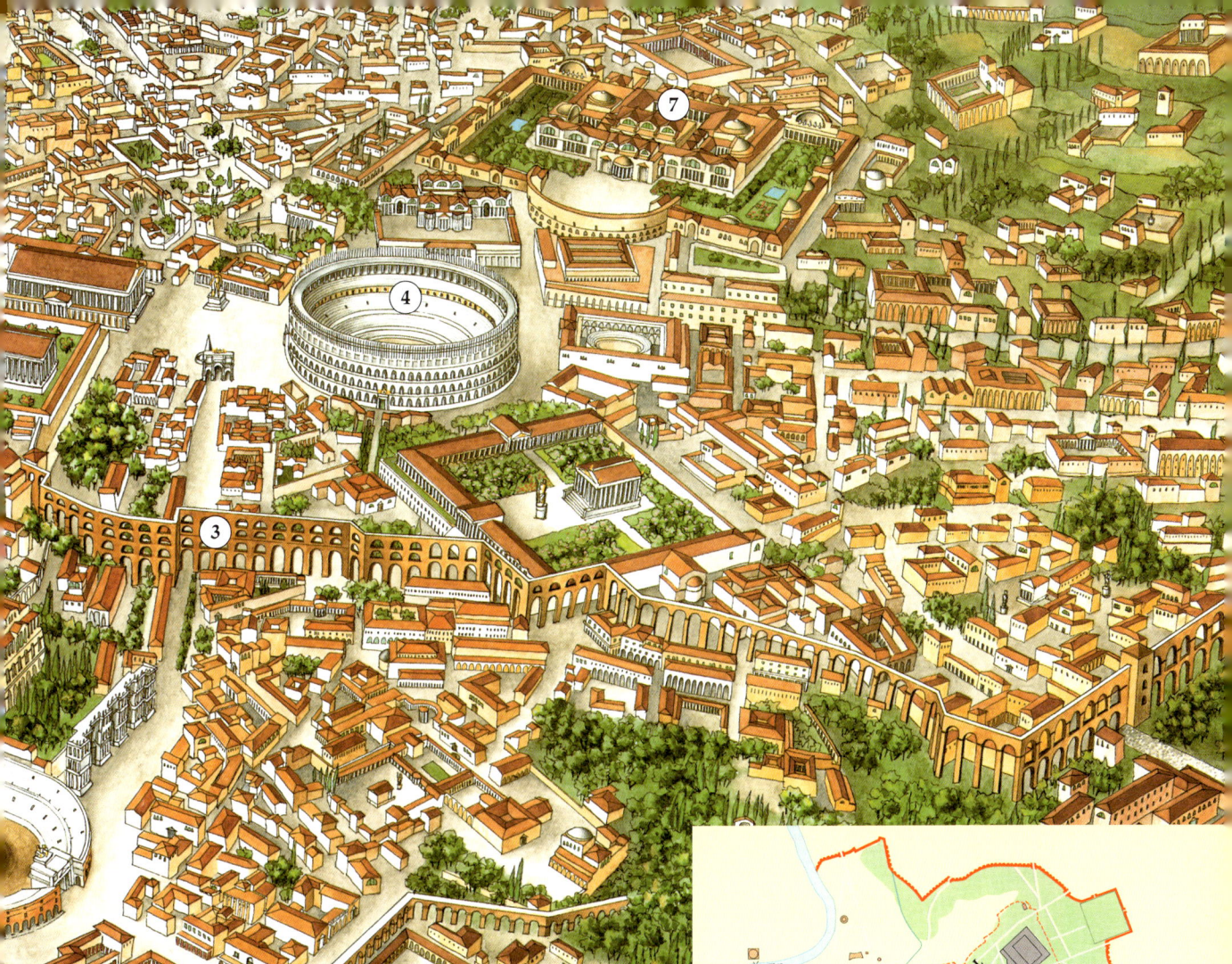

Die Versorgung mit Getreide

Zur Versorgung der Millionenstadt Rom wurden jährlich etwa 270 000 Tonnen Getreide aus den Provinzen, vor allem aus Sizilien, Sardinien, Ägypten und Afrika eingeführt. Kaiserliche Frachtschiffe, die über tausend Tonnen fassten, brachten Getreide, Wein und Olivenöl nach Ostia, dem Seehafen Roms. Lastkähne transportierten die Waren dann tiberaufwärts in die Stadt.

① **Rom zur späten Kaiserzeit.** *Rekonstruktionszeichnung und Stadtplan.*
① **Circus Maximus**: *der älteste und größte Circus in Rom – die Wagenrennbahn hatte eine Länge von 600 m und eine Breite von 150 m, hier soll Platz für 225 000 Zuschauer gewesen sein*
② **Palatin**: *bevorzugtes Wohngebiet der Herrscher*
③ **Aquädukt** *(Wasserleitung)* **des Kaisers Claudius** *(1. Jh.)*
④ **Kolosseum** *(siehe Seite 144)*
⑤ **Forum Romanum** *(siehe Seite 130)*
⑥ **Tempel des Jupiter** *auf dem Kapitol*
⑦ **Thermen des Kaisers Trajan** *(Anfang des 2. Jh.)*

Stelle dir vor, du bist Stadtführer im kaiserzeitlichen Rom und musst eine Stadtführung vorbereiten. Schreibe auf, was du deinen Gästen zeigen und erklären möchtest. Berücksichtige dabei auch die Informationen auf den Seiten 130 und 140.

1 Mietshaus in Ostia, 2. Jh. n. Chr. Modell.
In solchen Mietshäusern (lat. insulae), die in Rom noch zwei Stockwerke höher sein konnten, lebte die Masse der städtischen Bevölkerung. Im 4. Jh. gab es in Rom etwa 47000 solcher Häuser. Vergleiche ein römisches Geschäfts- und Wohnhaus mit einem modernen.

2 Rom – ein Alptraum?
Der römische Dichter Juvenal (um 60-140 n. Chr.) stellte das Großstadtleben in kritisch drastischen Gedichten (Satiren) dar.

Hier sterben viele, weil Schlaflosigkeit sie krank gemacht hat; denn in welcher Mietwohnung kann man schlafen? Sehr reich muss man sein, um in Rom
5 schlafen zu können. Das ist die Hauptursache des Übels: Wagen biegen in scharfer Wendung um die Straßenecken, die Treiber schimpfen laut, wenn ihre Herde nicht weiter kann [...].
10 Und sieh nur, mit wie viel Rauch die Überreichung des Essens zum Mitnehmen vor sich geht. Da sind hundert „Gäste", deren jeder seinen Wärmeapparat [gemeint ist ein kleiner Holz-
15 kohleofen] hinter sich hertragen lässt [...].
Auf dem Karren, der dir entgegenkommt, schwankt gefährlich ein langer Fichtenstamm, auf einem anderen
20 Wagen führt man Pinienholz, das hochgetürmt bebt und die Passanten bedroht. Wenn aber ein mit Marmorblöcken beladener Karren umkippt und seine Ladung auf die dichte Men-
25 schenmenge ergießt, was bleibt da noch vom Körper übrig? [...]
Betrachte jetzt noch andere Gefahren der Nacht: Wie hoch die Häuser sind,
30 von denen dir ein Dachziegel auf den Schädel fällt, wie oft man ein undichtes oder gesprungenes Gefäß aus dem Fenster wirft, mit welcher Wucht sie auf dem Pflaster ihre Spuren hinterlassen oder sie zerbrechen. Für leichtsinnig
35 magst du gelten oder als einer, der sich vor plötzlichem Unfall nicht vorsehen will, wenn du zum Abendessen ausgehst, ohne dein Testament gemacht zu haben. So viele Gefahren bedrohen
40 dich, wie beleuchtete Fenster offen stehen, unter denen du vorbeigehst. Begnüge dich also mit der kläglichen Hoffnung, dass man wenigstens nur den Inhalt flacher Becken* auf dich aus-
45 leert.

Juvenal, Satiren, übers. von Harry C. Schnur, Stuttgart 1969, S. 36 f. (vereinfacht)

* gemeint sind Nachttöpfe

3 Kohlebecken auf bronzenem Dreifuß.

1. Lege eine Liste der Verkehrsteilnehmer an, die in M 2 genannt werden.
2. Nenne die Gefahren, die einem Fußgänger nach Juvenal (M 2) drohten.
3. Juvenal (M 2) hat offenbar Umweltprobleme erkannt. Nenne sie!

4 Wohnviertel in Pompeji.
*Rekonstruktionszeichnung von Peter Connolly.
Die süditalienische Hafen- und Marktstadt Pompeji wurde 79 n. Chr. durch den Ausbruch des Vulkans Vesuv unter einer zum Teil über 5 m hohen Aschenschicht begraben; etwa 2000 (von 10000) Einwohner sollen dabei umgekommen sein. Erst im 18. Jh. wurde die verschüttete Stadt wieder entdeckt. Inzwischen haben Archäologen den größten Teil der Stadt freigelegt. Von Rom abgesehen, gibt es keine andere Stadt, an der sich das antike Leben in seiner Vielfalt besser zeigen ließe als Pompeji.*

Internettipp → *Hinweise auf Links zu Pompeji findest du unter: www.lateinforum.de/pompeji.htm*

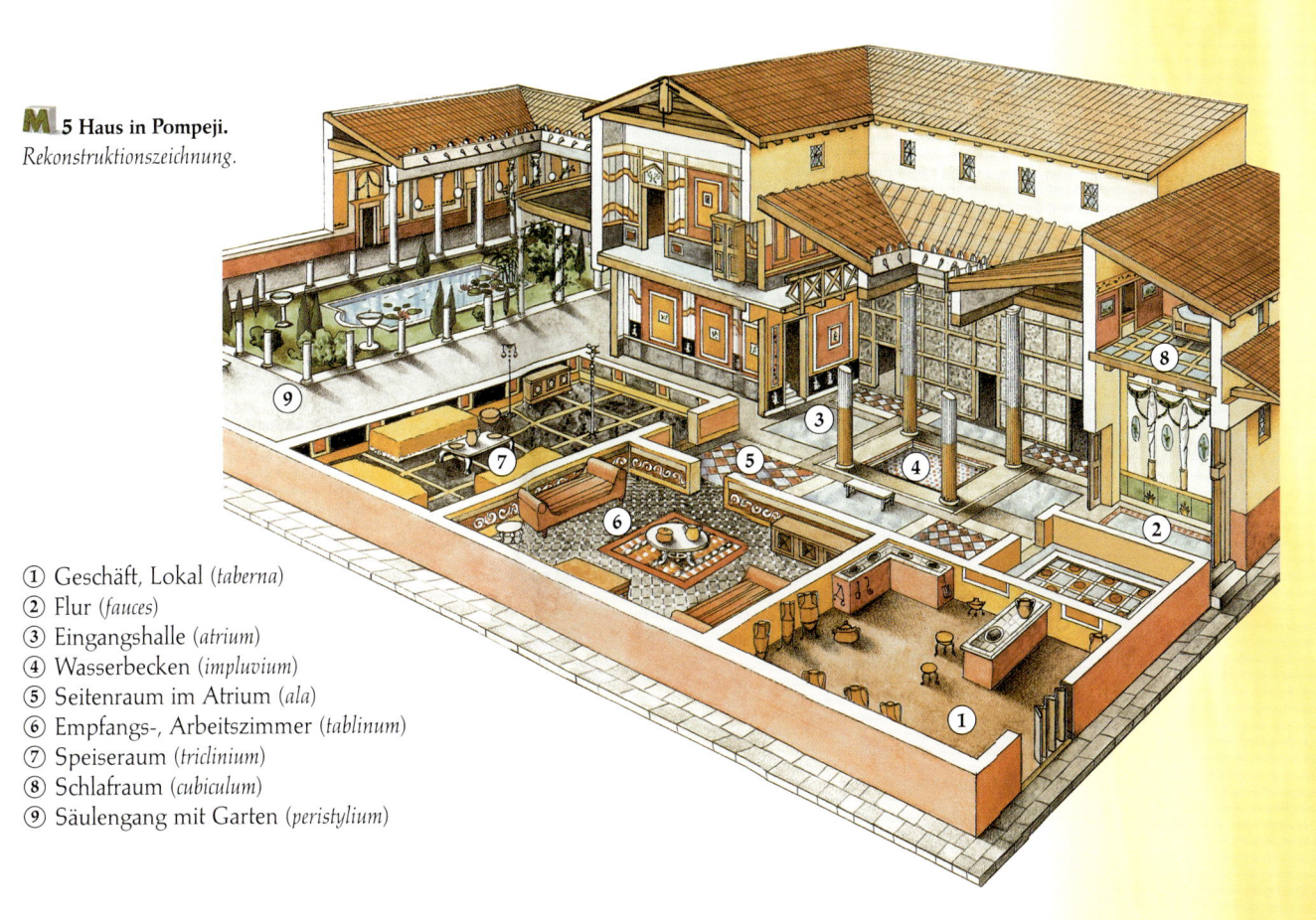

5 Haus in Pompeji.
Rekonstruktionszeichnung.

① Geschäft, Lokal (*taberna*)
② Flur (*fauces*)
③ Eingangshalle (*atrium*)
④ Wasserbecken (*impluvium*)
⑤ Seitenraum im Atrium (*ala*)
⑥ Empfangs-, Arbeitszimmer (*tablinum*)
⑦ Speiseraum (*triclinium*)
⑧ Schlafraum (*cubiculum*)
⑨ Säulengang mit Garten (*peristylium*)

Stelle dir vor, du stehst in der Eingangshalle (atrium) des Hauses. In welche Räume kannst du gehen oder hineinsehen (M 5)?

141

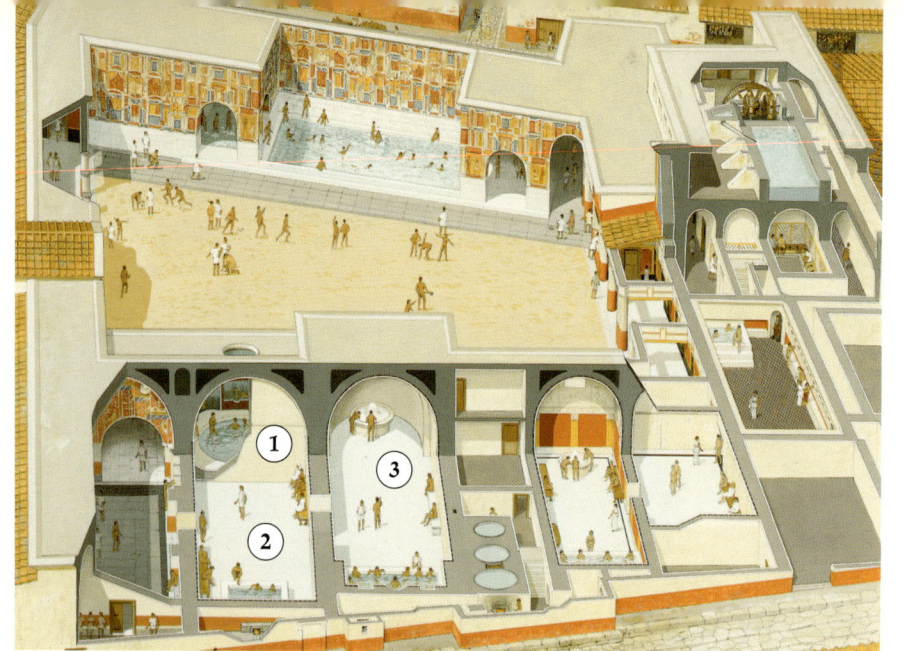

① Öffentliche Badeanlage.
Rekonstruktionszeichnung von Peter Connolly. Die Abbildung zeigt eines von drei großen öffentlichen Bädern in Pompeji.
Der Badende ging zunächst in einen ungeheizten Raum, ① *frigidarium genannt, und nahm ein kurzes, kaltes Bad.*
Danach kam er in einen Warmluftraum, das ② *tepidarium.*
Von dort aus ging es ins ③ *caldarium, einen Raum voller Dampf mit heißen Bädern und einem warmen Brunnen zum Waschen, ähnlich der heutigen Sauna. Wer heiß gebadet oder geschwitzt hatte, konnte sich von Masseuren tüchtig durchkneten lassen und sich anschließend im Kaltbad oder im großen Schwimmbecken unter freiem Himmel erfrischen.*

Umgang mit der Natur

Die Wasserversorgung Roms

„Die Wassermengen, die in die Stadt geführt werden, sind so groß, dass ganze Flüsse durch die Stadt und die unterirdischen Kanäle strömen, dass nahezu jedes Haus Wasserbehälter und Wasserleitungen hat und reichlich sprudelnde Brunnen besitzt." Als der griechische Geograf *Strabon* dies im 1. Jh. n. Chr. schrieb, verfügte Rom über sieben große Fernwasserleitungen, später waren es elf. Täglich flossen mindestens 500 000 m³ Trinkwasser in die Stadt.

Die Bevölkerung musste das Wasser aus öffentlichen Brunnen holen. Im 4. Jh. n. Chr. gab es in Rom davon 1350; ein Brunnen je Hektar Stadtfläche. Nur der Kaiserpalast und die Häuser reicher Bürger hatten Direktanschlüsse. Das überfließende Brunnenwasser sowie das verbrauchte Wasser der öffentlichen Badeanstalten, Toilettenanlagen und gewerblicher Einrichtungen wurde in ein unterirdisches Kanalsystem geleitet, dessen Herzstück die **Cloaca maxima** war, eine gewaltige Abwasseranlage im Zentrum der Stadt, die noch auf etruskische Vorarbeiten zurückging. Von dort gelangten die Abwässer in den Tiber. Die Wasserversorgung und das Abwassersystem in Rom – sowie in anderen Städten – waren große technische Leistungen. Die meisten europäischen Großstädte erhielten erst vor 100 Jahren ein vergleichbar leistungsfähiges Abwassernetz.

Die öffentlichen Badeanstalten

Viel Wasser verbrauchten die Bäder. Allein in Rom gab es im 4. Jh. n. Chr. neben fast 900 kleinen Badeanstalten elf große **Thermen** (dt. *warme Bäder*). Das waren zum Teil riesige Anlagen mit Baderäumen, Wandelgängen, Läden, Gaststätten, Bibliotheken und Museen sowie Gärten, Sportplätzen und Parkanlagen.

Zerstörung der Umwelt

Das Gesicht der Landschaft wurde durch die landwirtschaftliche Nutzung, den Berg- sowie den Straßen- und Städtebau verändert. Außerdem verwüsteten Kriege ganze Landstriche, denn die Vernichtung von Ernten gehörte zu den Mitteln der Kriegsführung.

Von größerer Bedeutung für die Veränderung der Umwelt war die Ausnutzung der Rohstoffe, vor allem von Holz. Es wurde nicht nur zum Bauen der Häuser, Brücken und Schiffe benötigt. Riesige Mengen wurden zum Heizen der öffentlichen Bäder und privaten Häuser sowie bei der Metallverarbeitung verbraucht.

Um ihren Holzbedarf zu decken, entwaldeten die Römer – wie schon die Griechen – das Landesinnere sowie die Küstenregionen des Mittelmeerraumes. Auch die Flusstäler wurden gerodet. Bei starken Regenfällen und Überschwemmungen riss nun das Wasser das Erdreich mit sich. Der Schlamm lagerte sich an den Mündungen der Flüsse ab. Einige Häfen verlandeten und wurden vom Meer abgeschnitten. Milet in Kleinasien, Ravenna und Ostia in Italien sind Beispiele dafür.

Der Abbau von Metallen und Gesteinen schlug tiefe Wunden in die natürliche Landschaft. In Spanien förderten die Römer z. B. Silbererze aus über 200 m tiefen Stollen. Was die Römer noch nicht wussten: An manchen Orten enthielten die Abraumhalden Schwermetalle (z. B. Blei), die das Wasser und die Pflanzen und damit die Menschen belasteten.

1 Wasserver- und -entsorgung in Ostia.
Zeichnung von A. Pascolini, 1980.

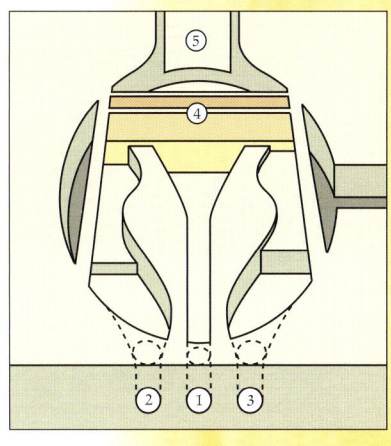

4 Wasserverteiler.
Schema.
① Leitung für öffentliche Brunnen
② Leitung für Thermen
③ Leitung für Privatabnehmer
④ Filter
⑤ Wasserzulauf

2 Der Tiber – eine trübe und dreckige Brühe

Der Lehrer und Forscher Karl-Wilhelm Weeber schreibt in einem 1993 veröffentlichten Buch:

Der Tiber dürfte angesichts der hohen Konzentration von Abfällen und Schmutzwasser […] im Stadtgebiet Roms schon damals eine trübe, dreckige
5 Brühe gewesen sein […]. Unangenehm – und unhygienisch – wurde es, wenn der Tiber Hochwasser führte. Dann überschwemmten die Fluten des Stromes nicht nur die niedriger gelegenen
10 Stadtgebiete, sondern es bestand auch große Rückstaugefahr: Vieles von dem, was zuvor in die Kanalisation gelangt war, wurde dann auf die Straßen zurückgeschwemmt; keine schöne Vor-
15 stellung, wenn man sich klarmacht, dass außer Toilettenrückständen auch Tierhäute, Aas und ähnlich eklige Abfälle wieder auftauchten.

Karl-Wilhelm Weeber, Smog über Attika. Umweltverhalten im Altertum, Zürich-München 1990, S. 126 (vereinfacht)

3 Umweltschutz im alten Rom

Im 2./3. Jh. n. Chr. gab es bereits verschiedene Maßnahmen, um die Umweltprobleme in den Griff zu bekommen. Der Rechtsgelehrte Günter Heine schreibt:

Nach dem römischen Recht hatte der Eigentümer eines Grundstückes das Eindringen von Wasser, Rauch usw. vom Nachbargrundstück nur dann zu
5 dulden, wenn es das gewöhnliche Maß nicht überschritt. Der Staat versuchte bereits zu dieser Zeit mit Verordnungen die Wasser- und Luftverschmutzung in den Griff zu bekommen: So
10 gab es in Rom schon im Jahre 235 eine Verordnung, nach der die Betriebe der Gerber, Ölpresser und Wäscher (mit Harnstoffen) nur jenseits des Tibers liegen durften, dort also, wo kei-
15 ne Wohnsiedlungen standen. Ähnlich durften die Schmelzöfen der Glasfabriken wegen ihrer luftverunreinigenden Abgase nur in einem begrenzten Stadtgebiet angesiedelt werden. Ferner
20 sahen bereits frühe Bauordnungen der Städte Zuzugsbeschränkungen für besonders laute Handwerksbetriebe vor.

Günter Heine, Ökologie und Recht in historischer Sicht, in: Hermann Lübbe u. Elisabeth Ströker (Hrsg.), Ökologische Probleme im kulturellen Wandel, München 1986, S. 119 f. (der Text wurde stark vereinfacht)

---

1. Täglich flossen rund 500 000 m³ Trinkwasser in die Stadt Rom. Wie hoch war das Wasserangebot pro Einwohner? Vergleicht den Wert mit heutigen Verhältnissen. Informationen über den Wasserbedarf erhaltet ihr bei eurer Gemeinde- oder Stadtverwaltung.
2. Stelle zusammen, in welchen Bereichen die Römer Umweltbewusstsein bewiesen (M 1 bis M 3).
3. Wessen Wasserversorgung hatte Vorrang (M 4)?
4. Informiert euch über Maßnahmen, die heute zur Reinhaltung der Gewässer getroffen werden.

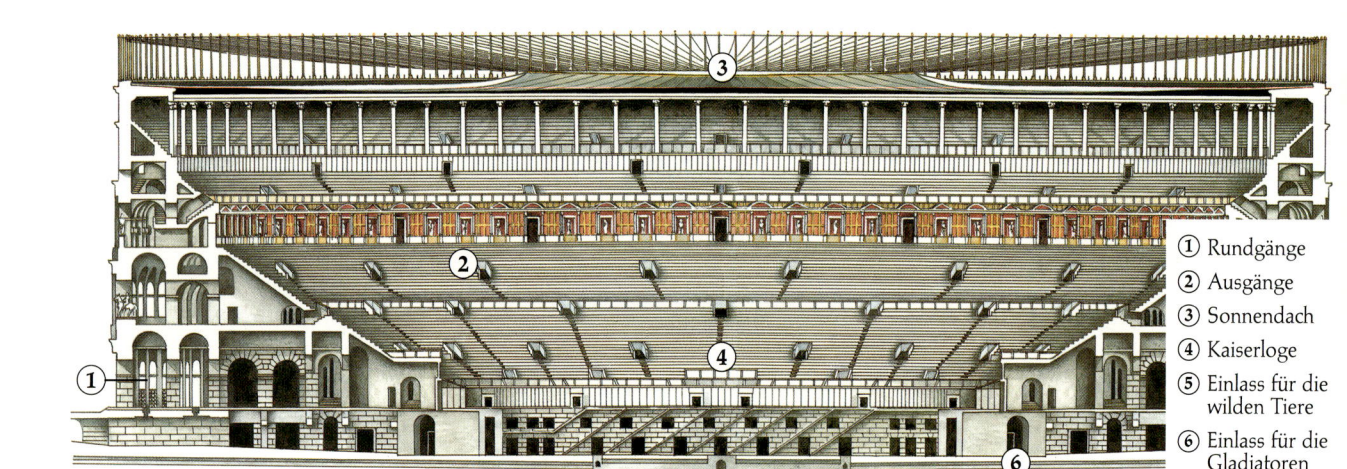

① Rundgänge
② Ausgänge
③ Sonnendach
④ Kaiserloge
⑤ Einlass für die wilden Tiere
⑥ Einlass für die Gladiatoren

„Brot und Spiele"

① Das Kolosseum in Rom.
Rekonstruktionszeichnung.
*In der Antike trug das **Amphitheater** (griech. amphi: ringsum) die Bezeichnung nach dem Familiennamen des Erbauers: Amphitheatrum Flavium. Der Name „Kolosseum" stammt von einem in der Nähe des Theaters stehenden fast 40 m hohen Standbild (Koloss) eines Kaisers. Der vierstöckige Bau ist 50,75 m hoch, hat einen elliptischen Grundriss und einen Umfang von 524 m; er fasste bis zu 50 000 Zuschauer. Hier wurden Gladiatorenkämpfe und Tierhetzen veranstaltet, für welche die Kaiser riesige Geldsummen aufbrachten. Bei den Tierhetzen wurden aus den Kellergeschossen Löwen, Panter, Bären, Stiere, Elefanten und Nashörner in die Arena gebracht. Allein während der 100-tägigen Einweihungsspiele im Jahre 80 n. Chr. sollen 5 000 – andere Angaben sprechen von 9 000 – wilde und zahme Tiere getötet worden sein. Die Arena des Kolosseums konnte auch geflutet werden und bot dann Raum für kleine „Seeschlachten".*

Feiertage: Geschenke der Götter und Kaiser

Die Bürger des Römischen Reiches hatten viel Freizeit. Ihr Kalender sah zahlreiche staatliche und religiöse Feste zu Ehren verschiedener Götter und Göttinnen vor. Während der Kaiserzeit wetteiferten die Herrscher darin, immer neue Feiertage einzuführen, um damit ihr Ansehen in der Bevölkerung zu vergrößern. Hatte es am Ende der Republik jährlich erst 65 Feiertage gegeben, so waren es in der Mitte des 4. Jh. fast 180.

In der Regel fanden an den Festtagen öffentliche Spiele, Umzüge und Theateraufführungen statt. Alle größeren Städte des Reiches besaßen Theater und Kampfstätten.

Die Masse der Bevölkerung bevorzugte die öffentlichen Spiele, deren Eintritt kostenlos war: Im Circus Maximus in Rom fanden die spektakulärsten Wagenrennen statt. Blutige Gladiatorenkämpfe oder Tierhetzen wurden in allen Amphitheatern des Reiches abgehalten.

Was haben Spiele mit Politik zu tun?

Die öffentlichen Spiele waren mehr als Vergnügungen. Sie waren religiösen Ursprungs, dienten der Unterhaltung und hatten auch eine politische Bedeutung. Nicht ohne Grund übernahmen Augustus und seine Nachfolger die Kontrolle über die Veranstaltungen. Sie behielten sich das Recht vor, außerordentliche Spiele zu veranstalten. Während der Kaiserzeit waren die Spiele ein Ersatz für Volksversammlungen. In Gegenwart der Herrscher und der Senatoren stellten die Zuschauer oft in Sprechchören Forderungen nach Steuererleichterungen oder einer besseren Getreideversorgung. Zeitgenossen behaupteten, dass das Volk sich nur für zwei Dinge interessiere: „Brot und Spiele" (lat. *panem et circenses*).

② Das Kolosseum in Rom heute.
Foto, um 1985.

1 Kämpfe zwischen Gladiatoren und Tieren.

Relief aus dem 1. Jh. n. Chr.
Gladiatoren waren Menschen, die in Amphitheatern Kämpfe auf Leben und Tod austrugen. Unter ihnen waren Kriegsgefangene, verurteilte Verbrecher, Sklaven aber auch Freiwillige, die sich durch hohe Prämien dazu anwerben ließen.
In der Regel gehörten die Gladiatoren einem „Manager", der sie auf seine Kosten trainierte, ausrüstete und dann an Veranstalter „vermietete".
Ein erfolgreicher Gladiator konnte mit Zustimmung des Volkes ein hölzernes Schwert erringen, das ihn von seinem Los befreite. Verwundete Gladiatoren pflegten mit dem Heben des Zeigefingers die Gnade der Zuschauer zu erbitten. Hoben die Zuschauer ihre Fäuste mit dem Daumen nach oben, bedeutete das ihr Wohlwollen, der zur Brust gewendete Daumen sprach das Todesurteil.

2 Kritisches über Circusspiele

Der in diesem Buch schon häufiger zitierte Seneca schrieb einem Freund:

Durch Zufall bin ich in das Mittagsprogramm des Circus geraten, Scherze erwartend und Witze und etwas Entspannung, damit sich die Augen der
5 Menschen vom Anblick des Menschenblutes ein wenig erholen können. Das Gegenteil ist der Fall: Der lustige Teil fällt weg, und es findet eine bloße Menschenschlächterei statt. Die
10 Kämpfer haben nichts, womit sie sich schützen können. Dem Hieb des Gegners mit ganzem Körper ausgesetzt, schlagen sie auch selbst niemals vergeblich zu. Das ziehen die meisten
15 Zuschauer den üblichen Kampfpaaren, die mit Helm und Schild kämpfen, vor. Wozu eine Rüstung, wozu Fechtkünste? Für sie ist dies alles nur eine Verzögerung des Todes. Morgens wirft
20 man die Menschen den Löwen und Bären zum Fraß vor, mittags ihrem eigenen Publikum! Dies möchte Mörder gegen Mörder kämpfen sehen und hebt den Sieger für einen weiteren
25 Mord auf. Am Schluss steht der Tod aller Kämpfer.

Seneca, ad Lucilium 7,2 - 6, übers. von Klaus Gast

3 Verzierter Helm eines Gladiators, 1. Jh. n. Chr.

1. Berichte über einen Besuch im Kolosseum (M 1 und M 2).
2. Was kritisiert Seneca ganz besonders (M 2)?
3. Überlege, welche Absichten die Kaiser mit „Brot und Spiele" verfolgten.
4. Stelle den „Spielen" bei den Römern heutige Formen der Freizeitgestaltung gegenüber. Gibt es heute noch vergleichbare „Sensationen"?

PROJEKT
Römische Kinderspiele

M 1 Spiele für Kinder
Aus einem Lexikonartikel:

Viele heutige Spiele waren schon damals beliebt: Spiel mit Puppen und Tierfiguren, Steckenpferd reiten, auf Stelzen laufen, Reifen treiben, Schaukeln und Wippen, Drachen steigen lassen, Kreisel, Fangen spielen, Blindekuh, Steine auf Wasserflächen hüpfen lassen, Nachspielen von Berufen (Soldat, Richter, Amtsdiener), Huckepack- oder Pferdchenspiel (z. T. mit Kampf), Tauziehen, Ballspiel und – natürlich! – Erwachsenen Streiche spielen wie z.B. ein Geldstück auf dem Boden festkleben und Passanten beim vergeblichen Versuch beobachten, es aufzuheben.

Besonders typisch waren allerlei Kinderspiele mit Nüssen wie das Deltaspiel (Zielwurf möglichst in die Spitze eines aufgemalten Dreiecks) oder das Orcaspiel (Zielwurf in ein Gefäß mit engem Hals), Ratespiele wie gerade oder ungerade Zahl von Nüssen in der Hand oder Erraten der genauen Zahl. Bei einem Geschicklichkeitsspiel ließ man Nüsse von einer schiefen Ebene so herunterrollen, dass unten liegende getroffen wurden. Reines Glücksspiel war das Würfeln mit „Knöcheln", deren vier Seiten Zahlenwerte trugen.

Karl Wilhelm Weeber, Alltag im Alten Rom, Zürich 1995, S. 202 (gestrafft und vereinfacht)

M 2 Deltaspiel.
Besorgt euch je Spieler mindestens 15 Haselnüsse (Eicheln oder Kastanien) und einen großen Topf. Zeichnet mit Kreide ein gleichseitiges Dreieck mit einer etwa 1,5 Meter langen Grundlinie auf den Boden. Teilt es in 10 Streifen und beschriftet diese mit Ziffern. Jeder von euch bekommt 5 Nüsse. Reihum werft ihr aus 1,5 Meter Entfernung je eine Nuss pro Runde. Nach jedem Durchgang erhält jeder Spieler aus dem Topf Nüsse entsprechend der Zahl auf dem Streifen, auf dem seine Nuss gelandet ist. Nüsse, die außerhalb des Dreiecks liegen bleiben, zählen nicht und werden in den Topf zurückgelegt. Gewonnen hat, wer nach einer vorher bestimmten Zahl von Spielrunden die meisten Nüsse hat.

M 3 „Fünfsteinspiel".
Tonfiguren, um 300 v. Chr.
Gespielt wurde mit „Knöcheln", das waren Spielsteine aus Knochen. Es kam darauf an, fünf Spielsteine in einer bestimmten Folge mit Handfläche und Handrücken zu werfen und zu fangen.
Überlegt, was ihr als „Knöchel" verwenden könntet.

M 4 Würfel und Spielsteine *(rechts).*
Die Teile sind aus Glas und Horn und stammen aus der Römerstadt Cambodunum (Kempten).

M 5 Ballspiel.
Wandmalerei, 2. Jh. n. Chr.

■ **Lektüretipps** → Marco Fitta, Spiele und Spielzeug in der Antike, Stuttgart: Theiss; Anita Rieche, So spielten die Alten Römer, Köln: Rheinlandverlag

Probiert die in M 2 und M 3 genannten Spiele aus. Welche gefallen euch am besten? Warum?

Die Römer bei uns und anderswo

① Das römische Trier im 4. Jh.
Rekonstruktionszeichnung.
Unter römischer Herrschaft entwickelte sich eine Siedlung der Treverer seit etwa 15 v. Chr. zum Mittelpunkt des Moselgebietes.
Im Jahre 293 wurde Augusta Treverorum (Trier) eine der vier Hauptstädte des Reiches.

② Stadtplan von Trier.
Abb. 1 und 2 enthalten Informationen über die Bedeutung der Stadt für Handel und Kultur. Erkläre.
Vergleiche den Stadtplan Triers mit dem Alexandrias (M 2, Seite 99).

Römische Lebensart breitet sich aus

„An die Stelle berüchtigter Einöden sind lachende Kulturen getreten, Kornfelder haben die Wälder, Herden die wilden Tiere verdrängt. Sandwüsten werden bepflanzt, Felsen durchbrochen, Sümpfe getrocknet. Schon gibt es so viele Städte, wie einst nicht einmal Hütten [...]. Überall Anbau, Bevölkerung, staatliche Ordnung, Leben."

So beschrieb der Schriftsteller *Tertullian* Anfang des 3. Jh. die Leistungen der Römer, die für mehrere Jahrhunderte nicht nur über den gesamten Mittelmeerraum, sondern auch über weite Teile Europas herrschten.

Um ihre Macht in den eroberten Gebieten zu sichern, vertrieben die Römer die bisherigen Bewohner oder unterwarfen sie. Zur Unterstützung der eigenen Soldaten warben sie Hilfstruppen aus den besiegten Völkern an. Die Angehörigen dieser Einheiten konnten nach 25 Dienstjahren das römische Bürgerrecht und ein Grundstück erhalten. Bis dahin hatten sie viele römische Gewohnheiten übernommen.

Auf dieser Grundlage begann die **Romanisierung**. So nennen wir die Ausbreitung römischer Lebensart. Von Anfang an beteiligten die Römer einflussreiche einheimische Familien an ihrer Herrschaft. Diese übernahmen die fremde Lebensweise, um die Unterschiede zu den neuen Herren rasch auszugleichen.

Die Verleihung der römischen Bürgerrechte an alle freien Bewohner des Reichs im Jahre 212 verstärkte die Romanisierung.* Alle Provinzbewohner konnten nun z. B. Berufung gegen ein römisches Gerichtsurteil einlegen und öffentliche Ämter bekleiden. Einzelne Bewohner aus den unterworfenen Gebieten hatten vorher Karriere in Rom gemacht: Einige von ihnen wurden Mitglieder des Senats. Es gab schließlich sogar Kaiser, die nicht aus Rom und Italien kamen.

* Lies dazu M 1, Seite 137.

3 Das Römische Reich zur Zeit seiner größten Ausdehnung, um 117 n. Chr.
Welche heutigen Staaten liegen ganz oder teilweise auf ehemals römischem Gebiet?

5 Tempel in Vienne.
Foto, um 1980.
Dieser Tempel wurde 25 v. Chr. in Vienne, einer Stadt an der Rhône, errichtet.

Städte: Mittelpunkte der Provinzen

Während die Römer an den Küsten des Mittelmeers bereits befestigte Städte aus der Zeit der griechischen Kolonisation oder des Hellenismus vorfanden, waren vergleichbare Ansiedlungen in Mitteleuropa selten. Zur Romanisierung gehörte die **Urbanisierung**: Es entstanden immer mehr Städte (lat. *urbs*: Stadt). Die Zahl der Stadtbewohner übertraf aber nie mehr als fünf bis zehn Prozent der gesamten Bevölkerung des Reiches.

Ihre große Bedeutung erlangten die Städte als Mittelpunkte von Verwaltung, Handel und Kultur. In ihnen bauten die Römer Tempel, Theater und Thermen für ihre Soldaten. Hier lernte die einheimische Bevölkerung die römische **Zivilisation*** kennen. Im 5. Jh. sollen in allen Provinzen über 1500 Städte römische Kultur verbreitet haben. Eine ganze Reihe davon hatte mehr als 10000 Einwohner.

4 „Porta Nigra" (dt. „schwarzes Tor") in Trier.
Foto von 2001.
Das nördliche Stadttor von Trier (siehe Abb. 2, Seite 147) wurde Ende des 2. Jh. n. Chr. erbaut. Es ist das besterhaltene römische Bauwerk in Deutschland.

6 Das Theater von Orange.
Foto, um 1980.
Dieses Theater wurde im 1. Jh. n. Chr. in der Provinz Gallia Narbonensis gebaut und gilt als eines der am besten erhaltenen der römischen Welt.

*****Zivilisation**: Lebensart; das Wort bezieht sich ursprünglich auf die verfeinerte Lebensweise der römischen Stadtbürger (lat. *civilis*: bürgerlich).

Der Limes auf germanischem Gebiet

Die Römer schützten die Grenze ihres Reiches zum Teil durch ein System von Wällen und Wachtürmen, hinter denen sich in bestimmten Abständen militärische Befestigungsanlagen (Kastelle) befanden. Mit der Errichtung des **Limes** auf germanischem Gebiet wurde Ende des 1. Jh. v. Chr. begonnen. Er erfüllte seinen Zweck bis ins 3. Jh. und war insgesamt rund 550 km lang. Etwa 1000 Wachtürme und 100 Kastelle sicherten ihn. Der nördliche (obergermanische) Teil verlief etwa von Andernach bis Seligenstadt. Von Miltenberg bis Eining erstreckte sich dann der rätische Limes.

Wozu war der Limes gut?

Der Limes trennte das gut verwaltete und wirtschaftlich erschlossene Römische Reich von dem weniger erschlossenen Siedlungsraum kleinerer Völker. Militärisch war der Limes kein uneinnehmbares Bollwerk, eher eine überwachte Grenzlinie. Über den Limes hinweg gab es einen lebhaften Handel. Die angrenzenden Völker lieferten Rohstoffe und erwarben römische Fertigwaren wie Keramik, Bronzegefäße, Schmuck und Waffen.

8 Der Limes um 200 n. Chr.

Internettipp → www.limesstrasse.de

CD-ROM-Tipps → *Der Limes. Eine antike Grenze. Stuttgart: Theiss; Robert Frank und Daniel Krüger, Ein römisches Kastell in Deutschland. Virtueller Rundgang durch das antike Weißenburg, Stuttgart: Theiss*

9 Römerlager am Limes. *Foto von 1998. Regelmäßig finden beim Limesmuseum in Aalen (Ostalbkreis) „Römertage" statt. Hier wird römisches Leben wieder „lebendig". Reiter, Soldaten, Handwerker, Händler, Gladiatoren, Gaukler oder Priester treten in historischen Kostümen und mit rekonstruierten Ausrüstungen auf.*

10 Obergermanischer Limes. *Rekonstruktion. Foto aus Grab (Schwäbischer Wald), um 1997.*

7 Rätische Limesmauer. *Foto von 1997 aus dem Freilichtmuseum am Rätischen Limes in Rainau (Ostalbkreis).*

149

1 Die Hadriansmauer.
Foto, um 1970. Die Anfang des 2 Jh. gebaute und 112 km lange Mauer liegt im Norden Englands (siehe Abb. 3, Seite 148).

2 Britannien wird römisch
Der römische Geschichtsschreiber Tacitus (siehe M 3, Seite 133) berichtet in einem seiner Bücher, wie die Römer bei der Übernahme der Herrschaft vorgingen. Prasutagus, der König der Icener war im Jahre 59 gestorben und hatte seinen Besitz testamentarisch zwischen dem römischen Kaiser und seinen beiden Töchtern aufgeteilt. So wollte er sein Land und seine Familie gegen weitere Übergriffe der Römer schützen, aber es kam anders:

Sein Land und sein Haus wurden wie ein erobertes Gebiet verwüstet. Zuerst wurde seine Frau misshandelt, dann seine Töchter vergewaltigt. Die vornehmen Icener wurden, als ob die Römer sämtliche Ländereien zum Geschenk erhalten hätten, von ihrem ererbten Besitz vertrieben und die Verwandten des Königs wie Sklaven behandelt. Diese schmachvolle Behandlung und die Furcht vor noch Schlimmerem veranlassten sie, zu den Waffen zu greifen.

Tacitus berichtet in der Lebensbeschreibung seines Schwiegervaters Agricola, der 77 Statthalter der Provinz Britannien geworden war, wie dieser die Romanisierung förderte:

Denn um die verstreut und primitiv lebenden Menschen, die infolgedessen leicht zum Krieg geneigt waren, durch Annehmlichkeiten an Ruhe und friedliches Verhalten zu gewöhnen, ermunterte Agricola sie persönlich und unterstützte sie mit staatlichen Mitteln, Tempel, öffentliche Plätze und Häuser in der Stadt zu bauen. Er lobte die Eifrigen und tadelte die Säumigen. So trat Anerkennung und wetteiferndes Bemühen an die Stelle des Zwanges. Ferner ließ er die Söhne der Vornehmen ausbilden, wobei er der natürlichen Begabung der Britannier gegenüber dem Lerneifer der Gallier den Vorrang gab. So kam es, dass die Menschen, die eben noch die römische Sprache ablehnten, nun die römische Redekunst zu erlernen begehrten. Von da an fand auch unser Äußeres Beifall, und die Toga wurde häufig getragen; und allmählich gab man sich dem verweichlichenden Einfluss des Lasters hin: Säulenhallen, Bädern und erlesenen Gelagen. Und so etwas hieß bei den Ahnungslosen Lebenskultur, während es doch nur ein Bestandteil der Knechtschaft war.

Tacitus, Annalen XIV. 31, übers. von Walther Sontheimer, Stuttgart 1967 (erster Text) und Tacitus, Das Leben des Iulius Agricola 21, übers. von Rudolf Till, Berlin ²1976

3 Die Vorzüge der römischen Kultur.
Karikatur aus der englischen Zeitschrift PUNCH von 1912.

---

1. Beschreibe das Verhalten der Römer gegenüber den einheimischen Bewohnern (M 2).
2. Erörtert die Vor- und Nachteile der römischen Herrschaft in den eroberten Gebieten.
3. Verfasse zu M 3 eine Geschichte.

Was uns die Römer sonst noch brachten

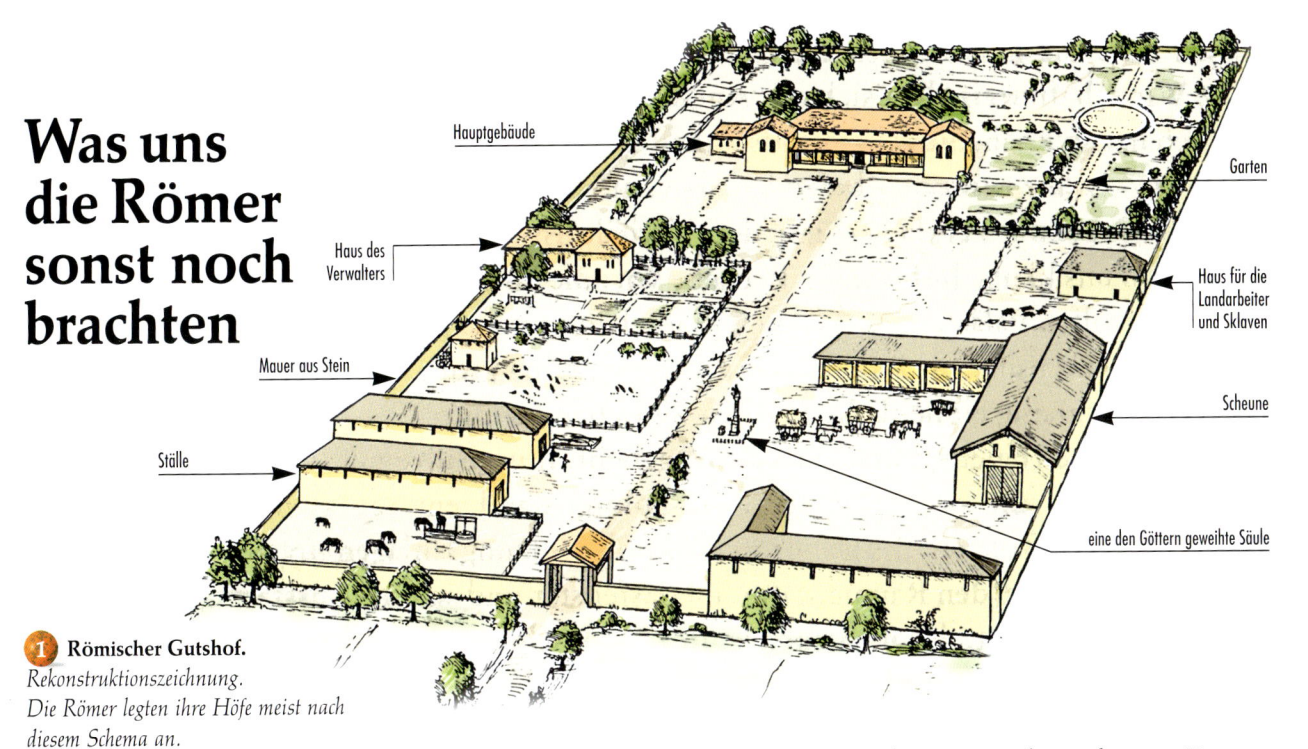

1 Römischer Gutshof.
*Rekonstruktionszeichnung.
Die Römer legten ihre Höfe meist nach diesem Schema an.*

Beschriftungen: Hauptgebäude, Haus des Verwalters, Mauer aus Stein, Ställe, Garten, Haus für die Landarbeiter und Sklaven, Scheune, eine den Göttern geweihte Säule

Land- und Viehwirtschaft ändern sich

Um den Handel auszuweiten und die Soldaten zu versorgen, bauten die Römer die Landwirtschaft in den Provinzen aus. Dabei nahmen sie den Einheimischen fruchtbares Land weg und ließen Wälder roden.

Die Ernteerträge steigerten die Römer durch eine Düngung des Bodens und den Einsatz des eisernen Wendepfluges. Sie legten Gärten an und führten verbesserte Apfel- und Birnensorten, Edelkirschen und Pfirsiche, dazu eine Vielzahl von Gemüse-, Salat- und Gewürzpflanzen wie Fenchel, Gurke und Petersilie aus dem Mittelmeerraum ein. Auch der Weinanbau nördlich der Alpen geht auf die Römer zurück.

Die einheimischen Rinder und Pferde wurden durch größere und kräftigere Tiere aus Italien abgelöst. Hauskatzen und kleine Hunderassen wurden nun als Haustiere gehalten.

Das Straßennetz

Während die Menschen nördlich der Alpen noch meist für den Eigenbedarf arbeiteten, trieben die Römer längst einen ausgedehnten Handel.

In der Kaiserzeit bestanden rege Handelsverbindungen nicht nur mit den Provinzen, sondern auch über die Reichsgrenzen hinaus.

Neben den Schifffahrtswegen nutzten die Römer Fernstraßen. Überall hatten sie gepflasterte Straßen anlegen lassen. Im 2. Jh. umfasste ihr Straßennetz rund 80 000 km.

■ **CD-ROM-Tipps** → *Das Geheimnis des Zenturio. Auf der Spur der Römer und Germanen*, Berlin: Cornelsen; *Das Römische Reich. Die Villa rustica von Hechingen-Stein*, Stuttgart: Theiss

● **Exkursionstipp** → *Limesmuseum in Aalen (Ostalbkreis).* In Baden-Württemberg gibt es noch viele weitere Sammlungen und Anlagen aus der Römerzeit; siehe dazu den Tipp auf Seite 171.

2 Hauptgebäude eines römischen Gutshofes.
Das Modell aus dem Limesmuseum Aalen zeigt das Hauptgebäude einer Villa rustica (dt. Gutshof) aus dem 3. Jh. Das stattliche Wohngebäude war teilweise unterkellert und mit einer Fußboden- und Wandheizung ausgestattet. Die Säule im Hof war den Göttern geweiht. Von ihnen erflehte man Schutz, eine gute Ernte und gesundes Vieh.

M 2 Römischer Straßenbau.
Rekonstruktionszeichnungen.
Erkläre den Zweck
a) der mehrfachen Schichtung der Straße,
b) der Wölbung der Straßendecke und der Straßengräben.

Querschnitt durch eine Straße
Plattenbelag, Graben, Feiner/Grober Steinschotter, Packlager: Flache Steine u. Mörtel, ca. 7 m breit

M 1 Was haben Straßen mit Kultur zu tun?
Der Schriftsteller Tertullian (3. Jh.) schreibt:

Dieses planmäßig ausgeführte Netz geregelter Straßenanlagen beförderte die allgemeine Sicherheit, erleichterte den Ackerbau, garantierte den Reisenden ein sicheres und bequemes Fortkommen, gewährte dem Handelsverkehr die unberechenbarsten Vorteile, schützte den Frieden des Reichs, ermöglichte den geordneten Gang der großen Verwaltungsmaschine, rief Ansiedlungen hervor und begünstigte auf das wirksamste die Entwicklung der Kultur.

Zit. nach: Ludwig Friedlaender, Sittengeschichte Roms, Wien 1934, S. 277

M 3 Gedeckter Wagen.
Rekonstruktion aus dem Römisch-Germanischen Museum in Köln.
Auf den Römerstraßen legte ein Warentransport bis zu 60 km pro Tag zurück.

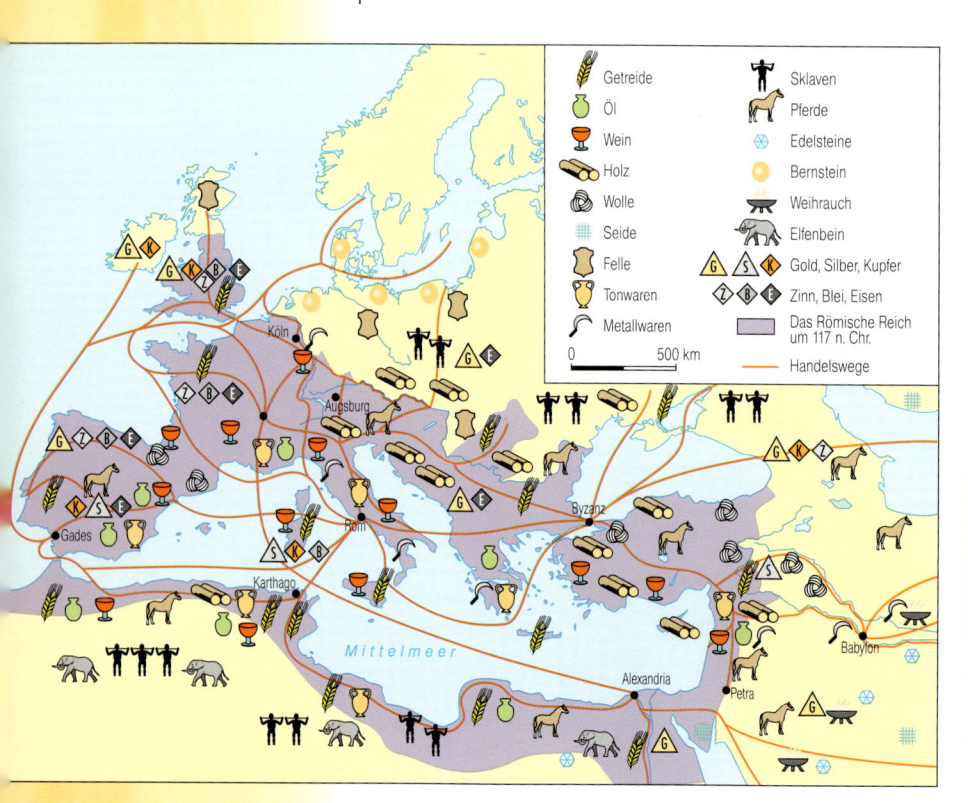

M 4 Fernhandel im Römischen Weltreich (1.-3. Jh.).

Legende: Getreide, Öl, Wein, Holz, Wolle, Seide, Felle, Tonwaren, Metallwaren, Sklaven, Pferde, Edelsteine, Bernstein, Weihrauch, Elfenbein, Gold, Silber, Kupfer, Zinn, Blei, Eisen, Das Römische Reich um 117 n. Chr., Handelswege

1. Nenne Gründe für den Straßenbau (M 1).
2. Erkläre die Spezialkarte, und erläutere die Handelswege (M 4).
3. Gliedere die in M 4 angeführten Waren nach landwirtschaftlichen Produkten, Fertigprodukten und Rohstoffen.
Stelle fest, woher sie kamen.

Rom wird christlich

Religionen im Kaiserreich

Die Römer glaubten an viele Götter und Göttinnen. Ihre religiösen Vorstellungen veränderten sich durch den Kontakt mit anderen Kulturen. Schon während der Republik vereinten sie die Götter der Griechen mit den eigenen. In der Kaiserzeit kam aus Ägypten die Verehrung der Göttin *Isis* hinzu. Deren Priester verhießen den Gläubigen ein ewiges Leben nach dem Tode. Aus dem Orient kam der Kult des *Mithras*, eines Gottes des Lichtes und der Wahrheit. Diese sowie andere geheime, nur Eingeweihten zugängliche Götter- und Mysterienkulte (**Mysterien**: geheime religiöse Feiern) fanden im Laufe der Zeit im Römischen Reich Verbreitung. Neben den Mysterienkulten lernten die Römer auch den Glauben der *Juden* kennen.

Jesus, der Erlöser

In Palästina wurde *Jesus* etwa 6 Jahre vor der Zeitenwende geboren und im jüdischen Glauben erzogen. Mit etwa 30 Jahren begann er, durch das Land zu ziehen. Er verkündete die Ankunft eines Gottesreiches, forderte Nächstenliebe, brüderliche Gemeinschaft mit allen Menschen und vollbrachte – wie seine Jünger bezeugten – zahlreiche Wunder. Um das Jahr 30 wurde er in Jerusalem von einigen Mitgliedern der jüdischen Gemeinde wegen Gotteslästerung angeklagt. Die römische Besatzungsmacht verurteilte ihn zum Tode und ließ ihn hinrichten, weil sie fürchtete, seine Botschaft führe zu Aufruhr und Unruhe in der Provinz.

1 Römisches Kultbild, um 200 n. Chr. (Ausschnitt).
Im Frankfurter Museum für Vor- und Frühgeschichte befindet sich die Kopie eines Mithras-Heiligtums, das in Wiesbaden gefunden wurde. Die Restauratoren haben die alte Farbigkeit des Götterbildes wiederhergestellt. Unter einem Bogen mit den Tierkreiszeichen ist zu sehen, wie der Gott Mithras einen Stier tötet. Das Blut galt als Quelle des Lebens.

Nach seinem Kreuzestod verbreiteten seine Jünger, die **Apostel**, die Botschaft von der Liebe des einen Gottes, der seinen Sohn geopfert hat, um die Menschen von ihren Sünden zu erlösen und ihnen nach dem Tod ein Leben im Paradies zu gewähren. Diese Botschaft von Jesus, als dem von Gott gesandten Erlöser (*Messias*), steht im zweiten Hauptteil der Bibel, dem *Neuen Testament*. Das frühe Christentum unterschied sich damit vom Judentum, für das Jesus nicht der Erlöser war.

Die ersten Christen

Die ersten Christengemeinden entstanden in Städten. Unter ihren Mitgliedern waren viele Frauen, Angehörige der Unterschichten und Sklaven. Die Christen achteten die Gesetze und zahlten Steuern. Ihre Weigerung, Militärdienst zu leisten, gaben sie bald auf.

Für sie war der Sonntag heilig, der Tag, an dem ihrem Glauben nach Christus von den Toten auferstanden war. Sonntags trafen sie sich, um von Leben, Tod und Auferstehung ihres Herrn Jesus zu hören und in feierlichen Wechselgesängen Gott zu loben. An diesem Tag nahmen sie durch Taufen neue Mitglieder in ihre Gemeinde auf und feierten das Abendmahl in Erinnerung an das letzte Mahl, das Jesus mit seinen Jüngern vor seiner Kreuzigung eingenommen hatte. Die Christen lehnten die römischen Götter und den Kaiserkult ab. Sie hielten sich von Festen und Volksbelustigungen fern und feierten ihre Gottesdienste in Privathäusern. Die Frauen verzichteten auf Schmuck. Ihre Andersartigkeit machte die Christen zu Außenseitern der römischen Gesellschaft.

„Die Christen vor die Löwen!"

Als im Hochsommer des Jahres 64 in Rom ein Feuer ausbrach, das sechs Tage lang wütete und drei Viertel der Hauptstadt erfasste, soll *Petrus*, der erste Jünger Jesu, gerade die Christengemeinde besucht haben. Bei seiner Abreise erschien ihm – so die Legende – Jesus und bewog ihn zur Umkehr, damit er seinen „Brüdern und Schwestern" helfe.

In der Tat hatten diese seine Hilfe nötig. Denn Kaiser *Nero*, von dem das Gerücht umging, er habe den Brand legen lassen, schob die Schuld auf die Christen. Zahlreiche von ihnen wurden ergriffen und verurteilt: Einige hüllte man in Tierhäute und hetzte Hunde auf sie. Andere schlug man in mit Pech getränkten Gewändern ans Kreuz und zündete sie an. Andere mussten in der Arena mit wilden Tieren kämpfen.

Bei dieser ersten großen Christenverfolgung kam auch Petrus um. Im Circus des Nero, eben dort, wo sich heute in Rom der Petersdom erhebt, soll er kopfunter gekreuzigt worden sein. Zuvor soll bereits der Apostel *Paulus*, der auf vielen Missionsreisen die christliche Lehre verbreitet hatte, als **Märtyrer**, d. h. als *Zeuge des Glaubens*, den Tod auf sich genommen haben.

In der Zeit nach Nero hören wir zunächst nichts mehr von systematischen Verfolgungen. Christen wurden nur dann bestraft, wenn sie von Mitbürgern angeklagt wurden, sich vor Gericht offen zu ihrem Glauben bekannten und sich weigerten, vor dem Bild des Kaisers zu opfern. Seit dem Jahre 250 jedoch begann eine neue Welle der Verfolgung: Damals wurden die Grenzprovinzen von umherziehenden Völkerscharen verwüstet, und im ganzen Reich litten die Menschen unter Teuerung und Not. Wieder suchte man Schuldige und fand sie in der christlichen Minderheit. Ihre Gottesdienste wurden unter Androhung der Todesstrafe verboten, kirchliche Bauten und Kultgegenstände zerstört und christliche Schriften verbrannt. Christ sein war lebensgefährlich geworden.

„In diesem Zeichen wirst du siegen!"

Unter Kaiser Diokletian erlitten die Christen ihre schlimmste, aber auch letzte Verfolgung. Sein Nachfolger verkündete schließlich im Jahre 311 ein **Toleranzedikt**.* Zwei Jahre später bestätigte Kaiser *Konstantin I.* die Glaubensfreiheit für alle Religionen und begann, den Christen sogar Vorrechte einzuräumen (z. B. wurde kirchlicher Grundbesitz von der Steuer befreit; der Sonntag wurde allgemeiner Feiertag). Der christlichen Überlieferung nach war dies Konstantins Dank für einen Sieg. Dem Kaiser sei vor einer entscheidenden Schlacht ein Christuszeichen und die Inschrift „IN HOC SIGNO VINCES", zu deutsch „In diesem Zeichen wirst du siegen!", erschienen. Daraufhin habe er das Zeichen der Christen angenommen und die Schlacht gewonnen. Ob Konstantin schon damals Christ wurde, wissen wir nicht. Taufen ließ er sich erst auf dem Sterbebett.

** **Toleranz:** Duldung, Entgegenkommen; **Edikt:** Erlass des Herrschers*

② Blick in eine Katakombe.
*Die Christen richteten in Rom und anderen Städten unterirdische Begräbnisstätten ein: die **Katakomben**. Die in Tücher gehüllten Toten legten sie in Wandnischen, die mit Steinplatten verschlossen waren. Insgesamt sollen in den Katakomben Roms etwa sechs Millionen Leichen bestattet worden sein. In den Katakomben befinden sich Wand- und Deckenmalereien; sie sind die ältesten Beispiele christlicher Kunst.*

Oft wird behauptet, dass die Christen die Katakomben anlegten, um sich vor ihren Verfolgern zu verbergen. Dies war nicht der Fall. Es galt ein allgemeines Bestattungsverbot innerhalb der städtischen Mauern.

③ Konstantin I. („der Große").
Nachzeichnung eines Silbermedaillons (Durchmesser 2,5 cm), um 315. Gezeigt wird der siegreiche Feldherr Konstantin mit Helm und Panzer, Schild und Zepter; seine Rechte hält die Zügel eines Pferdes; am Helmbusch vorne ist eine kleine Scheibe mit dem Christuszeichen. Die griechischen Buchstaben XP stehen für die Abkürzung Chr.: Christus.

Das Christentum wird Staatsreligion

Konstantin betrachtete sich als Gebieter der Kirche. Mit ihm begann die Bindung der Kirche an den Staat. Als Glaubensstreitigkeiten ausbrachen, berief er im Jahre 325 ein Konzil nach Nicaea (Kleinasien) ein. Diese Versammlung aller **Gemeindevorsteher** des Reiches entschied sich unter seinem Vorsitz gegen die Lehre des *Arius von Alexandria*. Dieser Kirchenlehrer hatte die Vorstellung verbreitet, Christus sei geschaffen – also nicht ewig – und vom Vater verschieden. Seine Gegner vertraten dagegen die Auffassung, Christus sei Gott wesensgleich. Zwar wurde in Nicaea die Lehre des Arius, der **Arianismus**, verdammt, doch das Konzil konnte die kirchliche Einheit auf Dauer nicht herstellen.

Nach Konstantin hat noch einmal ein Kaiser vergeblich versucht, den alten Göttern ihren Vorrang zurückzugeben. Aber im Jahre 391 legte der Kaiser *Theodosius* endgültig fest, dass alle Untertanen Christen sein sollten. Wer sich daran nicht hielt, konnte bestraft werden. Die Tempel verfielen oder wurden zu Kirchen umgebaut. Die Olympischen Spiele galten nun als heidnisch. Das Christentum war **Staatsreligion** geworden.

Neues entsteht aus Altem

Die christliche Lehre und die Gestaltung des Gottesdienstes (*Liturgie*) wurden vom Judentum und den übrigen religiösen Kulten, beeinflusst. So gab es – trotz aller Unterschiede in der Glaubenslehre – in der christlichen Liturgie viele Bestandteile, die auch Nichtchristen kannten: Taufe, Friedenskuss, Fußwaschung, das gemeinsame Opfermahl, Totengedenken, Gelübde, Wallfahrten und Verehrung von Überresten der als heilig verehrten Frauen und Männer.

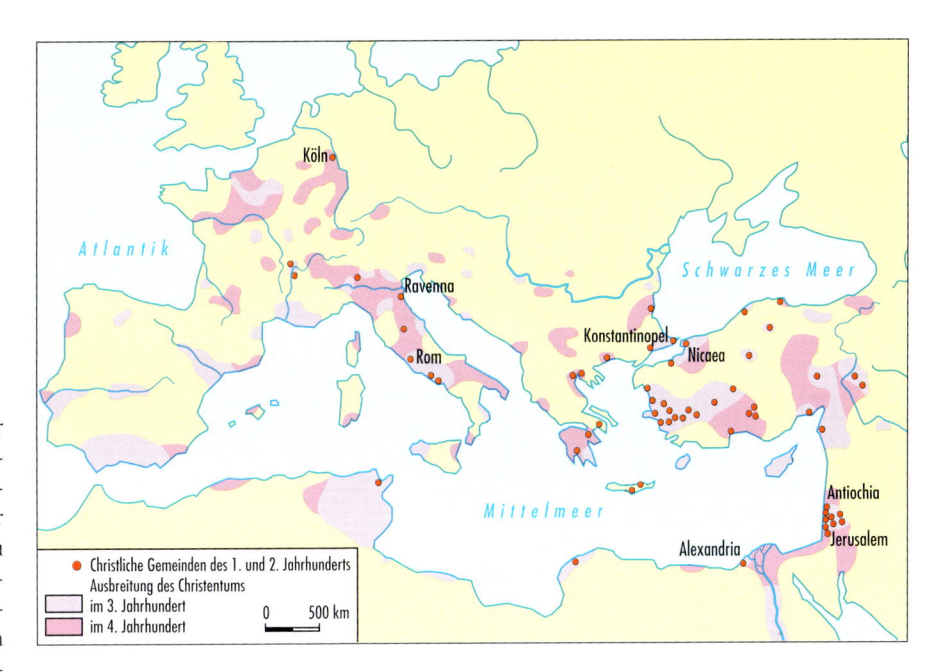

4 Ausbreitung des Christentums bis ins 4. Jahrhundert.

Organisation macht stark

Der Siegeszug der Christen hängt zusammen mit dem raschen Aufbau einer straffen Kirchenorganisation. Bereits Ende des 1. Jh. übernahm die Leitung der zerstreut liegenden Gemeinden und des Gottesdienstes ein auf Lebenszeit bestellter Vorsteher. Frauen wurden – gemäß den Vorstellungen des Apostels Paulus – von allen kirchlichen Ämtern ausgeschlossen. Im 2. Jh. erhielt der Gemeindevorsteher die Bezeichnung **Bischof** (griech. *episcopos*: Aufseher). Er überwachte die Einhaltung der Glaubenslehre und galt als der alleinige Mittler zwischen Gott und den Menschen. Die Geistlichen der Gemeinde waren ihm unterstellt. Seine Rolle in der Gemeinde erinnerte an die eines Kaisers.

Die räumliche Organisation der christlichen Kirche lehnte sich an weltliche Vorbilder an: In jeder größeren Stadt gab es einen Bischof. In fast jeder Provinzhauptstadt amtierte ein Erzbischof als Vorgesetzter der Bischöfe dieser Provinz. Die Inhaber der fünf – noch von den Aposteln gegründeten – Bischofssitze von *Alexandria, Antiochia, Jerusalem, Konstantinopel* und *Rom* trugen den Ehrentitel **Patriarch** (dt. *Stammvater*).

Vom römischen Bischof zum Papst

Rom hatte zwar im 3. Jh. seine Aufgabe als Hauptstadt des Römischen Reiches verloren, doch es galt immer noch als die „ewige Stadt". Sie hatte unter den Christen weiteres Ansehen gewonnen, weil hier die ersten Märtyrer hingerichtet worden waren und die Gräber der Apostel Petrus und Paulus lagen.

Als die Reichsverwaltung in Italien zusammenbrach*, wurde der Bischof von Rom zur einzigen Autorität des westlichen Reiches. Mit dem Zuwachs an Einfluss strebten die römischen Bischöfe auch die politische Führung über alle Christen an. Ihren Machtanspruch begründeten sie religiös: Der römische Bischof sei Erbe des Apostels Petrus, und über ihn sei das Christuswort überliefert: *„Du bist Petrus, und auf diesem Felsen werde ich meine Kirche errichten."* Aus diesen Worten leitete der römische Bischof und spätere Papst *Leo I.* (gest. 461) den Führungsanspruch über die Kirche und die Bischöfe ab. Er erklärte Rom zum alleinigen Zentrum des Christentums und behauptete, er stehe in der direkten Nachfolge des Jüngers Petrus. Dagegen protestierten vor allem die Patriarchen und Bischöfe des Oströmischen Reiches.** Sie waren nur bereit, dem römischen Bischof den Ehrentitel **Papst** (lat. *Papa*: Vater) zuzugestehen. Sie wollten sich ihm aber nicht unterordnen.

---
* Darüber erfährst du mehr auf Seite 158 ff.
** Zum Oströmischen Reich lies S. 163 ff.

ΙΧΘΥΣ

M 1 Das Geheimzeichen der Christen.
Grabinschrift aus einer Katakombe.
Der Fisch war das Zeichen für die Zugehörigkeit zur christlichen Glaubensgemeinschaft. Das griechische Wort für Fisch heißt ICHTHYS. Hinter diesem Wort verbergen sich die Anfangsbuchstaben der Formel:
Iesous **Ch**ristos **Th**eou (Gottes) **Y**ios (Sohn) **S**oter (Retter).

M 2 Wie steht der Christ zu Kaiser und Staat?
Aus dem Brief des Apostels Paulus an die Christengemeinde in Rom aus dem Jahre 56:

Jedermann unterwerfe sich den Obrigkeiten, denn es gibt keine Obrigkeit außer von Gott [...]. Darum ist es notwendig, sich unterzuordnen, nicht um
5 der Strafe, sondern auch um des Gewissens willen. Aus diesem Grund müsst ihr auch Steuern zahlen [...].
Paulus, Römerbrief 13

M 3 Christen werden geprüft
Der Statthalter Plinius berichtet im Jahre 110 dem Kaiser Trajan, wie er verfuhr, wenn Einwohner seiner Provinz verklagt wurden, Christen zu sein:

Ich habe sie selbst gefragt, ob sie Christen seien. Wenn sie es zugaben, fragte ich ein zweites und ein drittes Mal, wobei ich mit der Todesstrafe drohte. Blie-
5 ben sie bei ihrer Aussage, ließ ich sie zur Hinrichtung abführen [...].
Die aber leugneten, Christen zu sein oder es gewesen zu sein, denen sprach ich vor, wie sie die Götter anrufen soll-
10 ten, und zeigte ihnen, wie sie vor deinem Standbild, das ich mit den Götterbildern hatte herbeischaffen lassen, mit Weihrauch und Wein zu opfern hatten, außerdem, wie sie Christus verfluchen
15 sollten. Zu keiner dieser Handlungen lassen sich – so sagt man – die wahren Christen zwingen. Wer dies aber tat, den glaubte ich freilassen zu müssen.
Plinius, Epistularum 10,96, ausgew. u. übers. v. Klaus Gast

M 4 „Christen vor die Löwen"
Der christliche Schriftsteller Tertullian schreibt um das Jahr 200:

Wenn der Tiber bis vor die Stadtmauern dringt, wenn der Nil die Felder nicht überschwemmt, wenn die Himmelstore verschlossen bleiben, so dass
5 es nicht regnet, wenn die Erde bebt, wenn Seuchen und Hungersnöte über die Menschen kommen, so heißt es gleich: „Die Christen vor die Löwen!"
Gottfried Guggenbühl (Hrsg.), Quellen zur Geschichte des Altertums, Zürich ³1964, S. 284

M 5 Religionsfreiheit
Der Bischof Eusebios (gest. 339) hat das so genannte Mailänder Edikt Konstantins I. und seines Mitkaisers Licinius aus dem Jahre 313 überliefert; darin heißt es:

In gesunder und durchaus richtiger Erwägung haben wir also diesen Beschluss gefasst, dass keinem Menschen die Freiheit versagt werden solle,
5 Brauch und Kult der Christen zu befolgen und zu erwählen, dass vielmehr jedem die Freiheit gegeben werde, sein Herz jener Religion zuzuwenden, die er selbst für die ihm entsprechende hält,
10 damit uns die Gottheit in Allem die gewohnte Fürsorge und Güte schenken möge.
Hans-Georg Beck (Hrsg.), Leben in Byzanz. Ein Lesebuch, München 1991, S. 216 (vereinfacht)

M 6 Das christliche Bekenntnis wird Gesetz
Theodosius (379-392 Kaiser im Osten, 388-395 im Gesamtreich) regelte im Jahr 380 gemeinsam mit dem weströmischen Kaiser das christliche Bekenntnis durch folgendes Gesetz:

Alle unter Unserer milden Herrschaft stehenden Völker sollen nach unserem Willen demjenigen Glauben angehören, den der heilige Apostel Petrus [...] den Römern mitgeteilt hat [...]. Wir glauben nämlich nach der Vorschrift der Apostel [...] an die Göttlichkeit des Vaters, des Sohnes und des Heiligen Geistes in gleicher Er-
5 habenheit und in göttlicher Dreieinigkeit. Diejenigen, die diesem Gesetze folgen, sollen den Namen katholische* Christen führen, die übrigen aber, die wir als töricht und wahnwitzig erklären, sollen als Abtrünnige vom Glauben mit Ehrlosigkeit bestraft und mit dem Zorne Gottes und dann nach unserer Entscheidung [...] mit einer Strafe belegt werden.
Gottfried Härtel u. Frank-Michael Kaufmann (Hrsg.), Codex Justinianus, Leipzig 1991, S. 29 (vereinfacht)

* **katholisch** (griech. katholikos): allgemein; für alle

---

1. Was rät Paulus den Christen (M 2)?
2. Versetzt euch in die Situation der von Plinius verhörten Christen und diskutiert, wie ihr euch verhalten hättet.
3. Erkläre die Beobachtung, die Tertullian beschreibt (M 4).
4. Wie wird im Mailänder Edikt die Gleichberechtigung des Christentums begründet (M 5)? Könnte es noch andere Gründe für das Edikt gegeben haben?
5. „Niemand darf wegen seines Glaubens benachteiligt werden", so steht es in unserem Grundgesetz. Überprüfe, ob dieser Grundsatz nach dem Erlass des Theodosius (M 6) zutraf.

Warum zerfällt das Reich?

„Die Barbaren kommen!"
Dieser Schreckensruf ertönte in der Kaiserzeit immer häufiger am Limes. Ständig zogen mehr Menschen aus ihrer nord- und ostmitteleuropäischen Heimat nach Süden und Westen auf die Grenzen des Römischen Reiches zu: die *Germanen*. So bezeichnen wir die Träger einer Kultur, die sich vermutlich erst nach 500 v. Chr. im norddeutschen Raum gebildet hatte und aus verschiedenen Völkerschaften (*Stämmen*) bestand. Bis um Christi Geburt lebten sie im Ost- und Nordseeraum.

Eine wachsende Bevölkerung, vielleicht auch Klimaverschlechterungen, Abenteuerlust, in jedem Fall der Wunsch nach besseren Lebensverhältnissen führten seit dem 2. Jh. zu Wanderungen von bislang unbekanntem Ausmaß. Einige Völkerschaften wie die *Franken*, *Friesen* und *Alamannen* drangen dabei schrittweise in benachbarte Landschaften ein und ließen sich dort nieder. Andere durchquerten ganz Europa und den Norden Afrikas, so die *Goten*, *Vandalen* und *Burgunder*. In der Regel zogen immer nur Teile eines Volkes in die ungewisse Zukunft. Dabei vermischten sich fremde mit einheimischen Völkern. Ende des 4. Jh. spitzte sich die Lage dramatisch zu: Die *Hunnen* aus Zentralasien zerstörten um 375 die Herrschaft der Goten am Schwarzen Meer. Damit erreichte die ==Völkerwanderung== ihren Höhepunkt.

① Adlerspange aus der Völkerwanderungszeit, um 500 n. Chr.
Die 12 cm lange Fibel wurde in Oberitalien gefunden und befindet sich heute im Germanischen Nationalmuseum in Nürnberg. Sie ist aus Gold, hat Einlagen aus Elfenbein und Almandin (Edelstein) und zählt zu den schönsten Kleinfunden aus der Zeit des Ostgotenreiches.

2 Vergoldeter germanischer Spangenhelm aus Krefeld-Gellep, um 500.

Eindringlinge und Verbündete

Von den Hunnen getrieben, baten die Goten um Aufnahme in das Römische Reich. Als Gegenleistung boten sie militärische Hilfe an. Kaiser *Valens* ging darauf ein. Doch die Eingliederung der Goten scheiterte. Unruhen brachen aus, und in der **Schlacht bei Adrianopel** (378) schlugen die Goten die Römer. Wenige Jahre später wurden die Goten dann doch noch Verbündete Roms. Dafür erhielten sie das Recht, auf dem Boden des Römischen Reiches einen eigenen Staat zu errichten. Danach bekamen Angehörige fremder Völker immer häufiger für Kriegsdienste Land zugewiesen.

Das Reich zerfällt

Das Römische Reich führte den Kampf gegen die einwandernden Völker mit geringem Aufwand. Seit der Gliederung in vier Verwaltungseinheiten Ende des 3. Jh. hatten sich der westliche und der östliche Teil auseinander entwickelt. Die Neuorganisation des Reiches von 395 in einen östlichen und einen westlichen Herrschaftsbereich erwies sich später als das Ende der Reichseinheit. **Ostrom** blieb nach dem Abzug der Goten von den Wirren und Verwüstungen der Völkerwanderung weitgehend verschont. Seine Herrscher sahen keinen Anlass, **Westrom** im Kampf gegen die Eindringlinge zu helfen.

Um 450 herrschten die weströmischen Kaiser nur noch über Italien, Mittelgallien, die Provence und Dalmatien. Den Großteil ihres Imperiums hatten germanische Völker in Besitz genommen. Wie die Kräfte verteilt waren, zeigt der Kampf gegen die Hunnen. Im Jahre 451 gelang es den Römern nur mit Hilfe romanisierter Kelten (Gallier) sowie verbündeter Westgoten, Burgunder und Franken, die Reiterheere *Attilas* nach der **Schlacht auf den Katalaunischen Feldern** zum Rückzug zu bewegen. Das bedeutete das Ende für das Hunnenreich, das sich von Südrussland bis zum Rhein erstreckt hatte.

Auch das Weströmische Reich ließ sich immer schwerer regieren. 476 zerbrach es. *Odoaker*, Sohn eines fremden Fürsten und römischer Offizier, setzte Kaiser *Romulus Augustulus* (Augustulus: dt. „Kaiserchen" – wegen seines jugendlichen Alters) ab. Seine Soldaten riefen ihn zum König aus. Odoaker verzichtete auf den Kaisertitel, erkannte die Oberhoheit des oströmischen Kaisers an und beschränkte seine Herrschaft auf Italien. Seine Macht war nicht von Dauer. In Ostrom ließ sich der Heerführer der Ostgoten, *Theoderich*, mit dem Krieg gegen Odoaker beauftragen, fügte ihm Niederlagen zu und sorgte schließlich für seine Ermordung. Daraufhin wurde Theoderich zum König der Goten und kaiserlichen Regenten in Italien ausgerufen.

3 Grabmal des Theoderich in Ravenna, Anfang des 6. Jh..
Foto von 1990.
Auf einem zehneckigen Unterbau erhebt sich ein etwas eingezogenes, gleichfalls zehneckiges Obergeschoss. Darüber wölbt sich die gewaltige Kuppel, ein über 300 t schwerer Stein.

M 1 Völkerwanderung und Reichsgründungen (3. bis 6. Jh.).

Wir sprechen zwar von „den" **Germanen**, doch darunter sind westgermanische (z.B. Angeln, Westgoten, Sachsen, Franken, Sueben, Friesen, Langobarden, Alamannen u.a.), ostgermanische (Burgunder, Ostgoten, Vandalen u.a.) und nordgermanische Völkerschaften zu verstehen; letztere verließen damals ihre Heimat (Norwegen, Schweden) noch nicht.

M 2 Die Barbaren kommen …

Der spätrömische Geschichtsschreiber Ammianus Marcellinus (4. Jh.) schreibt:

Es verbreiteten sich schreckliche Nachrichten von Völkern im Norden, die neue Bewegungen in Gang gesetzt hatten, welche größer als gewöhnlich waren: In das gesamte Gebiet, das sich […] bis zum Schwarzen Meer erstreckt, ergieße sich eine Masse von Barbaren unbekannter Herkunft, die von ihren Wohnsitzen durch plötzliche Gewalt vertrieben worden seien und zusammen mit ihren Angehörigen die Donau entlang hin- und herstreifen. Unsere Leute nahmen das zunächst aus dem Grund auf die leichte Schulter, weil sie gewohnt waren, aus jenen fernen Gegenden von Kriegen nur zu hören, wenn sie schon wieder beendet oder eingeschlafen waren. Doch dann kamen immer zuverlässigere Nachrichten von den Ereignissen, deren Bestätigung die Ankunft von Stammesgesandten lieferte, die flehentlich und beschwörend darum baten, dass ihr heimatlos gewordenes Volk diesseits des Flusses Aufnahme finde.

Zitiert nach: Klaus Rosen, Die Völkerwanderung, München 2002, S. 16

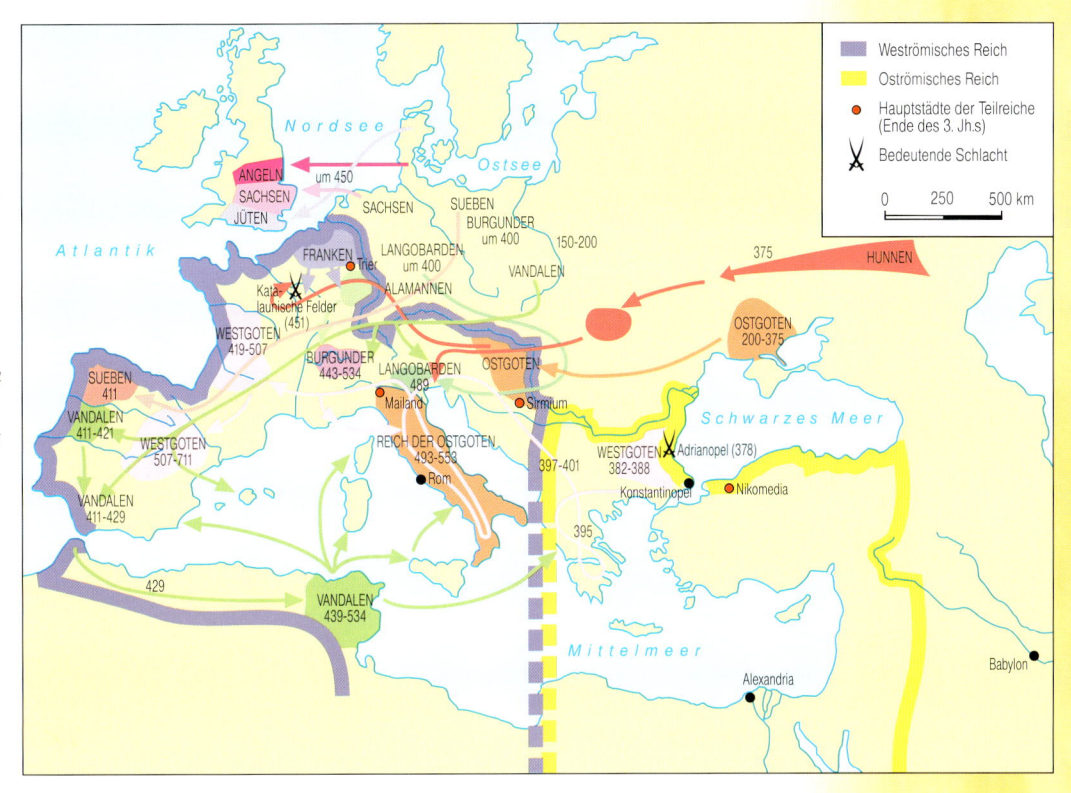

M 3 Schandtaten

Ammianus (siehe M 2) berichtet auch, mit welchen Verbrechen die Völkerwandung verbunden war:

Sie verübten alle Schandtaten zugleich: Raub und Mord, Blutvergießen und Brand sowie die Vergewaltigung freier Menschen. Damals konnte man die grausamsten Dinge erleben, die man nur mit Seufzen betrachten und berichten kann: Frauen, starr vor Schreck, die mit knallenden Peitschenhieben weggetrieben wurden, darunter auch Schwangere mit Ungeborenen, die, noch bevor sie das Licht erblickten, viel Böses ertragen mussten; daneben kleine Kinder, die sich an ihre Mütter klammerten; das Jammern von adligen Knaben und Mädchen war zu vernehmen, die mit gefesselten Händen eine harte Gefangenschaft erwartete. Weiter wurden heranwachsende Jungfrauen und züchtige Ehefrauen mit gesenktem Kopf abgeführt, die ihr äußerstes Elend beweinten und sich lieber einen noch so schrecklichen Tod herbeiwünschten, als demnächst ihre Ehre zu verlieren. Dazwischen ein Bürger, der eben noch reich und frei war, und sich nun über dich, Fortuna, du Unbarmherzige und Blinde, beklagte, die du ihn einem blutrünstigen Sieger überließest, nachdem er in einem kurzen Augenblick seines Vermögens und seiner lieben Angehörigen beraubt und aus seinem Haus verjagt wurde, das er in Schutt und Asche versinken sah, um dann Glied um Glied zerfleischt oder unter Schlägen und Folterqualen versklavt zu werden.

Zitiert nach: Klaus Rosen, Die Völkerwanderung, a.a.O., S. 17

---

1. Nenne die heutigen Gebiete, durch die die Goten, Alamannen, Franken und Sachsen zogen (M 1).
2. Prüfe, ob Ammian alle Ursachen für die Wanderungsbewegung nennt (M 2). Zähle weitere Gründe auf.
3. Erörtert, ob der Bericht Ammians unparteiisch ist (M 3).

Von den Römern zu den Alamannen

Die römische Herrschaft endet

Auf dem Gebiet des heutigen Baden-Württemberg ging die Römerherrschaft schon lange vor der Absetzung des Romulus Augustulus zu Ende. Hier hatten bereits um 200 n.Chr. Angehörige germanischer Völker aus dem Gebiet von Elbe, Saale und Havel auf der Suche nach besseren Lebensbedingungen und Beute immer wieder die Bevölkerung der römischen Provinz überfallen. Dazu hatten vor der Mitte des 3. Jhs. Kämpfe zwischen rivalisierenden Kaisern und Kriege im Osten des Imperiums die römische Herrschaft zwischen Rhein und Limes geschwächt. Truppen waren abgezogen worden, da sie anderswo dringender gebraucht wurden. Um das Jahr 260 gab Rom den obergermanischen und rätischen Limes sogar vollständig auf. Militär und Verwaltung zogen sich schrittweise zurück. Damit hatten Fremde ein leichtes Spiel im heutigen Südwestdeutschland. Angelockt vom römischen Wohlstand und auf der Suche nach fruchtbarem Land zogen sie im 3. Jh. in immer größeren Gruppen in die ehemalige Provinz.

Wer waren die Alamannen?

Die Fremden siedelten nicht sofort planmäßig und wurden erst allmählich sesshaft. Es ist anzunehmen, dass einige Provinzbewohner hier weiterhin lebten. In der Wanderungszeit bildeten die Umherziehenden kein festgefügtes Volk. Es handelte sich um lockere Zusammenschlüsse mehrerer Gruppen. Sie hatten ihre Heerführer oder Könige und taten sich nur zeitweise zusammen, meistens für Kriegszüge. Für eine einheitliche Herkunft, Sprache und Kultur der Neuankömmlinge gibt es keine Belege. Diese Gemeinsamkeiten entstanden erst in den folgenden Jahrhunderten.

Die Römer sahen das anders. Sie bezeichneten seit dem Jahr 300 „alle Leute" bzw. „alle Mannen", die sich über den Limes in Richtung Rhein und Bodensee ausgebreitet hatten, als „Alamannen" und ihren Siedlungsraum als „Alamannia".

Eine wechselvolle Geschichte

Die Römer scheinen ihren neuen Nachbarn anfangs eine besondere Rolle zugedacht zu haben: Da sie sie nicht vertreiben konnten, wollten sie sie als Schutzschild vor weiteren herandrängenden Völkern nützen. Einige alamannische Führer gingen darauf ein. Sie stellten sich mit ihren Gefolgsleuten zur Verfügung; manche von ihnen machten bei den Römern als Offiziere Karriere. Meist war das Verhältnis zwischen Römern und Alamannen jedoch gespannt. Denn immer wieder beteiligten sich Alamannen an Überfällen. Kriege waren die Folge, und wenn die römischen Legionen nicht siegen konnten, sicherte sich Rom seine Ruhe wenigstens zeitweise durch Verhandlungen, Verträge oder Geld.

Unruhe verbreiteten alamannische Trupps, die im späten 5. Jh. bis weit nach Gallien, in die heutige Südschweiz und bis vor Passau und Köln vordrangen. Dabei kamen sie am Mittelrhein in Berührung mit den *Franken*, die zur selben Zeit neue Gebiete erobern wollten. Im Kampf mit ihnen erlitten die Alamannen 496 und 506 vernichtende Niederlagen, so dass sie sich der fränkischen Herrschaft unterwerfen mussten. Viele alamannische Vornehme scheinen mit ihren Familien und Gefolgsleuten geflohen zu sein; einige von ihnen begaben sich unter den Schutz des Ostgotenkönigs Theoderich.

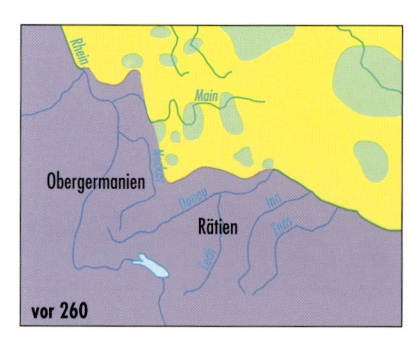

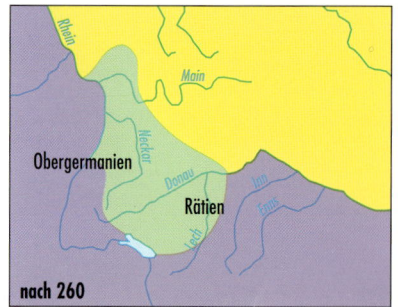

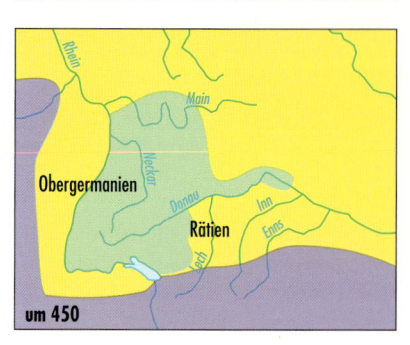

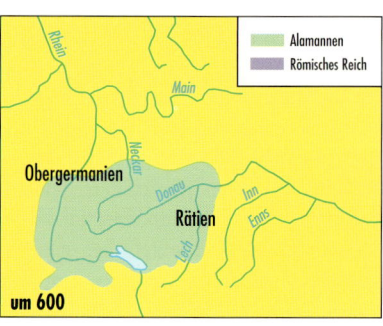

❶ Siedlungsraum der Alamannen.
Ein römischer Schriftsteller aus dem 3. Jh. bezeichnete die Alamannen als „zusammengelaufenes und vermischtes Volk". Was lässt sich aus dieser Aussage für die Geschichte der Alamannen ableiten?

Historiker und Heimatforscher haben bis ins 20. Jh. betont, dass die Römerherrschaft in Süddeutschland „unter dem Ansturm der Alamannen" zugrunde gegangen sei. Vergleiche mit der Darstellung. Versucht herauszufinden, was Forscher früherer Generationen zu ihrer Ansicht bewogen haben mag.

Kulturen treffen aufeinander

Auch im heutigen Südwestdeutschland bedeutete das Ende der römischen Herrschaft einen deutlichen Einschnitt: Kultur und Lebensweise änderten sich aufgrund von Zerstörungen und Plünderungen. Außerdem war die alte Führungsschicht mit all ihrem Wissen und ihren Fähigkeiten geflohen oder weggezogen. Die neuen Herren brachten ihre eigene Lebensweise mit und waren kaum an römischen Bräuchen und Errungenschaften interessiert. So verschwanden Schrift und Verwaltung. Städte und Straßen verfielen. Die Alamannen lebten vorwiegend in Dörfern und Einzelgehöften. Und auch wenn sie sich manchmal in den Mauern verlassener römischer Gebäude niederließen, so bauten sie selbst keine Häuser aus Stein, sondern aus Holz und Lehm. Lebensgrundlage der Alamannen waren Ackerbau und Viehzucht. Darin waren sie den Römern ebenbürtig. Das belegen viele archäologischen Funde.

② Alamannische Höhensiedlung.
Luftbild vom Runden Berg bei Urach (Kreis Reutlingen), um 1990. Rechts: Bebauung des Runden Berges. Rekonstruktionsversuch.

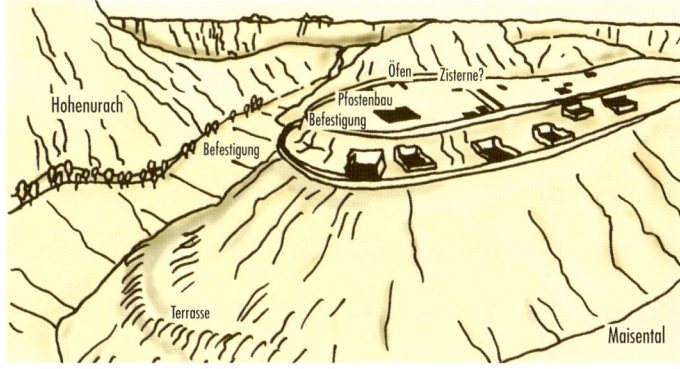

Wo und wie die Vornehmen leben

Bei den Alamannen gab es nur eine kleine Schicht reicher und mächtiger Vornehmer. Das haben Historiker aus schriftlichen Quellen römischer Herkunft ermittelt. Das bestätigen auch die Archäologen: Gräber machen die Rang- und Besitzunterschiede noch über den Tod hinaus sichtbar, vor allem durch den Wert der Gaben, die den Verstorbenen mit gegeben wurden. Eindrucksvolle Zeugnisse der gesellschaftlichen Unterschiede sind die Höhensiedlungen. Sie waren Herrschersitze, die mit großem Aufwand errichtet und befestigt worden waren. Hier befanden sich auch Werkstätten von Handwerkern.

Viele Waffenfunde zeigen, dass der Alltag ihrer Bewohner von Kampf und Krieg geprägt wurde. Ihr Ansehen verdankten sie wohl der Herkunft und der Tüchtigkeit im Kampf. Andere Funde belegen, dass die vornehmen Alamannen mit ihren Familien und engsten Gefolgsleuten bestrebt waren, sich schon äußerlich von den einfachen Leuten zu unterscheiden: durch Edelmetall und Schmuck, besonders verzierte Kleidungsstücke und Waffen sowie durch die Verwendung von Gläsern und Gefäßen nach römischen Vorbildern.

③ Gewandspange.
Sie ist 13,9 cm lang und 3,9 cm breit, sie besteht aus Silber, das mit Goldblech, Golddraht und farbigen Steinen verziert ist. Diese Bügelfibel gehörte einer reichen alamanischen Familie, die in der 1. Hälfte des 6. Jh.s in Donzdorf (Kreis Göppingen) lebte.

■ **1 Alamannisches Gehöft.**
Rekonstruktionsversuch aus der Siedlung bei Sontheim im Stubental.
Der Holzbau ist 13 m lang und 9 m breit, ihm vorgelagert ist ein 2 m breiter überdachter Gang. Oben links ein sechseckiger Heuspeicher.

■ **CD-ROM-Tipp** → Constance Schulz/Andreas Gut, Ein frühmittelalterliches Dorf. Virtuelle Reise zu den Alamannen von Lauchheim, Stuttgart: Theiss

● **Exkursionstipps** → Alamannenmuseum in Kirchheim am Ries (Ostalbkreis),
Alamannenmuseum Weingarten (Kreis Ravensburg),
Landesmuseum Stuttgart und
Archäologisches Landesmuseum Konstanz

■ **2 Alamannische Keramik.**
Funde aus den Siedlungen Sontheim im Stubental (Kreis Heidenheim), Mengen (Kreis Sigmaringen) und Großkuchen bei Heidenheim.

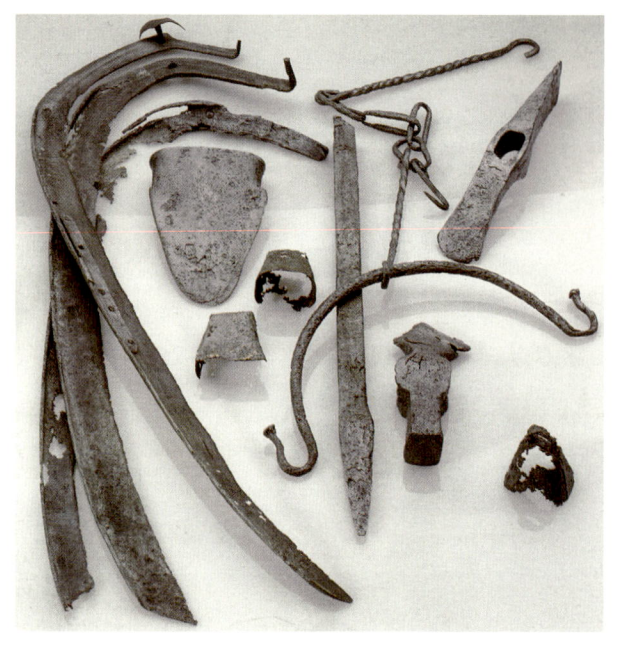

■ **3 Werkzeuge und Geräte alamannischer Bauern.**
Funde aus Osterburken (Neckar-Odenwald-Kreis).
Welche Werkzeuge und Geräte sind dir bekannt?

1. Vergleiche die Bauweise von M 1 mit M 8, Seite 28.
2. Beschreibe mit Hilfe von M 1 bis M 3 und der Darstellung, wie sich die Lebensbedingungen der Alamannen gegenüber den Kelten (siehe Seite 30 bis 32) verändert haben.

Von Rom nach Byzanz

Das Oströmische Reich

Zur endgültigen Teilung des Römischen Reiches trug bereits Kaiser Konstantin I. bei. Er hatte die alte griechische Stadt Byzantion zur Hauptstadt gemacht. Der Name der griechischen Stadt wurde später zur Bezeichnung des Oströmischen Reiches: **Byzanz**. Byzantion war eine ideale Brücke zu den reichen Ostprovinzen Kleinasien, Syrien und Ägypten und darüber hinaus Schnittpunkt wichtiger Handelsstraßen zwischen Mittelmeer, Schwarzem Meer, Europa, Afrika, Indien und China. Die Stadt erhielt den Namen des Herrschers: *Konstantinopel* (heute *Istanbul*). 330 wurde sie eingeweiht. Konstantinopel erhielt zahlreiche Paläste, Kirchen und eine gewaltige Arena für Wagenrennen. Dazu wurde die Stadt zur bedeutendsten Festung der damaligen Zeit ausgebaut.

Der letzte Versuch

Im Jahre 527 wurde *Justinian* oströmischer Kaiser. Sein Regierungsprogramm lautete: „Wir glauben, dass Gott uns die Wiedergewinnung aller der Länder gewähren wird, die einst die Römer von einem Ozean bis zum anderen besessen haben."

In langen Kriegen gegen die Vandalen in Afrika, die Ostgoten in Italien und die Westgoten an der Südküste Spaniens konnten seine Truppen die römische Herrschaft dort neu errichten. Das Ziel, die Grenzen des gesamten Reiches wiederherzustellen, erreichte Justinian jedoch nicht.

① Das Innere der Hagia Sophia.
Rekonstruktionszeichnung von Léon Henri Prost.
Konstantin I. ließ die „Hagia Sophia" (dt. „Kirche der göttlichen Weisheit") in Konstantinopel bauen. Das Gotteshaus wurde 532 in Brand gesteckt, aber noch im selben Jahr ordnete Kaiser Justinian den Wiederaufbau an. Angeblich brauchten 10 000 Arbeiter dafür fünf Jahre.
Das Besondere der Basilika ist die Hauptkuppel, die eine Spannweite von etwa 30 m hat und deren Schlussstein 55 m über dem Erdboden liegt. Sie übertraf damit alle bisherigen Kuppelbauten.
Der Kirchenraum sollte ein Abbild des Himmels sein, das Licht, das die Kirche durchflutet, die alles durchdringende Weisheit Gottes darstellen.

2 Der Kaiser vor Christus.
Mosaik aus der Hagia Sophia (Ausschnitt).

Statthalter Christi

Justinian war es nicht nur um die Rückgewinnung der verloren gegangenen Gebiete und die Wiederherstellung (lat. *renovatio*) der Reichseinheit gegangen. Er wollte einen einheitlichen christlichen Staat schaffen.

In seinem Reich sorgten er und seine Nachfolger dafür, dass Politik und Religion, Staat und Kirche eine Einheit bildeten. Die oströmischen Kaiser fühlten sich an keine weltlichen Gesetze gebunden. Sie betrachteten sich als Statthalter Christi auf Erden und glaubten, für die Reinheit der christlichen Lehre, die **Orthodoxie** (griech. *orthodox:* rechtgläubig), verantwortlich zu sein. Ihren Kirchenführern erteilten sie Weisungen wie ihren Beamten.

Wie sie herrschen

Militär, Verwaltung und Kirche dienten Justinian und seinen Nachfolgern zur Durchsetzung ihrer Herrschaft. Sie regierten **autokratisch**: allein und unumschränkt. Nur Gott stand über dem Kaiser.

Bei der Thronbesteigung wurde der Kaiser nach dem Vorbild der biblischen Könige *Saul* und *David* mit Öl gesalbt. Ein Untertan sah seinen Herrscher kaum: Wurde er überhaupt empfangen, musste er zunächst durch lange Gänge und zahlreiche prächtige Gemächer zum Thronsaal schreiten. In diesem Raum saß der Kaiser hinter einem purpurroten Vorhang auf einem erhöhten Thron. Erst wenn sich der Besucher zu Boden geworfen hatte, wurde der Stoff beiseite geschoben. Nun durfte er an den Herrscher herantreten, um ihm die Füße zu küssen. Aber auch dann sprachen Untertan und Kaiser nicht direkt miteinander, sondern man verständigte sich indirekt über die anwesenden hohen Hofbeamten.

Das „zweite Rom"

Die meisten Eroberungen Justinians im westlichen Mittelmeer gingen schon unter seinen ersten Nachfolgern wieder an die germanischen Völker verloren. Das Oströmische Reich wurde wieder auf den östlichen Teil des Mittelmeers zurückgedrängt. Hier waren seine Grenzen an mehreren Fronten bedroht: im Norden und Westen durch die *Slawen*, im Osten durch die *Sassaniden* und seit dem 7. Jh. durch islamische Reiche. Bis zu seinem Ende im Jahr 1453 war das Oströmische Reich ständig in Abwehrkämpfe verwickelt.

Trotzdem war es seinen europäischen Nachbarn bis weit in das Mittelalter kulturell überlegen. Es war der direkte Erbe der römisch-hellenistischen Zivilisation. Aufgrund seiner geografischen Lage und des Niedergangs des weströmischen Reiches überlagerten bald griechisch-orientalische Einflüsse den römisch-lateinischen Anteil an diesem Erbe. Es wurde als „neues" oder „zweites" Rom bezeichnet. Die byzantinischen Herrscher verstanden sich als einzige wirkliche Kaiser und missbilligten Versuche, im Westen ein eigenständiges Kaisertum zu errichten. Ebenso lehnte der Patriarch von Byzanz es ab, den Papst als Oberhaupt der Christenheit anzuerkennen.

Die Christen gingen getrennte Wege: Im Osten entstand die griechisch-orthodoxe Kirche, die sich von der römisch-katholischen im Westen in der Lehre und in der Form der Gottesdienste unterschied.

Trotz dieser Abwehrhaltung und seiner Randlage beeinflusste Byzanz die Geschichte Europas. Das Gesetzbuch Justinians prägt bis in unsere Gegenwart Recht und Rechtsprechung. In vielen Ländern wurde die byzantinische Kunst nachgeahmt. Vor allem wurden mehrere slawische Völker von Byzanz aus zum orthodoxen Christentum bekehrt: *Kyrillos* und *Methodios* begannen damit im Jahr 863, etwa hundert Jahre später gelang die Missionierung Russlands.

M 1 Kaiser Justinian mit Gefolge.

Mosaik aus der im Jahre 547 geweihten Kirche San Vitale in Ravenna (Format: 2,70 x 4,10 m). Die oberitalienische Stadt war von der Mitte des 6. Jh. bis ins 9. Jh. byzantinischer Vorposten in Italien.

M 2 Aus Gottes Vollmacht regieren wir

Auszüge aus der 533 fertig gestellten Gesetzessammlung Justinians:

Aus Gottes Vollmacht regieren wir das Reich, das uns von der himmlischen Majestät übertragen wurde, führen wir Kriege mit Erfolg, sichern Frieden und
5 halten den Bau des Staates aufrecht. Was ist größer, was geheiligter als die kaiserliche Majestät? Wer ist so hochmütig, das Urteil des Fürsten zu verachten, wenn die Gesetzgeber festgelegt ha-
10 ben, dass kaiserliche Entscheidungen die volle Kraft des Gesetzes besitzen? [...] Nicht als Nebensache behandeln wir die Schlaflosigkeit, sondern wenn wir die Tage daransetzen und die Nacht
15 zum Tage machen, wenden wir sie dazu an, damit unsere Untertanen sich wohl befinden, frei von jeder Sorge, da wir die Sorge für alle auf uns nehmen.

Franz G. Maier (Hrsg.), Byzanz, Frankfurt a. M. 1973, S. 54 f. und Walter Arend (Bearb.), Altertum. Geschichte in Quellen, München ³1978, S. 831 (vereinfacht)

M 3 Zweck der kaiserlichen Mühen

Der byzantinische Geschichtsschreiber Prokopios, ein Zeitgenosse Justinians, schreibt:

Er hatte sozusagen kein Schlafbedürfnis und sättigte sich auch nie an Speise und Trank. Nur mit den Fingerspitzen und ganz nebenbei nahm er die Speisen
5 und hatte dann schon genug. [...] Vielfach blieb er zwei Tage und zwei Nächte ohne Nahrung, [...]. Er schlief gelegentlich eine Stunde, den Rest der Nacht verbrachte er mit dauerndem
10 Umhergehen [...]. Das dauernde Wachen, Mühen und Sichquälen nahm er einzig und allein zu dem Zwecke auf sich, täglich grässlichere Übel für die Untertanen auszuhecken. Er war, wie
15 gesagt, außerordentlich scharfsinnig im Ersinnen und schnell im Ausführen ruchloser Taten, so dass bei ihm sogar die Vorzüge der Natur zum Schaden der Untertanen ausschlugen.

Walter Arend (Bearb.), Altertum. a.a.O., S. 831 (leicht vereinfacht)

1. Wodurch wird der Kaiser hervorgehoben (M 1)? Welche Männer gehören zu seinem Gefolge? Versuche, die Gegenstände, die der Kaiser und die – vom Betrachter aus – rechts neben ihm stehenden Personen in ihren Händen halten, zu bestimmen. Welchem Zweck dienten sie wahrscheinlich? Was kennzeichnet den Soldaten auf der linken Bildseite als christlichen Krieger?
2. Vergleiche die Haltung des Kaisers auf M 1 mit der auf Abb. 2, Seite 164. Beachte dabei den Abschnitt „Wie sie herrschen".
3. Stelle fest, ob Justinians Auffassung vom Herrscheramt (M 2) mit M 3 und dem Dominat (siehe dazu Seite 136) übereinstimmen.
4. Vielleicht habt ihr Lust, das auf Seite 164 beschriebene Hofzeremoniell einmal als Rollenspiel aufzuführen.

Der Islam – eine neue Macht und Religion

Mohammed – der Prophet

Um 570 wurde *Mohammed* in Mekka, einem bedeutenden arabischen Handelsplatz, geboren. Er stammte aus einer angesehenen Familie und verlor früh seine Eltern. Auf Karawanenreisen lernte er den jüdischen und christlichen Glauben kennen.

Mit etwa 40 Jahren hatte er – so die Überlieferung – eine göttliche Vision (*Eingebung*): Allah befahl ihm, als sein Prophet den Arabern die Lehre vom einzigen Gott mitzuteilen. Die Menschen sollten die Vielgötterei aufgeben und – ähnlich wie die Juden und Christen – nur noch an einen Gott glauben. Mohammed verkündete diese Botschaft. Er wurde damit zum Begründer der Religion des **Islam**. Das Wort meint die völlige Hingabe an den Willen Gottes. Nur derjenige, der diese Hingabe zeigt, sollte in Zukunft als **Muslim** gelten.

Mohammeds erstes Auftreten als Prediger war nicht erfolgreich. Er erntete bei den Kaufleuten in Mekka nur Spott. Deshalb verließ Mohammed im September 622 heimlich die Stadt und zog mit einer kleinen Schar seiner Anhänger nach Medina. Mit dieser Auswanderung (arab. *Hedschra*) beginnt die islamische Zeitrechnung. In Medina vergrößerte sich die Zahl der Anhänger Mohammeds. Mit Überzeugung und Waffengewalt gewann er die sich bekämpfenden Stämme und schließlich auch Mekka für seine Lehre.

Während im Osten Byzanz seine Macht ausbaute und im Westen die Franken das Römische Reich beerbten, begannen in Nordafrika die Muslime, das Erbe Roms zu übernehmen.

① Geburt des Propheten Mohammed.
Persische Miniatur, ca. 15. Jh.
Da der Islam die Darstellung heiliger Personen verbietet, ist das Gesicht des Propheten „leer".
Die gekrönten Häupter auf dem Bild erinnern an ein christliches Fest. Kennst du es?

Mohammed – der Staatsmann

Als Herrscher von Medina und Eroberer von Mekka war der Prophet auch Staatsmann. Mohammeds politisches Ziel war es, die arabischen Völker zu vereinen. Der gemeinsame Glaube sollte dazu beitragen. Mohammed erließ auf der Grundlage göttlicher Offenbarungen nach und nach verbindliche Regeln, die Religion, Recht und alle anderen Bereiche des Zusammenlebens gleichermaßen bestimmten. Sie sind im **Koran** (dt. *Wiedergabe*) überliefert.

Die Religion des Islam

Im Islam ist Allah der einzige Gott und der Schöpfer der Welt und der Menschen. Er begleitet das Leben der Menschen und lenkt es. Er ist aber auch ihr Richter und verlangt nach ihrem Tod Rechenschaft über ihre Taten. Die Frommen kommen in die herrlichen Gärten des Paradieses, die Sünder werden in die Hölle verdammt. Der Mensch steht unmittelbar vor Gott. Priester – wie in der christlichen Kirche – gibt es nicht, aber Prediger und Schriftgelehrte. Seinen Gehorsam gegenüber Allah beweist der Muslim durch die Erfüllung der Gebote, die ihm der Koran auferlegt.

Eine neue Macht entsteht

Als Mohammed 632 starb, stand Arabien unter seiner Herrschaft und bekannte sich zum Islam. Die unmittelbaren Nachfolger Mohammeds, die so genannten **Kalifen**, setzten das Werk des Religionsstifters fort und vergrößerten das Reich. Sie stützten sich dabei auf einige Verse des Korans. Diese machen es jedem Muslim – nicht dem Staat – zur Pflicht, sich für die Sache Gottes einzusetzen (arab. *Dschihad*). Aber nicht nur der religiöse Eifer war ausschlaggebend für die Eroberungszüge, sondern auch die Aussicht auf reiche Beute und der Wunsch, den arabischen Einfluss auszudehnen.

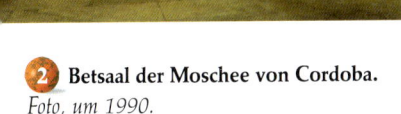

③ Die Mittelmeerwelt um 750.

② Betsaal der Moschee von Cordoba.
Foto, um 1990.
756 wurde das **Emirat** *(Fürstentum) von Cordoba gegründet. 785 wurde an der Stelle einer christlichen Basilika eine Moschee* gebaut. Sie wurde nach und nach vergrößert, dabei ergab sich im Laufe der Jahrhunderte ein „Wald mit Säulen".*

* *Moschee: siehe M 3, Seite 168.*

Von Arabien bis Europa

Im Osten erreichten die muslimischen Heere Nordindien und Zentralasien. Im Westen setzte nach der Eroberung Nordafrikas der Feldherr *Tarik* über Gibraltar nach Spanien über und vernichtete das Westgotenreich. Arabische Heere drangen danach bis ins Reich der Franken vor. Bei **Tours und Poitiers** wurden sie im Jahre 732 von fränkischen Truppen besiegt. Daraufhin zogen sich die Araber nach Spanien zurück. In Cordoba errichteten sie in den folgenden Jahrhunderten das bedeutendste Kulturzentrum des westlichen Islam. Seine Bauwerke, sein Kunsthandwerk und seine Stätten der Wissenschaft und Gelehrsamkeit erlangten Weltruf.

Die Muslime versuchten Byzanz einzunehmen. Zweimal belagerten sie Konstantinopel, aber jedes Mal mussten sie aufgeben, da das Oströmische Reich über die besseren Waffen verfügte.

Ziel der Kriege war nicht die Zwangsbekehrung der unterworfenen Bevölkerung zum Islam. In den eroberten Gebieten durften Juden und Christen ihren Glauben behalten. Für die gewährte Toleranz mussten sie aber besondere Abgaben entrichten.

Spaltung des Islam

Der Tod Mohammeds und die Ausweitung des Islam brachten Schwierigkeiten mit sich: Einerseits stritt man sich um die Nachfolge des Propheten, der keine verbindliche Regelung für seine Nachfolger hinterlassen hatte, und andererseits um die richtige Glaubenslehre. Die **Schiiten** (von arab. *Schia*: Partei) erkannten nur die Nachkommen des 661 ermordeten vierten Kalifen *Ali* (Vetter und Schwiegersohn Mohammeds) als rechtmäßigen Nachfolger des Propheten an. Sie verwarfen damit den Herrschaftsanspruch der *Sunniten*, die inzwischen die Mehrheit der Muslime darstellten. Die Sunniten machten neben dem Koran die **Sunna** (dt. *überlieferte Handlungsweise*), eine im 8. Jh. aufgezeichnete Sammlung aller von Mohammed überlieferten Aussprüche, Entscheidungen und Verhaltensweisen, zur Richtschnur des persönlichen, gesellschaftlichen und staatlichen Handelns. Nicht die direkte Nachfolge Mohammeds war für sie wichtig, sondern die richtige Lehre.

Die Auseinandersetzungen waren mit Machtkämpfen verbunden. Sie führten dazu, dass im 8. Jh. verschiedene muslimische Herrschaften entstanden.

Die Antike geht zu Ende

Die Ausbreitung des Islam in Nordafrika und Spanien, die besondere Entwicklung von Byzanz im ehemaligen Oströmischen Reich und die Gründung des Frankenreiches auf dem Gebiet des zerfallenen Weströmischen Reiches führten zu einer **Dreiteilung der** einmal allein von den Römern beherrschten **Mittelmeerwelt**. Damit vollzog sich auch der Übergang von der Antike zum Mittelalter.

M 3 Hof der Großen Moschee in Mekka mit der Kaaba.
Foto, um 1980.
*Für die Araber war die **Kaaba** (dt. Würfel) schon vor dem Islam eine heilige Stätte verschiedener Götter gewesen. Mohammed „reinigte" die Kaaba und machte sie zum Hauptheiligtum der Muslime. Noch heute betet jeder Muslim in Richtung der Kaaba nach Mekka.*
*Die **Moschee** (dt. „Ort, an dem man sich niederwirft") ist Gebets- und Versammlungsort der islamischen Gläubigen. Dort finden Gemeindeversammlungen statt, und es wird dort Religionsunterricht erteilt. Darüber hinaus war – und ist zum Teil noch heute – die Moschee der wichtigste Ort der politischen Information und Meinungsbildung. Vom Turm der Moschee (arab. Minarett) ruft fünfmal am Tag der Muezzin (dt. Künder, Ausrufer) zum Gebet.*

M 1 „Lob sei Gott, dem Herren der Welten"
Der Koran enthält die göttlichen Offenbarungen an Mohammed, aufgeteilt in 114 Suren (Kapitel). Da der Koran nach dem Glauben der Muslime das ungeschaffene Wort Gottes darstellt, ist eine Übersetzung aus dem Arabischen eigentlich nicht möglich, denn jede Übertragung kann nur ein fehlerhafter (menschlicher) Versuch bleiben, die göttliche Sprache nachzuahmen. Ein gläubiger Muslim ist daher angehalten, den Koran nur in Arabisch zu lesen, ganz gleich, welche Muttersprache er spricht.
Die erste Sure des Korans gilt als die bedeutendste. Sie ist nicht nur eine Einleitung, sondern auch gleichzeitig das wichtigste Gebet der Muslime.

Lob sei Gott, dem Herren der Welten,
Dem Barmherzigen, dem Erbarmer,
Dem König des Gerichtstages.
Dich beten wir an, und zu Dir flehen
5 wir um Hilfe,
Führe uns den geraden Weg,
Den Weg derer, denen Du gnädig bist,
Nicht derer, denen Du zürnst, und nicht der Irrenden.

Annemarie Schimmel, Der Islam. Eine Einführung, Stuttgart 1990, S. 29

M 2 Die fünf Säulen des Islam
Der Koran schreibt jedem Muslim folgende fünf Pflichten vor:

• Das Glaubensbekenntnis: „Ich bezeuge, dass es keine Gottheit außer Gott gibt und dass Mohammed der Gesandte Gottes ist."
• Die Pflichtgebete: Die täglichen Gebetszeiten sind die Stunde vor Sonnenaufgang, der Mittag, Nachmittag, nach Sonnenuntergang und bei Einbruch der Nacht.
• Das Almosengeben: eine genau geregelte Steuer, deren Erträge zu verwenden sind für Arme, Bedürftige, die Steuer einziehenden Beamten und anderes mehr.
• Das Fasten: Während des ganzen Ramadan (der 9. Monat des islamischen Kalenders) darf von Morgengrauen bis Sonnenuntergang nicht gegessen, getrunken, geraucht, kein Wohlgeruch genossen und kein Geschlechtsverkehr gepflegt werden. Ausnahmen für Reisende, Schwangere, Kranke sind möglich.
• Eine Pilgerfahrt nach Mekka.

M 4 „O Belebender!"
Einer der 99 schönsten Namen Allahs.

1. Vergleicht die erste Sure des Korans (M 1) mit dem christlichen Glaubensbekenntnis.
2. Welche Schwierigkeiten haben Muslime bei uns, ihre religiösen Pflichten zu erfüllen (M 2)?

PROJEKT

Jerusalem: „Heilige Stadt" der Juden, Christen und Muslime

M 1 Der Tempelberg in Jeruslem.
Foto, um 2000.

Schon im 4. Jt. v. Chr. war das Gebiet um Jerusalem besiedelt. Um 1000 v. Chr. eroberte David die Stadt und erklärte sie zur Hauptstadt seines Reiches. Laut Bibel ließ König Salomon dort einen Jahwe-Tempel bauen (siehe M 1, Seite 59). Nach seiner Zerstörung durch die Babylonier wurde im 6. Jh. v. Chr. der Tempel wieder aufgebaut. Beide Gebäude sind archäologisch bisher nicht nachgewiesen. König Herodes (37-4 v. Chr.) veranlasste den Bau des zweiten Jahwe-Tempels. Die auf dem Foto zu sehende Umfassungsmauer stammt teilweise aus dieser Zeit. Dieser Tempel wurde 70 n. Chr. von den Römern zerstört und durfte nicht wieder aufgebaut werden. Auf dem Trümmerfeld entstand im 2. Jh. eine römische Stadt. Juden durften sie nicht betreten.
Seit dem 4. Jh. pilgerten Christen zu den Stätten des Lebens und Sterbens Jesu in Jerusalem. Im 7. Jh. eroberten Muslime die Stadt und errichteten den Felsendom. Er ist der älteste erhaltene muslimische Sakralbau*. Die Muslime erlaubten den Juden, sich wieder in der Stadt niederzulassen.
Heute ist Jerusalem die Hauptstadt Israels und einer der wichtigsten Wallfahrtsorte der Erde.

*__Sakralbau__: ein religiösen Zwecken dienendes Bauwerk

M 2 „Eine Stadt – drei Städte"
Heike Nelsen-Minkenberg schreibt über Jerusalem in einem Ausstellungsführer:

Eine Stadt – drei Städte, so präsentiert sich der allen drei monotheistischen Weltreligionen heilige Ort dem Betrachter. Einige Stätten, wie der Felsen-
5 dom, sind allen drei Religionen heilig, birgt er doch den Stein, auf dem Abraham seinen Sohn Isaak nicht opfern musste. Dadurch, dass Mohammed von eben diesem Stein seine Himmelsreise
10 angetreten haben soll, wird er den Muslimen ebenso heilig wie der benachbarte Ort des zerstörten Tempels den Juden. [...] An keinem anderen Ort begegnen Judentum, Christentum
15 und Islam sich auf so gedrängtem Raum, kein anderer Ort ist konfliktträchtiger, aber auch geeigneter, zwischen allen Unterschieden eine gemeinsame Zukunft zu entwickeln.

Ex oriente. Isaak und der weiße Elefant. Bagdad – Jerusalem – Aachen. Eine Reise durch drei Kulturen um 800 und heute, hrsg. von Wolfgang Dreßen u.a., Mainz 2003, Seite 207 (leicht vereinfacht)

Internettipp → Zu den drei Weltreligionen siehe: www.kindernetz.de/thema/religionen/a-z/judentum.html

M 3 Die „Klagemauer" in Jerusalem.
Foto, um 1990.
Die „Klagemauer", die von den Juden „Westmauer" genannt wird, ist der einzige Überrest des 70 n. Chr. von den Römern zerstörten Tempels. Sie ist Ort der Klage und Stätte des Gebets.

1. Lege eine Zeittafel zur Geschichte Jerusalems von den Anfängen bis zum 8. Jh. n. Chr. an.
2. Welche besonderen Ereignisse verbinden die Christen mit Jerusalem?
3. Informiere dich über die Gründe, die heute das Zusammenleben der Juden, Muslime und Christen in Jerusalem belasten.

Was war wichtig?

Daten

um 500 v. Chr.	Die etruskischen Könige werden vertrieben; Rom wird Republik.
31 v. Chr. - 14 n. Chr.	Augustus herrscht im Römischen Reich; als „erster Mann im Staat" (lat. princeps) übernimmt er die alleinige Führung des Reiches und begründet die Kaiserzeit.
um 75 - 260 n. Chr.	Die Römer herrschen im heutigen Südwestdeutschland.
391 n. Chr.	Das Christentum wird alleinige Staatsreligion im römischen Weltreich.

Begriffe

Christentum: Anhänger der auf Jesus Christus zurückgehenden monotheistischen Religion. Im Römischen Reich wurde das Christentum 391 n. Chr. zur → Staatsreligion.

Diktatur: Um Notlagen zu überwinden, konnten die Römer die republikanische Ordnung (→ Republik) zeitweise aufheben und einen der beiden höchsten Beamten (Konsuln) für sechs Monate zum Diktator (lat. dictator: der, der zu sagen hat) ernennen; ihm mussten sich alle fügen.

Forum Romanum: der alte Marktplatz, später das politische, religiöse und geschäftliche Zentrum Roms.

Kaiserzeit: die von Augustus begründete Zeit, in der das Römische Reich „vom ersten Mann im Staat" (lat. princeps) regiert wurde. Im Westen endete die Kaiserzeit mit dem Zerfall des Weströmischen Reiches im Jahre 476, im Osten mit dem Untergang des Byzantinischen Reiches im Jahre 1453.

Republik: (lat. res publica: öffentliche Angelegenheit): nach der Vertreibung der etruskischen Könige in Rom entstandene Staatsform mit jährlich wechselnder Regierung. Mit Augustus verloren Magistrat, Senat und Volksversammlungen an Einfluss, die → Kaiserzeit begann.

Staatsreligion: eine von den Herrschern für ihre Untertanen festgelegte Form des Glaubens. 391 n. Chr. wurde das → Christentum im römischen Weltreich zur alleinigen Religion erklärt.

Ständekämpfe: Auseinandersetzungen zwischen den Plebejern, den nichtadligen Römern, und den Patriziern, den Mitgliedern der alten römischen Grundbesitzerfamilien, um politische, rechtliche, religiöse und militärische Gleichberechtigung. Die Ständekämpfe dauerten rund 200 Jahre. Sie endeten 287 v. Chr. damit, dass die Beschlüsse der Plebsversammlungen auch von den Patriziern befolgt werden mussten.

Villa rustica: der zu einem Landgut gehörende Gutshof mit Wirtschaftsgebäuden und Wohnräumen.

Völkerwanderung: Seit etwa 300 n. Chr. drangen germanische Völkerschaften in römisches Reichsgebiet ein. Sie übernahmen für kurze Zeit die Herrschaft und trugen zum Zerfall des Römischen Reiches bei.

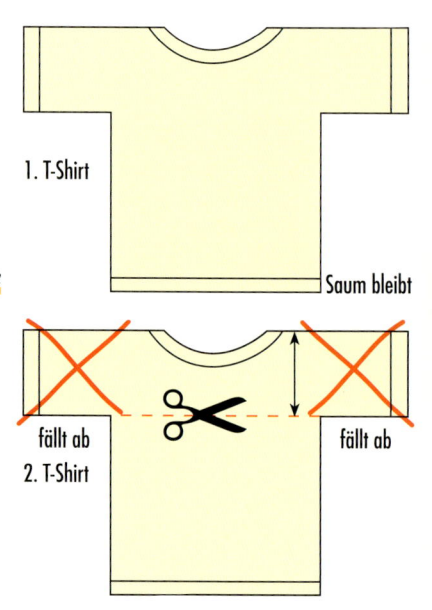

1 Eine Tunica für jeden.
Ein einfaches römisches Obergewand kannst du selbst herstellen. Du brauchst dazu zwei große T-Shirts (Größe XXL). Das eine T-Shirt lässt du ganz, vom zweiten schneide die Arme ab. Beide Teile sind zusammenzunähen. Die Tunica kannst du mit einem Gürtel oder einer Schnur zusammengerafft tragen, so dass die Naht unsichtbar bleibt.

Grundfertigkeiten

Du hast in diesem Kapitel Hinweise
- zur Beurteilung von Comics und Jugendromanen zur Geschichte erhalten,
- einen Lerntipp zur Auswertung einer Statue als historische Quelle und
- weitere Anregungen zur Arbeit mit Bild- und Textquellen sowie Lehrbuchtexten bekommen.

Zusammenfassung

Nach dem Sturz der Könige wurde Rom um 500 v. Chr. Republik. Anfangs regierten die Patrizier allein. Im Verlauf der Ständekämpfe trotzten die Plebejer ihnen schrittweise Rechte ab.

Bis zum 3. Jh. v. Chr. erkämpften sich die Römer die Herrschaft über Italien. Sie gründeten Kolonien und sicherten ihre Macht mit Hilfe von Bundesgenossen. Sie unterwarfen ihre Nachbarn, die Griechen und im 2. Jh. v. Chr. fast alle Länder am Mittelmeer. Sie machten diese Gebiete zu römischen Provinzen.

In der römischen Gesellschaft war der „pater familias" das unumschränkte Oberhaupt der Familie. Frauen waren meist auf das eigene Haus beschränkt, doch traten sie häufiger als in Athen in der Öffentlichkeit auf. Sklaven waren für das Arbeits- und Wirtschaftsleben wichtig. Die meisten waren durch Kriege in die Sklaverei geraten. Caesar eroberte Gallien und andere Gebiete. Er wurde zum Diktator auf Lebenszeit ernannt und leitete zahlreiche Reformen ein. Anhänger der alten Republik ermordeten ihn im Jahre 44 v. Chr.

Die Bürgerkriege um Caesars Nachfolge beendete Augustus. Er regierte das Weltreich wie ein König, ließ aber die republikanischen Einrichtungen (Senat, Magistrate und Volksversammlungen) bestehen. Da Augustus seine Herrschaft vererben konnte, wurde er zum Begründer der Kaiserzeit.

Die Römer verfolgten die Christen zunächst, da sie die Götter und den Herrscherkult ablehnten. Unter Kaiser Theodosius wurde das Christentum 391 n. Chr. alleinige Staatsreligion. Während der Völkerwanderung verließen immer mehr Menschen ihre Heimat in Nord- und Ostmitteleuropa. Sie suchten nach besseren Lebensverhältnissen oder waren von anderen Völkern vertrieben worden. Sie drangen in das Römische Reich ein, das zu einer starken Gegenwehr nicht mehr in der Lage war. Nach etwa 200 Jahren zogen sich die Römer aus dem heutigen Baden-Württemberg um 260 zurück; es wurde der Siedlungsraum der Alamannen.

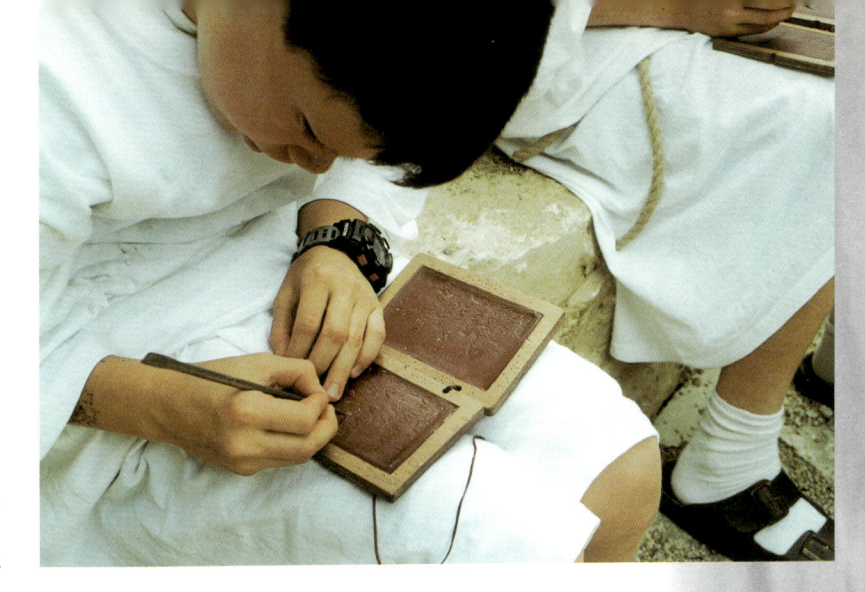

Das römische Weltreich zerfiel nach 395 n. Chr. in ein Oströmisches und ein Weströmisches Reich. Im Osten wurde Konstantinopel zum „zweiten" Rom. Der Versuch des oströmischen Kaisers Justinian im 6. Jh., die alte Einheit des Reiches wiederherzustellen, scheiterte. Im Oströmischen Reich (Byzanz) unterstand die griechisch-orthodoxe Kirche dem Kaiser. Im Weströmischen Reich hatte der Bischof von Rom die Schwäche der Staatsgewalt genutzt und große Macht erworben. Als Papst beanspruchte er die Führung aller Christen.

Übertrage die Zeitleiste auf ein Blatt (100 Jahre = 2,5 cm) und füge ein: wann Caesar als Diktator herrschte, die Römer Karthago zerstörten, die „Hedschra" begann und die Varusschlacht stattfand.

2 Schreiben auf selbstgemachten Wachstäfelchen.
Foto von 2000.
Im alten Rom schrieben Schüler mit spitzen Griffeln aus Bronze oder Knochen auf Wachstäfelchen. Wollten sie das Geschriebene wieder löschen, wurde das Wachs mit der spatelförmig verbreiterten Oberseite des Griffels wieder geglättet.
Die Griffel kannst du aus Zimmermannsnägeln herstellen. Die Spitze musst du mit einem Hammer vierkantig schlagen und den Nagelkopf (den „Radiergummi") flach hauen. Die Schreibtafeln kannst du aus vier gleichgroßen Sperrholzplatten (10 bis 20 cm breit, 6 bis 15 cm hoch), zwei Lederschnüren und Kerzenwachs herstellen.
Mit der Laubsäge sägst du zwei Rahmen aus zwei Platten aus. Ein Rahmen und eine ganze Platte bilden dann verleimt ein Täfelchen, das du mit Wachs ausgießen musst. Beide Täfelchen sind dann nur noch mit Lederschnüren zusammenzubinden.

● **Exkursionstipps** → *In Baden-Württemberg gibt es zahlreiche römische Denkmäler und Museen wie das Limesmuseum Aalen mit Funden aus der Römerzeit (siehe Seite 151). Weitere Hinweise zu Museen findest du im Internet unter: www.netmuseum.de*

● **Lesetipps** → *Buchempfehlungen zur römischen Geschichte und zum Islam findest du auf Seite 195.*

| 200 | 300 | 400 | 500 | 600 | 700 |

391 n. Chr.
Das Christentum wird Staatsreligion im Römischen Reich

Antike Spuren

Was Europa prägte

Die Antike und wir

Die griechische Kultur war die Grundlage der römischen. Diese wiederum prägte das Christentum und damit Europa. Der Islam trug dazu bei, dass die Werke der Antike wieder gelesen wurden. Im 13. Jh. wurden z.B. viele griechische Schriften von muslimischen Forschern benutzt und an christliche Gelehrte, meist Mönche, weitergegeben. Noch heute finden wir Begriffe wie Theorie, Praxis, Logik und Idee in unserem Wortschatz. Sie stammen von den Griechen.

Seit dem 16. Jh. wurden im Theater die antiken Vorbilder wieder entdeckt. Man las nach, was der griechische Philosoph Aristoteles über Dramen geschrieben hatte. Daraus wurde beispielsweise die Regel abgeleitet, dass ein Drama nicht in zusammenhanglose Teile zerfallen dürfe, sondern in fünf oder drei Akte gegliedert sein solle. Bis heute unterscheiden wir Tragödien von Komödien und sprechen von Chor und Dramatik. Die Architekten und Bildhauer griffen seit dem 15. Jh. immer wieder auf griechische Vorbilder zurück. Die Rückbesinnung auf antike Formen fand im 18. und 19. Jh. einen Höhepunkt. Damals wurden die griechischen Kunstwerke wegen ihrer Ausgewogenheit, Harmonie und Vollkommenheit für „klassisch" erklärt.

In der gegenwärtigen Baukunst spielen wieder Säulen und dreieckige Giebel an Eingängen zu öffentlichen Gebäuden eine Rolle. Und in der Werbung preisen athletische Körper nach antiken Vorbildern Wäsche und Schönheitspflegemittel an.

① Figur aus dem Ostgiebel eines Tempels von Ägina, um 490 v. Chr.
Die Figur befindet sich in der Glyptothek in München. Nebenbei: Das Wort „Glyptothek" stammt aus dem Griechischen und kann mit „Sammlung geschnittener Steine" übersetzt werden. Erkläre.

② Walhalla bei Regensburg.
Foto, um 1980.
Dieser Tempel wurde 1830-42 nach dem Vorbild des Parthenon in Athen (siehe Seite 91) gebaut.

■ **Internettipp** → *Informationen über das Denkmal findest du unter www.stmukwk.bayern.de/kunst/museen/walhalla.html.*

Römische Baukunst

Nicht nur in den europäischen Sprachen finden wir römische Spuren, sondern auch im Alltag. Denn die Römer waren bedeutende Baumeister, und noch heute finden wir Überreste ihrer Bautätigkeit.

Die Römer bauten mit einfachen Steinen, gebrannten Ziegeln, Marmor und einer Art Beton, den sie erfanden. Ihre Bauten zeigen, dass die römischen Maurer sehr geschickt waren. Sie fügten z.B. Steinblöcke ohne Mörtel aneinander. Ihre Spezialität waren Bogenkonstruktionen: Sie halten bis heute.

③ Römischer Aufzug.
Teil eines römischen Grabreliefs, um 80 n. Chr. Es zeigt einen Baukran mit Seilverspannungen, eine Trettrommel und Flaschenzüge. Mit dem Kran konnten Marmorblöcke von 4 m Durchmesser gehoben werden.

④ Asterix beschwert sich …
Comic von Rene Goscinny (Text) und Albert Uderzo (Zeichnung), um 1965.

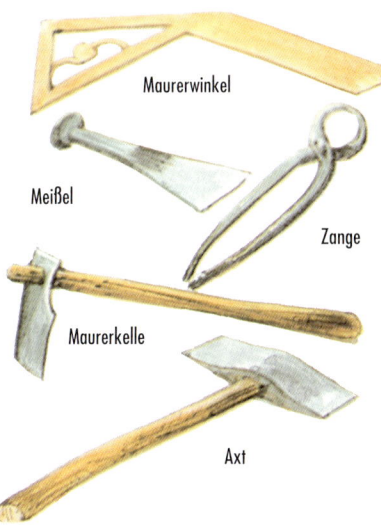

"Mit ihren modernen Bauwerken verschandeln die Römer überall die Landschaft!"

⑤ Ein Tonnengewölbe entsteht.

⑥ Werkzeuge.
Rekonstruktionszeichnungen.

Maurerwinkel
Meißel
Zange
Maurerkelle
Axt

1. Suche Beispiele der römischen Baukunst, die wir heute noch sehen können. Du findest sie auch im Buch.
2. Es wird behauptet, dass die Römer die Kunst des Bogenbaus perfektionierten. Weißt du noch, von wem sie ihn übernahmen?
3. Stelle fest, ob es in deiner Umgebung Bauwerke mit Bogen gibt. Berichte!

Waren die Römer schon Europäer?
Das Römische Reich umfasste große Teile Europas. In den eroberten Gebieten führten die Römer ihre Sprache ein – das Latein*. Die Männer dienten in derselben Armee. Kaiser Caracalla verlieh 212 allen freien Reichsbewohnern die Bürgerrechte. Sie gehörten damit einem Staat an, der weite Teile des heutigen Europas umfasst. Nach dem Zerfall des Römischen Reiches blieb das Christentum. Es prägt unseren Kontinent bis heute.

Siehe dazu das Projekt auf Seite 181.

7 Das Römische Reich, 1. bis 4. Jh. n. Chr.

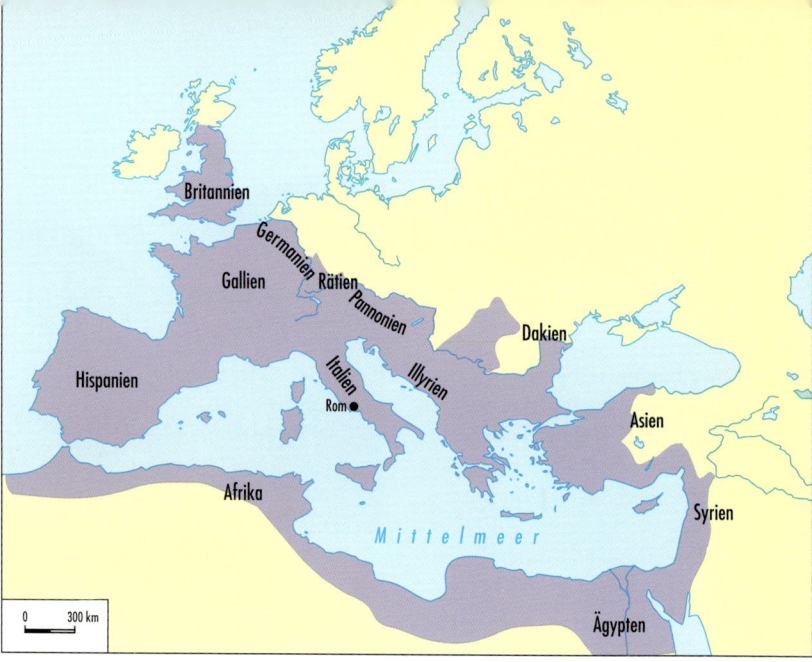

9 Euro.
2002 wurden die Euro-Münzen und -Banknoten eingeführt.

8 Die Europäische Union.
Aus der 1957 entstandenen Europäischen Wirtschaftsgemeinschaft (EWG) ging die Europäische Union (EU) hervor. Mitglieder der EU: F, NL, B, L, I, D seit 1957; GB, IRL und DK seit 1973; GR seit 1981; P und E seit 1986; A, S und FIN seit 1995; PL, CZ, SK, H, LT, LV, SLO, EST, CY und M seit 2004.

1. Die Mitgliedsstaaten der Europäischen Union sind in der Karte (Abb. 8) nur mit dem internationalen Autokürzel gekennzeichnet. Schreibe die vollständigen Namen der Staaten auf ein Blatt, füge die Hauptstädte und Einwohnerzahlen hinzu.
2. Vergleiche die Karten (Abb. 7 und 8) und stelle fest, welche Staaten des Römischen Reiches nicht zur Europäischen Union gehören.
3. Sucht in den Medien aktuelle Informationen über die Staaten, die in die EU beitreten wollen.

Antigone

Sophokles
Euripides
Racine
Hölderlin
Hasenclever
Cocteau
Anouilh
Brecht

Vollständige Dramentexte

M 1 Antigone.
Titelblatt einer Sammlung von Dramentexten. München: Langen-Müller, 7. Auflage 1983.

M 2 Der hippokratische Eid
Die ursprüngliche Fassung des Eides wird dem griechischen Arzt und Begründer der medizinischen Wissenschaft, Hippokrates (um 460–370 v. Chr.), zugeschrieben. Christliche und muslimische Studenten legten ihn schon seit dem Mittelalter am Ende ihrer Ausbildung ab. Die angehenden Ärzte schwuren bei ihrem Gott:

Ich schwöre […].
Ärztliche Verordnungen werde ich treffen zum Nutzen der Kranken nach meiner Fähigkeit und meinem Urteil, hüten
5 aber werde ich mich davor, sie zum Schaden und in unrechter Weise anzuwenden. […]
Was ich bei der Behandlung oder auch außerhalb meiner Praxis im Umgang
10 mit Menschen sehe und höre, das man nicht weiterreden darf, werde ich verschweigen und als Geheimnis bewahren.

Hippokrates, Ausgewählte Schriften. Aus dem Griechischen übers. und hrsg. von Hans Diller, Stuttgart 1994, S. 8 f.

M 3 Der „ungeheure Mensch"
Der griechische Dichter Sophokles schreibt die Tragödie „Antigone" vermutlich um 442 v. Chr. Es enthält folgendes Chorlied:

Ungeheuer ist viel, doch nichts / Ungeheuerer als der Mensch. / […] / Sorgloser Vögel Schwarm umstellt / Er mit garngesponnenem Netz. / Und das
5 Wild in all seiner Art, / Wie des salzigen Meeres Brut, / Er fängt's, der Listge, sich ein, / Der überkluge Mann. / […] / Rat für alles weiß er sich, und ratlos trifft / Ihn Nichts, was kommt. Nur
10 vorm Tod / Fand er keine Flucht. […]

Sophokles, Antigone, Verse 333 ff., in: ders., Die Tragödien, übersetzt von Heinrich Weinstock, Stuttgart ⁵1984

M 4 Achill verbindet Patroklos.
Innenbild einer Trinkschale, um 500 v. Chr.

M 5 Politische Verantwortung
Einer der Staatsmänner, die Athen auf dem Weg zur Demokratie voranbrachten, ist Solon (ca. 640–561 v. Chr.). Er errichtete erstmals eine politische und gesellschaftliche Ordnung, in der Rechte und Chancen der Bürger nicht mehr allein nach Herkunft und Abstammung verteilt wurden. Ein Solon'sches Gesetz lautet:

Wer im Staate bei einem Parteistreit sich nicht mit den Waffen* für die eine oder andere Partei entscheidet, soll ehrlos und der politischen Rechte beraubt
5 sein.

Walter Arend (Bearb.), Altertum. Geschichte in Quellen, München ³1978, S. 153

Waffen: mit dem Begriff kann auch das „Wort als Waffe" gemeint sein

---

1. Informiere dich über Herkunft und Lebenszeit der Autoren (M 1).
2. Wie erklärst du es dir, dass so viele Schriftsteller sich mit dem Inhalt der Antigone befasst haben (M 1 und M 3)? Lies dazu auch M 2, S. 93.
3. Was will Solon mit seinem Gesetz erreichen (M 5)? Heute kann man sich bei Abstimmungen der „Stimme enthalten". Diskutiert den Zweck dieser Möglichkeit.
4. Warum hat der Eid (M 2) bis heute seine Berechtigung?

M 6 Zuschauerraum des Teatro Olympico in Vicenza (Venetien).
Foto, um 1980.
Das Theater wurde 1580 begonnen und 1584 vollendet. Architekt: Andrea Palladio.

M 8 Das Britische Museum in London.
Foto, um 1980.
Es wurde von 1823-47 errichtet. Entworfen hat es der Architekt Robert Smirke. In dem Museum befinden sich bedeutende Sammlungen zur ägyptischen, griechischen und römischen Kunst.

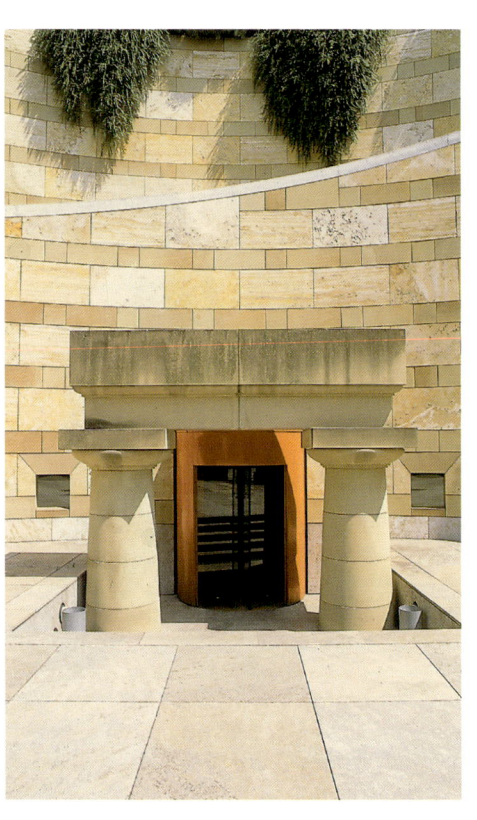

M 9 Eingang der Neuen Staatsgalerie in Stuttgart.
Foto von 1985.
Das Museum wurde 1984 eröffnet. James Stirling und Michael Wilford sind die Architekten.

M 7 Das Panthéon in Paris.
Foto von 2000.
Dieser „Ruhmestempel" der Franzosen geht auf einen 1756 begonnenen Kirchenbau zurück. Architektonische Vorlage war das römische Panthéon (dt. Tempel für alle Götter) aus dem 2. Jh. n. Chr. Das Panthéon in Paris ist seit 1791 die nationale Gedächtnis- und Begräbnisstätte bedeutender Franzosen. Es diente als Vorlage für weitere bedeutende Bauten wie das Parlamentsgebäude (Kapitol) in Washington.

1. M 6 bis M 9 zeigen, dass die griechische Baukunst Europa beeinflusste. Erkläre.
2. Benenne den Stil der Säulen auf M 7, M 8 und M 9, siehe dazu M 2, S. 91.
3. Vergleiche die Bestimmung der Gebäude M 7, M 8 und M 9.
4. Gibt es in euren Wohnorten Gebäude, die insgesamt oder in Teilen nach griechischen Vorbildern errichtet wurden? Wenn ja, dann informiert euch über die Entstehungszeit.

Woran glaubten die Menschen?

Und nach dem Tod?

Seit der älteren Steinzeit steht fest: Für die Menschen bedeutet der Tod nicht das Ende. Schon die Steinzeitmenschen hofften, nach ihrem Leben auf der Erde in eine andere Welt überzuwechseln. Die Vorstellungen davon, wie das Weiterleben im Jenseits aussehen könnte, sind vielfältig und änderten sich im Laufe der Zeit. Sie waren abhängig von den Lebensumständen und Glaubensvorstellungen.

Eine Bestattung in der Jungsteinzeit

Etwa 30 Männer, Frauen und Kinder kommen vor 7000 Jahren über einen schmalen Pfad zu einer kleinen Lichtung. Vor einer frisch ausgehobenen Grube bleibt die Gruppe stehen. Die Angehörigen tragen den bekleideten Leichnam nach vorne. Sorgfältig betten sie ihn in „Hockerstellung" ins Grab: den Kopf nach Osten, der aufgehenden Sonne zugewand. Danach legen sie dem Toten wertvolle Gegenstände ins Grab: zehn Feuersteinklingen in einem Behälter aus Leder, eine aus Felsgestein geschliffene Hacke und ein Tongefäß mit Nahrung. Nachdem das Grab mit Erde aufgefüllt ist, gehen die Menschen still wieder in ihre Siedlung zurück.

1 Hockerbestattung.
Foto von 1995.
In Göttingen-Grone wurde dieses Grab 1995 entdeckt. Es ist etwa 7000 Jahre alt.
Die Gebeine des etwa 50 Jahre alten Mannes wurden in der für die damalige Kultur typischen Totenhaltung aufgefunden: auf der linken Körperseite liegend, beide Beine angezogen, die Arme vor der Brust angewinkelt, die Hände am Kinn. Nach der Haltung mit „angehockten" Beinen wird diese Totenlage „Hockerbestattung" genannt. Hinter dem Kopf steht ein zerbrochenes Gefäß, vor dem Kinn liegen Feuersteinklingen.

So oder so ähnlich könnte sich ein Begräbnis in der Jungsteinzeit abgespielt haben.
Warum handelten die Menschen damals so? Wir können die Frage nicht sicher beantworten.

Anubis, Horus, Thot & Co.

Über die religiösen Vorstellungen der alten Ägypter informieren uns Bild- und Textquellen. Deshalb sind wir über sie besser informiert als über die Religion der Steinzeitmenschen.
Die Hochkultur am Nil entwickelte eine vielfältige Götterwelt (*Polytheismus*) und eine besondere Vorstellung vom Tod und dem Leben danach. Jeder Verstorbene musste während eines Totengerichts den Göttern seine Lebensführung darlegen. Sein Herz wurde dazu auf eine Waage gegen das Symbol der *Maat* (= Wahrheit, Gerechtigkeit und Ordnung), eine Feder, abgewogen. Hatte der Verstorbene ein schlechtes Leben geführt, wurde er von einem Monstrum mit Krokodilskopf, Löwenrumpf und Nilpferdhinterteil verschlungen und damit erst eigentlich getötet. War seine Lebensführung gut und gerecht, kam er in die Welt der Götter, in der er sein Leben ohne Schrecken, Streit und Sorgen weiterführen durfte.

2 Totengericht.
Malerei auf dem inneren Sarg des Penju, um 800 v. Chr. (Ausschnitt).

1. Außer dem Menschen hat kein anderes Lebewesen religiöse Ideen hervorgebracht. Sprecht über diese Behauptung und tragt mögliche Gründe dafür zusammen. Beachtet dabei die Darstellung und Abb. 1.
2. Führt zum Thema „Religion in der Steinzeit" Recherchen im Internet durch und stellt eure Ergebnisse in „Forscherberichten" zusammen. Vergleicht die Ergebnisse in eurer Klasse.
3. Vergleiche Abb. 2 mit M 1 auf Seite 56 f. und beschreibe, welche Szene des Totengerichts hier dargestellt wird.

③ Der Totenfährmann Charon.
Zwei Schattengestalten schreiten auf Charon zu. Detail eines römischen Sarkophages, um 134 n. Chr.

Leben in der Unterwelt

Wie die Ägypter glaubten auch die Griechen an viele Götter. Über das Leben nach dem Tod hatten sie allerdings eigene Vorstellungen. Für sie stiegen die Verstorbenen in das finstere Reich der Toten unter der Erde, wo sie zunächst ein willenloses Schattendasein führten. Ihre Seelen setzte der Fährmann *Charon* über die Flüsse hinweg, die die Unterwelt umgeben. Drei Totenrichter erwarteten die Verstorbenen. Sie prüften ihr Leben und entschieden: Die Frommen kommen in das vom Lethe (Strom des Vergessens) umflossene himmlische Gefilde (*Elysium*), die Frevler werden dagegen in das von einer dreifachen Mauer umschlossene Schattenreich (*Tartaros*) gestoßen, um den ein Feuerstrom fließt.

Hausaltar und Staatskult

Die Menschen im Römischen Weltreich glaubten daran, die Göttinnen und Götter gnädig stimmen zu können. Durch Gebete und Opfer hofften sie, Gefahren abzuwehren und Fehler wieder gutzumachen.

Die Patrizierfamilien, die die meisten Priester stellten, hatten ihre Hausgötter: Die *Laren* behüteten Flure und Wege, die *Penaten* wachten über die Vorratskammer. Sie wurden täglich an einem Hausaltar verehrt.

Neben diesen privaten Glaubenspraktiken, gab es öffentliche Religionshandlungen. So wurden beispielsweise die Götter vor Kriegsentscheidungen befragt. Deren Willen deuteten so genannte *Auguren* beispielsweise aus dem Fressverhalten heiliger Hühner.

Der Glaube der Römer war stark auf das Diesseits gerichtet. Er sollte die Familie sichern und den Staat stärken.

Die Seele ist wie ein Vogel

Die Römer aus angesehenen Familien ließen ihren Verstorbenen prunkvolle Grabmäler errichten, in die sie Beigaben wie Geschirr, Schmuck, Öllampen, Spiegel oder Münzen legten.

Ihre Vorstellungen vom Jenseits waren nicht so anschaulich wie die ägyptischen oder griechischen. Eines stand für die Römer allerdings fest: Die Seele ist unsterblich. Sie stellten sich vor, dass sie wie ein Vogel im menschlichen Körper gefangen ist und nach dem Tod davon fliegt. Um in den Himmel zu gelangen, war es notwendig, sich im Leben tadellos zu verhalten, ansonsten musste die Seele auf der Erde ziellos umherirren.

Judentum, Christentum und Islam

Die Römer machten im 4. Jh. das Christentum zur Staatsreligion. Die Christen glauben – wie die Juden und die Muslime – nur noch an einen einzigen Gott (*Monotheismus*). Ihr religiöses Handeln richteten sie nun auf das Leben nach dem Tod aus.

Gemeinsam ist den drei Religionen die Vorstellung von der Unsterblichkeit der Seele, die nach dem Tod aufersteht. Voraussetzung hierfür ist, dass der Mensch Gottes Gebote eingehalten und gut und gerecht gehandelt hat.

④ Hausaltar aus Pompeji, 1. Jh.
In der Mitte des Bildes steht der pater familias in der Toga, die er zum Opfern über den Kopf gezogen hat. In der Linken hält er ein Weihrauchkästchen, in der Rechten eine Spendenschale. Neben ihm tanzen zwei Hausgötter. Die Schlange stellt den Schutzgott (genius) des Hausherrn dar.

Der Verstorbene wird beim Jüngsten Gericht von Gott entweder belohnt oder bestraft. Der Gute kommt in das himmlische Paradies, der Schlechte muss in die Hölle.

---

1. Beschäftigt euch in Gruppen mit einem der folgenden Themen: Auguren – Faun – Isis – Laren – Mithras – Mysterienkult – Penaten – Vestalinnen. Berücksichtigt dabei die Darstellung auf Seite 153. Ergänzt die Informationen durch eine Recherche und erarbeitet eine Präsentation.
2. Gestaltet ein Poster, auf dem Gemeinsamkeiten und Unterschiede der verschiedenen Jenseitsvorstellungen einander gegenübergestellt sind.

M 1 Odysseus in der Unterwelt

Im elften Gesang der „Odyssee" von Homer steigt Odysseus in die Unterwelt hinab:

Und weiter sah ich den Tantalos in harten Schmerzen, stehend in einem See, der aber schlug ihm bis ans Kinn. Und er gebärdete sich, als ob ihn dürste,
5 und konnte ihn doch nicht erreichen, um zu trinken. Denn so oft der Alte sich bückte und zu trinken strebte, so oft verschwand das Wasser, zurückgeschlürft, und um seine Füße wurde die
10 schwarze Erde sichtbar [...]. Und hochbelaubte Bäume gossen ihm Frucht über das Haupt herab: Birnen, Granaten und Apfelbäume mit glänzenden Früchten, und Feigen, süße, und Oliven
15 in vollem Saft: Doch so oft der Greis sich aufrichtete, um sie mit den Händen zu ergreifen, riss sie ein Wind zu den schattigen Wolken.

Homer, Die Odyssee, deutsch von Wolfgang Schadewaldt, Reinbek 1958, S. 153

M 2 Gute Seelen - schlechte Seelen

Der römische Staatsmann Cicero (106-43 v. Chr.) schreibt in seinem Werk „De re publica" (dt. „Vom Gemeinwesen"):

Aber das Beste, das es gibt, sind die Bemühungen um das Wohl des Vaterlandes. Lässt du deine Seele davon umtreiben und übst du sie darin, wird sie
5 schneller an diesen Sitz und an ihre Wohnstätte fliegen. [...]
Denn die Seelen derer, die sich den leiblichen Gelüsten hingegeben und sich gleichsam als deren Diener angeboten haben und unter dem Trieb ihrer
10 ungezügelten, den sinnlichen Lüsten frönenden Leidenschaften göttliches und menschliches Recht verletzt haben, schweben, den Körpern entronnen, unmittelbar um die Erde herum und keh-
15 ren an diesen Ort erst zurück, wenn sie in vielen Jahrhunderten umhergetrieben worden sind.

Cicero, De re publica 6,29, übersetzt von Karl Büchner, Stuttgart 2001

M 3 Gierig nach Unsterblichkeit?

Der römische Gelehrte Plinius d. Ä. (22/23 bis 79 n. Chr.) meint in seiner „Naturkunde":

Welche Substanz hat aber die Seele an sich? Aus welchem Stoff besteht sie? Wo ist ihr denkendes Bewusstsein? Wie sieht, hört oder fühlt sie? Welchen
5 Gebrauch macht sie davon, oder was ist, ohne diese Eigenschaften, ihr Vorzug? Wo endlich ist ihr Sitz und wie groß ist die Zahl der Seelen oder Schatten seit so vielen Jahrhunderten?
10 Alles dies sind gehaltlose Auswüchse kindischer Schwärmerei und der zum Tode verurteilten Menschennatur, die gierig nach Unsterblichkeit ist.

Rolf Rilinger (Hrsg.), Leben im Alten Rom. Ein Lesebuch, München: Piper 1989, 255 f.

M 4 Christus kommt in den Himmel.
Elfenbeinschnitzerei, um 400 (Ausschnitt). Unten: Der auferstandene Christus erscheint vor seinem Grab den drei Frauen. Oben rechts: Gott reicht Christus seine Hand und holt ihn in den Himmel.

M 5 Die Himmelfahrt Mohammeds.
Buchillustration von 1436.

1. Finde eine neue Überschrift für M 1.
2. Auch Sisyphos musste in der Unterwelt leiden. Informiere dich über ihn. Schreibe einen kurzen Bericht über das Leben im Hades.
3. Vergleiche die Ansichten Ciceros und Plinius' über die Seele (M 2 und M 3). Versuche sie zu erklären.
4. Über das Leben nach dem Tod findest du in der Bibel und im Koran Hinweise. Vergleiche sie und stelle sie in einer Tabelle gegenüber. Bibelstellen: Mt 25,31-46; Joh 5,24-32; 1 Kor 15,42-57; Röm 2. Koranstelle: 56. Sure (www.enfal.de/quran.htm)
5. Informiert euch bei muslimischen Mitschülern oder im Religionsunterricht über die Himmelfahrt Mohammeds. Erklärt M 5 und beschreibt die Unterschiede zu M 4.

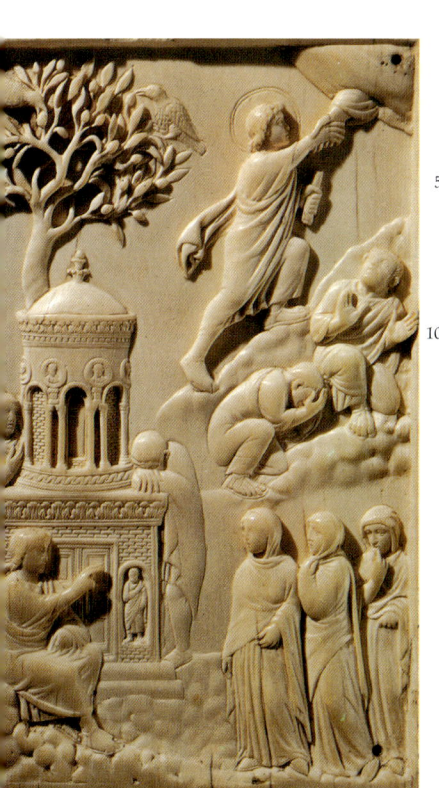

PROJEKT

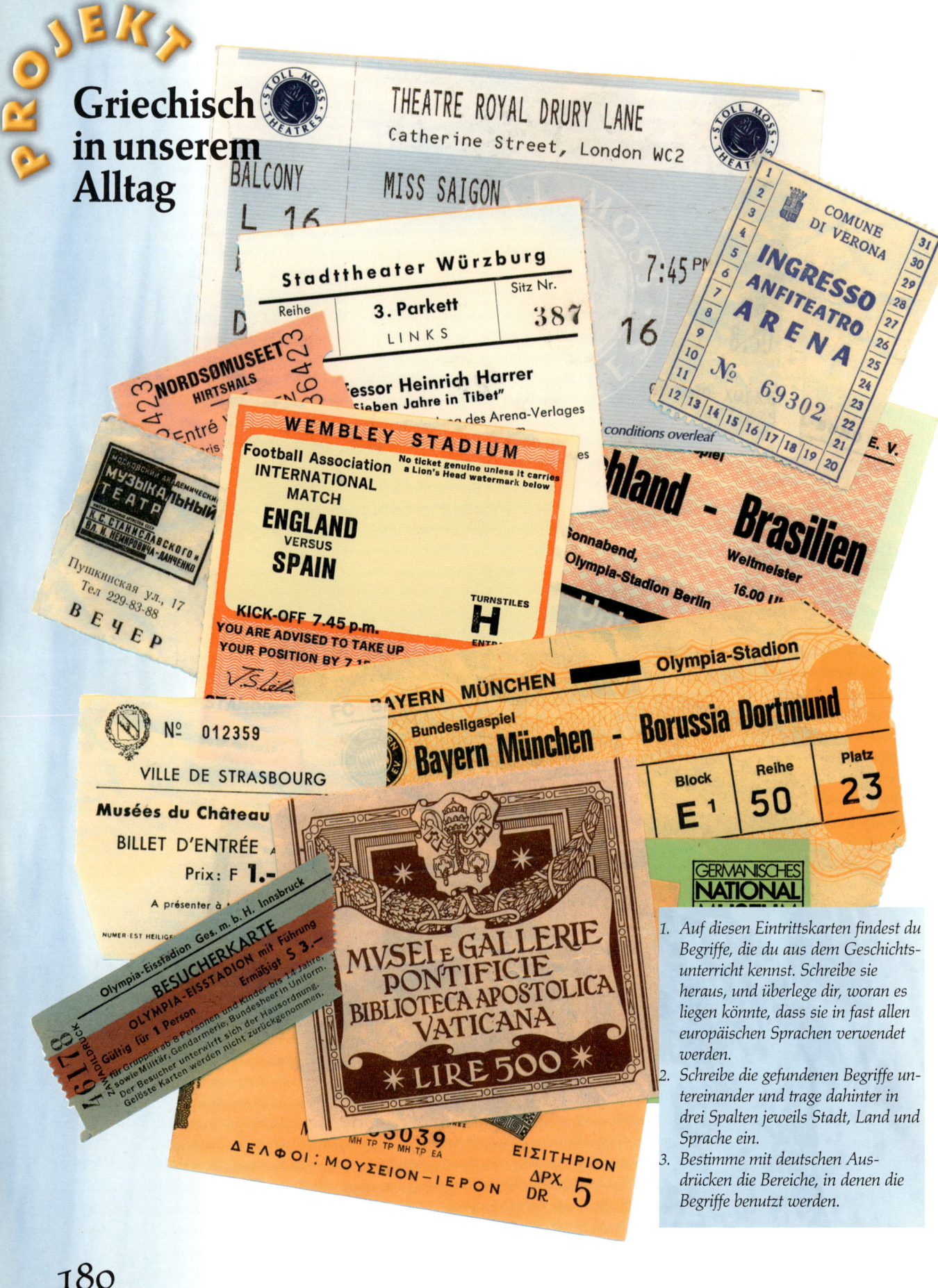

Griechisch in unserem Alltag

THEATRE ROYAL DRURY LANE
Catherine Street, London WC2
BALCONY   MISS SAIGON
L 16
7:45 PM

Stadttheater Würzburg
Reihe   3. Parkett   Sitz Nr.
LINKS   387

...essor Heinrich Harrer
"...sieben Jahre in Tibet"
...des Arena-Verlages

COMUNE DI VERONA
INGRESSO ANFITEATRO ARENA
N° 69302

NORDSØMUSEET HIRTSHALS
423

WEMBLEY STADIUM
Football Association
INTERNATIONAL MATCH
ENGLAND versus SPAIN
KICK-OFF 7.45 p.m.
No ticket genuine unless it carries a Lion's Head watermark below
TURNSTILES H
YOU ARE ADVISED TO TAKE UP YOUR POSITION BY 7.15

МОСКОВСКИЙ АКАДЕМИЧЕСКИЙ
МУЗЫКАЛЬНЫЙ ТЕАТР
К.С. Станиславского и
Вл. И. Немировича-Данченко
Пушкинская ул., 17
Тел 229-83-88
ВЕЧЕР

...hland – Brasilien
Sonnabend,
Olympia-Stadion Berlin
Weltmeister
16.00 U...

N° 012359
VILLE DE STRASBOURG
Musées du Château
BILLET D'ENTRÉE
Prix: F 1.–
A présenter à...

Olympia-Eisstadion Ges. m.b.H. Innsbruck
BESUCHERKARTE
OLYMPIA-EISSTADION mit Führung
S 3.–   Ermäßigt S 3.–
Gültig für 1 Person
6178

Olympia-Stadion
Bundesligaspiel
Bayern München – Borussia Dortmund
Block E1   Reihe 50   Platz 23

GERMANISCHES NATIONAL...

MVSEI E GALLERIE PONTIFICIE
BIBLIOTECA APOSTOLICA VATICANA
LIRE 500

ΔΕΛΦΟΙ: ΜΟΥΣΕΙΟΝ – ΙΕΡΟΝ
ΕΙΣΙΤΗΡΙΟΝ
ΔΡΧ. DR. 5

1. Auf diesen Eintrittskarten findest du Begriffe, die du aus dem Geschichtsunterricht kennst. Schreibe sie heraus, und überlege dir, woran es liegen könnte, dass sie in fast allen europäischen Sprachen verwendet werden.
2. Schreibe die gefundenen Begriffe untereinander und trage dahinter in drei Spalten jeweils Stadt, Land und Sprache ein.
3. Bestimme mit deutschen Ausdrücken die Bereiche, in denen die Begriffe benutzt werden.

Latein – die Sprache Europas

Die Römer brachten ihre Schrift und Sprache in die Provinzen mit. Das Lateinische (nach Latium, der Landschaft um Rom benannt) bildete die Grundlage für die Vermittlung der römisch-griechisch geprägten Kultur (Literatur, Philosophie, Religion und Recht). Später sorgte die römisch-katholische Kirche für die weitere Verbreitung der lateinischen Sprache in West- und Mitteleuropa.

GB, BS, USA, IRL, CDN, EAT, AUS, WD, NZ, ZA, IND, WAN +~38
father and mother
hour
port, harbour
good
to love
festival

ENGLISCH ~1730 Mio*

F, B, L, CH +~24
port
bon
aimer
père et mère
fête
heure

FRANZÖSISCH ~250 Mio*

D, A, CH, FL
lieben
gut
Fest
Stunde
Hafen
Vater und Mutter

DEUTSCH ~120 Mio

E, MEX, PE, CO, C, BOL, RA, RCH, EC, YV +~10
amar
fiesta
hora
padre y madre
bueno
puerto

SPANISCH ~330 Mio*

P, BR +~5
bom
hora
amar
feste
porto
pai e mãe

PORTUGIESISCH ~190 Mio*

I, CH, RSM, SCV
porto
buono
amare
padre e madre
ora
festa

ITALIENISCH ~70 Mio

LATEINISCH

AMARE   FESTUM   PORTUS

BONUS   HORA   PATER ET MATER

* Schätzungen von Anfang der 1990er-Jahre, die Muttersprache und Amtssprache berücksichtigten

Auf der Erde werden etwa 3 000 Sprachen gesprochen. Zehn Sprachen kann man als Weltsprachen bezeichnen, von diesen sind sieben mit Latein verwandt, vier haben sich direkt daraus entwickelt, nämlich die „romanischen" Sprachen Italienisch, Spanisch, Portugiesisch und Französisch. Im Englischen, das als Verkehrsprache in der ganzen Welt verstanden wird, gehen weit mehr als die Hälfte aller Wörter auf das Latein zurück. Gut die Hälfte aller Menschen, die schreiben können, schreiben mit lateinischen Buchstaben.

1. Die in den Kästchen angegebenen Wörter bedeuten in allen sieben Sprachen dasselbe, sie stehen aber in unterschiedlicher Reihenfolge. Ordne sie in einer Tabelle.
2. Die sechs genannten Weltsprachen sind alle mit dem Lateinischen verwandt. Prüft, wie eng diese Verwandtschaft jeweils ist, und versucht, die unterschiedlichen Verwandtschaftsgrade aus der Geschichte zu erklären.
3. In der Wissenschaft und Technik, Kunst und Musik dürften euch bereits einige Begriffe begegnet sein, die aus dem Lateinischen stammen, z. B. Medizin (lat. medicus: Arzt) oder Justiz (lat. ius: Recht). Auch in eurer Umgangssprache verwendet ihr mehr Lateinisches als euch vielleicht bisher bewusst war. In dem folgenden Satz findet ihr gleich mehrere Wörter, die aus dem Lateinischen stammen: „Marco hatte im Juli in Religion eine absolut bessere Zensur als Julia." Suche die Wörter, die auf das Lateinische zurückgehen. Suche weitere!

PROJEKT

Christliche Namen

Einige Märtyrer und Märtyrerinnen – über ihr Leben, ihren Tod und die Erinnerung an sie

Name/Tag	wo und wann sie lebten	wie sie starben	ihre Kennzeichen	was man sich Wunderbares über sie erzählt
Andreas 30.11.	Judäa und Griechenland, 1. Jh.	durch Kreuzigung	Andreas-Kreuz	Als Jünger Jesu verkündet er Gottes Wort am Schwarzen Meer und in Griechenland. Vom Kreuz herab predigt er noch zwei Tage lang.
Barbara 4.12.	Kleinasien, 3. Jh.	durch das Schwert ihres Vaters	Turm, Schwert	Von ihrem reichen Vater in einen Turm gesperrt, lässt sie sich dort heimlich taufen. Zornig veranlasst ihr Vater, sie mit Keulen zu schlagen, zu geißeln und mit Fackeln zu verbrennen; dann tötet er sie.
Georg (Jörg, Jürgen) 23.4.	Libyen, um 310	gevierteilt und enthauptet	Drache	Mit Hilfe des Kreuzes zähmt er einen Drachen. Die dadurch bekehrten Christen fallen unter Kaiser Diokletian wieder ab, Georg überlebt alle Martern (Gift, flüssiges Blei, Rad), zerstört dabei einen Heidentempel.
Johannes (Hans, Jens, Jan) 27.12.	Judäa und Kleinasien, 1. Jh.	steigt umstrahlt ins Grab (gewaltlos)	Adler, Buch, Ölfass	Als Lieblingsjünger Jesu wird er später, als er der Göttin Diana nicht opfern will, gefoltert, überlebt aber u. A. das Bad im heißen Öl. Verbannt auf die Insel Patmos, verfasst er Teile des Neuen Testaments.
Katharina (Katrin, Katja) 25.11.	Alexandria, um 300	durch Enthauptung	Rad mit Messern und Nägeln	In ihrem Glauben an Jesus macht sie dem Kaiser Maxentius Vorwürfe wegen seines Unglaubens. 50 Philosophen, die sie widerlegen sollen, bekehrt sie. Das Rad, auf dem sie gefoltert wird, zerstört ein Blitz.
Markus (Marco, Mark) 25.4.	Alexandria, 1. Jh.	mit einem Seil zu Tode geschleift	Löwe	Von Petrus dazu veranlasst, schreibt er sein Evangelium. Sein Leichnam kann wegen eines Unwetters nicht verbrannt werden. Er wird später nach Venedig entführt.
Matthias 24.2.	Judäa, 1. Jh.	gesteinigt und mit dem Beil enthauptet	Beil, Steine	Nach Christi Himmelfahrt nehmen ihn die Jünger Jesu anstelle des Verräters Judas bei sich auf.
Stephan 26.12.	Judäa, 1. Jh.	durch Steinigung	Buch, Palme	Vorsteher der ersten Christengemeinde in Palästina und frühester Märtyrer.
Thomas 21.12.	Judäa und Indien, 1. Jh.	durch Schwert oder Lanze	Lanze, Winkelmesser	Als Jünger reist er auf Geheiß Jesu nach Indien, wo er als Architekt einen Königspalast bauen soll. Stattdessen bekehrt er Inder durch Wunder zum Christentum.

Stelle die Bedeutung und Herkunft deines Vornamen fest. Tipp: Informationen findest du z. B. in folgenden Nachschlagewerken: Hans Bahlow, Deutsches Namenlexikon, Frankfurt a. M. 1972, und Duden – Das große Vornamenlexikon, Mannheim 1998.

Wichtige Daten

Angegeben sind nur die im Bildungsplan genannten Daten

vor 40 000 Jahren		Der Jetztmensch (homo sapiens) breitet sich in Europa aus.
um 10 000 v. Chr.		Die Menschen werden allmählich sesshaft und gründen Siedlungen.
um 3 000 v. Chr.		In Ägypten entsteht eine Hochkultur.
um 800 v. Chr.		In Griechenland entstehen Stadtstaaten (Poleis).
Mitte 5. Jh. v. Chr.		Der Stadtstaat Athen ist auf dem Höhepunkt seiner politischen und wirtschaftlichen Macht; die Glanzzeit der griechischen Kunst, Literatur und Philosophie beginnt.
um 500 v. Chr.		Die etruskischen Könige werden vertrieben; Rom wird Republik.
31 v. Chr. - 14 n. Chr.		Augustus herrscht im Römischen Reich; als „erster Mann im Staat" (lat. princeps) übernimmt er die alleinige Führung des Reiches und begründet die Kaiserzeit.
um 75 - 260 n. Chr.		Die Römer herrschen im heutigen Südwestdeutschland.
391 n. Chr.		Das Christentum wird alleinige Staatsreligion im Römischen Reich.

Wichtige Begriffe

*Der Bildungsplan enthält die mit * versehenen Begriffe*

Älteste Funde in Afrika*: Die ältesten Überreste eines aufrecht gehenden menschenähnlichen Lebewesens (*Hominiden*) sind sieben Millionen Jahre alt; sie wurden 2002 im Tschad (Zentralafrika) gefunden.

Altsteinzeit*: erster Abschnitt der → *Geschichte*, der vor etwa 2,5 Mio. Jahren beginnt. In dieser Zeit lebten Menschen vom Jagen und Sammeln. Sie lernten Feuer zu gebrauchen. Werkzeuge und Waffen fertigen sie aus Stein, Knochen und Holz. Metalle kannten sie noch nicht.

Antike* (lat. *antiquus*: alt): in der europäischen Geschichte die Zeit von etwa 1000 v. Chr. bis ins 5. Jh. n. Chr., in der Griechen und Römer den Mittelmeerraum beherrschten.

Arbeitsteilung: Jede Gemeinschaft teilt ihre Arbeiten (wie Jagen, Sammeln, Kochen, Herstellen und Handeln von Waren) nach Fähigkeiten und Erfordernissen der Mitglieder auf. In den → *Hochkulturen* entstanden durch Arbeitsteilung immer mehr Berufe.

Archäologie: Altertumsforscher (Archäologen) graben Funde aus oder untersuchen andere → *Quellen* wie Baudenkmäler (alte Häuser, Stadtmauer u. a. m.), um unser Wissen über die Vergangenheit zu bereichern.

Aristokratie (griech. *aristokratia*): „Regierung der Besten"; Ordnung des Zusammenlebens, in der die Abstammung aus einer besonderen Familie (*Adel*) Voraussetzung für die politische Macht war.

Asyl: ursprünglich eine heilige Stätte, an der ein durch Verfolgung bedrohter Mensch Schutz finden konnte; später: allgemeiner Zufluchtsort (Tempel, Kirchen).

Barbaren: Die Griechen bezeichneten alle Menschen mit einer für sie fremden Sprache, Religion und Lebensweise als Barbaren. Der Begriff bekam im 6. Jh. v. Chr. einen abwertenden Sinn. Danach stand er für rohe und ungebildete Menschen, die jederzeit versklavt werden durften. Die Römer folgten dieser Auffassung.

Bronzezeit: Zeitabschnitt der → *Vorgeschichte*, die zwischen → *Altstein-* und → *Eisenzeit* liegt; sie ist gekennzeichnet durch die Verwendung von Bronze für Waffen, Werkzeuge und Schmuck. Die Bronzezeit begann im Vorderen Orient um 2500, in Mitteleuropa um 2200 v. Chr.

Byzanz: Bezeichnung für die östliche, griechisch-orientalisch geprägte Hälfte des Römischen Reiches (*Oströmisches Reich*).

Christentum*: Anhänger der auf → *Jesus Christus* zurückgehenden monotheistischen → *Religion* (→ *Monotheismus*). Im Römischen Reich wurde das Christentum 391 n. Chr. zur alleinigen Religion (→ *Staatsreligion*).

Demokratie (griech. *demos*: Volk): Herrschaft des Volkes über sich selbst; in Athen konnten sich seit Mitte des 5. Jh. v. Chr. alle einheimischen und wehrfähigen Bürger an der Regierung und Rechtsprechung beteiligen; bei Wahlen und Abstimmungen entschied die Mehrheit der Stimmen.

Diktatur*: Um Notlagen zu überwinden, konnten die Römer die republikanische Ordnung (→ *Republik*) zeitweise aufheben und einen der beiden höchsten Beamten (*Konsuln*) für sechs Monate zum Diktator (lat. *dictator*: der, der zu sagen hat) ernennen; ihm mussten sich alle fügen.

Dominat: Alleinherrschaft, die im 3. Jh. den → *Prinzipat* ablöste; die Kaiser betrachteten sich nun nicht mehr nur als die „ersten Männer im Staat", sondern der Kaiser war danach „Herr und Gott".

Eisenzeit: Abschnitt der → *Geschichte*, die um 1000 v. Chr. in Europa beginnt. In dieser Zeit stellten die Menschen Waffen, Geräte und Schmuck aus Eisen her. In Mitteleuropa prägten die keltischen Völker diese Zeit.

Forum Romanum*: der alte Marktplatz, später das politische, religiöse und geschäftliche Zentrum Roms.

Gesellschaft: Alle in einem → *Staat* lebenden Menschen.

Geschichte (lat. *historia*): alles, was Menschen in der Vergangenheit gemacht haben und durch → *Quellen* überliefert wurde.

Hellenismus: Zeit zwischen dem 3. und 1. Jh. v. Chr., in dem die griechische Politik, Kunst und Sprache über den ganzen Mittelmeerraum und Vorderasien verbreitet wurde.

Herrschaft: einzelne oder mehrere Menschen üben Macht über andere aus; sie kann auf Gewalt, Ansehen (*Autorität*) und Gesetzen beruhen.

Hierarchie: eine streng von oben nach unten gegliederte Rangordnung in einer → *Gesellschaft*.

Hieroglyphen → *Schrift*

Hochkultur*: eine gegenüber dem einfachen Landleben weiter entwickelte Lebensform, deren Kennzeichen Städte, große Bauwerke (→ *Pyramiden*), → *Schrift*, → *Verwaltung*, → *Religion*, Rechtspflege, Handwerk und Handel sind. Die ersten Hochkulturen entstanden an Euphrat und Tigris, am Nil sowie am Indus und Hwangho.

Höhlenmalerei*: der Jetztmensch (*homo sapiens*) begann vor etwa 35 000 Jahren Tiere und Menschen auf Höhlenwände zu malen. Die Bilder hatten wahrscheinlich religiöse Bedeutung. Heute kennen wir in Europa etwa 300 Höhlen mit solchen Malereien, die meisten liegen in Südfrankreich und Nordspanien.

Imperium Romanum (*lat. imperare*: befehlen): das Weltreich der Römer; Gebiete unter römischer → *Herrschaft*.

Islam: Anfang des 7. Jh. von → *Mohammed* gegründete monotheistische → *Religion* (→ *Monotheismus*); das arabische Wort bedeutet die völlige Hingabe der gläubigen Muslime an ihren Gott Allah. Nur derjenige, der diese Hingabe zeigt, gilt als Muslim.

Judentum: die → *Religion* des „Volkes Israel" und aller Menschen, die der jüdischen Gemeinschaft durch Geburt oder Glauben angehören. Der jüdische Glaube ist die älteste monotheistische → *Religion* (→ *Monotheismus*) und beeinflusste → *Christentum* und → *Islam*.

Jungsteinzeit* (*Neolithikum*): Abschnitt der → *Geschichte*, der etwa 10 000 v. Chr. beginnt und in der sich Menschen von wandernden Sammlern und Jägern (→ *Nomaden*) zu sesshaften Ackerbauern und Viehzüchtern entwickelten.

Kaiserzeit*: die von → *Augustus* begründete Zeit, in der das Römische Reich „vom ersten Mann im Staat" (*lat. princeps*) regiert wurde (→ *Prinzipat*). Im Westen endete die Kaiserzeit mit dem Zerfall des Weströmischen Reiches im Jahre 476, im Osten mit dem Untergang des Byzantinischen Reiches im Jahre 1453.

Klient: eine von einem → *Patron* abhängige Person, die von diesem Hilfe erhielt. Dafür war der Klient verpflichtet, den Patron zu unterstützen.

Kolonisation* (von *lat. colere*: Land bebauen): Seit dem 8. Jh. v. Chr. wanderten Griechen aus ihrer Heimat aus. Sie gründeten rund ums Mittelmeer und an den Küsten des Schwarzen Meeres so genannte Tochterstädte. Gründe für die Kolonisation waren: Bevölkerungswachstum, Landknappheit, Konflikte zwischen Mitgliedern der → *Aristokratie* und dem Volk, Kriege, Handel und Abenteurertum.

Koran: das heilige Buch des → *Islam*, das die Worte → *Mohammeds* wiedergibt.

Kultur (von *lat. cultus*: die Pflege): Sammelbegriff für die geistigen, religiösen und künstlerischen Errungenschaften eines Volkes (→ *Hochkultur*), die überliefert werden.

Limes: die durch Wälle und Wachttürme gesicherte Grenze des Römischen Reiches, hinter der militärische Befestigungen (*Kastelle*) lagen.

Monarchie (*griech. mon-archia*: Allein-Herrschaft): → *Staatsform* mit einem erblichen König oder Kaiser (*Monarchen*) an der Spitze.

Monotheismus (*griech. monos*: allein; *theos*: Gott): Glaube an einen einzigen Gott; Beispiele: → *Judentum*, → *Christentum* und → *Islam*). Das Gegenteil zum Monotheismus ist der → *Polytheismus*.

Mythos: die Erzählungen von Göttern, Helden und anderen Gestalten und Geschehnissen aus vorgeschichtlicher Zeit.

Neolithische Revolution*: der Übergang von der aneignenden (sammelnden und jagenden) zur produktiven (schöpferischen) Wirtschaftsweise in der → *Jungsteinzeit* (*Neolithikum*).

Nomaden*: Menschen, die ihrer Nahrung hinterherziehen, d. h. die an verschiedenen Orten leben, um zu jagen und zu sammeln. Diese Lebens- und Wirtschaftsform ändert sich in der → *Jungsteinzeit*. Noch heute gibt es nomadisierende Hirtenvölker, die mit ihren Viehherden das ganze Jahr unterwegs sind.

Olympische Spiele*: Seit etwa dem 11. Jh. v. Chr. fanden in Olympia regelmäßig Feiern zu Ehren der Götter statt, zu denen auch Sportwettkämpfe gehörten. Ab 776 v. Chr. sind Olympia-Sieger bekannt. An den „großen Olympien", die bald alle vier Jahre in Olympia stattfanden, durften in der Regel nur wehrfähige Männer teilnehmen. 394 n. Chr. wurden die Olympischen Spiele als heidnischer Brauch verboten. 1896 fanden in Athen erstmals wieder Olympische Spiele statt.

Papst: zunächst nur Ehrentitel des Bischofs von Rom; die Päpste verstanden sich als Nachfolger des Petrus und leiteten daraus eine Vorrangstellung ab.

Patrizier (*lat. patres*: „Väter"): im alten Rom die Nachkommen der ältesten Familien, die zu Beginn der Römischen Republik allein regierten. Sie übernahmen die wichtigsten Staatsaufgaben und stellten die Priester. Gegen ihre Macht kämpften die → *Plebejer* (→ *Ständekämpfe*).

Patron: Beschützer und Nutznießer der → *Klienten*, dazu auch deren Verteidiger und Vertreter vor Gericht.

Pharao*: zunächst die Bezeichnung des Königspalastes im alten Ägypten; seit dem 2. Jt. v. Chr. ein Titel des ägyptischen Herrschers. Pharaonen galten als göttlich. Sie waren die weltlichen und geistlichen Oberhäupter der alten Ägypter.

Plebejer: Bezeichnung für alle römischen Bürger, die keine → *Patrizier* waren. Sie wurden nach den → *Ständekämpfen* Ende des 3. Jh. v. Chr. mit den → *Patriziern* rechtlich gleichgestellt.

Polis*: zunächst die griechische Bezeichnung für eine Burg und die dazugehörige Siedlung, ab etwa 800 v. Chr. für einen Ort, der aus einem städtischen Zentrum und Umland bestand. Das Zentrum war geschützter Wohnort, Sitz der Regierung und Mittelpunkt der religiösen Feiern (Tempel). Auf dem Umland wurde die Nahrung für die Einwohner angebaut. Im 5. Jh. v. Chr. gab es rund 700 griechische Stadtstaaten (*Poleis*).

Polytheismus* (*griech. poly*: viel; *theos*: Gott): Glaube an viele Götter. Die alten Ägypter verehrten mehrere Götter. Das Gegenteil des Polytheismus ist der → *Monotheismus*.

Prinzipat: Bezeichnung für die von → *Augustus* begründete Herrschaftsform, in der der Kaiser den Titel „princeps" (dt. „der erste Mann im Staat") trug.

Pyramide*: über einer quadratischen Grundfläche mit dreieckigen, spitz zulaufenden Seiten errichtetes Grabmal. Solche Grabanlagen wurden in Ägypten von etwa 3000 bis 1500 v. Chr. nur für die Paharaonen (→ *Pharao*) erbaut, danach konnten auch andere Ägypter Pyramiden errichten lassen. Unabhängig von den ägyptischen Vorbildern entstanden später in Kambodscha, Mittel- und Südamerika Tempelpyramiden.

Quellen: Texte aus früheren Zeiten oder bis heute erhalten gebliebene Gegenstände; sie sind die Grundlagen für die Darstellung der → *Geschichte*.

Reich: großes Herrschaftsgebiet; Bezeichnung für den mehrere Stämme oder Völker umfassenden Herrschaftsbereich von Königen.

Religion: Glaube an einen oder mehrere Götter und der sich daraus ergebende Kult (→ *Christentum*, → *Islam* und → *Judentum*).

Republik* (lat. *res publica*: öffentliche Angelegenheit): nach der Vertreibung der etruskischen Könige in Rom um 500 v. Chr. entstandene → *Staatsform* mit jährlich wechselnder Regierung. Mit → *Augustus* verloren Magistrat, Senat und Volksversammlungen an Einfluss, die → *Kaiserzeit* begann.

Romanisierung: Ausbreitung der Sprache und der Lebensweise der Römer im römischen Weltreich; dabei wurden Sprache und Brauchtum der einheimischen Bevölkerung verdrängt.

Schrift*: Zeichen, mit denen Informationen und die gesprochene Sprache festgehalten werden. Die ersten Versuche, Wissen mithilfe von Zeichen an andere weiterzugeben waren die → *Höhlenmalereien*. Aus Bildern wurden Zeichen. Die Sumerer in Mesopotamien entwickelten eine, die vor allem Angaben über Besitz anzeigte. Im alten Ägypten verwendeten die Schreiber des → *Pharao* zwischen 3000 v. Chr. und 300 n. Chr. rund 700 verschiedenen Zeichen: die *Hieroglyphen* (griech. *hieros*: heilig, *glyphe*: Eingeritztes). Sie geben sowohl Laute als auch Buchstaben und Bilder wieder und wurden in Stein geritzt oder mit Pinseln oder Schilfrohren auf Papyrus gemalt.

Senat: Rat erfahrener Politiker; seine Mitglieder bestimmten die öffentlichen Angelegenheiten im republikanischen Rom. Die Senatoren stammten vor allem aus vornehmen Familien (→ *Patrizier*) und waren vorher Regierungsbeamte.

Sklaven → *Vollbürger – Nichtbürger – Sklaven*

Staat: Bezeichnung für ein abgegrenztes Herrschaftsgebiet (z. B. → *Polis*).

Staatsform: die politische Ordnung in einem → *Staat*. Staatsformen der → *Antike* sind → *Monarchie* und → *Republik*.

Staatsreligion*: eine von den Herrschern für ihre Untertanen festgelegte Form des Glaubens. 391 n. Chr. wurde das → *Christentum* im römischen Weltreich zur alleinigen → *Religion* erklärt.

Ständekämpfe*: Auseinandersetzungen zwischen den → *Plebejern* und den → *Patriziern* um politische, rechtliche, religiöse und militärische Gleichberechtigung. Die Ständekämpfe dauerten rund 200 Jahre. Sie endeten 287 v. Chr. damit, dass die Beschlüsse der Plebsversammlungen auch von den Patriziern befolgt werden mussten.

Urbanisierung (von lat. *urbs*: Stadt): Verstädterung. Im 5. Jh. n. Chr. gab es im Römischen Reich über 1500 Städte, sie waren Mittelpunkte der → *Verwaltung*, des Handels und der → *Kultur*.

Verwaltung: eine Einrichtung, in der öffentliche Aufgaben des → *Staates* wie die Erhebung von Steuern geregelt werden.

Villa rustica*: der zu einem Landgut gehörende Gutshof mit Wirtschaftsgebäuden und Wohnräumen.

Völkerwanderung*: Seit etwa 300 n. Chr. drangen germanische Völkerschaften in römisches Reichsgebiet ein. Sie übernahmen für kurze Zeit die Herrschaft und trugen zum Zerfall des Römischen Reiches bei.

Vollbürger – Nichtbürger – Sklaven*: Alle einheimischen wehrfähigen Männer waren in Sparta und Athen Vollbürger. Sie durften an Volksversammlungen teilnehmen und über Gesetze, Verträge und Krieg und Frieden entscheiden. In Athen konnten Vollbürger auch durch Los oder Wahl zu Richtern und Beamten auf Zeit ernannt werden.
Frauen und Kinder hatten keine politischen Rechte. Sie galten wie die *Periöken* (Umwohner) in Sparta und die *Metöken* (fremden Mitbewohner) in Athen als Nichtbürger.
Unfrei und rechtlos waren Sklaven. Die Eigentümer konnten über sie wie über Sachen verfügen. Zum Sklaven wurden in erster Linie Kriegsgefangene gemacht. Auch bei Zahlungsunfähigkeit konnten Menschen versklavt werden (*Schuldknechtschaft*). Sklaven konnten von ihren Eigentümern freigelassen werden. Vollbürger wurden sie damit aber nicht.

Vorgeschichte: die → *Geschichte* der Menschheit von den Anfängen vor über 7 Millionen Jahren bis zum Einsetzen schriftlicher → *Quellen* um 3000 v. Chr.

Menschen, die Geschichte machten

Alexander der Große (356 - 323 v. Chr.): König von Makedonien (ab 336); er eroberte ein Weltreich und verbreitete die griechische Lebensweise und Kultur (→ *Hellenismus*).

Aristoteles (384 - 322 v. Chr.): griechischer Philosoph und Wissenschaftler; er war Schüler → *Platons* und Lehrer → *Alexanders des Großen*.

Augustus (63 v. - 14 n. Chr.): Großneffe → *Caesars*, der ihn zum Erben eingesetzt hatte. Er begründete nach 31 v. Chr. in Rom den → *Prinzipat*. 27 v. Chr. verlieh ihm der Senat wegen seiner Verdienste (Friedenssicherung) den Ehrentitel „Augustus" (der „Erhabene"). Der Monat August wurde nach ihm benannt. Die meisten späteren Kaiser übernahmen die Bezeichnung „Augustus" in ihren Kaisertitel.

Caesar (Gaius Iulius C., 100 - 44 v. Chr.): Feldherr, Staatsmann und Schriftsteller. Er begann 49 einen Bürgerkrieg, um seine Machtansprüche durchzusetzten. Als *Diktator* (seit Anfang 44 auf Lebenszeit) ordnete Caesar die Neuordnung des Staates an (→ *Diktatur*). An den Iden (15.) des März 44 v. Chr. wurde er von Angehörigen des → *Senats* ermordet. Der Monat Juli wurde nach ihm benannt. Caesar wurde zum Teil des Titels der römischen Herrscher; der Name lebt in den Herrschertiteln „Kaiser" und „Zar" fort.

Cheops: ägyptischer König, der um 2604 - 2581 v. Chr. regierte. Unter seiner Herrschaft blühte die ägyptische Kunst; er ließ die erste → *Pyramide* (*Cheops-Pyramide*) von Giza errichten.

Dareios III. (um 380 - 330 v. Chr.): ab 336/335 persischer Großkönig; seine Truppen wurden zweimal von denen → *Alexanders des Großen* geschlagen (333 bei Issos und 331 bei Gaugamela); 330 wurde er ermordet.

Diokletian (243 - 316): Feldherr, der 284 von seinen Truppen zum Kaiser ausgerufen wurde. Er führte den → *Dominat* ein und organisierte die Reichsverwaltung neu, indem er das Reich in vier große Verwaltungseinheiten gliederte.

Hannibal (247 - 183 v. Chr.): Feldherr aus Karthago und erbitterter Gegner der Römer. Seine Truppen brachten den Römern in der Schlacht von Cannae (216 v. Chr.) die größte Niederlage in ihrer Geschichte bei.

Hatschepsut: ägyptische Königin, die von 1490 - 1468 v. Chr. regierte; sie herrschte zunächst als Vormund für ihren Stiefsohn, behielt dann aber die Königswürde gegen dessen Willen; sie förderte den Handel und die Kunst.

Herodot (um 484 - 425 v. Chr.): griechischer Geschichtschreiber; mit seinem großen Erzählwerk „Historien" wurde er zum „Vater der Geschichtsschreibung" in Europa.

Homer (8. Jh. v. Chr.): der älteste bekannte Dichter Europas. Unter seinem Namen sind die „Ilias" und die „Odyssee" überliefert. Die Römer verehrten Homer als den größten griechischen Dichter, und die bedeutendsten römischen Dichter nahmen sich Homer zum Vorbild.

Jesus: Stifter des → *Christentums*. Er wurde wohl um das Jahr 6 vor der Zeitenwende als Jude in Bethlehem in Palästina geboren und wahrscheinlich im Jahre 30 (an einem Freitag) in Jerusalem gekreuzigt. Das Bekenntnis zu Jesus als dem „Christus" (griech. *christos*: „der Gesalbte"; Übersetzung des hebräischen „Messias") ist Mittelpunkt des christlichen Glaubens.

Justinian (482 - 564): oströmischer Kaiser. Er versuchte in seiner langen Regierungszeit (527 - 564) das geteilte und durch die → *Völkerwanderung* geschwächte Weltreich der Römer wiederherzustellen. Die von ihm veranlasste Sammlung des gesamten römischen Rechts (*Corpus iuris civilis*) gilt als eine Grundlage der europäischen Rechtsentwicklung.

Kleopatra (1. Jh.): Königin von Ägypten; sie wurde von → *Caesar* unterstützt, war dessen Geliebte und gebar ihm einen Sohn.

Konstantin I. der Große (um 285 - 337): Feldherr und römischer Kaiser. Er erklärte im Jahre 330 Byzantion zur Hauptstadt des römischen Reiches und erkannte mit dem Toleranzedikt von Mailand 314 das → *Christentum* als gleichberechtigte → *Religion* an. Er ließ sich aber erst auf dem Sterbebett taufen.

Mohammed (um 570 - 632): Stifter des → *Islam*. Mohammed (arab. „der Gepriesene") lernte als junger Mann die Lehren der Juden und Christen kennen. Um 610 fühlte er sich zum Gesandten Gottes (*Allahs*) berufen. Die ihm von Gott gemachten „Mitteilungen" wurden im → *Koran* zusammengefasst. 622 wanderte er von Mekka nach Medina aus. Dort festigte sich sein religiöses und staatsmännisches Ansehen. Als Herrscher über weite Teile Arabiens und im Bewusstsein, eine neue → *Religion* gestiftet zu haben, starb er in Medina.

Moses: Nach dem *Alten Testament* führte Moses um 1250 v. Chr. das Volk der Hebräer aus der Gefangenschaft in Ägypten in das gelobte Land (Palästina). Zuvor sollen ihm von Gott die Zehn Gebote übergeben worden sein.

Perikles (um 500 - 429 v. Chr.): athenischer Staatsmann. Er war von vornehmer Herkunft und leitete seit 443 als jährlich wiedergewählter Politiker die Geschicke der athenischen → *Demokratie*. Seine Zeit gilt als Glanzzeit Athens, sowohl künstlerisch als auch politisch. 431 begann er den Peloponnesischen Krieg um die Vorherrschaft Athens in Griechenland. Ein Jahr später wurde er abgesetzt.

Platon (428/27 - 348/47 v. Chr.): griechischer Philosoph; er und → *Aristoteles* gelten als Begründer der europäischen *Philosphie*.

Ramses II.: ägyptischer → *Pharao*, der von 1279 - 1213 v. Chr. regierte; er war einer der größten Bauherren Altägyptens.

Sokrates (470 - 399 v. Chr.): griechischer Philosoph aus Athen. Er philosophierte im Gespräch (*Dialog*) und hinterließ keine Schriften. Wir verdanken vor allem seinem Schüler → *Platon* Informationen über seine Lehre. Sokrates wurde wegen seines radikalen philosophischen Fragens von vielen Athenern abgelehnt und wegen verderblichen Einflusses auf die Jugend von einem Volksgericht zum Tode verurteilt. Er gilt als der wirksamste Anreger der europäischen Philosophie.

Spartacus (starb 71 v. Chr. auf dem Schlachtfeld): Führer der Sklavenaufstände; er war gemeinsam mit anderen Sklaven aus einer Gladiatorenschule geflohen und hatte sich an die Spitze eines Heeres von 40 000 Sklaven und entrechteten Freien gestellt. In der Entscheidungsschlacht fand Spartacus mit dem größten Teil seiner Anhänger den Tod. Spartacus wurde zur Symbolfigur für den Aufstand der versklavten und unterdrückten Menschen.

Thukydides (um 460 - nach 400 v. Chr.): athenischer Politker und Geschichtsschreiber. Er nahm am Peloponnesischen Krieg teil und verfasste eine Geschichte des Konflikts. Thukydides begründete mit diesem Werk die wissenschaftliche Geschichtsschreibung in Europa.

Trajan (53 - 117): römischer Kaiser 98 - 117; unter ihm erreichte das römische Reich durch Neugewinnung von *Provinzen* seine größte Ausdehnung. Er unterstützte Gelehrte und Künstler.

Varus (starb 9 auf dem Schlachtfeld): römischer Militärbefehlshaber in Germanien. Bei einem Aufstand der Germanen wurde Varus mit seinen drei Legionen geschlagen; Ort der Schlacht ist wahrscheinlich Kalkriese bei Osnabrück (Niedersachsen).

Wo steht was?

*Auf den mit einem * gekennzeichneten Seiten findest du Erklärungen dieser Begriffe.*

Adel, Adelsherrschaft 64, 69, 73, 74, 80, 100, 184
Ädile 109, 123
Agora 81
Ägypten, Ägyptisches Reich, Ägypter 8, 36-58, 60, 61, 70, 78, 88, 89, 94, 95, 98, 124, 128, 139, 153, 163, 177, 178, 183, 185-188
Akropolis 69, 72, 81, 91, 93
Alamannen 157, 159-162, 171
Alexandria 97-99, 155
Allah 166, 168, 185, 188
Alleinherrschaft → *Monarchie*
Alphabet 47, 70, 105
Altertum → *Antike*
Altes Testament 58, 59, 188
Altsteinzeit 17, 18, 34, 177, 184*
Amphitheater 122, 144, 145
Antigonidenreich 95
Antike 9, 63, 64, 88, 100, 105, 167, 184*
Antiochia 155
Apostel 153-156
Arabien, Araber 95, 98, 123, 166-168
Arbeitsteilung 35, 41, 45, 184*
Archäologen, Archäologie 11, 12, 17, 19, 25, 26, 30, 59, 67, 84, 88, 104, 131, 134, 135, 141, 161, 162, 169, 184*
Architektur 38, 39, 90, 97, 105, 167, 172, 173, 176
Archiv 12
Archonten 82
Areopag 82
Arianismus 155
Aristokratie 64, 82, 101, 111, 184*
Assyrer 58
Astronomie 30, 85, 98
Asyl 104, 184*
Athen, Athener 69, 72-74, 78-89, 91, 93, 171, 172, 175, 183-185, 188
Atrium 141
Attisch-Delischer Seebund 78
Auguren 132, 178
Auswanderung → *Kolonisation*
Autokratie 164

Babylonische Gefangenschaft 58
Babylonisches Reich, Babylonier 58, 70, 95, 169

Barbaren 70, 95, 157, 159, 184*
Basilika 130, 163, 167
Bauern 25, 26, 34, 35, 41, 49, 50, 61, 69, 107, 162
Baukunst → *Architektur*
Beamte 41, 43-46, 49, 50, 80, 82, 95, 97, 100, 106, 109, 164, 170, 186
Bewässerungssysteme 40-42, 61
Bibel 9, 58, 59, 153, 164, 169
Bischof 155, 156, 171, 185
Britannien 123, 150
Bundesgenossen 76, 94, 114, 115, 171
Bürger → *Vollbürger*
Bürgerkriege 109, 124, 125, 128-130, 171, 187
Bürgerrechte 73, 76, 86, 98, 101, 116, 124, 136, 137, 147, 174
Burgunder 157-159
Byzanz 136, 163-167, 170, 171, 184*, 185, 188

Çatal Hüyük 26, 28, 64
Cheops-Pyramide 6, 36-38, 187
Cherusker 130, 134
Christen, Christentum 9, 58, 60, 153-156, 164, 166, 167, 169, 170-172, 174, 175, 178, 182-184*
Christenverfolgung 154, 156
Circus 139, 144, 145, 154
Cloaca maxima 142
Comic 123, 126, 173

Delphi 64, 71, 73
Demokratie 80-82, 84, 101, 175, 184*
Deserteure 125
Diadochen 95
Diäten 80
Dichter 65, 73, 81, 85, 89, 92, 129, 140, 175, 187
Diktator, Diktatur 109, 123-125, 132, 170, 171, 184*
Dionysien 92, 93
Dominat 136, 184*
Dorer 75
Drama, Dramen 81, 92, 172, 175
Dreiteilung der Mittelmeerwelt 167
Druiden 30
Dschihad 166

Eisenzeit 30, 184*
Eiszeit 20, 21, 23, 25, 40, 61
Emirat 167
Entwicklung 10
Epen 92
Ephoren 76

Epochen 9
Erechtheion 91
Etrusker 102, 104-106, 112, 142, 170, 183, 186
Euphrat 28, 60, 95, 184
Europa 9, 17, 20, 25, 26, 28, 31, 34, 96, 100, 130, 147, 148, 157, 163, 164, 167, 171-174, 181, 183, 184, 187, 188
Expansion 113

Fabeln 92
Familie 117-119, 171
Faustkeil 17, 18
Fernhandel 30, 35, 60, 69, 70, 86, 88, 89, 100, 148, 149, 151, 152, 184
Feste 72, 73, 92, 109, 123, 128, 129, 144
Forum Romanum 130, 139, 170, 184*
Fossilien 16
Franken 157-160, 166, 167
Frauen 49, 51, 73, 74, 76, 80, 82, 85, 87, 100, 101, 105, 118, 119, 153, 155, 171
Friesen 157, 159
Frühgeschichte 12, 30, 35
Frühmensch 17, 18
Frühzeit 18

Gallien, Gallier 112, 123, 126, 132, 133, 150, 158, 160, 171
Geldwirtschaft 31, 41, 70
Geografie 66, 98
Geometrie 45, 85, 98
Germanien, Germanen 123, 133-135, 149, 157-160, 164, 170, 186*
Geschichte 9-13, 34, 184*
Geschichtsschreiber 10, 11, 26, 64, 76, 80, 83, 96, 104, 105, 161, 187, 188
Geschworenengerichte 82
Gesellschaft 41, 49, 84, 107, 109, 117-121, 153, 161, 171, 175, 184*
Gladiatoren, -kämpfe 118, 121, 144, 145, 149, 188
Glaube 43, 52, 53, 58, 60, 61, 153-156, 166, 167, 177, 178, 186, 187
Goten 157-160, 163, 167
Götter 30, 43, 52, 60, 61, 64, 65, 67, 68, 72-74, 90, 92, 98, 100, 101, 105, 144, 153, 155, 171, 177, 178, 185, 186
Gott 58-60, 153, 155, 156, 164, 166, 168, 178, 179, 185, 186, 188
Gregorianischer Kalender 8
Griechenland, Griechen 25, 30, 31, 62-101, 112, 114, 120, 124, 128, 153, 171, 172, 178, 179, 183-185, 187, 188
Griechisch 180
Großkönige 79, 94, 96, 187

Hadriansmauer 150
Hagia Sophia 163, 164
Handwerk, Handwerker 30, 31, 35, 38, 41, 48, 60, 61, 85, 107, 149, 161, 184
Harmonie 90, 172
Hastatus 112
Hebräer 58
Heeresversammlung 110, 114, 115
Hegemonie 78, 112, 114, 188
Hellas, Hellenen 64, 65, 70, 86
Hellenismus 97, 98, 148, 184*
Heloten 75, 76
Heroen 65, 90, 94, 96
Herrschaft 35, 41, 43, 45, 51, 58, 60, 64, 75, 94, 97, 104, 112-114, 116, 128, 134, 136, 147, 150, 158, 160, 161, 163, 164, 166, 170, 171, 184*
Herrschaftszeichen 43, 57, 128
Hierarchie 49, 184*
Hieroglyphen → *Schrift*
Historiker → *Geschichtsschreiber*
Hochkultur 24, 36, 45, 60, 177, 183, 184*
Höhlenmalerei 10, 22, 34, 60, 184*
Holzbohlenwege 26
Hominiden 16, 34, 184
Hopliten 69, 78, 79, 86
Hunnen 157, 158

Icener 150
Iden des März 124, 187
Ilias 65, 67, 68, 92, 187
Imperator 128
Imperium Romanum 114, 185*
Indien 95, 163, 167
Insignien → *Herrschaftszeichen*
Islam 9, 58, 60, 166-169, 172, 178, 185*
Israel 58, 169
Italien 89, 104, 105, 112, 114, 120, 121, 123, 124, 147, 155, 158, 163, 165, 171

Jahwe 58, 59, 169
Jerusalem 58, 59, 153, 155, 169, 187
Jetztmenschen 20-22, 34, 183, 184
Juda 58
Juden, Judentum 9, 58-60, 98, 122, 153, 155, 166, 167, 169, 178, 185*
Julianischer Kalender 8, 124
Jungsteinzeit 25-28, 34, 177, 185*

Kaaba 168
Kaiser 123, 128-130, 132, 133, 136, 137, 139, 144, 147, 150, 154-156, 158, 160, 163-165, 174, 183-188

Kaiserreich 129, 153
Kaisertum 136, 164
Kaiserzeit 117, 120, 121, 130, 139, 144, 151, 153, 157, 170, 171, 185*
Kalender 8, 45, 124
Kalifen 166, 167
Kapitol 103, 139
Karthago, Karthager 112-114, 187
Katakomben 154, 156
Keilschrift 60
Kelten 30-33, 112, 113, 130, 158
Keramik 26, 65, 70, 149, 162
Klassik 90, 172
Kleinasien 64, 65, 70, 78, 84, 86, 94, 101, 116, 124, 142, 155, 163
Klient, Klienten 109, 121, 185*
Kolonien 101, 113, 114, 171
Kolonisation 69, 71, 75, 100, 101, 114, 148, 185*
Kolosseum 105, 139, 144
Komödien 92, 98, 172
König 43-45, 49, 51, 64, 76, 94, 101, 104, 107, 124, 125, 150, 158, 170, 171, 183, 185-188
Konstantinopel 155, 163, 167, 171
Konsuln 109-111, 123, 170, 184
Koran 166-168, 185*
Kreta, Kreter 62, 64, 70
Krummstab 43, 57
Kultur → *Hochkultur*
Kyrene 71

Landschlacht von Plataiai 78
Langobarden 159
Laren 178
Latein 174, 181
Latiner 105
Latinischer Bund 112
Legionen 115, 125, 129, 130, 134, 160, 188
Libyen 71, 89
Liktoren 106, 109, 132
Limes 149, 157, 160, 185*
Lucy 14, 16
Luftbildarchäologie 19, 30, 161
Lydien, Lyder 70, 94
Lyra 92
Lyrik 92

Maat 56, 177
Magistrate 109, 110, 114, 129, 170, 171, 186
Makedonien, Makedonen 94, 95, 97, 98, 112, 114, 187
Marathon 78

Märtyrer 154, 155, 182
Mathematik 98
Medina 9, 166, 188
Mekka 9, 166, 168, 188
Messana, Messaner 113
Messenien 75
Messias 58, 153, 187
Metallzeit 26
Metöken 80, 82, 86, 100, 101, 186
Mithras 153
Mittelalter 9, 164, 167
Monarchie 64, 76, 82, 101, 104, 111, 112, 125, 185*
Monotheismus 58, 60, 166, 170, 178, 184, 185*
Moschee 167, 168
Mumie 26, 43, 54-56, 61
Museion 98, 99
Musen 98
Museum 10, 12, 19, 27, 28, 31, 32, 35, 41, 61, 131, 149, 151-153, 157, 162, 171, 176
Muslime 9, 166-169, 172, 175, 178, 185
Mykene 64, 101, 105
Mysterienkulte 153
Mythos 65, 67, 185*

Naturvölker 11, 24
Neandertaler 20
Neolithikum → *Jungsteinzeit*
Neolithische Revolution 26, 34, 185*
Neue Staatsgalerie 176
Neues Testament 153, 182
Neuzeit 9
Nichtbürger 100, 186
Nil 8, 38, 40, 42, 45, 60, 98, 177, 184
Nobilität 109, 114, 133
Nomaden 21, 34, 58, 78, 185*

Odyssee 65, 68, 92, 179, 187
Ötzi 26, 29, 35
Oikos 69
Olymp 65, 68
Olympia 64, 73, 100, 101, 185
Olympiaden, Olympische Spiele 73, 74, 100, 101, 155, 185*
Opfer 30, 72, 74, 84, 90, 105, 117, 178
Oppidum 31
Optimaten 124
Orakel 65, 71
Orthodoxie 164, 171
Ostia 114, 139, 140, 142, 143
Ostrom, Oströmisches Reich 155, 158, 159, 163, 164, 167, 170, 171, 184, 185

Pädagogen 85, 86
Palästina 58, 153, 182, 187
Palatin 102, 104, 139
Panathenäen 72, 91
Panthéon 176
Papst 155, 164, 171, 185*
Papyrus 40, 46, 55, 60, 98, 186
Parthenon 72, 91, 172
Parther 130, 131
Pater familias 117, 118, 120, 171, 178
Patriarch 155, 164
Patrizier 107-109, 117, 170, 171, 185*
Patron 109, 185*
Peloponnesischer Bund 76
Peloponnesischer Krieg 83, 188
Penaten 178
Periöken 75, 100, 186
Perser, -reich 58, 65, 70, 78, 79, 88, 91, 94, 95, 98, 113, 187
Perserkriege 78-80
Pfahlbauten 28
Phalanx 69, 94
Pharao 37, 43, 44, 48, 52, 57, 60, 61, 185*
Philister 58
Philosophie, Philosophen 88, 94, 98, 100, 122, 172, 181, 183, 187, 188
Phönizien, Phönizier 70, 88, 94, 113
Plebejer 107-109, 170, 171, 185*
Plebiszite 107
Pnyx 81, 82
Polis, Poleis 69, 71-73, 75, 76, 78, 80, 94, 100, 101, 183, 185*
Polytheismus 53, 60, 61, 177, 178, 185*
Pompeji 96, 141, 142, 178
Popularen 123
Präfekturen 136
Prätoren 109
Prätorianer 136
Primaten 16
Princeps 112, 129, 132, 133, 170, 183, 185, 186
Prinzipat 129, 136, 184, 185, 186*
Proletarier 124
Propheten 9, 166, 167
Propyläen 91
Provinzen 78, 114, 122-124, 128-130, 133, 136, 139, 147, 148, 151, 153, 156, 160, 163, 171, 181, 188
Ptolemäerreich 95
Punischen Kriege 113, 114
Pyramiden 6, 10, 13, 36-39, 49, 60, 61, 184, 186*

Quästor 109, 123
Quellen 10-12, 49, 65, 70, 79, 83, 126, 127, 131, 134, 135, 161, 177, 184, 186*

Rad 26
Ramadan 168
Rätien 149, 160
Rat der Alten 76, 110
Rat der Fünfhundert 80-82
Ravenna 142, 158, 165
Recht 43, 45, 60, 61, 80, 81, 101, 109, 143, 164, 181, 184, 187
Reich 40, 41, 44, 45, 58, 61, 64, 65, 78, 79, 94, 95, 114, 129, 132, 136, 143, 144, 147-149, 152-159, 163, 170, 171, 174, 183, 186*
Religion 30, 53, 58, 60, 61, 70, 97, 101, 153-156, 166, 169-171, 177, 178, 181, 184-185, 186*
Republik 107-111, 124, 128, 129, 132, 170, 171, 183, 184, 186*
Rhetorik 85
Ritterstand 120
Rom, Römer 30, 31, 102-165, 169-172, 174, 178, 179, 181, 183-188
Römische Republik 107-111, 117, 124, 128, 129, 132, 144, 153, 170, 171, 183, 185, 186
Römisches Reich 114, 120, 128, 129, 132, 136, 137, 144, 147-149, 152-159, 163, 166, 170, 171, 174, 183, 184-186
Romanisierung 114, 147, 148, 150, 186*
Rubikon 124
Ruma 104

Samniten 112
Satrapien 78
Schamanen 22
Schiiten 167
Schlacht auf dem Katalaunischen Feldern 158
Schlacht bei Adrianopel 158
Schlacht bei Cannae 113, 187
Schlacht bei Marathon 78
Schlacht bei Tours und Poitiers 167
Schlacht bei Zama 114
Schrift 30, 41, 44-47, 60, 61, 70, 161, 181, 184, 186*
Schuldknechtschaft 100, 107, 186
Seeschlacht bei Aktium 128
Seeschlacht von Salamis 78, 79
Seleukidenreich 95
Senat 109-111, 113, 123, 124, 128, 129, 132, 133, 136, 147, 170, 171, 186*

Senatoren 109, 110, 114, 120, 124, 128, 129, 133, 137, 144, 186
Sieben Weltwunder 38, 99
Sizilien 70, 89, 106, 112-114, 116, 121, 139
Sklaven, Sklaverei 49, 73, 75, 76, 80, 82, 84-86, 100, 101, 106, 114, 117, 120-122, 145, 153, 171, 186*
Sklavenunruhen 121, 188
Slawen 164
Spanien 17, 113, 114, 123, 124, 132, 133, 142, 163, 167, 184
Sparta, Spartaner 67, 69, 75-78, 83, 86, 100, 101, 186*
Spartiaten 75, 76
Sphinx 6, 36, 37
Staat 69, 184, 186*
Staatsform 76, 80, 101, 111, 133, 170, 185, 186*
Staatsreligion 155, 170, 171, 178, 183, 184, 186*
Stadtstaat → *Polis*
Ständekämpfe 107-109, 111, 170, 171, 185, 186*
Stehendes Heer 129
Steinzeit 17-19, 24-28, 34, 177
Strategen 80, 83
Sueben 159
Sumerer 60
Sunna 167
Sunniten 167
Symposion 84
Syrakus 113
Syrien, Syrer 70, 95, 98, 163

Tauschgeschäfte 31, 41, 70
Terrakotta 87, 105
Theater 72, 84, 89, 92, 97, 148, 172, 176
Theben, Thebaner 54, 81, 93, 94
Therme 139, 142, 143, 148
Tigris 28, 60, 95, 184
Tochterstädte 69, 71, 88, 100, 101, 185
Töpferscheibe 26
Toga 106, 107, 110, 129, 150, 178
Toleranzedikt 154, 188
Tradition 10
Tragödie 92, 172
Triarius 112
Triumphator 124
Triumvirat 123
Troja, Trojaner 64, 65, 67, 68, 104
Trojanischer Krieg 67, 68
Trojanisches Pferd 68
Tyrannen, Tyrannis 81, 92, 125

Überlieferung 11, 24, 65, 104, 107, 154, 166
Überreste 11, 12, 14, 16, 20, 34, 64, 71, 173, 184
Urbanisierung 148, 186*
Urmenschen 6, 15, 16, 17

Vandalen 157, 159, 163
Varus-Schlacht 134, 135, 188
Veles 112
Veliten 112, 115
Verfassung 76, 82, 111
Verwaltung 44, 45, 60, 61, 69, 78, 129; 136, 148, 155, 161, 164, 184, 186*
Vestalinnen 118
Veto 107, 109
Villa rustica 151, 170, 186*
Völkerwanderung 157-160, 170, 171, 186*
Volksgericht 80
Volksherrschaft 76, 80, 81, 184
Volkstribun 107, 109, 110, 129
Volksversammlungen 76, 80-82, 86, 100, 109-111, 113, 129, 144, 170, 171, 186
Vollbürger 72, 76, 80, 86, 100, 107, 109, 136, 144, 175, 186*
Vorderer Orient 25, 26, 184
Vorgeschichte 9, 12, 14, 30, 34, 184, 185, 186*
Vorherrschaft → Hegemonie

Wagen 26
Wasserversorgung 142, 143
Wedel 43, 57
Wesire 44, 48
Westrom, Weströmisches Reich 155, 158, 159, 164, 170, 171, 185

Zehn Gebote 59, 188
Zeitgeschichte 9
Zeitrechnung 9, 45
Zensoren 109, 129
Zivilisation 148, 164
Zweistromland 58, 60, 186
Zwölf-Tafel-Gesetz 107
Zypern 89

Wer steht wo?

*Auf den mit einem * gekennzeichneten Seiten findest du eine kurze Lebensbeschreibung der Person.*

Achill 67, 68, 94, 175
Aeneas 104
Äsop 92
Agricola 150
Agrippa 132, 133
Aischylos 92
Alexander der Große 94-98, 113, 187*
Ali 167
Amor 131
Amun 52
Antigone 93, 175
Antonius 128
Anubis 54, 56, 177
Aphrodite 62, 67, 68
Apollon 64, 68, 71
Apuleius 122
Archimedes 98
Ares 68
Aristophanes 92
Aristoteles 87, 94, 95, 172, 187*
Arius von Alexandria 155
Arminius 130, 134
Artemis 68
Athene 65, 67, 68, 72, 91
Attila 158
Augustulus, Romulus 158, 160
Augustus 128-133, 136, 139, 144, 170, 171, 183, 185, 186, 187*

Brutus 124
Bühlmann, Johannes 130

Caesar, Gaius Iulius 8, 123-130, 171, 187*
Caracalla 136, 137, 174
Cha 54, 55
Champollion, Jean François 47
Charon 178
Cheops 6, 36-38, 187*
Cicero 122, 179
Claudius 139
Concordia 108, 130
Connolly, Peter 69, 115, 116, 141, 142
Cooper, Charlotte 74
Coubertin, Baron Pierre de 101
Crassus 123

Dareios I. 78
Dareios III. 94, 96, 187*
David 58, 164
Demosthenes 94
Dio, Cassius , 134, 137
Diodor 96, 106, 116
Diokletian 136, 137, 154, 182, 187*
Dionysos 92, 93
Drais von Sauerbronn 13
Drusus 130, 132, 133

Echnaton (Amenophis IV.) 61
Ephialtes 80
Eratosthenes 98
Euklid 98
Euripides 81, 92
Europa 62, 63
Eusebios 156

Goscinny, Rene 123, 126, 173
Gregor XIII. 8

Hadrian 150
Hannibal 113, 114, 187*
Hathor 41
Hatschepsut 51, 187*
Heine, Günter 143
Hekabe 67
Hektor 67
Helena 67, 68
Hephaistos 68
Hera 67, 73, 68
Herakles 65, 68, 94
Herodes 169
Herodot 71, 79, 187*
Hesiod 89
Hippokrates 175
Homer 65, 67, 73, 85, 92, 179, 187*
Horus 41, 57, 177
Hunefer 56
Hydarnes

Ilia 104
Isis 57, 153
Isokrates 74

Jens, Walter 68
Jesus 153-155, 164, 169, 170, 179, 182, 184, 187*
Josephus 122
Justinian 163-165, 171, 187*
Juvenal 140

Kassandra 68
Kleopatra 124, 125, 128, 188*
Konstantin I. 154-156, 163, 188*
Kroisos 65
Kyrillos 164

Laokoon 68
Leitner, Walter 29
Leo I. 155
Leutemann, Heinrich 39, 113
Licinius 156
Lykurg 76

Maccari, Cesare 110
Maddison, Kevin 82
Marcellinus, Ammianus 159
Mars 104, 114, 131
Menelaos 67
Methodios 164
Michalski, Tilman 127
Miltiades 78
Mohammed 9, 166-169, 179, 185, 188*
Mommsen, Theodor 134
Moses 58, 59, 188*
Müller-Beck, Hansjürgen 18
Mumford, Lewis 27

Narmer 41
Nebukadnezar 58
Nechbet 48
Nephthys 57
Nero 154
Nike 91
Nikias 86
Nofretete 61

Octavius → *Augustus*
Odoaker 158
Osiris 53, 57

Palladio, Andrea 176
Paris 67, 68
Patroklos 175
Paulus 154-156
Peisistratos 92
Perikles 80, 101, 188*
Petrus 154-156, 182, 185
Philipp II. von Makedonien 94, 96
Platon 71, 187, 188*
Plinius 156, 179
Plutarch 76, 77, 125, 127
Polybios 111, 115
Polyklet 90
Pompejus 123, 124
Poros 95

Poseidon 68, 91
Prasutagus 150
Priamos 67
Prokopios 165
Pythia 71

Ramses II. 52, 54, 188*
Remus 102, 103
Richards, John 18
Romulus 102, 103, 107, 128

Sallust 116
Salomon 58, 59, 169
Saul 164
Schliemann, Heinrich 67
Scipio Africanus 114
Seneca 96, 122, 145
Severus, Septimius 130
Sinon 68
Smirke, Robert 176
Sokrates 71, 87, 188*
Solon 80, 175
Sophokles 92, 93, 175
Spartacus 121, 188*
Stirling, James 176
Stöver, Hans Dieter 127
Strabon 99, 142
Sueton 125, 127
Sulla, Lucius 123

Tacitus, Cornelius 133, 134, 150
Tarik 167
Tarquinius Superbus 104
Tertullian 147, 152, 156
Theoderich 158, 160
Theodosius 155, 156, 171
Theseus 81
Thetis 68
Thiersch, Friedrich von 130
Thot 56, 177
Thukydides 83, 188*
Tiberius 130, 132, 133
Titus 122
Trajan 139, 156, 188*
Tutanchamun 43

Uderzo, Albert 123, 126, 173
Ulpian

Valens 158
Varus 130, 134, 135, 188*
Venus 104, 131
Vercingetorix 123
Vergil 116
Vespasian 130

Weeber, Karl-Wilhelm 143
Wendler, Fritz 25
Wilford, Michael 176

Xenophon 89
Xerxes 78

Zeus 62, 64, 65, 68, 69, 73, 74, 101, 128

Lesetipps

Für den gesamten Geschichtsunterricht der Jahrgangsstufe 6

Peter James / Nick Thorpe, Keilschrift, Kompass, Kaugummi. Eine Enzyklopädie der frühen Erfindungen, München: dtv
Informatives Jugendsachbuch.

Martin Kronenberg (Hrsg.), Geschichte und Abenteuer, Heft 1: Von der Frühgeschichte bis zur Völkerwanderungszeit. Bamberg: Buchner
Sammlung von Jugendbuchauszügen.

Jacques Le Goff, Die Geschichte Europas. Frankfurt a. M./New York: Campus
Der berühmte französische Historiker erzählt jungen Lesern die Geschichte Europas.

Manfred Mai, Weltgeschichte. München: Hanser
Der Verfasser erzählt die Weltgeschichte von den frühen Menschen bis zur Gegenwart.

Nikolaus Piper, Geschichte der Wirtschaft. Weinheim und Basel: Beltz
Der Autor erzählt vom ersten Tauschhandel in der Jungsteinzeit bis zur Globalisierung unserer Tage.

Zur Vorgeschichte

Jill Bailey / Tony Seddon, Young Oxford Urgeschichte. Weinheim und Basel: Beltz
Eine illustrierte Geschichte der Erde und der Geschöpfe, die auf ihr leben, von den Anfängen bis zu dem heutigen Menschen.

Erich Ballinger, Der Gleschermann. Wien: Ueberreuter
Roman, der über die Welt des „Ötzis" informiert.

Gabriele Beyerlein, Am Berg des weißen Goldes. Hamburg: Dressler
Eine Geschichte aus der Zeit der Kelten.

Gabriele Beyerlein, Die Höhle der Weißen Wölfin. Hamburg: Dressler
Drei Aufgaben muss Tamoa lösen, um zum Clan der Weißen Wölfin zu gehören. Eine Geschichte aus der späten Eiszeit.

Gabriele Beyerlein / Herbert Lorenz, Die Sonne bleibt nicht stehen. Würzburg: Arena
Eine Erzählung aus der Jungsteinzeit.

Justin Denzel, Tao, der Höhlenmaler. Hamburg: Dressler
Geschichte eines Steinzeitjungen, der davon träumt, Höhlenmaler zu werden.

Jörg Füllgrabe, Die Kelten – Legende und Wirklichkeit. Hamm: Roseni
Ein Keltenguide für Schüler.

Neil Grant, Die Kelten. Nürnberg: Tessloff
Illustriertes Sachbuch über Geschichte, Alltag, Religion und Kunst der Kelten.

Alix Hänsel, Der Radreiter. Hamm: Roseni
Abenteuergeschichte aus der Keltenzeit.

Wolfgang Kuhn, Mit Jeans in die Steinzeit. München: dtv
Die 13-jährige Isabelle findet zusammen mit ihren Vettern und ihrer Cousine den Eingang zu einer eiszeitlichen Höhle.

Catherine Louboutin, Steinzeitmenschen: Vom Nomaden zum Bauern. Ravensburg: Maier
Illustriertes Sachbuch über den Wandel vom Jäger- zum Bauerntum.

Dirk Lornsen, Tirkan. Stuttgart: Thienemann
Tirkan lernt von seinem väterlichen Freund Harp nicht nur das Jagen. Geschichte aus der Jungsteinzeit.

Claudia Schnieper und Udo Kruse-Schulz. Auf den Spuren des Menschen. Luzern: kbv
Illustriertes Jugendsachbuch über die Rätsel der Entwicklungsgeschichte des Menschen.

Shelley Tanaka / Laurie McGaw, Die Welt des Gletschermannes. Hamburg: Carlsen
Illustriertes Sachbuch über die Lebenswelt des „Ötzi".

Tonny Vos-Dahmen von Buchholz, Der Einzelgänger. München: Bertelsmann
Erzählung aus dem Leben der Rentierjäger am Ende der Eiszeit.

Arnulf Zitelmann, Kleiner Weg. Weinheim und Basel: Beltz
Ein Höhlenjunge der Vorzeit verliert seinen Clan.

Arnulf Zitelmann, Bis zum 13. Mond. Weinheim und Basel: Beltz
Die Geschichte eines Mädchens, wie sie sich vor etwa 20 000 Jahren während der letzten Eiszeit zugetragen haben mag.

Zu den Hochkulturen

Harvey Gill / Struan Reid, Das Leben im alten Ägypten. Würzburg: Arena.
Illustriertes und informatives Sachbuch.

Geraldine Harris, Das Buch vom alten Ägypten. Würzburg: Arena
Sachbuch mit vielen Illustrationen, Fotos und Karten.

Christian Jacq, Die Pharaonen. München: Hanser
Ein französischer Ägyptologe erzählt von der Zeit der Pharaonen.

Hanns Kneifel, Weihrauch für den Pharao. Stuttgart: Thienemann
Der 12-jährige Sklave Karidon kommt zu einem neuen Herrn, mit dem er eine gefährliche Seereise unternimmt.

Paul Kustermans, Timus lange Flucht. Kevelaer: Anrich
Abenteuerroman aus der Zeit Tutanchamun (um 1330 v. Chr.).

Werner Laubi, König Salomo. Stuttgart: Gabriel Verlag
Die Lebensgeschichte des biblischen Königs.

Florzene Maruéjol / Philippe Pommier, Pharaonen und Pyramiden. Würzburg: Arena
Illustriertes und informatives Sachbuch.

Thomas H. Naef, Der Schreiber des Pharao. München: Artemis
Geschichte eines Fischerjungen, der zum Schreiber aufsteigt, dann Sklave in einem Bergwerk wird und auf der Flucht von dort viele Abenteuer erlebt.

Kathrine Robert, Der große Pyramidenraub. München: Hanser
Abenteuergeschichte aus dem alten Ägypten.

Zur griechischen Geschichte

Katherine Allfrey, Die Trojanerin. München: dtv
Die jungverheiratete Trojanerin Theano erlebt den Untergang Trojas als Gefangene im Heer der Griechen.

Christoph Haußner / Matthias Raidt, Rüya und der Traum von Troia. Hamm: Roseni
Illustrierter Jugendroman über Troja und die Ausgrabungen.

Géza Hegedüs, Fremde Segel vor Salamis. München: dtv
Ein junger Grieche erlebt den Kampf der Griechen gegen die Perser.

Isolde Heyne, Imandra. Bindlach: Loewe
Imandra wird in die Auseinandersetzungen um das delphische Orakel verwickelt.

Margaret Hodges, Im Zeichen von Olympia. Würzburg: Arena
Abenteuer eines jungen Fürstensohnes, der ein Unrecht an seinem Vater rächen will.

Christa Holtei / Udo Kruse-Schulz, Reise in das Alte Griechenland. Düsseldorf: Patmos
Illustriertes und informatives Jugendsachbuch.

Anton Powell, Das Buch vom alten Griechenland. Würzburg: Arena
Sachbuch mit vielen Farbfotos, Illustrationen und Karten zur Geschichte und Kultur.

Cath Senker, Altes Griechenland. Nürnberg: Tessloff
Illustriertes und informatives Jugendsachbuch.

Joan Smith, Ein Opfer für Apollo. Hamburg: Dressler
Der Sohn eines Handwerkers sieht, wie Hippokrates seinem schwer erkrankten Vater hilft. Er beschließt, bei Hippokrates in die Lehre zu gehen und Arzt zu werden.

Carl W. Weber, Segel und Ruder. München: dtv
Über die Bedeutung der Seefahrt für die alten Griechen.

Zur römischen Geschichte

Hans Baumann, Ich zog mit Hannibal. München: dtv
Der Roman schildert die Erlebnisse eines jungen Elefantentreibers auf dem Weg von Spanien über die Alpen nach Italien.

Stephan Biesty, Rom – ein Spaziergang durch die ewige Stadt. München: Hanser
Sachbuch mit vielen Rekonstruktionszeichnungen.

Sara C. Bisel, Die Geheimnisse des Vesuv. Nürnberg: Tessloff
Illustriertes Buch über die Ausgrabungen in Pompeji und Herculaneum.

Peter Connolly, Pompeji. Nürnberg: Tessloff
Sachbuch mit vielen Bildern.

Mike Corbishley, Das Buch vom alten Rom. Würzburg: Arena
Sachbuch mit vielen Farbfotos, Illustrationen und Karten.

Neil Grant, Altes Rom. Nürnberg: Tessloff
Illustriertes und informatives Jugendsachbuch.

Josef C. Grund, Feuer am Limes. Bindlach: Loewe
Die Konflikte zwischen den Alamannen und den Römern bilden den Hintergrund der Erzählung.

Josef C. Grund, Reiter aus der Sonne. Bindlach: Loewe
Eine Erzählung aus der Hunnenzeit.

Alix Hänsel, Ranulf und die Varusschlacht. Hamm: Roseni
Illustrierter Jugendroman, der den Kampf zwischen Römern und Germanen darstellt.

Paul Knudsen, Der Wettstreit. München: Bertelsmann
Die Abenteuer eines jungen Mannes im Rom der Kaiserzeit.

Sjoerd Leiker, Kundschafter gegen Attila. Kevelaer: Anrich
Erlebnisse eines Germanen, der als Offizier im römischen Heer gegen die Hunnen kämpft.

David Macaulay, Eine Stadt wie Rom. München: dtv
Sachbuch über die Bauwerke einer römischen Stadt aus der Sicht eines Architekten.

Richard Platt u.a., Julius Caesar. Römischer Staatsmann und Feldherr. Hildesheim: Gerstenberg
Illustriertes Sachbuch über Caesar und seine Zeit.

Tilman Röhrig, Mit Hannibal über die Alpen. Würzburg: Arena
Der Schreiber Silenos berichtet über den Zug Hannibals vom Rhonetal bis nach Oberitalien.

Michael Schmauder, Die Völkerwanderung. Nürnberg: Tessloff
Illustriertes Sachbuch über die Völker, die zum Zerfall des römischen Reiches beitrugen.

Hans Dieter Stöver, Drei Tage in Rom. München: dtv
Der vierzehnjährige Lucius erfährt vieles über die Geschichte Roms.

Hans Dieter Stöver, Quintus geht nach Rom. München: dtv
Die Geschichte des 14-jährigen Quintus, der zur Zeit Caesars lebt.

Hans Dieter Stöver, Caesar und der Gallier. Würzburg: Arena
Darstellung des Konflikts zwischen Rom und Gallien und zwischen Caesar und Vercingetorix, der zur Unterwerfung Galliens führte.

Hans Dieter Stöver / Michael Gechter, Report aus der Römerzeit. Vom Leben im römischen Germanien. Würzburg: Arena
Sachbuch über den Alltag im römischen Germanien.

Jakob Streit, Milon und der Löwe. Stuttgart: Freies Geistesleben
Eine Erzählung aus der Zeit des frühen Christentums.

Hedwig van de Velde, Aufstand gegen Rom. Stuttgart: Urachhaus
Römische und germanische Kultur treffen aufeinander. Ein junger Mann steht dabei zwischen den Fronten.

Henry Winterfeld, Caius geht ein Licht auf. München: dtv

Henry Winterfeld, Caius in der Klemme. München: dtv
Lustige Geschichten, in denen vom Leben pfiffiger Kinder im alten Rom erzählt wird.

Herwig Wolfram, Plötzlich standen wir vor Attila. Wien: Ueberreuter.
Abenteuergeschichte, die einen Einblick in das Alltagsleben der Hunnen liefert.

Bildnachweis

Agora Museum, Athen – S. 87; Ägyptisches Museum, Berlin – S. 61; Ägyptisches Museum, Kairo – S. 5, 41, 43ff., 49ff., 177; Andromeda, Oxfordshire – S. 91; Archäologische Staatssammlung, München – S. 131; Archäologisches Institut, Istanbul – S. 95; Archäologisches Museum im BMW-Werk, Regensburg – S. 28; Archiv für Kunst und Geschichte, Berlin – S. 7, 39, 62/63, 90, 100f., 113, 130, 179; Artothek, Weilheim - Einband; Bayerische Nationalbibliothek, München – S. 179; Bayerische Staatsbibliothek, München – S. 9; Britisches Museum, London – S. 42, 47, 54ff., 58f., 70, 74, 80, 105, 176; Cinetext, Frankfurt – S. 125; Bruce Colmann, Ltdt Uxbridge/Chris Bonigstor – S. 24; Peter Conolly, London – S. 69 (2), 112, 115f., 141f., 173; D. Bartz/Fritz Rudolf Hermann, Die Römer in Hessen, S. 94 – S. 149; Burkhard Detzer, München – S. 28; Deutsches Archäologisches Institut, Rom – S. 106; Deutsches Brotmuseum, Ulm – S. 27 (2); Deutsches Uhrenmuseum, Inv.-Nr. 17-00-28, Furtwangen – S. 8; Dogli Orti, Paris – S. 165; Ehapa Verlag, Stuttgart – S. 173; Dietrich Evers, Wiesbaden-Neurod – S. 23; Wolfgang Freutel, Stuttgart – S. 13; Klaus Gast, Barsinghausen – S. 111; Germanisches Nationalmuseum, Nürnberg – S. 157; Giraudon, Paris – S. 78, 148 (2); John Gurch, Washington – S. 6 (2); Rose Hajdu, Stuttgart – S. 32; Kurt Hensler, Tübingen – S. 8; Christian Hillaire, Pierlatte – S. 22; Franz Hohmann, Bad Kissingen – S. 11, 180; W. Höpfner/E.L. Schwandtner, Haus und Staat im klassischen Griechenland, S. 414 - S. 84; Gilbert Hoube, Paris – S. 52; Institut für Urgeschichte, Tübingen – S. 22; Interfoto, München – S. 7, 168; L. Jakob-Rost, Hrsg. Das vorasiatische Museum, Staatliche Museen, Berlin – S. 38; Michael L, Katzer, Arlington-Vermont – S. 88; Kunsthistorisches Museum, Wien – S. 128; Landesamt für Denkmalpflege Baden-Württemberg, Stuttgart – S. 32; Landesamt für Denkmalpflege Hessen, Wiesbaden – S. 19; Limes-Museum, Aalen – S. 151; Luftbildarchiv des Landesdenkmalamtes Baden-Württemberg, Stuttgart, S. 30; Kevin Maddison, London – S. 82; Dietrich Mania, Jena – S. 17; Mauritius, Mittenwald – S. 7, 172; Mazenod, Paris – S. 117; Musée du Louvre, Paris – S. 79; Musée Nationaux, Paris – S. 65, 178; Musée Nationaux, Tarent – S. 87; Musei Vaticani Monumenti, Rom – S. 173; Museo Archäologico, Florenz – S. 107; Museo Capitolini, Rom – S. 102/103; Museum für Geologie und Paläntologie der Universität, Heidelberg – S. 17; Museum für Vor- und Frühgeschichte, Frankfurt – S. 153; Museum, Ulm – S. 5, 22; National Archaeological Museum, Athen – S. 72; Neandertal-Museum, Mettmann – S. 17, 20; W. Neumeister, München – S. 158; Niedersächsisches Landesverwaltungsamt, Institut für Denkmalpflege, Hannover – S. 177; Josef Perntner, Bozen – S. 29; Pfahlbau-Museum, Unteruhldingen – S. 28; Photographie Giraudon, Paris – S. 78; Pontifici Musei Lateranensi, Rom – S. 178; Prähistorische Staatssammlung, München – S. 31; Preußischer Kulturbesitz, Berlin – S. 65, 71, 85, 97, 132, 175; Reiss-Museum, Mannheim – S. 5, 158; Rheinisches Landesmuseum, Tier – S. 148; Römermuseum, Heidelberg – S. 53; Römisch-Germanisches Museum, Köln – S. 128, 152; Rosgarten-Museum, Konstanz – S. 21 (2); E.S. Ross, San Francisco – S. 24; Scala, Florenz – S. 110; Dr. Schareika, Stuttgart – S. 140; Kurt Scheurer, Ingolstadt – S. 4; Schulmuseum, Lohr – S. 12; Ulrich G. Sauerborn, Esslingen – S. 149 (2); Uli Seidler, Schelldorf – S. 171; Staatliche Antikensammlung und Glyptothek, München – S. 74, 86, 172; Staatliche Münzsammlung, München – S. 94; Staatsgalerie, Stuttgart – S. 176; Stadtarchäologie, Kempten – S. 146; Südtiroler Archäologiemuseum, Bozen – S. 35; The Associated Press, Frankfurt – S. 169; The Metropolitan Museum of Art, New York – S. 86; Tony Corr Colorific, London – S. 24; Varusschlacht im Osnabrücker Land. Museum und Park Kalkriese, Bramsche-Kalkriese – S. 134f.; Verein Heuneburg-Museum, Herbertingen – S. 31; Fritz Wendler, Weyarn – S. 25; WMG-Lippe, Detmold – S. 134; Württembergisches Landesmuseum, Stuttgart – S. 26; Zentrale Farbbild-Agentur ZEFA, Düsseldorf – S. 6, 36/37.

LERNTIPPS

Meinungen vergleichen

Nur über wenige Ereignisse, Entwicklungen und Persönlichkeiten der Geschichte gibt es einheitliche Urteile. Zeitzeugen und Historiker sind häufig unterschiedlicher Meinung über ein Geschehen oder den Charakter eines Menschen. Das liegt einmal daran, dass alle historischen Entwicklungen vielfältig und vielschichtig sind, ebenso die handelnden Personen.
Zum anderen hängt jedes Urteil von der Einstellung ab, mit der jemand an eine Sache herangeht: Wir alle urteilen nämlich von unserem jeweiligen Standpunkt aus. Er gründet sich auf unsere bisherigen Erfahrungen und wird von unseren Interessen beeinflusst. Wir legen also unterschiedliche Maßstäbe an. Einigen von uns sind bestimmte Werte und Ziele wichtig, anderen nicht. Manchmal wandeln sich die Auffassungen im Laufe der Zeit. All das beeinflusst eine Meinung über ein Geschehen oder eine Person. Achte bei einem Vergleich mehrerer Texte zuerst auf die inhaltlichen Gemeinsamkeiten, dann auf die Unterschiede. Suche nach Gründen für unterschiedliche Urteile.

Ein Beispiel für die unterschiedliche Beurteilung eines Herrschers findest du auf Seite 96. Wie verschieden die Ausdehnung der römischen Macht von Zeitgenossen gesehen wurde, kannst du auf Seite 116 lesen.

→ *Dieses Logo zeigt dir auf den Seiten dieses Buches weitere Lerntipps oder erinnert dich an die Informationen auf diesen Vorsatzblättern. Wenn du Aufgaben bearbeitest, solltest du dich von den Anregungen leiten lassen.*

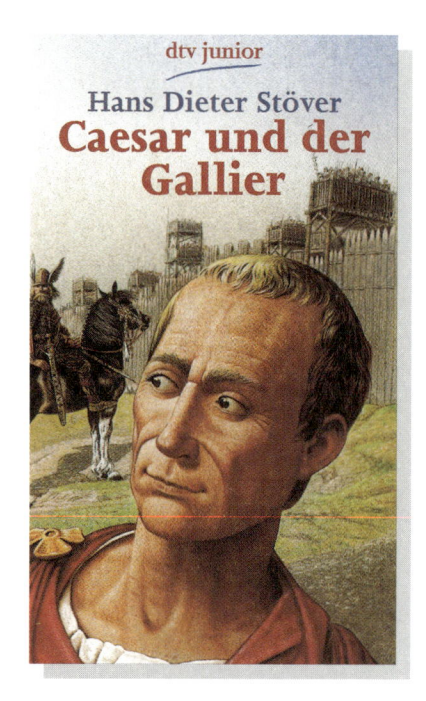

Comics und Jugendbücher beurteilen

Comics und Jugendromane können Geschichten erzählen, historische Quellen sind sie nicht. Meist haben sie eine Hauptfigur, deren Gedanken und Gefühle die damalige Zeit veranschaulichen soll. Aus ihrer Sicht werden dir vergangene Ereignisse vorgestellt und erklärt.
Wichtig für historische Jugendbücher und Comics ist, dass die Verfasser die Personen und Handlungen glaubwürdig darstellen. Die erfundenen Geschichten sollten so dargestellt sein, dass sie unser gesichertes Wissen über die Vergangenheit berücksichtigen.

Einen Lerntipp zu diesem Thema findest du auf den Seiten 126-127.

Bücher finden

Wenn du ein Thema gründlich erarbeiten willst, benötigst du Fachliteratur. In der Schul- oder Stadtbücherei sind Bücher alphabetisch in einem Verfasser- und in einem Sachkatalog aufgelistet. Auf einer Karteikarte oder auf einem Bildschirm erhältst du Angaben über Verfasser, Erscheinungsort und -jahr sowie die Signatur: eine Folge von Zahlen und Buchstaben, mit denen das Werk in der Bibliothek eingetragen ist.
Findest du zu deinem Thema mehr Bücher, als du auswerten kannst, musst du einige auswählen. Prüfe dann anhand des Inhaltsverzeichnisses, ob das Buch für dich ergiebig sein könnte.

Und das Internet?* Seine Bedeutung für die Beschaffung auch wissenschaftlicher Informationen wächst, zumal aus dem Ausland. Es kann die Arbeit in der Bibliothek nicht ersetzen, aber ergänzen.

* Zum Internet siehe das entsprechende Vorsatzblatt vorne.

Ein Beispiel für Lesetipps zu einem bestimmten Thema findest du auf Seite 68, allgemeine Hinweise siehe auf Seite 194-195.